라틴아메리카역사
다이제스트100

1
라틴아메리카역사
다이제스트100

초판 1쇄 펴낸 날 | 2023년 11월 24일

지은이 | 이강혁
펴낸이 | 홍정우
펴낸곳 | 도서출판 가람기획

책임편집 | 김다니엘
편집진행 | 홍주미, 박혜림
디자인 | 이예슬
마케팅 | 방경희

주소 | (04035) 서울시 마포구 양화로7안길 31(서교동, 1층)
전화 | (02)3275-2915~7
팩스 | (02)3275-2918
이메일 | garam815@chol.com

등록 | 2007년 3월 17일(제17-241호)

1
라틴아메리카역사 다이제스트100

LATIN AMERICA

이강혁 지음

가람
기획

머리말

　1982년《백 년 동안의 고독(Cien Años de Soledad)》으로 노벨 문학상을 수상한 콜롬비아 작가 가브리엘 가르시아 마르케스는 "라틴아메리카는 삶의 고난과 민중의 허무가 뒤범벅이 된 쓰라린 현실의 장이다."라고 말한 적이 있다. 이 말은 라틴아메리카가 1492년 서구인의 침략 이후 수난과 고통으로 점철된 역사를 겪어 왔다는 의미일 것이다. 그러나 21세기에 들어서면서 라틴아메리카는 이러한 모든 고통과 어려움을 이겨내고 힘찬 도약의 발걸음을 내딛고 있다. 우리나라도 2004년 4월 1일에 칠레와 자유무역협정(FTA)을 체결함으로써, 칠레뿐만 아니라 라틴아메리카의 여러 나라와 정치, 경제, 문화 등 다양한 분야에서 활발히 교류하고 있다. 이는 그동안 우리에게 너무나 멀고 낯선 곳으로만 인식되었던 라틴아메리카가 좀 더 가깝고 낯익은 대륙으로 다가오고 있음을 뜻한다.

　그동안 필자는 수업 시간에 라틴아메리카를 학생들에게 소개해 오면서 '보다 쉽고 재미있게 전달할 수 있는 자료가 없을까' 하는 아쉬움을 늘 가슴 한쪽에 안고 있었다. 대부분의 자료가 라틴아메리카의 역사나 문화에 대한 딱딱하고 전문적인 내용으로 채워진 '보통 이상'의 것이기 때문이었다. 이러한 아쉬움은《스페인 역사 100장면(2003년)》의 경험을 살려서《라틴아메리카 역사 다이제스트100》을 만들겠다는 결심의 계기가 되었다. 그러나 좀 더 쉽고 재밌으면서도 알찬 내용을 만들려 했던 야심찬 계획은 번번이 마음속의 계획에 머물렀다. 이는《스페인 역사 100장면》의 한 장면 한 장면을 만 들어갈 당시, 도전 의식이나 흥분보다는 나의 의도를 제대로 전달할 수 있을까에 대한 한없는 두려움과 스스로의 부족함을 새삼 확인했었기 때문이다. 더구나 《라틴아메리카역사 다이제스트100》은 한 나라만을 다룬 《스페인 역사 100장면》과는 달리 여러 나라를 다루어야 하는 게 아닌가. 여러 나라의 방대한 역사를 다루는 데 있어 깊이 있고 알찬 내용을 담아내기보다는, 그저 역사적 사실들만을 어설프게 나열하는 것이나 아닌지 우려와 부담이 컸다. 수많은 라틴아메리카 전문가가 국내에 엄연히 존재하고 있다는 사실 역시 작업의 결행을 머뭇거리게 하는 요인이었다.

그러나 한편으로는 부담감이나 우려 등으로 인해 교사로서 마땅히 해야할 일을 멈추거나 주춤거리는 것이야말로 라틴아메리카에 대한 아이들의 열정을 꺾는 것이라는 생각 또한 떨칠 수 없었다. 결국 라틴아메리카에 대한아이들의 관심과 열정이 나로 하여금 이 엄청난 사고를 치게 했다.

이 책은 라틴아메리카를 가깝게 느낄 수 있는 수업을 하기 위해 틈틈이 연구하고 정리해 놓은 자료들을 바탕으로 쓰였다. 따라서 《라틴아메리카역사 다이제스트100》은 역사에 대한 전문 서적이라기보다 라틴아메리카의 역사를 알기 쉽게 접근할 수 있도록 만들어진 책이라 할 수 있다.

이 책은 크게 세 부분으로 나뉜다. 첫째 원시시대부터 1492년에 콜럼버스가 아메리카 대륙에 도착했을 때까지, 둘째 스페인의 식민 통치 시기까지, 셋째 스페인으로부터의 독립 후 현대(2008년 중반)까지이다. 각 부분은 라틴아메리카 역사의 전체적인 흐름 속에서 그 해당 시기에 일어난 역사적인 주요 사건들을 선정한 후, 각 사건의 연관성을 고려해서 서술했다. 여기에서 '1492년'은 라틴아메리카 역사에 있어 큰 의미를 내포하고 있지만 '서구인의 편견'이 작용한 또 다른 반영물일 수도 있다. 그러나 이것이 독자들이 라틴아메리카의 역사를 좀 더 쉽게 이해하게 하는 '편견'이라면, 이를 활용하는 것도 독자에 대한 진정한 서비스라는 생각이 들었다. 이에 필자는 과감히 이 '서구적인 시각'에 편승했다. 아울러 역사 전반에 대한 이해를 위해서는 인물이나 단일 사건 중심으로 서술된 장면들이 지양되어야 함이 마땅하다. 그러나 필자는 개인적으로 이러한 서술 방식이 라틴아메리카에 대한 접근을 용이하게 한다고 생각하기에, 중요한 인물이나 단일 사건을 하나하나의 장면으로 구성해서 서술했다. 이 과정에서 라틴아메리카 역사 전반에 대한 통시적인 흐름을 놓치지 않으려 했음은 물론이다.

라틴아메리카는 다양한 인종과 문화라는 여러 얼굴이 과거와 현재와 미래, 그리고 현실과 환상 속에서 함께 어우러지고 있는 곳이다. 이 책을 통해 독자들이 이러한 라틴아메리카를 진정으로 이해할 수 있게 된다면 필자의 기쁨은 더할 나위 없을 것이다.

이 책이 나오기까지 많은 사람, 특히 가족의 배려가 컸다. 무엇보다도 지극히 '이기적'인 남편을 말없이 내조한 아내와 너무나도 선량한 큰딸 현재, 공원으로 산책 가자며 졸라 댈 때마다 바쁘다는 핑계로 함께해 주지 못해서 늘

미안했던 둘째 딸 원재의 응원이 큰 힘이 되었다. 나에게 늘 좋은 조언을 해 주시는 부산외국어대학교 임상래 교수님, 그리고 백미선 선생님, 엄성신 선생님, 김서현 선생님, 김은주 선생님과 마음의 기획을 실천의 기획으로 거듭나게 해 주신 가람기획 실장님 이하 직원 여러분께 감사의 마음을 전한다.

이강혁

차례

제1장
'살아 있는 박물관' 라틴아메리카

LATIN AMERICA

아메리고의 땅:
아메리카

94배와 15%, 그리고 33개국

라틴아메리카는 그 면적이 한반도(약 22만 제곱킬로미터)의 94배인 2,057만 제곱킬로미터로써 전 세계 지표면의 15%를 차지하는 넓은 대륙이다. 인구는 4억 7,000만 명으로 전 세계 인구의 8%를 차지하고 있다. 총 길이는 북쪽의 멕시코 최북단에서부터 대륙의 최남단까지 1만 2,500킬로미터(서울 - 부산의 약 270배)에 이른다.

그렇다면 한반도의 94배, 전 세계 지표면의 15%, 총 33개국이 있는 라틴아메리카는 어떻게 탄생되었을까?

판게아에서 아메리카 대륙으로

독일의 지질학자 알프레드 베게너는 "처음에는 하나의 대륙이었던 것이 점차 분리되어 지금의 남아메리카 대륙이 되었다"는 대륙이동설을 주장했다. 이 이론은 현재의 모든 대륙이 초기에는 바다로 둘러싸인 하나의 덩어리, 즉 판게아pangaea(이는 그리스어의 '전체'를 의미하는 pan과 '대지'를 의미하는 gaia의 합성어로써 '지구 전체', '모든 땅'을 가리킨다)에서 출발하여 지금의 위치로 천천히

라틴아메리카 지도

움직여 왔다고 말하고 있다. 그 증거로 남아메리카의 동부 해안과 아프리카의 서부 해안이 조각 맞추기처럼 일치하고, 이 두 대륙에서 발견된 화석이나 식물, 광물의 종류 역시 일치한다고 말하고 있다. 따라서 지금의 아메리카 대륙은 '판게아'라는 하나의 거대한 대륙 덩어리가 북쪽의 유라시아 대륙과 남쪽의 곤드와나 대륙으로 분리된 후, 곤드와나 대륙이 다시 아프리카와 인도로 나뉘고, 마지막으로 남아메리카로 분리되었다는 것이다.

그 후 이 가설을 바탕으로 1960년대에 '판 구조론'이 나왔다. 이 이론은 지구의 표층인 대륙지각은 평균 두께가 35킬로미터, 해양지각은 510킬로미터며, 이들은 6개의 큰 판(유라시아, 아프리카, 인도, 태평양, 아메리카, 남극)과 몇 개의 작은 판(필리핀, 카리브, 코코스, 나스카 등)으로 구성되어 있고, 지구 내부에서 작용하는 힘에 의해 이들이 매년 몇 센티미터씩 움직이며, 이에 따라 화산작용과 지진 현상 같은 각종 지각변동이 일어난다고 말하고 있다. 이러한 미세한 움직임이 오랜 세월 계속되면서 남아메리카와 아프리카 사이에 대서양이 만들어지게 된 것이라고 말한다.

한편 유라시아에 속해 있던 북아메리카는, 처음에는 남아메리카와는 바다로 갈라져 있었다. 그러다가 약 350만 년 전에 카리브 판이 동쪽으로 이동하면서 파나마 육교가 생겨 두 대륙이 하나로 연결된 것이다. 또한 약 170만 년 전에 아시아 북부와 아메리카 북서부를 연결하는 연륙교인 '베링 기아Beringia'가 생겼다. 이 베링 기아를 통해서 동물들이 아시아에서 아메리카로 이동했다. 이 동물들과 함께 인류도 아메리카 대륙으로 이동하여 지금의 아메리카에 거주하는 원주민이 된 것이다.

아메리고 베스푸치

처음에는 이처럼 바다로 갈라져 있던 두 대륙이 어떻게 해서 '아메리카America'라는 동일한 명칭을 얻게 되었을까?

이는 이탈리아 출신 항해가 아메리고 베스푸치Amerigo Vespucci에서 유래했다. 그는 1499~1502년까지 스페인 탐험대의 일원으로 아마존 유역을 탐사하고 다시 남하했지만 대양으로 진출하는 길을 찾지 못했다. 그 후 베스푸치는 콜럼버스의 생각과는 달리 이곳이 인도가 아니라 '새로운 대륙'일지도 모른다고 생각했다. 항해에서 돌아온 베스푸치는 자신의 경험을 바탕으로 쓴《신대륙(Mundus Novus)》이라는 여행 일지를 출판했다. 그리고 그의 친구이자 지도 제작자였던 독일인 발트제뮐러는 자신이 쓴《세계지리 입문(Cosmographiae Introductio(1507년))》에서, 베스푸치가 탐험했던 대륙의 명칭을 '아메리고'의 이름을 사용해 '아메리카'로 불렀다. 다음은 발트제뮐러가 직접 밝힌 것으로써, 그가 '아메리카'라는 명칭을 사용하게 된 이유다.

오늘날 지구의 여러 부분(구대륙)은 광범위하게 탐험되었는데, 그중 새로운 대륙은 아메리고 베스푸치가 발견했다. 유럽과 아시아, 아프리카라는 명칭이 여자 이름에서 유래했음을 고려해 볼 때, 내가 이 네 번째 대륙의 발견자인 아메리고Amerigo의 이름을 따서 '아메리고의 땅', 즉 '아메리게Amerige' 또는 '아메리카America'라고 부르는 데 대해 그 누구도 반대하지 못할 것이다.

이처럼 '아메리카'라는 명칭은, 신대륙임을 처음으로 밝혀 낸 아메리고 베스푸치를 기념한 것이었다. 그리고 '아메리고Amerigo'가 아니라 '아메리카America'로 된 것은, 유럽Europa, 아시아Asia, 아프리카Africa 등 모든 대륙의 명칭이 '-a'로 끝나는 여성형이었기 때문이다. 발트제뮐러가 '아메리카'를 남미대륙에만 국한해서 사용했던 반면, '메르카토르 도법'의 메르카토르는 1538년 자신이 발간한《세계전도(A Map of the World)》에서 북아메리카와 남아메리카 모두를 지칭하여 '아메리카'라 표기했다. 이로써 신대륙의 이름이 '아메리카'로 완전히 굳어지게 된 것이다.

라틴아메리카의 여러 명칭

라틴아메리카는 중앙아메리카와 남아메리카를 의미하는 지리적 표현인 중남미를 비롯하여, 이베로 아메리카, 히스패닉 아메리카, 인도 아메리카, 아프로 아메리카, 인도-아프로-이베로 아메리카 등 여러 명칭으로 사용된다.

먼저 '라틴아메리카LatinAmerica'는 미국과 캐나다를 포함하고 있는 '앵글로색슨 아메리카'에 대응하는 명칭으로써 프랑스의 입김이 많이 작용해 굳어진 이름이다. 원래 프랑스는 라틴아메리카 지역에서 아이티와 가이아나, 그리고 카리브해에 있는 몇 개의 조그만 섬만을 식민지로 삼을 정도로 그 영향력이 미미했다. 그러나 프랑스는 18세기 이후 국제정치 무대에서 앵글로색슨의 영국에 맞서 라틴 세력의 대표임을 자임했다. 그리고 제2차 세계대전 이후, 프랑스에 본부를 둔 유네스코와 같은 국제기구가 이 표현을 적극적으로 사용하면서부터 '라틴아메리카'라는 명칭이 널리 사용되었다. '히스패닉 아메리카Hispanic America(또는 스페인어로 이스파노 아메리카Hispanoamérica, 여기에서 '히스패닉' 혹은 '이스파노'는 스페인의 원어식 이름인 '에스파냐'에서 나온 말이다)'는, 약 300년간 중남미 대륙이 스페인의 지배를 받으면서 언어, 인종, 종교 등에서 스페인의 영향을 받았음을 강조하는 명칭이다.

'이베로 아메리카Iberoamérica(여기서 이베로Ibero는 스페인과 포르투갈이 있는 '이베리아Iberia'반도를 의미한다)'는, 브라질을 포함한 라틴아메리카의 모든 나라가 이베리아반도에 위치한 포르투갈과 스페인의 식민 지배를 받았음을 강조하는 명칭이다.

'인도 아메리카Indoamérica'는 '미주인민혁명동맹(APRA, Alianza Popular Revolucionaria Americana)'을 결성했던 페루의 정치인 아야데라토레가 사용한 용어다. 이는 라틴아메리카에 유럽인이 침입한 지 500년 이상이 흐른 지금도, 유럽 문화와는 등진 채 자신들의 전통과 문화를 유지하고 있는 많은 원주민이 여전히 존재하고 있음을 강조하는 명칭이다.

'아프로 아메리카Afroamérica'는 노예로 끌려온 아프리카인의 역사적 발자취를 반영한 명칭이고, '인도-아프로-이베로 아메리카Indo-Afro- Ibero América'는 원주민, 아프리카인, 그리고 유럽인(스페인인과 포르투갈인)을 모두 아우르는 표현이다. 이는 "우리는 다민족, 다문화로 이루어진 대륙이다"라고 했던 멕시코의 저명한 작가 카를로스 푸엔테스의 말을 뒷받침하는 말이기도 하다.

몽골리안 루트를 따라서:
라틴아메리카에 살고 있는 사람들

몽골리안 루트를 따라서

라틴아메리카에 인간이 언제부터 살기 시작했는지 쉽게 단정할 수 없다. 그러나 많은 인류학자나 고고학자는 언어학, 인류학, 민속학, 고고학 등 다양한 연구를 바탕으로, 애초부터 사람들이 거주하고 있었다는 '자연발생설'보다는 다른 지역에서 이주해 왔다는 '이주설'에 더 무게를 두었다. 대표적인 이주설에는 '말레이-폴리네시아 이주설'과 '몽골 계통의 북부아시아 이주설'이 있다.

말레이-폴리네시아 기원설은 프랑스 인류학자 폴 리베를 중심으로 한 학자들의 주장으로, 말레이 군도 및 남태평양의 폴리네시아 사람들이 쪽배를 이용하여 태평양 해류를 타고 아메리카 대륙으로 이동해 왔다는 것이다. 태평양에 있는 이스터섬의 거석문화와 잉카의 거석문화와의 유사성이 이 학설을 뒷받침하고 있다.

또 다른 이주설은 몽골 계통의 북부아시아 이주설로서, 미국의 인류학자 알레스 흐들릭카의 주장이다. 이는 바이칼호에서 살았던 몽골족의 일부가 기원전 1만 5,000년경에 베링해협에 형성된 육교를 따라서, 또는 양 대륙을

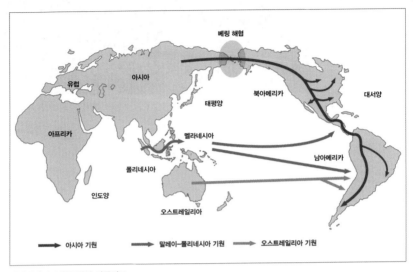

라틴아메리카 원주민의 이동경로

징검다리처럼 연결하고 있는 알류산열도를 이용하여 아메리카 대륙으로 이동, 알래스카에서부터 칠레 남단까지 퍼졌다는 것이다. 이곳 원주민에게 나타나는 엉덩이 부위의 파란색 몽고반점, 검은 머리칼, 검은 눈동자와 작은 눈, 황색의 피부, 광대뼈가 튀어나온 얼굴 등이 이 학설을 뒷받침하고 있는데, 이 몽골 계통의 북부아시아 이주설이 정설로 받아들여지고 있다.

이밖에 영국 작가 엘리엇 스미스의 '이집트 이주설'도 있다. 이는 라틴아메리카 원주민들의 태양숭배, 피라미드 건축, 미라, 365일로 된 달력 등의 사용을 근거로 들고 있다.

우주적인 인종

라틴아메리카에 살고 있는 사람에 대한 다음과 같은 농담이 있다.

가브리엘 천사가 세상을 창조하고 계시는 하나님께 "왜 이 지역(이야기하는 사람에 따라 브라질도 되고 베네수엘라도 된다)에는 풍부한 자연 자원, 수많은 강과 호수, 기름진 땅 그리고 더없이 좋은 기후 등을 주고 다른 지역에는 그 절반도 주지 않습니까?" 하고 불평했다. 이에 하나님께서 "가브리엘아, 너는 내가 이곳에 어떤 사람들을 살게 하는지 마저 보고 이야기하거라." 하고 대답했다.

이는 자연 조건이 좋은 곳인 만큼 공평을 기하기 위해 이 땅에는 '좋지 않은' 사람들을 살게 했다는 의미다. 풍요로운 자연 조건과는 달리 '좋지 않은' 사람들이 살고 있어서 미국에 비해 라틴아메리카의 발전이 더디다는 사실을 말하는 일종의 자조 섞인 농담이다. 라틴아메리카에는 이렇게 '좋지 않은' 여러 인종, 즉 원주민, 백인, 흑인 그리고 메스티소 등이 살고 있다.

먼저 원주민을 칭하는 '인디오indio'라는 용어는 본래 '인도 사람'을 의미한다. 이는 콜럼버스가 자신이 처음 도착했던 섬들이 동방의 모든 나라를 가리키는 의미를 지닌 '인디아스Indias'라고 착각해서, 그곳에 원래부터 살고 있던 주민을 지칭하는 의미의 '인디오(이는 스페인어식, 영어식으로는 '인디언')'라고 부른 데서 유래했다.

백인은 스페인과 포르투갈의 식민 통치를 시작으로 유럽 각지에서 라틴아메리카로 이주해 왔다. 그 후 이들은 19세기 초 라틴아메리카 국가들이 독립하고 1870~1910년 사이에 유럽이 정치적인 혼란을 겪으면서, 스페인, 이탈리아, 포르투갈, 독일, 유고슬라비아, 폴란드, 우크라이나 등 유럽 각지에서 이주해 왔다. 그들은 비록 수적으로는 낮은 비율이지만, 현재 국가의 모든 정치적인 권력과 경제적인 부를 독차지하고 있다고 해도 과언이 아니다. 흑인은 포르투갈 사람들에 의해 주로 아프리카 서해안에서 끌려왔다. 이들은 가혹한 노동에 못 이겨 수없이 죽어 간 원주민들의 노동력을 대신했다. 이들은 16세기 이후 3세기 동안 브라질에서, 그 후에는 카리브해에서 주로 수출용 열대작물을 재배하는 플랜테이션 농장에서 일했다.

라틴아메리카에 원래 살고 있던 원주민, 식민지 개척을 위해 온 백인, 그리고 노동력을 보충하기 위해 끌려온 흑인이 함께 살아가면서 다양한 혼혈이 태어났다. 라틴아메리카는 한마디로 '혼혈인의 땅'이라 할 수 있다. 유럽인(백인)과 원주민(인디오)이 만나 메스티소mestizo가 태어났다. 그런데 이 '메스티소'라는 말은 백인과 인디오 사이의 혼혈이면서 동시에 모든 혼혈인을 통칭하기도 한다. 메스티소들이 현재 인구의 다수를 차지하고 있는 까닭은, 스페인과 포르투갈이 자국민과 원주민 간의 결혼을 용인하고 권장했기 때문이다. 또한 라틴아메리카에서 거주하는 이베리아반도인이 본토에 와서 결혼하여 부인을 대동하고 다시 라틴아메리카로 향한다는 것이 번거롭기도 했거니와, 일찍부터 이민족과의 혼혈에 익숙해 있던 이베리아반도인이 원주민과의 결혼을 자연스럽게 받아들였기 때문이기도 하다.

그 외에 백인과 흑인의 혼혈로서 주로 사탕수수 산업이 번성했던 브라질과 쿠바 등지에 많이 살고 있는 '물라토mulato', 원주민과 흑인의 혼혈인 '삼보zambo'가 있다. 이러한 혼혈 이후의 혼혈을 나타내는 말로는 '쿠아르테론cuarterón(흑인의 피가 4분의 1이 섞인 백인)', '옥토론octorón(흑인의 피가 8분의 1이 섞인 백인)', '텐테넬아이레tentenelaire(본래 '허공에 걸려 있는'이라는 의미인데, 쿠아르테론과 물라토 사이에서 낳은 자식을 의미한다)'가 있다.

그러나 스페인과 포르투갈의 식민 지배 이후 수백 년이 흐른 지금에는, 이러한 인종 간 구별의 의미가 점차 퇴색하고 있다. 백인, 원주민, 흑인 간의 혼혈이 모든 사회계층에 걸쳐서 복잡하고 광범위하게 이루어졌기 때문이다.

멕시코의 사상가인 호세 바스콘셀로스는 이렇게 탄생된 혼혈인을 '우주적인 인종(raza cósmica)'이라 부르면서 라틴아메리카의 정체성을 그들에게서 찾으려 했다.

라틴아메리카에서 사용하는 말

라틴아메리카에서 가장 많이 사용하는 언어는 역시 스페인어다. 1492년 콜럼버스가 신대륙에 도착하기 전부터 살고 있던 원주민들은 자신들의 언어를 사용하고 있었지만, 스페인의 식민지 부왕청副王廳과 선교사들이 원주민에게 스페인어를 가르치면서 원주민의 언어는 점차 사라지고 스페인어가 그 자리를 대신했다. 스페인어 다음으로 포르투갈어가 포르투갈의 식민지였던 브라질에서 사용되고 있다.

스페인어와 포르투갈어 이외에도 라틴아메리카 일부 지역에서는 지금도 원주민의 언어가 사용되고 있다. 페루에서는 케추아어가, 파라과이에서는 과라니어가 스페인어와 함께 공용어로 사용되고 있다. 도미니카 공화국 출신으로서 문학과 언어학의 대가인 페드루 엔리케스 우레냐는, 이러한 원주민의 언어를 다음과 같이 5개 지역으로 구분하고 있다. 첫째 미국의 남쪽과 동남쪽, 멕시코, 중미 제국에는 나우아틀어, 둘째 카리브해의 섬나라들과 베네수엘라 해안과 평야, 콜롬비아 남부 지역에는 아라우아코어, 셋째 베네수엘라의 안데스 지역, 콜롬비아, 에콰도르, 페루의 서부 해안, 볼리비아의 대부분, 칠레 남쪽 지역에는 케추아어, 넷째 칠레의 대부분에는 아라우칸어('마푸체'라고도 한다), 다섯째 아르헨티나, 우루과이, 파라과이, 볼리비아의 동남쪽에는 과라니어로 구분했다.

　　그리고 라틴아메리카에는 스페인어와 포르투갈어, 원주민들의 언어 이외에 프랑스어(아이티, 프랑스령 가이아나), 영어(자메이카, 벨리스, 트리니다드 토바고, 바하마 제도, 기아나 등지), 네덜란드어(수리남 및 쿠라사오섬)가 사용되고 있다.

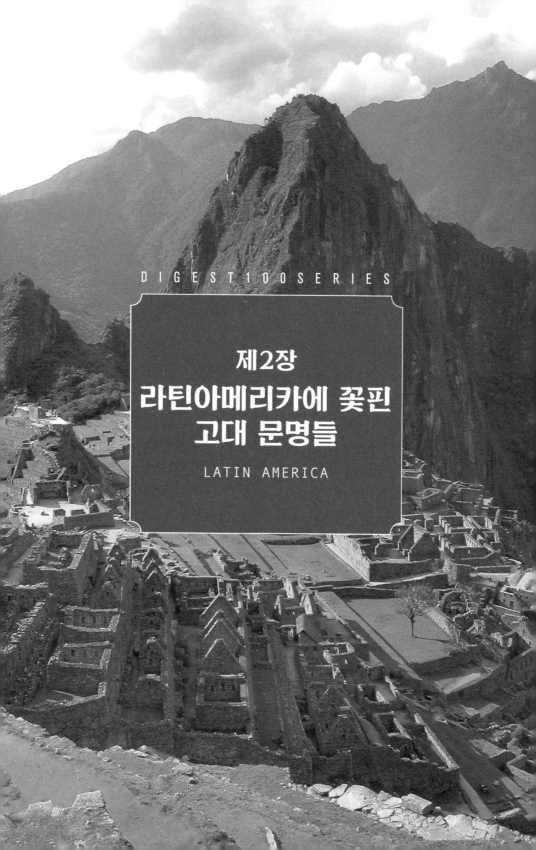

제2장
라틴아메리카에 꽃핀
고대 문명들

LATIN AMERICA

'중간' 아메리카 문명과 '계단' 문명:
고대 문명들

구석기시대와 신석기시대

기원전 1만 년에서 7,000년 사이에 지구의 온도가 상승하여 빙하가 녹고 해수면이 상승하는 등 자연환경이 급격히 변하면서, 아마존의 정글 등 오늘날 우리가 볼 수 있는 아메리카 대륙의 자연환경이 형성되었다.

보통 기원전 7,000년을 기준으로 해서 그 이전을 구석기시대, 그 이후를 신석기시대로 구분한다. 구석기인은 정교하지 못한 도구로 동물을 사냥했고 야생 식물을 채집하면서 살아갔다. 이에 반해 신석기인은 구석기인보다는 타격의 위치, 강도, 각도 등을 계산하여 더 정교한 도구를 만들었다. 농사와 도자기의 사용 역시 구석기시대와 신석기시대를 구분하는 또 하나의 기준이다.

라틴아메리카에서 본격적으로 농사가 시작된 시기는 기원전 5,000년 전후로 추정되는데, 이때 바로 옥수수의 재배가 시작되었다. 아울러 기원전 4,000년에 제작된 도자기가 지금의 에콰도르에서 발견되었다. 그 후 도자기뿐 아니라 식물성 섬유로 만들어진 광주리나 밧줄, 그물 등 다양한 생활 도구가 제작되어 실생활에 사용되었다.

고대 문명들

일반적으로 아메리카 고대 문명이 최초로 문화의 꽃을 피운 시기를 '고전기'로 하고, 그 이전의 시기를 전前고전기, 그 이후의 시기를 후後고전기라 한다.

전고전기에는 씨족국가들이 그 모습을 완전히 갖추어 정치체계가 정립되었고, 각 지방 간의 상호 교류가 활발해지고 대단위의 건축과 다양한 예술 활동이 이루어졌다. 아울러 기술과 과학에 대한 지식이 괄목할 만한 수준까지 도달했다. 여기에 속하는 대표적인 문명으로는 메소아메리카(이는 멕시코의 동부와 남부를 포함해서, 과테말라와 벨리스 및 엘살바도르 전 지역, 온두라스의 서부와 남부, 그리고 남쪽으로는 코스타리카 등 중앙아메리카의 태평양 연안 지역을 모두 포함한다) 지역에서는 올멕 문명, 안데스 지역에서는 차빈 문명을 들 수 있다.

이렇게 최초로 국가 형태의 틀을 완성한 전고전기가 기원 원년을 전후하여 서서히 쇠퇴하고, 아메리카 문명이 꽃을 피웠던 고전기가 도래했다. 고전기의 대표적인 문명으로는, 메소아메리카 지역의 테오티와칸 문명과 안데스 지역의 티아우아나코 문명을 들 수 있다. 하지만 이 문명들은 서기 700년 이후부터 1,000년 사이에 급격히 몰락하고, '후고전기'의 대표적 문명인 메소아메리카 문명군과 안데스 문명군이 등장했다.

메소아메리카 문명

메소아메리카에서 '메소Meso'는 그리스어로 '중간' 또는 '중앙'이라는 뜻을 가진 말로써, 보통 메소아메리카는 '멕시코를 포함한 중앙아메리카 일대'를 뜻한다. 이들 지역의 많은 부족은 서로 다른 문화를 지니고 있었고 상호 간에 소통이 불가능한 언어를 사용했지만, 서로 교역을 하거나 전쟁을 하는 등 활발히 교류했다. 이런 과정 속에서 형성된 문명이 바로 메소아메리카 문명인데, 여기에는 우리에게 잘 알려진 마야 문명과 아스텍 문명이 있다. 마야 문명은 기원전 500년부터 스페인 사람들이 침입한 16세기 전반까지 과테말라, 온두라스, 엘살바도르, 멕시코의 유카탄반도 등지에서 흥망성쇠를 거듭하면서 존재했다. 아스텍 문명은 지금의 멕시코 중앙 고원 일대에서 13,

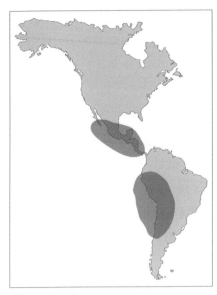

메소아메리카문명과 안데스문명

14세기를 전후하여 꽃피웠다.

안데스 문명

'안데스Andes'라는 말은 산비탈에 만들어진 계단식 밭을 가리키는 스페인어 'andenes'에서 유래했다고도 하고, 잉카 제국의 4개 지역 중 동쪽 지역을 가리키는 '안티수유'의 'Anti'나 케추아어에서 '산꼭대기'를 의미하는 'anti'에서 유래했다고도 하는 등, 그 이름의 유래에 대해서는 여러 가지 설이 있다.

안데스 문명은 크게 태평양 연안을 따라 발전한 해안 문명과 고도가 높은 안데스의 산악 지역에서 발전했던 고지대 문명으로 나눌 수 있다. 이들 중에서 가장 대표적인 것이 잉카 문명이지만 잉카 문명 이전 또는 거의 같은 시기에 다른 지역에서도 많은 문명이 번성했다. 해안 문명의 대표적인 것으로는 파라카스 문명, 나스카 문명, 모체 문명 등이 있고, 고지대 문명으로는 차빈 문명, 티아우아나코 문명, 잉카 문명 등이 있다.

그들의 삶

메소아메리카와 안데스 지역에서는 기원전 2,000년경에 농경사회가 형성되었다. 메소아메리카 지역에서는 옥수수나 콩류, 호박, 고추, 감자, 토마토 등이 재배되었다. 특히 멕시코 오악사카 지방에서 야생 옥수수가 이미 오래 전부터 재배되었던 것으로 추정된다. 안데스 지역에서는 옥수수, 감자, 호박, 콩류, 고추, 유카 등이 재배되었다.

이들은 주어진 자연환경을 이용하여 농사를 지었다. 메소아메리카 지역에서는 수경水耕재배인 치남파스Chinampas, 안데스 지역에서는 험준한 산지 지형을 이용한 계단식 농법과 인공수로를 활용한 농사법들이 사용되었다. 특히 안데스 지역에서는 파종할 때 씨를 뿌릴 구멍을 만들기 위해서, 곧고 긴 나뭇가지를 잘라 한쪽을 필요에 따라 뾰족하게 만든 '코아'라는 도구가 사용되었다.

농업의 발달에 비해 가축사육은 그리 활발하지 않았다. 메소아메리카에서는 닭이나 칠면조 등을 단순히 식용으로만 사육했고, 안데스 지역에서는 낙타과의 야마, 알파카, 비쿠냐, 쿠이 등을 사육하여 그 가죽과 털, 고기, 우유 등을 얻었으며, 이들 중 일부는 운송수단으로 이용되었다. 그리고 페루 해안의 남쪽에서 북쪽으로 향하는 훔볼트 해류의 풍부한 어류자원도 이들의 삶에 중요한 역할을 했다.

메소아메리카 최초의 문명:
올멕 문명

고무가 나는 곳에서 사는 사람들

올멕 문명은 기원전 12세기에서 서기 2세기경을 전후로 해서 멕시코 동쪽의 멕시코만을 중심으로 발달한 것으로써, 메소아메리카 지역에서 가장 오래된 문명이다. '올멕'은 원주민 언어인 나우아틀어로 '고무가 나는 곳에서 사는 사람들'이라는 뜻이다. 이들이 살고 있는 곳은 멕시코의 다른 지방과는 달리 강수량이 많아서 홍수가 자주 발생했다. 이러한 자연환경으로 인해 농업 기반은 매우 취약했다. 또한 관개에 대한 지식도 없어서, 몇 년이 지나 경작지가 생산성이 없다고 판단되면 새로운 땅을 찾아 나설 정도였다.

이렇게 농업기술이 미약한 올멕인은 필요한 물품을 다른 지역에서 들여오고 또 자신들의 생산물을 파는 무역에 주로 종사했다. 그뿐만 아니라 이러한 교류를 통해서 자신들의 종교까지 다른 민족에게 전하기도 했다.

올멕인의 신체적 특징은 돌비석에 새겨진 인물 조각상을 통해서 유추할 수 있다. 이들은 키가 작고 몸은 약간 뚱뚱한 편이었으며 머리는 동그란 형이었다. 코는 작고 넓었으며 입술은 두껍고 눈은 찢어져 있어서 몽골 계통임을 추정할 수 있다.

메소아메리카의 어머니 문명

올멕인은 라벤타, 산로렌소, 트레스사포테스 등 이 세 지역을 중심으로 살았다. 이 중 산로렌소는 비록 거대한 중앙집권적인 국가의 수도는 아니었지만, 종교, 경제, 정치의 중심지 역할을 하면서 주변 지역에 살고 있는 주민들을 통치했으며, 그곳에서 나는 천연자원에 대한 소유권을 행사했다. 산로렌소의 통치자들은 많은 공공사업을 벌였으며, 흑요석, 철광, 운모, 조개껍데기, 보석류, 의식용 물품 등의 수입에도 관여했다. 산로렌소에 이어서 라벤타가 올멕 문명 최대의 중심지가 되었다. 라벤타 역시 공공건물에 있어 그 규모와 형식 면에서 산로렌소를 압도했다.

이들 지역을 중심으로 형성된 올멕 문명은 천문학, 문자, 역법, 종교, 건축, 조형예술 등이 고도로 발달하여 올멕 문명 이후에 나타나는 여러 문명에 큰 영향을 끼쳤다. 따라서 올멕 문명을 메소아메리카의 '어머니 문명'이라 부른다.

거대한 두상

"올멕 예술은 돌에서부터 샘솟는 생각으로 거대한 석조 두상을 창조한다"라고 할 정도로 올멕인은 돌을 사용한 역동적인 이미지 창조에 뛰어난 능력을 보였다. 올멕인은 특히 환자, 난장이, 꼽추, 머리가 기형인 사람 같은 신체적 결함이 있는 사람을 즐겨 조각했다.

올멕인의 대표적

올멕 문명의 거대한 석조 두상. 이는 메소아메리카 최초의 문명인 올멕 문명의 대표적인 것으로 무게가 무려 16톤이나 된다.

인 작품으로 13개의 거대한 석조 두상이 있는데, 그 하나의 무게가 자그마치 14톤이고 가장 긴 것은 3미터에 달한다. 대부분 두상의 모습은 토실토실한 편이고, 눈은 상당히 동양적인 요소를 갖추고 있으면서도 흑인을 연상케 하는 두꺼운 입술을 지니고 있다. 이마 윗부분에 두른 일종의 투구로 보이는 띠가 있는데, 이 두상은 귀족이나 전사戰士, 혹은 죽은 이를 기리는 것이나, 신들을 묘사한 것으로 간주하기도 한다.

그런데 올멕인이 살았던 곳은 강수량이 많은 매우 습한 지역이었기 때문에 바위가 없었다. 따라서 이들은 이웃의 화산 지역에서 돌을 옮겨 거대한 두상과 제단, 비석, 기념 석주 등을 정교하게 조각했다.

인간 – 재규어

재규어는 중미 전 지역과 남미 중북부에 서식하며, 올멕 문명 이외에도 잉카 문명 등의 라틴아메리카 고대 문명에서 공통적으로 숭상되는 동물이었다. 이 재규어는 올멕 예술의 주된 테마 중 하나였다.

올멕인은 자신들의 모든 열정을 짙은 눈썹, 날카로운 발톱, 얼룩무늬를 지니고 있는 이 재규어에 쏟았다. 그래서 사람의 모습과 합쳐 놓은 '인간-재규어' 즉 반인半人-반半재규어상이라는 새로운 형태를 탄생시켰다. 이는 인간의 삶이 그 인간의 또 다른 자아인 어떤 동물의 운명과 결합되어 있다고 믿는 메소아메리카 문명의 주술 신앙을 나타내고 있다. 이 신앙에 등장하는 재규어는 동물임과 동시에 부분적으로 신격화된 존재며, 더 나아가 영혼을 지닌 존재였다. 올멕인은 이 '인간-재규어'상을 바위나 도끼 등에 조각했다.

신들이 계신 곳:
테오티와칸 문명

신들의 도시

올멕 문명에 이어 서기 2세기경 테오티와칸 문명이, 지금의 멕시코시티에서 북동쪽으로 약 50킬로미터 떨어져 있는 멕시코 중부 고원 지역에 등장했다. '테오티와칸'이라는 말은 '신神들이 계신 곳' 혹은 '신으로 되는 곳'을 의미한다. 전설에 의하면 5개의 태양 중 3개는 이미 사라지고 네 번째 태양이 테오티와칸을 비추다가 죽었는데, 신들에게 경배를 드리던 인간도 모두 죽게 되었다고 한다. 절망에 빠진 신들은 테오티와칸에 모여 의논한 끝에 신들중 하나는 태양으로, 또 다른 하나는 달로 변하기로 결정했다. 이때 변한 태양과 달이 지금까지 살아서 비추고 있다는 것이다.

지금도 테오티와칸에는 거대한 규모의 달의 피라미드와 태양의 피라미드가 남아 있다. 가장 규모가 큰 피라미드는 밑면이 22제곱미터고 높이는 약 65미터인데, 이를 완성하는 데 연간 약 1만 명이 동원되었고 20년이 걸렸다고 한다. 이 도시의 총 면적은 20제곱킬로미터며, 전성기인 서기 350~650년경에는 인구가 약 20만 명을 상회했다. 당시에 거대 도시였던 콘스탄티노플을 제외하고는 유럽의 그 어떤 도시도 인구가 2만 명을 넘지 않았다는 사실을 생각해 볼 때, 20만 명의 인구를 거느렸던 테오티와칸의 규모가 얼마나 컸는지 짐작할 수 있다.

국제 교류의 도시

테오티와칸 문명사회의 가장 기본이 되는 단위는 가족이었다. 이 가족이 모여 마을을 형성했고 이들 마을이 4개의 거대 지역을 형성했다. 이러한 가족-마을-거대 지역의 행정체계 정점에는 왕족이 있었는데, 이들은 권력과 지식을 독점했고 제사장의 특권을 누렸다. 그 아래 계층은 대大상인, 군인, 소小상인의 순으로 구성되었다. 이처럼 테오티와칸은 여러 가지 사회계층으로 나누어진 도시사회로서 주변 지역의 종교와 정치의 중심지 역할을 했다. 특히 테오티와칸은 대규모의 무역을 통해서 주변 부족들과 활발히 교류했다. 북쪽으로는 현재 미국의 남부 지역과 남쪽으로는 과테말라와 온두라스를 연결하는 중미 지역에 이르기까지, 당시의 많은 도시가 테오티와칸과 교류를 가졌다. 이러한 교류는 멕시코 중앙 고원에서 생산되는 중요 산물인 흑요석과 도자기류 등이 각 지역으로 널리 전파되는 계기가 되었다. 이는 이들의 토기나 공예품이 멕시코 중남부에 위치한 오악사카의 몬테알반이나 유카탄반도의 페텐과 같은 지역에서도 발견되었다는 사실에서 입증되었다. 아울러 태양의 피라미드 뒤편에 있는 주거지역에서 여러 지역의 다양한 특색과 전통을 그대로 간직하고 있는 도자기와 생활용구가 많이 발견되었다. 이는 테오티와칸 문명이 중미와 북미의 여러 지역을 연결하는 중간자 역할을 수행했다는 사실을 보여준다.

이유를 알 수 없는 멸망

테오티와칸은 메소아메리카에서 막강한 영향력을 지녔음에도 불구하고 서기 650년에서 700년 사이에 급격하게 쇠퇴했다. 쇠퇴의 원인이 외부의 침략 때문인지, 테오티와칸의 내부 문제 때문인지는 정확하게 알 수 없다. 다만 외부 침략자들이 도시를 불태우고 노략질을 자행한 흔적이 남아 있을 뿐이다. 침략자들은 제사장 궁궐의 지붕뿐 아니라 신의 모습이 조각된 석주들을

테오티와칸에 있는 달의 피라미드. 전성기에는 20만 명의 인구가 살았는데, 이는 당시 유럽 대부분의 도시가 2만 명을 넘지 못했던 것을 생각하면 그 규모가 얼마나 컸는지 짐작할 수 있다.

파괴했고 그 석주들을 구덩이에 파묻었다. 달의 피라미드에 있는 계단도 파괴했으며 수많은 보물이나 조각품을 훔쳐 가기도 했다.

이러한 외부의 침략과 함께 내부적인 분열도 있었던 것으로 보인다. 지배층은 신들을 대리하여 절대 권력을 가지고 통치했는데, 이는 오히려 지배층에 대한 일반 주민의 반발을 야기하여 결국 테오티와칸의 멸망으로 이어졌다는 추측도 있다. 테오티와칸의 멸망은 주변 부족들에게 연쇄반응을 일으켜 오악사카 지역에 있는 몬테알반의 멸망을 가져왔다.

톨텍의 등장

테오티와칸 문명이 멸망한 후, 멕시코 중부 고원 지역에서는 촐룰라, 호치칼코, 툴라 등 세 도시가 서로 주도권 전쟁을 벌였다. 이 전쟁에서 승리한 툴라는 멕시코 분지의 북부와 중앙에서 패권을 장악했는데, 이들이 바로 8세기에서 12세기 말까지 자신들의 문명을 일구었던 톨텍족이다.

여러 부족으로 구성되어 있던 톨텍족은 각 부족마다 독특한 전통과 제례 의식을 행했다. 이들이 섬겼던 많은 신 중에서 케찰코아틀이 대표적인 신이다. 이 신은 인간에게 도구를 주었고, 비취를 연마하는 법, 깃털을 엮는 법, 옥수수를 경작하는 법 등을 가르쳐주었다. 이 신은 후에 톨텍족을 계승한 아스텍 제국의 신앙으로 굳어지게 되었다. 또한 톨텍족은 태양이 인간의 피와 심장으로 유지가 되지 않으면 세상은 멸망한다고 믿었다. 이를 방지하기 위해 이들은 다른 종족과 전쟁을 벌여 포로를 잡아서 그들의 피와 심장을 태양에게 바치는 의식을 치르기도 했다. 물론 이러한 전쟁에는 종교적인 목적뿐만 아니라 정치, 경제, 군사적인 목적도 함께 있었다.

톨텍족은 옥수수, 카카오, 면화, 콩, 고추, 고구마 등을 경작했으며, 여러 가지 깃털로 방패와 장신구를 멋지게 장식하는 훌륭한 장인이었다. 또한 이들은 축조한 건축물에 다양한 회화나 벽화, 조각 등으로 장식했다.

그런데 12세기경 치치멕족이 침입했다. 이에 일부 톨텍인은 툴라를 떠나 멕시코 계곡으로 이주하여 그곳에 새로운 도시국가를 세웠다. 여기에는 톨텍족의 후예뿐만 아니라, 북쪽 대평원 지대에서 이주해 왔던 나우아틀어나 오토미어를 사용하는 유목민도 포함되어 있었다. 톨텍족의 또 다른 부류는 푸에블라 계곡의 촐룰라로 이주하거나 마야 문명의 세력권인 유카탄반도의 치첸이트사까지 이주하기도 했다.

한편 툴라를 정복한 치치멕족은 야만족이었기 때문에 톨텍족의 모든 관습과 종교를 그대로 이어받았다. 그러나 1세기 후 이 톨텍-치치멕족은 신흥 세력인 아스텍 제국에 패망했다.

아스틀란에 사는 사람들:
아스텍 문명 1

선인장, 독수리 그리고 뱀

섬에 세워졌다는 수수께끼의 도시국가 아스틀란에 살았던 아스텍족은, 자신들의 수호신이자 전쟁과 정복의 신인 우이칠로포크틀리의 인도를 받으며 멕시코 중앙 고원으로 향했다. 나우아틀어를 사용했던 아스텍족은, 그들의 신이었던 우이칠로포크틀리의 명령에 따라 '아스텍'이라는 말을 '멕시카'로 바꾸었다.

남쪽으로 내려온 아스텍족은 차풀테펙(메뚜기의 언덕)에서 잠시 머문 후, 자신들을 환대했던 쿨우아칸의 세력권으로 1299년경에 이동했다. 이는 그곳에서 창궐하던 독사들이 아스텍족을 남김없이 물어 죽이기를 바랐던 쿨우아칸의 음모였다. 그러나 그들의 속셈과는 달리 아스텍족은 독사들을 잡아먹으면서 톨텍 문명을 바탕으로 자신들만의 문화를 만들어 나갔다.

그들은 기나긴 대장정 끝에 마침내 작은 섬에 도착했는데, 이 섬이 바로 자신들의 수호신 우이칠로포크틀리가 가리켰던 곳이었다. 그 수호신은 아스텍족에게 날아가는 독수리를 가리키며 "저 독수리가 뱀을 물고 선인장 위에 앉는 곳에 정착하라"는 말을 했다. 아스텍족은 멕시코 계곡에 있던 5개의 커

멕시코의 문장. 이 문장은 아스텍족이 지금의 멕시코시티에 정착한 계기가 되었던 수호신의 계시, 즉 "독수리가 뱀을 물고 선인장 위에 있는 곳에 정착하라"는 데서 유래하였다.

다란 호수 중 하나인 텍스코코라 불리는 한 호숫가의 작은 섬에서, 신의 계시와 일치하는 장소(이곳은 지금의 멕시코시티 중 앙광장인 소칼로Zocalo다)를 발견했다. 그리고 수호신의 말대로 그곳에 '테노치티틀란'을 건설했다. 이것이 서기 1325년의 일이다.

현재 공식적으로 사용되는 이름인 '멕시코'가 바로 이 '멕시카'라는 명칭에서 유래된 것이다. 멕시코는 이 기원 설화에 바탕을 둔 '선인장 위에 독수리가 뱀을 물고 앉아 있는 모습'을 국기나 동전, 그리고 각종 증명서에 많이 사용하고 있다.

거미줄의 중심 – 삼각동맹

아스텍족이 정착한 멕시코 계곡에는 테파넥족의 아스카포찰코가 막강한 위세를 떨치면서 그 지역을 장악하고 있었다. 이 강력한 아스카포찰코에 대항할 수 있는 유일한 경쟁자는 텍스코코였다. 텍스코코는 점차 주변의 부족들을 받아들이면서 '아메리카의 아테네'라는 칭호를 들을 정도로 중심적인 역할을 했다.

아스텍족은 1428년에 텍스코코, 타쿠바와 삼각동맹을 결성해서 아스카포찰코를 몰아내는 데 성공했다. 그 후 이 삼각동맹은 거대한 거미줄 같은 구조를 이루는 '아스텍 제국'으로 발전했다. 이 거미줄의 중심에는 바로 삼각동맹이 있었다. 이들은 비록 효율적인 운송수단이나 문자 체계와 같은 의사소통 수단이 없었지만, 수천 개의 지역이 결혼동맹이나 상호 간의 원조를 통해서 또는 강압적인 관계를 통해서 체계적으로 연결되어 있었다.

1440년, 삼각동맹의 한 축을 이루는 멕시카(아스텍)의 목테수마 1세가 아스텍 제국을 통치했다. 그의 통치 기간 중에는 메뚜기 떼의 엄습, 홍수, 한파, 흉년 등 천재지변이 잇따라 발생했다. 목테수마 1세는 이러한 재앙들이 신의 노여움 때문에 발생한 것이라고 믿었고, 신의 노여움을 풀기 위해 멕시코만 동쪽 지역이나 푸에블라 계곡에 사는 민족들과 전쟁을 벌여 신에게 바칠 포로들을 잡아들였다.

아스텍인에게는 전쟁에서 포획해 제물로 바치는 이 포로들이 적이 아니라 신에게 보내는 사자使者였다. 따라서 전쟁은 신명 나는 놀이판이자 다음 전쟁에 대비한 정규 군사훈련이며, 이 세상을 지속시키기 위해 정성스럽게 마련하는 제식이었다. 이러한 이유 때문에 다른 민족과의 전쟁을 '꽃의 전쟁'이라고 부르기도 했다. 1468년에 목테수마 1세가 세상을 떠났지만 아스텍족은 그 후에도 지속적으로 주변의 여러 부족에 대한 정복 활동을 해 나갔다.

1502년 목테수마 2세가 왕위에 올랐을 때, 제국의 영토는 과테말라 국경까지 확장되었고 정치체제는 절대군주제로 바뀌었다. 목테수마 2세는 선대의 왕들이 정복하지 않은 지역을 복속시키고 자신에게 공물을 바치게 했다. 이처럼 광범위한 지역에 세력을 떨쳤던 아스텍 제국은, 목테수마 2세의 통치 기간 동안 1만 명이 넘는 주민이 사는 도시국가만도 약 12개에 이르렀고, 수도 테노치티틀란의 인구가 약 15~30만 명에 달했다.

제국을 움직이는 원동력이자 멸망의 씨앗 - 공물

이 거대한 아스텍 제국을 받쳐 주던 원동력은 정복한 주변의 도시국가들이 바치는 공물이었다. 이 공물들은 끝이 보이지 않는 긴 행렬의 짐꾼에 의해서 아스텍의 수도인 테노치티틀란으로 집결되었다. 해마다 징수하는 공물의 목록에는 그 종류와 수량이 기록되어 있는데, 수만 톤에 달하는 식량과 10만 벌이 넘는 의류, 3만 꾸러미 이상의 깃털, 그리고 상당량의 귀금속과 희귀한 동물 등이 포함되어 있었다.

이러한 공물은 대부분 행사와 제식을 호사스럽게 치르는 데 사용되었다.

이는 당시 아스텍 제국이 노동과 종교의식을 구분하지 않는 사회이자, 1년 내내 행사와 제식이 거행되는 사회였기 때문이다. 또 공물의 일부는 행정 조직을 유지하거나 주민의 생계와 전쟁 비용을 충당하는 데 사용되었다. 정복된 도시국가들은 이러한 공물과 함께 테노치티틀란의 대규모 토목공사에 동원될 노동력도 제공해야 했다. 물론 아스텍 제국은 노동력을 제공한 도시국가에게 전리품을 나누어 주기도 했고, 국경 수비를 담당하는 도시국가들에게는 공물의 납부를 면제시켜 주는 등 유화정책을 펴기도 했다.

이처럼 아스텍 제국은 주변의 도시국가들에게 전쟁과 유화정책을 병행하면서 엄청난 양의 공물과 노동력을 획득했다. 이와 함께 아스텍 제국은 결혼동맹을 통해 밀접한 관련을 맺고 있던 일부 도시국가들에게 공물의 일부를 분배했다. 이들 도시국가의 군주들이 테노치티틀란을 방문하고 떠날 때에는 마차에 호사스런 선물이 가득 찼다. 따라서 아스텍 제국은 이러한 충성에 대한 대가를 제공하기 위해 더 많은 공물을 필요로 했다. 많은 희생을 치르더라도 끊임없이 더 먼 곳, 더 위험한 곳으로 원정을 나가야 했던 것이다. 이는 주변 도시국가들의 반란과 분노를 불러일으킬 뿐이었다.

결국 이러한 과정 속에서 얻은 공물과 노동력은 아스텍 제국을 받쳐 주는 중요한 요소임과 동시에, 통치에 대한 부담을 더 가중시킴으로써 제국의 멸망을 재촉하는 씨앗이기도 했다.

구경거리의 사회:
아스텍 문명 2

인신공양

아스텍족은 자신들이 섬기는 신이 불멸의 존재가 아니라 자신의 몸을 희생하여 이 우주와 인간을 창조했다고 생각했다. 또한 이 신이 창조한 우주가 지속적으로 그 생명을 유지하기 위해서는, 인간 역시 '생명력의 원천'인 인간의 심장에서 나오는 피를 신들에게 바쳐야 한다고 믿었다. 그래야만 신들이 이 우주의 생명을 계속 유지시키고 정기적으로 비를 내리게 해서 자신들의 토지를 비옥하게 할 수 있다고 생각했다.

따라서 아스텍족은 보다 많은 포로를 획득하여 신들의 생명을 유지시켜야 한다는 절체절명의 사명감을 갖고, 정복 전쟁을 통해 1년에 무려 2만 명에 달하는 포로를 신에게 바쳤다. 수도 테노치티틀란 중앙 광장에서 수천 명의 사람이 한꺼번에 신에게 바쳐졌다거나, 어떤 인신공양 의식에 희생될 사람들이 도시 외곽까지 줄을 서서 자신의 차례를 기다리는 데만도 며칠이 걸렸다고 하는 믿기 어려운 이야기도 전해져 온다.

이처럼 '역사상 유례를 찾을 수 없는 인간 도살'이었던 인신공양은 대규모의 제사 의식을 통해 거행되었다. 제사 의식이 진행될 때 사제들과 희생자들

아스텍 문명의 인신공양. 제물이 되는 포로는 더는 적이 아니라 신에게 보내지는 사자使者였다. 그래서 제물의 복장은 마치 신의 복장처럼 화려했다.

은 신의 형상을 하고 등장했다. 이는 신과 인간이 한 몸에 결합됨으로써 제사 의식을 지켜보고 있는 군중 앞에 신적 권능을 구체적으로 보여주기 위함이었다.

인신공양은 제물로 바쳐질 사람들을 제단에 발가벗긴 채 한 줄로 늘어서게 하는 것으로 시작되었다. 두 사람의 집행자가 제물이 된 사람의 다리를 각각 하나씩 잡고, 다른 두 사람은 각각 손 하나씩을 붙들었으며, 또 다른 한 사람이 뾰족한 돌을 찔러 그의 등을 고정시켰다. 그러고서 또 다른 한 사람이 그의 목에 목걸이를 던지고, 최후의 집행자가 흑요석으로 만든 끝이 뾰족하고 넓적한 칼로 그의 가슴을 절개했다. 그리고 손으로 심장을 꺼내 김이 모락모락 나는 심장을 태양을 향해 들어 보이고 그 온기를 태양에게 바쳤다. 그리고 꿀로 반죽된 근대와 옥수수나무로 만든 우상의 얼굴을 향해 그 심장을 집어던지는 것으로 의식을 끝냈다. 그러고는 희생된 사람의 몸을 층계로 굴렸다. 이러한 방식으로 늘어선 모든 사람을 제물로 바쳤다. 이러한 제사 의식을 통해 수많은 포로의 목숨을 빼앗는 일은 중요한 통치 수단 중 하나였다. 공포라는 수단을 통해서 그들을 쉽게 통치할 수도 있었고, 정복한 지역의 위험한 인물들을 처형할 수도 있었다.

이와 같이 아스텍 제국의 사회는 정복한 자의 잔인함과 냉혹함을 통해서 거창한 볼거리를 제공했던 '구경거리의 사회'였다.

아메리카의 베니스 – 테노치티틀란

아스텍족이 건설했던 테노치티틀란은, 멕시코의 중앙 고원에 자리 잡은 해발 2,200미터의 대분지에 있는 두 섬과 텍스코코 호수에 인공적으로 만들어진 섬에 건설되었다. 이 도시는 3개의 수로로 연결되어 있었다. 호수 주변에는 여러 도시국가가 건설한 화려한 신전이나 궁전이 있었다. 이 테노치티틀란은 총 면적 12~15제곱킬로미터의 섬으로, 중앙에는 한 변이 500미터쯤 되는 정사각형 구역 안에 아스텍족의 신들을 모시는 대신전을 비롯한 크고 작은 신전이 있었다.

후에 스페인의 정복자 에르난 코르테스가 국왕에게 쓴 보고서에서 이 테노치티틀란의 위용을 알 수 있다.

> 이 테노치티틀란이라는 대도시는 호수 안에 건설되었고, 육지에서 시내까지는 어느 방향에서 들어가더라도 2레구아 거리입니다…. 이 도시는 세비야나 코르도바처럼 크며 주요 도로는 아주 넓고 곧게 뻗어 있습니다.
>
> 이 도시에는 광장이 많은데 그곳에서는 시장이 계속 열려 상거래가 이루어지고 있습니다. 살라망카시의 2배쯤 되는 대규모 광장도 있습니다…. 그곳에는 매일 6만 명이 넘는 사람이 모여 국내에서 생산되는 모든 종류의 상품을 사고팝니다.
>
> 이 도시에는 너무도 아름다운 사원과 우상을 안치한 신전들이 많습니다…. 대단히 높고 아름다운 탑이 40개 정도 있으며, 가장 높은 탑은 꼭대기까지 50단이나 됩니다. 이것은 세비야 대성당의 탑보다 훨씬 높습니다.

그런데 이렇게 거대한 위용을 자랑했던 테노치티틀란은 섬이라는 공간의 한계로 식량문제가 심각해졌다. 아스텍족은 이를 극복하기 위해서, 갈대를 엮어 만든 틀을 호수 밑바닥에 말뚝으로 단단히 고정시킨 후, 그 위에 흙을 덮어서 인공섬을 만들었다. 그리고 이곳에 옥수수, 콩, 고추, 호박 등을 경작했는데 이러한 경작법을 치남파Chinampa라고 했다. 이 농법은 바둑판처럼 구획을 이룬 땅 사이로 수로를 만들어, 마치 농사짓는 땅이 물 위에 떠 있는 것처럼 하여 물속에 있는 많은 영양분이 땅으로 쉽게 스며들게 하는 수경 농법이었다. 이 농법은 생산성이 매우 높아서 1년에 7경작까지도 가능했다.

아울러 테노치티틀란은 섬이라는 지리적 특수성 덕분에 외적 침입을 걱정할 필요가 없는 천연 요새였다. 치남파스 덕분에 섬과 뭍이 연결되어 있었고 수로에서는 배를 교통수단으로 활용했다. 이런 까닭으로 스페인의 정복자들은 이 도시를 '아메리카의 베니스'라고 불렀다.

태양석

1790년, 멕시코시티의 시청 공사 도중에 거대한 원형석 태양석이 발굴되었다. 이 태양석은 무게가 24톤 이상에 직경이 3.5미터에 달했다. 이것은 대신전에 설치할 목적으로 1479년에 완성되었다. 하지만 1521년 스페인의 정복자들이 이 태양석이 상징하고 있는 아스텍인의 신앙 체계를 파괴하고 자신들의 종교인 가톨릭을 전파할 목적으로, 멕시코시티의 대광장 부근에 묻어 버린 것이다.

이 태양석의 중심에는 인간의 심장과 피를 요구하며 혀를 내밀고 있는 태양이 새겨져 있다. 아스텍인은 세계가 52년을 주기로 하여 파괴되고 다시 만들어진다고 믿었다. 첫 번째 원 안에는 이미 소멸해 버린 4개의 태양이 들어 있는 4개의 사각형이 있다. 이는 이 세상에 앞서 네 번의 창조가 이루어졌음을 의미한다. 첫 번째 태양은 재규어에 의해서, 두 번째 태양은 바람에 의해서, 세 번째 태양은 비에 의해서, 네 번째 태양은 대홍수에 의해서 파괴되었다. 그리고 이 태양석을 조각할 당시 아스텍인은 다섯 번째의 태양 아래 살고 있다는 것이다. 이 다섯 번째의 태양이 소멸되는 것을 막기 위해서 산 사람을 제물로 바쳤던 것이다. 아스텍인의 우주 창조론, 신화, 달력 체계를 담고 있는 이 태양석은 현재 멕시코시티의 국립인류학박물관에 소장되어 있다.

칼푸이

아스텍 제국의 사회조직은 복잡한 계층으로 구성되어 있었다. 개인은 가족에 속하고 여러 가족이 모여서 '큰 집'을 의미하는 '칼푸이Calpulli'라는 집단을 이루었다. 씨족과 유사한 성격을 가진 사회조직이었던 칼푸이는 기본적으로 토지에 기반을 둔 집단이지만 자신들의 종교의식도 행했다. 시간이 흐르면서 칼푸이는 점차 발전된 정치 구조를 띠게 되었다.

칼푸이의 장長은 일반적으로 한 씨족 내에서 가장 나이 많은 사람 중 한 명이 맡았다. 그리고 각 칼푸이를 대표하는 사람들이 모여서 아스텍 제국의 가장 중요한 의사 결정 기관인 위원회를 구성, 각 부족의 의견 수렴과 의사 결정을 했다. 이 칼푸이는 정치와 경제 등의 모든 분야에 있어서 가장 중요한 행정의 단위를 이루었는데, 처음에는 테노치티틀란에 7개가 있었으나 나중에는 20개로 늘어났다.

아스텍 제국의 경제의 기본 단위도 역시 칼푸이였다. 토지는 국가의 소유였고 각 칼푸이에게만 경작권이 주어졌다. 각 칼푸이의 장長은 토지를 받아 각 가정의 가족 수에 따라 일정한 면적을 분배하여 경작하게 했다. 분배받은 토지의 매매와 권리의 이양을 금지했고 2년 동안 계속해서 땅을 놀리지 못하게 했지만, 상속은 인정했다.

문화의 만화경:
마야 문명 1

문화의 만화경

"이 기념물들은 열대림 한복판에 엄숙하고도 조용히 서 있다. 조각품은 뛰어나고 장식도 다양해서 다른 사람들의 것과 너무나 다르다. 상형문자로 모든 것을 설명하는데, 그 내용을 전혀 해독할 수 없어 그 용도나 사용 목적, 역사는 알 수 없다. 그래서 나는 이 기념물들 자체에 대해서 어떤 의견도 제시할 생각이 없다. 그것을 바라보노라면 내 상상력이 힘겨울 정도다"

이는 19세기 온두라스에 있는 마야의 중심지였던 코판을 방문한 미국의 탐험가 존 로이드 스티븐스가 고대 마야 문명의 기념물에 매료되어 했던 찬사다. 그는 "로맨스와 경이가 가득한 계곡이며 솔로몬 왕에게 시중드는 사람들이 만든 것처럼 생각되었다"고 하면서 50달러를 주고 그 땅을 사기까지 했다.

또한 고고학자 고든 차일드는 "마야 문명이 존재했던 신세계 전체는 흥미로운 고대 문화의 발생 지역이 아니다. 즉, 그런 것은 존재하지 않았다. 실체가 없는 대단히 의심스러운 것이다"라고 말할 정도로 마야 문명의 경이로움에 대해서 찬사를 아끼지 않았다.

이처럼 마야 문명은 사람이 살 수 없을 것 같은 열대림 속에서 완벽한 문자 체계, 매우 정확한 천문학, 수학 그리고 달력을 개발한 아메리카 문명이었다. 또한 마야 문명은 무수한 실로 짜였으면서도 그 위에 여러 가지 색채가 미묘하게 혼합되어 또 다른 변종이 나타났던 일종의 '문화의 만화경'이었다.

도시국가들의 집합

마야 문명은 대부분이 열대 저지대인 멕시코 남부 유카탄반도 일대와 과테말라, 벨리세, 온두라스, 엘살바도르 서부 등을 포함한 지역에서 꽃피운 문명이다. 이 마야 문명은 아스텍이나 잉카처럼 제국의 형태가 아닌 개별 도시국가의 형태로 존재했다. 즉, 마야 제국이라는 말보다는 도시국가들의 집합이라는 표현이 옳다고 할 수 있다.

학자들마다 의견이 다르지만 마야 문명은 대개 네 시기로 구분한다.

첫째, 형성기(기원전 6~서기 4세기경)로써 이 시기에는 과테말라 고지대를 중심으로 한 지역에서 마야인이 농사를 지으며 자신들의 문화를 형성해 나갔다. 하지만 올멕과 테오티와칸 문명의 영향 때문에 자신들만의 독자적인 문명을 만들지는 못했다.

둘째, 고전기(서기 4~10세기)로써 외부의 문화적 영향에서 벗어난 시기였다. 일명 '구舊마야'라고도 하는데, 이 기간에는 인구 증가에 따른 경제적인 활동이 매우 활발했고 건축, 회화, 조각, 도자기, 천문학, 수학 등이 최고 수준이었다. 이 시기에는 과테말라의 티칼, 멕시코의 치첸이트사와 팔렝케, 온두라스의 코판 등과 같은 많은 도시국가가 있었다. 특히 고전기의 정점이었던 7세기 후반에 티칼, 팔렝케, 코판과 같은 도시가 중심 세력으로 등장하여 어느 정도 정치적인 통일을 이루었지만, 각 도시국가들은 자신들만의 관습과 제도를 유지해 나갔다. 그러나 10세기에 들어서 마야인은 대도시를 떠나 버렸고, 궁궐, 신전, 피라미드와 같은 축조물은 점차 정글 속에 묻혀 버렸다. 그 원인으로는 농토의 부족, 전염병, 지배계급인 제사장들에 대한 평민들의

과테말라 티칼에 있는 마야 유적지. 마야문명의 고전기인 7세기 후반에는 티칼과 팔렝케를 중심으로 정치적인 통일을 이루었지만, 각 지역은 자신들의 고유한 관습과 제도를 유지해나갔다. 그러나 10세기에 이르러 마야인들이 이곳을 버리고 떠나면서 도시들이 황폐해졌다.

반란, 외적 침입 등 다양한 설이 있지만 아직까지도 그 원인은 정확히 규명되지 않았다. 구마야가 붕괴된 이후 신新마야는 약 50년의 기간이 흐른 뒤에 나타났다.

셋째, 멕시코의 유카탄 시기(서기 10~13세기)로써 이 시기에는 멕시코 북부 지역의 톨텍 문명과 활발히 교류하여 마야-톨텍의 신마야 문명이 탄생했다. 이 신마야 문명은 이전의 마야 문명과 비교해서 규모나 수준 면에서 다소 뒤떨어졌으나, 치첸이트사, 욱스말, 마야판 등 세 도시를 중심으로 동맹이 결성되면서 발전해 나갔다.

넷째, 쇠퇴기(13세기~1525년, 1541년)로써 이 시기에는 마야판이 유카탄 북부를 거의 정복하면서 세 도시의 동맹은 깨지고, 마야판이 총 12개 도시를 중심으로 하여 15세기 중엽까지 이 지역의 맹주로 군림했다. 그러나 1450년경 신마야의 주요 구성원인 마야족과 이차족 간에 전쟁이 발생해 마야판의 주민이 모두 죽었으며 도시는 파괴되었다.

이러한 각 도시국가들의 내란과 전쟁으로 인해 마야 문명은 거의 붕괴되었고, 결국 1525년에 과테말라 지역이, 1541년에는 유카탄 지역이 스페인에 정복당했다.

마야인의 성서 《포폴 부》

《포폴 부Popol Vuh》는 마야 문학의 정수라는 평가를 받고 있다.

《포폴 부》는 키체족('키체'는 마야어로 '나무가 많은 곳'이라는 의미다)이 자신들의 우주관과 신앙을 기록한 자료다. 키체족은 16세기까지 과테말라 내륙에서 번성했던 마야족의 일파다. 1554년에 쓰인 원문은 없어지고, 현재 남아있는 《포폴 부》의 사본은 도미니크회 수사로서 과테말라의 치치카스테낭고 교구에 부임했던 프란시스코 히메네스 신부가 1701~1703년 사이에 스페인어로 번역한 것이다.

《포폴 부》는 주제에 따라 크게 네 부분으로 나뉜다. 첫 번째 장은 바다와 하늘에서 세상과 피조물이 창조되는 과정을, 두 번째 장에는 두 쌍의 쌍둥이가 했던 신화적 업적들을, 세 번째 장은 옥수수에서 기원한 인간을, 마지막 네 번째 장에서는 키체족의 역사와 키체 왕국의 각 지파와 가문을 묘사하고 있다.

《포폴 부》의 창조신화는 땅이 만들어지기 전의 고요하고 광활한 바다와 하늘에서 시작된다.

> 한 사람도, 한 마리의 짐승도, 새도, 게도, 한 그루의 나무도, 한 덩어리의 돌멩이도, 한 개의 구덩이도, 협곡도, 초원도, 숲도 없었다. 다만 하늘이 그곳에 있었을 뿐이다. 땅의 모습은 아직 명확하게 드러나지 않았다. 단지 하늘 아래 바다만이 가득 차 있었다. 한 덩어리로 모아진 것은 아무것도 없었다. 모든 것이 고요했다. 미세한 떨림조차 찾아볼 수 없었다. 하늘 아래는 온통 검고 적막할 뿐이었다.

적막한 고요 속에 깃털 달린 뱀 '쿠크마츠'와 하늘의 심장 '우라칸'이 서로 대화하기 시작했다. 그들은 새벽을 어떻게 시작할 것인지, 인간과 양식을 어떻게 만들 것인지에 대해 의논했다. 이러한 의논만으로도 물속에서 산과 땅이 솟아올랐고, 땅은 순식간에 사이프러스 나무와 전나무로 덮였다. 또한 창조자들은 새와 사슴, 재규어, 뱀과 같은 동물을 만들어서 이 세상을 생명으로 채웠다. 이렇게 살 곳을 마련해 준 뒤 창조자들은 동물들에게 자신들을 찬양하고 기도하면서 자신들의 이름을 불러 줄 것을 요구했다. 그러나 동물들은 말을 할 줄 몰랐다.

> 그들은 그저 꽥꽥거리고 짹짹거리고 으르렁대기만 했다. 모두 제각각 다른 소리로 떠드는데 도대체 무슨 소리를 하는 것인지 알 수 없었다.

이처럼 동물들이 제대로 말하지 못하고 자신들을 섬기지 못했기에, 창조자들은 그들이 세상을 지배하게 해서는 안 되겠다고 결정했다. 그래서 그 동물들을 앞으로 자신들을 섬기는 사람들의 먹이로 만들어 버렸다.

그다음으로 창조자들은 진흙을 가지고 1명의 인간을 빚었다. 이 피조물은 말을 하긴 했으나 전혀 의미가 통하지 않았다. 진흙으로 만들어진 몸 또한 너무 약한 데다 대충 빚어졌기 때문에 이 인간은 곧 부서지고 말았다.

신들은 이런 인간은 살아남지도 번성하지도 못하리라는 것을 깨닫고는 새로운 형태의 인간을 만들기 시작했다. 창조자들은 점쟁이들에게 자문을 구했다. 점쟁이들은 인간은 나무로 만들어야 한다는 점괘를 내놓았다. 이를 듣자마자 창조자들은 "그렇게 이루어져라"고 말했고, 즉시 세상은 나무 인간으로 가득하게 되었다. 이 나무 인간은 사람처럼 보고 말하고 번식했으나 아무 표정 없는 얼굴을 지닌 존재일 뿐, 정신과 이해력이 부족했고 창조자들을 섬기지도 않았다. 결국 창조자들은 송진松津으로 된 비를 내렸고 사나운 악령들이 나무 인간들을 부숴 버리게 했다. 대홍수와 나무 인간들의 파괴가 있은 후, 세상에는 다시 인간의 그림자가 사라지게 되었다. 여전히 신들은 자신들에게 영양을 공급하고 기도를 드리고 제물을 바칠 존재를 만들지 못했다.

쿠크마츠와 우라칸은 자신들을 숭배할 인간을 창조하기 위해서 여우, 코요테, 앵무새, 까마귀에게 산에서 노란 옥수수와 흰 옥수수를 가져오도록 했다. 그리고 그 옥수수를 갈아서 4명의 인간을 만들었다. 이전의 나무 인간과는 달리 옥수수 인간들은 지식과 지혜를 지니고 있었으며 창조자들을 알아보고 감사드릴 줄도 알았다. 하지만 쿠크마츠와 우라칸은 곤혹스러웠다. 이 옥수수로 만든 인간들은 땅끝에서 우주 끝까지 어디든 볼 수 있을 정도로 자신들과 너무도 닮은 것이었다. 이에 신들은 이들의 능력을 빼앗기로 했다. 신들은 가벼운 안개를 뿌려 인간의 눈을 흐리게 해서 가까운 것만 잘 보이게 했다. 창조자들은 인간들에게 전지전능한 힘을 부여하는 대신 4명의 아름다운 부인을 만들어 짝을 지어 주었다. 키체족의 첫 번째 혈통은 이 네 부부에서 시작되었다. 이로 인해 마야인은 자신들을 '옥수수의 후예'라고 불렀다.

365.2422일과 365.2420일: 마야 문명 2

쿠츠테엘

마야 문명은 수많은 도시국가가 각기 다른 명칭을 지니고 있었기 때문에 아스텍이나 잉카처럼 제국을 형성하지 않았다. 마야인은 문화나 경제, 기술 적인 면에서 거의 동일한 수준을 영위하고 있었으나 생활 방식은 동일하지 않았고, 언어 역시 많은 방언이 존재했기 때문에 부족끼리 서로 이해하지 못 하는 경우가 많았다.

이렇게 생활 방식이나 언어 면에서 차이가 있었지만, 마야 사회를 형성하 는 기본 단위로써 '쿠츠테엘Cuchteel'이라는 대가족으로 이루어진 촌락 구조 가 존재했다. 이는 친족관계를 중심으로 한 토지를 경작, 그리고 상호부조와 협동을 통한 자립적 경제활동을 하는 단위였다. 이 쿠츠테엘은 독자적인 의 사 결정권을 유지하면서 동맹의 형태로 더 큰 정치 단위를 구성했는데, 쿠츠 테엘의 연합체인 바타빌Batabil과 연방제적 부족국가의 형태를 가지는 쿠츠 카발Cuchcabal이 바로 그것이었다. 그러나 바타빌이나 쿠츠카발은 쿠츠테엘 에서 하기 힘든 대규모 장거리 무역, 종교의식 등 실용적인 필요에 의해 만 들어진 대행 기관의 성격일 뿐, 권력의 중앙집중적인 성격이나 강력한 대표

치첸이트사의 피라미드. 마야문명은 잉카나 아스텍 문명처럼 제국의 형태가 아닌 개별 도시국가의 형태를 띠고 있었다. 유카탄반도의 치첸이트사도 구舊마야에 속한 도시국가였다.

성을 지니고 있지 않았다.

이처럼 마야 문명이 중앙집권적인 정치형태를 가지고 있지 않았기 때문에, 스페인의 정복자들은 마야 지역을 정복하기 위해 몇 개의 부족국가(쿠츠카발)가 아닌 수많은 독립적인 씨족 단위들과 일일이 싸워야 했다.

다신 숭배

마야인은 농업에 종사하고 있었기 때문에 자연과 관련된 신들을 숭배했다. 대표적인 신으로는 태양의 신, 달의 신, 물의 신, 땅의 신, 옥수수의 신 등이 있었다. 태양의 신은 사팔뜨기의 커다란 눈에 T자 형태의 이 하나를 가진 노인의 얼굴을 하고 있다. 달의 신은 태양신의 부인으로서, 모든 동식물의 탄생, 성장 그리고 사람들의 건강과 밀접한 관련이 있기 때문에 많은 존경을 받았다. 이 신은 또한 물과 연관이 있어서 사람들은 이 신이 호수나 지하 샘에 산다고 믿기도 했다. 물의 신은 착Chac이라고 하며, 길게 늘어진 코에 이가 하나만 있거나 아주 없는 형태를 지니고 있다. 유카탄 지역에서는 건물 전면의 장식으로 이 신의 모습을 많이 이용한다. 땅의 신은 뼈만 남은 초췌한 모습으로 으스스한 분위기를 나타내는 얼굴을 가졌으며 생명이 태어나고 죽는 일을 관장했다. 인간 창조의 재료가 된 식물인 옥수수의 신은 젊은 남자의 모습을 하고 있었는데, 긴 형태의 머리는 옥수수 열매를 연상케 했다.

이렇게 복잡한 형상을 띠고 있는 신들은 마야인의 일상생활과 밀접한 관계를 맺고 있었다. 이 신들에 대한 의례를 시작하기 전이나 의례를 하는 도중에는 음식에 대한 금기와 성의 금욕이 엄격하게 준수되었다. 그리고 귀, 뺨, 입술, 혀, 성기의 일부에 상처를 내 자신의 심신을 정화하고 그 피를 신에게 바치는 자기희생 의식을 행하기도 했다. 또한 인신공양도 행해졌는데 사람보다는 점차 동물을 사용했다. 이 인신공양은 아스텍 제국에서처럼 빈번히 행해지지는 않았다.

365.2422일과 365.2420일

마야인은 세상의 모든 질서, 자연의 이치, 시간의 흐름을 관장하는 신들의 뜻을 알기 위해서 천문학과 수학에 큰 관심을 가졌다. 이는 마야인이 20진법을 사용했고 정확한 달력을 제작해 사용한 데서 알 수 있다.

마야인은 인류가 사용해 온 어느 달력보다도 더 정확하게 1년의 실제 길이를 파악했다. 1년의 실제 길이는 365.2422일이다. 현재 우리가 사용하고 있는 그레고리력은 365.2425일인 반면에 마야인의 달력에서의 1년은 365.2420일로 마야인의 달력이 더 정확하다.

이렇게 정확성을 보여주는 마야인의 달력 중 260일 주기의 '촐킨tzolkin'이라 부르는 제례력祭禮曆이 있다. 이 달력은 13개의 숫자와 20개의 이름을 조합해서 만든 260일의 달력이다. 마야인은 이 달력으로 제례 의식의 날짜를 잡고 태어나는 아이들의 이름을 지어 주었으며 또 점을 쳤다. 또 다른 달력으로는 '하압haab'이라고 하는 태양력이 있는데, 20일을 1개월로 하여 18개월로 나누고, 여기에 5일의 흉일을 합쳐서 1년을 365일로 계산했다.

360일에는 20개의 문자나 상징적인 이름을 붙였지만, 나머지 5일에는 불길한 액운이 깃든다고 생각했기 때문에 이름을 붙이지 않았다. 이 태양력은 단독으로 사용되지는 않았고 농사나 행정 업무와 관련된 일을 하는데 제례력과 함께 사용되었다.

이처럼 마야인이 정확한 달력을 사용하게 된 것은 '시간을 셀 수 있는 힘을 지닌 자는 곧 신들과 소통할 수 있는 힘을 지닌 자'라고 생각했기 때문이다. 즉, 그들은 시간을 이해하는 것이 바로 생존과 파멸의 차이를 이해하는 것이고, 시간을 지배하는 것이야말로 삶의 지속성을 확인하는 것이라고 생각했다. 때문에 이러한 정확한 달력을 통해서 시간을 지배하려 했던 것이다.

공놀이

마야인은 이 세상은 신이 사는 '하늘의 세계'와 인간이 사는 '땅 위의 세계' 그리고 인간에게 병을 주고 죽음을 주는 악신이 사는 '지하의 세계'로 구성되어 있다고 믿었다. 그중에서 땅 위의 세계가 밝음의 세계이자 긍정적인 힘이 지배하는 세계라면, 지하의 세계는 악신이 사는 어둠의 세계이자 부정적인 힘이 우세한 세계였다. 이 두 세계는 공놀이라는 시합을 통해 힘을 겨루었는데, 이는 빛과 어둠의 투쟁, 삶과 죽음의 투쟁을 의미했다. 이 시합에서 어둠의 세계가 밝음의 세계에 진다는 것은, 새벽과 아침이 밤의 어둠을 몰아내고 반드시 온다는 것을 뜻했다.

실제로 메소아메리카 전역에는 많은 구기球技장이 있다. 특히 유카탄 지역의 치첸이트사에는 메소아메리카에서 가장 규모가 큰 구기장이 있는데, 이 구기장에는 I자 모양의 150미터짜리 경기장이 있고 양쪽 끝에는 조그만 신전이 있다. 주경기장 양쪽에는 높은 축대가 있고 양쪽 벽 높은 곳에는 링이 달려 있다. 벽 아래쪽에 있는 부조물에는 구기에 관한 의식이 묘사되어 있는데 승자가 패자를 희생 의식에 바치는 장면도 있다.

이러한 형태의 경기장에서 행하는 공놀이 시합은 흔히 미래를 점치는 일종의 의식이면서 정치적인 도구였으며 오락을 겸한 행사이기도 했다.

안데스 문명과
메소아메리카 문명의 교량:
잉카 문명 이전의 남아메리카 문명들 1

몬테 베르데

칠레 남부의 침엽수림 지대인 몬테 베르데Monte Verde(푸른 산)는, 방사성 탄소 연대 측정 결과 남아메리카에서 가장 오래된 구석기시대 인류의 흔적을 찾아볼 수 있는 곳이다. 이곳에서 약 1만 3,000년 전에 사람들이 살았던 흔적이 발견되었다. 기원전 9,000년 전후에는 칠레의 티에라 델 푸에고에서 석기가 발견되었고, 기원전 7,000~6,000년경에는 구석기시대가 페루 지역에서 시작되었다. 특히 기원전 5,000년경 칠레 북쪽 해안에서 '친초로 문화'라는 매우 발전된 구석기 문화가 존재했는데, 미라를 만든 것으로 보아 이들은 사후 세계에 대한 인식이 있었고 이미 계급사회를 이루며 살았을 것으로 추측되고 있다.

기원전 5,000년경 페루 지역에서 인구가 증가함에 따라 사냥과 채취로 살던 사람들이 식량을 구하는 데 어려움을 겪기 시작했다. 그래서 사람들은 동물을 기르고 씨앗을 심으면서 개인 또는 공동의 재산을 소유하며 정착 생활을 하게 되었다.

그 후 여러 지역에서 부족들이 거주지를 정해서 살아갔다. 인구가 증가하

차빈데완타르. 이 유적지는 수도 리마에서 400킬로미터 떨어진 표고 3,400미터의 고원도시 와라스Huaras 인근에 기원전 850년경에 건설된 것이다. 신전들은 고지대 골짜기에 둥근 반지하 광장을 중심으로 펼쳐져 있다. 이곳에서 출토된 조각이나 토기의 장식에는 재규어 · 독수리 · 뱀이 의인화되어 있다. (작은 사진) 신전 석벽을 장식한 돌 두상. 원래는 신전 석벽 둘레를 돌 두상들이 설치되어 장식하고 있었으나 현재는 오직 1개만이 남아 있다.

고 사회가 조직화되면서 차빈, 파라카스, 비쿠스, 푸카라, 살리나르, 티아우나코, 우아리 같은 문명이 여러 지역에서 발생했다.

새로운 지평 – 차빈

메소아메리카에서 제일 먼저 발생한 문명이 올멕 문명이라면, 남아메리카에서는 차빈 문명이다. 이 문명은 기원전 850년경 페루의 북쪽 치클라요 해안과 카하마르카 지역까지, 남쪽으로는 이카 골짜기에서 아야쿠초에 걸쳐서 발전했다. 이는 페루의 산악 지방과 해안 지방의 약 3분의 2 정도를 포함하는 넓은 지역이기 때문에, 차빈 문명은 페루 역사에 새로운 지평을 연 문명이라고 평가받고 있다.

'차빈'이라는 말은 페루 북부 안데스산맥에 있는 대표적인 유적 '차빈 데

완타르'에서 유래했다. 차빈 문명은 고지에서 발생했다. 하지만 해발 3,000미터대의 산악 지대에서 살 수 없는 열대 지방의 고양잇과 동물, 악어, 뱀이 그들의 조각이나 토기 등에 묘사되어 있는 것으로 보아, 아마존강 유역 주민들과 관계를 맺었음을 알 수 있다. 또한 이들이 건설한 신전의 회랑 한 모퉁이에 송곳니를 드러낸 인간과 재규어의 모습을 띤 신이 등장하는데, 이는 올멕 문명과의 유사성도 나타내고 있다.

차빈 문명이 비록 문화의 시작 단계에 불과하지만, 잉카 문명을 비롯한 그 어느 시대의 유적과 유물에 비해서 그 수준은 손색이 없다는 평가를 받는다. 기원전 400년경에 이 차빈 문명은 쇠퇴했지만, 그 후 1,500년 동안 차빈 문명의 상징 및 예술성은 남아메리카 각지에서 발생된 여러 문명에 큰 영향을 끼쳤다.

안데스 문명과 메소아메리카 문명의 교량 – 치브차 문명

기원전 500년경에서 서기 1539년경까지 콜롬비아 북부 지역에 살았던 치브차족('무이스카족'이라고도 한다)은, 여러 가문의 지도자가 사제와 함께 부족을 이루고 각 부족의 대표인 카시케cacique들이 모여 5개의 독립된 동맹체를 결성했다. 이 동맹체가 결성되면서 최고 통치자, 귀족, 장인, 노예 등의 신분 계층이 형성되고 재산의 사유화 등이 생겨났다. 치브차족은 최고 지도자가 죽으면 그의 아들이 아닌 어머니의 자매(이모)의 아들이 계승했고, 자매가 아들이 없다면 그 남자 형제(외삼촌)가 통치권을 계승하는 식의 모계 중심의 세습제를 따랐다.

치브차 문명은 지역적인 특성으로 인해서 중미 지역 및 남미 대부분의 지역과 물물교환을 했다. 이들은 역시 메소아메리카와 마찬가지로 여러 신을 숭배했다. 그들은 최고신인 치미니차구아가 세상의 아버지, 어머니라 할 수 있는 해와 달의 신을 낳았고, 남자는 흙으로, 여자는 식물로 만들어졌다고 믿었다. 인신공양도 행해졌는데 그 대상에는 아이나 어른도 있었지만 결혼을 하지 않은 처녀가 대부분이었다.

모체 문명

모체 문명은 현재의 페루 북부 트루히요시 근처에 있는 모체강에서 유래했다. 모체 문명은 옥수수와 물고기, 조공을 바치러 온 사람들, 멋진 가마를 타고 단상에 앉아서 손님을 맞이하고 하인에게 명령을 내리는 귀족, 자수를 놓은 갑옷을 입은 장수, 사냥꾼, 피리를 불고 북을 치며 흥겨워하는 사람들과 그 옆에서 상품을 벌여 놓은 상인 등 일상생활의 모습을 뛰어난 사실주의 감각으로 도자기에 표현했다.

트루히요에는 해의 신전과 달의 신전이 있는데, 이는 그들이 태양과 달을 숭배했음을 말해 주고 있다. 계단식 피라미드형으로 된 태양의 신전은 가로 228미터, 세로 136미터, 높이 18미터에 1억 3,000만 개의 흙벽돌로 축조되어 있고, 달의 신전은 가로 80미터, 세로 60미터, 높이 21미터의 규모다. 모체족은 또한 순장의 풍습이 있었는데, 일반 사람의 경우에는 도자기를 함께 묻었지만, 통치자가 죽으면 그의 부인, 제사장, 병사, 개, 야마(낙타과의 포유류)까지 산 채로 묻었다.

이렇게 발달했던 모체 문명은 그 시작도 명확하지 않지만 멸망의 원인도 알려지지 않았다. 다만 서기 600년경 페루 해안의 엘니뇨 현상으로 인한 홍수 피해 때문에 모체족이 해안 지역에서 내륙으로 이동했지만 여전히 홍수 피해가 그치지 않아서, 이제 신들이 자신들을 돌보지 않는다는 생각으로 살고 있던 도시를 불태워 버리고는 어디론가 사라졌다는 추측만이 있을 뿐이다.

나스카 라인의 신비:
잉카 문명 이전의 남아메리카 문명들 2

나스카 라인의 신비

나스카 문명은 페루 남부의 이카강과 나스카강 연안을 중심으로 번영했다. 이 문명은 기원전 700년경에 피스코 부근에서 발생했던 파라카스 문명의 기술과 전통을 이어받아 자신들만의 예술 세계를 구축했다. 그들은 하나의 토기에 무려 11종류나 되는 색을 사용해서 물고기, 새, 곤충 등 일상생활에서 흔히 볼 수 있는 것을 정교하게 묘사해 자신들만의 독창성을 보여주었다. 아울러 해안에서는 많은 양을 구할 수 없었던 알파카 털을 사용해서 다양한 형태의 직조 기술을 보여주었는데, 이는 그들이 산악 지역과 교류했음을 의미한다.

나스카 문명을 세상에 널리 알리게 한 것은 일명 '나스카 라인'이라고 하는 사막 위에 그려진 거대한 그림들이었다. 1930년에 개설된 리마와 아레키파 간의 노선을 비행하던 항공기 조종사들이 나스카 사막에 널려 있는 수많은 기하학적 도형을 발견했다. 이 도형들은 대략 기원전 900년경부터 서기 800년 사이에 만들어졌을 것으로 추정되고 있다. 이 그림들은 단순히 막대기와 두 손을 사용해서 사막 표면의 검은 돌들을 걷어 내고, 약 30센티미터

나스카 라인. 사막 위에 새, 원숭이, 거미 등과 같은 동물들이나 100개가 넘는 기하학 무늬로 구성되어 있는데, 직선거리가 4미터에서 10킬로미터에 이른다.

깊이로 파서 그 속에 있는 밝은 색깔의 흙이 드러나 보이도록 한 다음, 걷어낸 돌들을 옆에 둑처럼 쌓아 놓는 아주 단순한 방법으로 만들어졌다. 이 선들은 총 18가지로써 새, 원숭이, 거미 등과 같은 동물들, 인간의 모습, 100개가 넘는 기하학적 도형을 표현하고 있으며, 이 도형들의 직선거리는 4미터에서부터 10킬로미터에 이른다. 이 나스카 라인은 비가 오지 않는 이 지역의 기후 덕분에 그 형태를 유지해 왔다.

이 선들의 용도에 대해서는 의견이 분분하다. 외계인이 와서 그렸다는 설도 있으나, 이 도형들이 나스카의 도자기나 직물에서도 많이 나타나고 있는 것으로 보아, 오히려 안데스 문명의 오랜 전통을 그대로 보여주고 있는 것이라 할 수 있다.

이밖에 나스카 문명은 주변의 다양한 문화들과 비교하여 상당히 독창적인 모습을 보이고 있다. 그 한 예로 여자의 자궁과 같은 모습인 원형 무덤 속에 면이나 야마의 가죽으로 말아져 있는 시신이 어머니 배 속에 있는 태아의 웅크린 자세를 취하고 있는 독특한 무덤의 양식을 들 수 있다. 부장품으로 남아 있는 도자기는 여러 가지 색을 넣은 화려한 것이 많고 일부 무덤에서는 뇌수술을 한 유골이 나오기도 했다.

고전기 안데스 문명의 꽃 – 티아우아나코 문명

페루와 볼리비아 국경의 티티카카 호수 남쪽 20킬로미터 지점을 중심으로 발전한 이 문명은, 서기 600년에 인근 나스카 문명과 모체 문명을 위협하는 세력으로 부상했다. '티아우아나코'라는 이름은 이곳 원주민 말인 아이마라어로 '가운데 있는 돌'이라는 의미인데, 이는 자신들이 살고 있는 곳이 세계의 중심이자 우주의 근본임을 보여주는 말이다.

이들의 돌조각 기술은 안데스 지역에서 최고의 수준에 도달해 있었는데, 이는 큰 돌을 정확히 맞추어 쌓는 잉카의 전형적인 건축법에 큰 영향을 끼쳤다. 높이 2.75미터, 무게 10톤의 태양의 문이나, 가로 30미터, 세로 25미터, 지름 1.7미터를 파서 돌로 쌓고 벽면에는 100개의 석상이 조각되어 있는 엘 템플레테, 그리고 그 중앙에 있는 높이 7.3미터, 폭 1.2미터, 무게가 17톤이나 되는 모놀리토상 등이 대표적인 작품이다. 이들은 또한 100톤에 달하는 석재를 정확하게 절단했다. 돌과 돌 사이에는 I자형의 홈을 연결부에 만들고 거기에 구리를 박아 넣거나 또는 녹여 넣거나 해서 이를 꺾쇠 구실로 활용하는 기술을 사용하기도 했다.

500년 이상 지난 후세에 잉카 최고 지도자의 한 명이었던 파차쿠텍 유팡키가 이곳의 건축물들을 보고 감동을 받아, 당시 잉카의 수도인 쿠스코에 이와 똑같은 건물을 만들라고 지시를 내렸다. 그 정도로 티아우아나코는 건축이나 도시계획 면에서 안데스 문명의 모범이 되었다. 아울러 계단식 농법과 인공적인 관개수로를 이용한 농사 방법도 이 티아우아나코 문명 시기에 발전했다.

흙벽돌의 문명 – 치무 문명

치무 문명은 서기 1,200년경에 페루 북부의 해안 지대에서 모체 문명을 계승하여 탄생했다. '치무'라는 말은 모체 골짜기의 옛 이름인 '치모'에서 유래했다. 이 치무 문명의 수도는 지금의 트루히요시 근교에 해당하는 찬찬으로서, 흙벽돌로 만들어진 세계 최대의 도시였다. 이 도시는 해안가 사막에 자리 잡고 있었는데, 건물이 모두 진흙으로 만들어졌기 때문에 많은 건축물이 오랜 세월 동안 비바람에 무너져 내렸다. 하지만 아직까지도 높고 튼튼한 담은 남아 있다.

엄격한 신분 체계를 유지하고 있던 치무 문명은 상당한 수준의 금속 기술을 보유하고 있었다. 특히 청동 합금 기술이 발달하여 곡괭이, 칼 같은 농기구와 장신구를 만들어 사용했다. 후에 잉카인이 이들 금속 기술의 장인匠人들을 잉카 제국의 수도였던 쿠스코로 데려갔다고 한다. 이들은 또한 직조 기술이 발달하여 염색한 천에다 무늬를 넣고 레이스를 달아 화려한 문양의 직물을 생산했다. 또한 발달된 도로망 덕분에 인근 부족들과의 교류도 활발했다.

치무 문명은 1450년경에는 그 영역을 리마에서 카라바요까지 확장했으며, 교류의 범위를 에콰도르와 안데스 산악 지역까지 넓혀 나갔다. 하지만 1461년 북부 해안 지방까지 세력을 확장했던 잉카 제국에게 정복당했다.

세계의 배꼽:
잉카 문명 1

세계의 배꼽 – 쿠스코

잉카 문명은 서기 12세기경 지금의 페루와 볼리비아 사이에 있는 티티카카 호수에서 기원했다. 이 문명은 수 세기 동안 페루 지역을 중심으로 발달했던 차빈, 모체, 나스카, 티아우아나코 문명들을 정복해서 정치, 경제, 문화, 언어 및 종교적인 통일을 이루었다. 이들이 건설한 잉카 제국은 콜롬비아에서 칠레의 마울레강까지, 그리고 태평양에서 안데스의 동부 계곡 지대까지 안데스 전역에 걸쳐 있었다.

이 거대한 제국 내에는 많은 부족이 저마다의 다양한 문화를 발전시키며 살고 있었다. 이렇게 독자성이 강한 여러 민족을 국가라는 테두리 안에 모아서 다스린다는 것이 쉬운 일은 아니었다. 그러나 잉카인은 다른 부족을 점령했을 때 제일 먼저 점령지에 행정관을 배치해 통치 구조를 잉카식으로 고치고, 그들에게 잉카의 태양신을 최고신으로 모시게 했다. 또한 지도자들에게 잉카의 언어인 케추아어를 가르쳐서 이들을 잉카 제국의 통치권 속에 편입시켰다. 그리고 그 지역의 다음 왕이 될 젊은 왕자를 수도 쿠스코로 데려와서 잉카식 교육을 시켰다. 후계자가 쿠스코에 인질로 잡혀 있는 동안에는 반란을 꾀하지 못하리라는 계산에 따른 정책이었다. 반란의 낌새가 있을 때에는 하룻밤 사이에 모든 주민을 아주 멀리 떨어진 지역으로 이주시키는 정책을 사용하여 반란을 원천적으로 봉쇄했다. 이러한 정책으로 인해서 잉카 제국 내에서는 반란이 거의 발생하지 않았고, 거대한 잉카 제국은 '케추아어'라는 하나의 언어로 통일되었다.

이 잉카 제국은 바로 '배꼽'이라는 의미를 지닌 쿠스코를 중심으로 막강한 제국을 구축했다.

태양신과 금 막대기

잉카인이 언제부터 쿠스코 골짜기에서 살기 시작했는지는 정확히 알 수 없다. 다만 그들이 티티카카 호수 근처나 쿠스코 남쪽 어딘가에서 이주해 왔으리라는 추정만을 할 수 있을 뿐이다.

이 잉카 제국의 기원 신화들 중에 '태양신과 금 막대기에 관한 신화'가 가장 널리 알려져 있다. 아주 오랜 옛날, 안데스산맥에 인간들이 짐승과 다름없는 생활을 하고 있었다. 어느 날 이를 불쌍히 여긴 태양신 인티가 이들을 교화시키고 신을 모실 수 있도록 자신의 아들 '망코 카팍'과 딸 '마마 오크요'를 지상으로 내려보냈다. 태양신은 자식들에게 한쪽 팔 길이보다 약간 짧은 두 손가락 굵기의 금 막대기를 주며 "너희는 가고 싶은 곳으로 가거라. 그리고 가는 곳마다 이 금 막대기를 땅에 던져라. 이 금 막대기가 땅속으로 사라지게 되면 그 자리에 너희의 나라를 세워라. 그리고 자비로운 아버지가 사랑하는 자식을 대하듯이 세상의 인간들을 대하라. 나는 인간들을 위해 너희를 세상에 보낸다. 이제 그들은 짐승처럼 살지 않을 것이다"라고 말했다. 이에 따라 남매이자 부부인 이들은 가는 곳마다 계속 금 막대기를 땅에 던졌다. 어느 날 이 금 막대기가 땅속으로 사라졌는데 이곳이 바로 쿠스코의 한 골짜기였다.

이에 망코 카팍은 자신의 여동생이자 아내인 마마 오크요에게 "아버지께서 우리에게 이곳에 머물라고 명령하셨다. 지금부터 각자 헤어져서 이 지역에 사는 사람들을 모아 여기에서 다시 만나자"라고 말했다. 그리고 망코 카곽은 북쪽으로, 마마 오크요는 남쪽으로 향했다. 그들은 만나는 사람들마다 자신들은 태양신으로부터 이 땅을 다스리라는 명령을 받아 이곳에 왔으며 사람답게 사는 법을 가르쳐 주겠노라고 설명했다. 이 소문을 듣고 많은 사람이 몰려들었다. 망코 카팍과 마마 오크요는 사람들에게 농사짓는 법과 집 짓는 법을 가르쳐 쿠스코를 건설했다.

망코 카팍은 자기를 따라온 사람들이 살 곳을 '윗마을(아난사야)', 여동생인 마마 오크요는 자기를 따라온 사람들이 살 곳을 '아랫마을(우린사야)'이라고 불렀다. 그 후, 잉카의 땅에는 모든 도시와 마을들이 항상 윗마을과 아랫마을로 나뉘었다.

제국의 형성

잉카는 본래 쿠스코 계곡 내의 작은 부족국가였다. 이 작은 부족국가가 제대로 된 왕국의 형태를 갖추기 시작한 것은 제9대 왕 파차쿠텍 잉카 유팡키(재위 1438~1471년)부터였다. 당시 중부 산악 지역에서 막강한 군사력을 가지고 있던 찬카족은 15세기 초 남쪽으로 세력을 확장해서 아푸리막(케추아어로 '크게 말하는 자'라는 의미)강을 건너 쿠스코로 진격해 들어왔다. 이에 당시 잉카의 왕이었던 비라코차는 겁을 먹고 달아났다. 이때 바로 파차쿠텍이 나타나 찬카족을 물리쳤다. 그 후 파차구텍 왕은 페루 남부 중앙 고원은 물론, 티티카카 호수 지역, 아마존의 삼림 지대에 인접한 우루밤바강의 하류 유역 등을 정복했고, 쿠스코시를 건설하여 수도로 삼았으며, 농지 분배, 조세제도 확립, 종교의식의 체계화 등 제국으로서의 기틀을 다졌다. 그는 무엇보다도 케추아어를 잉카 제국의 공용어로 삼아 통일된 제국의 형태를 갖추었다.

1471년, 파차쿠텍 잉카 유팡키의 뒤를 이어서 두 아들 중 한 명인 투팍 잉카 유팡키가 계승했다. 그는 외교술과 군사력을 적절히 구사하여 영토를 확장해 나갔다. 남쪽으로 내려가 칠레의 마울레강까지 진출했으며 북쪽으로는 키토를 복속시켰다. 북부 해안 지역에 있던 치무 왕국도 함락시켰다. 투팍 잉카 유팡키 왕은 자신의 이복동생과 결혼하여 아들 우아이나 카팍과 딸 코야 쿠실마이를 낳았다. 그는 죽기 전에 이 두 남매가 결혼할 것을 유언으로 남졌다.

아버지의 뒤를 이어 잉카 제국의 11대 왕이 된 우아이나 카팍은 아버지의 유언대로 친동생과 결혼했다. 우아이나 카팍은 페루 북부 해안 지방을 정복하고 해안 도시 툼베스를 건설했다. 그리고 그는 키토(지금의 에콰도르 수도)와 오늘날의 콜롬비아까지 그 세력을 확장하여 잉카 제국의 영토를 최대한 확장시켰다. 그가 키토에 머물러 있는 동안 잉카 제국에는 두 파벌, 즉 쿠스코에 남아 있던 왕족들과 우아이나 카팍을 따라 카토에 와서 전쟁에 참여했던 왕족들 간의 파벌이 형성되었다. 이런 과정에서 우아이나 카팍이 후계자를 지명하지 않고 갑자기 세상을 떠났다. 유럽에서 건너온 새로운 전염병인 천연두

마추픽추 전경. 마추픽추는 '늙은 봉우리'라는 의미를 지닌 케추아어다. 2,400미터의 고지에 위치한 마추픽추는 '잉카의 잃어버린 도시', '공중 도시'라고도 불린다. 이 도시는 1460년에 세워졌는데 그로부터 100년 후 스페인의 정복자들이 침입하자 잉카의 지도자들은 이곳을 버리고 떠났다. 그 후 수백 년 동안 잊혀 있다가 1911년 미국의 역사학자 하이람 빙엄이 발견했다. 아래 사진은 마추픽추에 있는 '태양의 신전'이다.

에 걸렸기 때문이었다. 우아이나 카팍의 갑작스런 죽음으로 잉카 제국은 큰 혼란에 빠지게 되었다. 특히 이 두 파벌 간의 세력다툼이 극심해졌다. 왕이 죽었다는 소식이 전해지자 쿠스코의 왕족들은 순수한 태양의 혈통을 가진 맏아들인 우아스카르를 후계자로 생각했다. 그러나 키토에 있던 왕족들은

우아스카르를 왕으로 인정하고 쿠스코로 돌아간다는 것을 자신의 권력 상실로 생각했다. 그래서 그들은 키토에 계속 머물면서 우아이나 카팍의 첩의 아들이었던 아타우알파를 왕으로 옹립시키고자 했다.

왕의 장례식이 끝나고 쿠스코에 있던 우아스카르는 아타우알파가 반란을 일으킬 것이라 생각하고는, 키토로 군대를 보내 아타우알파를 죽일 것을 명령했다. 그러나 우아스카르의 군대는 오랫동안 수많은 전쟁을 경험한 잉카 최강의 아타우알파 정예부대를 무찌르기는커녕 오히려 전멸했다.

그 후, 아타우알파는 쿠스코에 남아 있던 왕족들을 모두 죽이고 1532년 잉카 제국의 13대 왕으로 등극했다. 이때 해안 지방에서 올라온 전령으로부터 긴 수염이 난 이상한 사람들이 나타났다는 보고를 받았다. 그들은 바로 스페인의 정복자들이었다.

통치의 기본 구조 - 아이유

잉카 제국이 위치한 안데스 산지에서 농사를 짓기 위해서는 계단식 밭과 농수로를 만드는 것이 필수적이다. 돌을 쌓아 둑을 만들고 높은 지대에 있는 수원지로부터 물을 끌어오는 일은 많은 노동력과 시간이 소요되는 일이었다. 게다가 갑작스런 재해 때문에 수확량이 적을 경우 생활하는 데 상당한 어려움을 겪기도 했다. 따라서 외부의 도움 없이도 모든 경제적 요구를 충족시킬 수 있는 최소한의 공동체가 필요했는데, 이 공동체가 바로 '아이유Ayllu'였다.

아이유는 아스텍 문명의 사회구조에 있어서 기본 단위였던 칼푸이에 해당했다. 이는 공동의 토지로 협동 생산 등의 공동 경제활동을 하며 가부장 중심의 단일한 조상을 가진 씨족 공동체였다. 중앙 정부는 아이유에 속해 있는 주민이 생활하고 세금을 낼 수 있도록 필요한 만큼의 토지를 임차해 주었다. 이 토지는 모두 삼등분해서 경작되었는데 하나는 태양신의 몫, 또 하나는 잉카(왕)의 몫, 나머지는 공동체의 몫이었다. 태양신의 땅에서 난 생산물은 태양의 신전과 선택된 처녀들의 집을 유지하기 위해서, 잉카(왕)의 땅에서 난 생산물은 주로 군사적인 목적으로, 공동체의 땅에서 생산된 것들은 재해가 생기고 기근이 들었을 때를 대비한 것이었다.

　최소한의 기본적인 공동체 사회였던 아이유들이 여러 개 모여서, 씨족 공동체 집단인 악타와 좀 더 확장된 개념의 지역 공동체인 마르카를 형성했다. 그리고 이 마르카가 여러 개 모여 부족 공동체를 이루었다. 이렇게 이루어진 잉카 제국의 국명은 '모든 방향' 또는 '네 방향의 세계'라는 의미를 지닌 '타우안틴수유'였다. 잉카 제국은 쿠스코를 수도로 하여 안데스산맥의 지세에 따라 4개의 구역, 즉 쿠스코를 중심으로 동쪽은 안티수유, 서쪽은 쿤티수유, 남쪽은 코야수유, 북쪽은 친차이수유로 구성되었다.

차스키와 키푸스:
잉카 문명 2

콘티키 비라코차와 우아카

잉카인은 잉카 제국 최고의 신이었던 태양신 인티를 섬기면서 스스로를 태양의 아들이라고 말했다. 이 태양신과 함께 가장 많은 숭배를 받았던 신은 하늘과 땅, 그리고 인간을 창조했던 우이라코차Huiracocha 또는 비라코차 Viracocha 신이었다. 이 신은 원래 티티카카 호수 주변에 있던 티아우아나코 문명의 신이었으나 그 발생 장소가 잉카와 비슷했기 때문에 오래전부터 잉카인에게 알려진 신이었다. 이 비라코차신에 대해서는 다음과 같은 신화가 전해 내려온다.

빛이 없는 어두운 밤뿐인 오랜 옛날에 한 호수에서 왕이 솟아났는데, 그의 이름은 콘티키 비라코차(케추아어로 '콘Con'은 '번개가 칠 때 떨어진다는 돌'이고, '티키Tiki'는 '근원' 또는 '시초라는 의미다)였다. 그는 하늘과 땅을 만든 후 사람들을 어둠 속에서 살게 했다. 그러자 사람들은 비라코차에게 적대감을 보이고 불친절하게 대했다. 이에 화가 난 비라코차는 사라졌다가 다시 티아우아나코에 돌아와, 전에 만들었던 것을 모두 돌로 만들어 버렸다. 그리고 다시 태양과 달과 별을 만들고 태양에게 하늘을 돌라고 명령했다. 비라코차는 또한 돌멩이를 이용해서 다시 사람들을 만들고 그들을 다스릴 지도자와 많은 여자를 창조했다. 그러고는 여러 지방을 다니면서 많은 부족을 창조한 후, 자신의 신하들과 함께 땅 위를 걷듯이 바다를 건너서 사라졌다.

잉카인은 비록 태양신을 섬겼지만 태양신은 그들에게 있어서 이 세상의 수많은 신 중의 하나일 뿐이었다.

잉카인은 또한 '우아카Huaca'라고 하는 매우 독특한 종교적 개념을 가지고 있었다. 우아카는 '태양의 신전 안에 자리를 잡지 못했을 뿐 이 세상에는 수많은 신들이 있는데, 그들이 살고 있는 장소 또는 그 신의 상징'을 의미했다. 예를 들어, 보통의 인간을 일반적인 것이라고 한다면, 인간이 할 수 없는 일을 하는 초인적인 힘이나 그런 초인적인 힘을 가진 사람을 '우아카'라고 불렀다. 또한 손가락이 다섯 개인 손이 일반적인 것이라면, 손가락이 여섯 개인 손을 가진 사람 역시 우아카가 될 수 있다. 이것은 인간에게만 국한된 것이 아니라 만년설이 덮인 산봉우리, 절벽, 작은 신전, 마을 입구에 위치한 기이한 모양의 바위, 제단, 무덤, 길 등 실로 우아카는 그들의 모든 생활 속에 존재하는 것이다.

잉카 제국의 신앙의 심지인 코리칸차로부터 반경 20킬로미터 이내에는 이 우아카가 모두 332개가 있었다. 이 우아카들은 코리칸차를 중심으로 세케 Seque(케추아어로 '선線'이라는 뜻)라고 불리는 41개의 보이지 않는 직선에 의해 연결되어 있었다. 이 '선'이 왜 만들어졌는가를 나타내는 기록은 없다. 하지만 잉카인은 멕시코의 아스텍인처럼 태양이 죽어서 다시 떠오르지 않는 날이 곧 올 것이라 걱정해서, 태양을 좀 더 튼튼하게 고정시키려고 세케를 만들었다. 잉카인의 태양의 신전에는 항상 인티와타나(케추아어로 '태양을 묶어 두는 기둥'이라는 의미)라는 1미터 높이의 네모난 돌기둥이 있었는데, 이는 태양이 떨어져 죽지 않도록 이 기둥에 태양을 묶어 두려고 했던 것이다.

잉카 제국의 사회

잉카(왕)의 지배하에 있던 사람들은 기본적인 의식주 생활과 적의 침략으로부터 안전을 보장받을 수 있었지만, 그 대신 왕에게 절대적으로 충성하고 엄격한 법들을 지켜야만 했다. 잉카에서는 다른 사람이 똑같은 범죄를 저지르지 않게 하기 위해서 범죄자를 엄하게 처벌했다. 잉카 제국에서 가장 큰 죄는 신과 잉카에 대한 도전이나 반역 행위였다. 잉카의 법은 이 범죄를 저지른 사람들을 돌로 짓이겨 죽이기, 몽둥이로 때려죽이기, 절벽에서 떨어뜨려 죽이기, 맹수 우리에 가둬서 죽이기 등 잔인한 방법으로 처벌했다.

잉카 사회는 또한 도둑질, 거짓말, 게으름을 죄악시했다. 도둑질을 한 자는 처벌 외에도 자기가 훔친 것의 2배만큼을 주인에게 돌려줘야 했고, 만약 경제적으로 그럴 능력이 없으면 평생 하인이 되어야 했다. 그리고 주인이 이를 거부하면 즉시 사형에 처해졌다. 게으름을 피우고 노동을 하지 않는 것은 세금 포탈을 의미했다. 잉카의 조세법은 현물 대신에 왕의 땅을 경작하고 노역을 하는 등의 노동력을 지불 수단으로 삼았기 때문에, 게으름에 빠져 일을 하지 않는 자는 많은 사람 앞에서 심한 채찍질을 당했다. 또한 자기 몸을 씻지 않고 그릇을 더럽히는 게으른 여자에게는, 광장에서 커다란 물통을 가져다 놓고 모든 사람이 보는 앞에서 팔과 다리를 씻게 한 다음, 그 물을 모두 마시게 했다.

그 이외에도 처녀를 강간한 자는 채찍으로 때린 후 땅에 엎어 놓고 위에서 무거운 돌을 떨어뜨려 죽였다. 또한 여성은 천시되었기 때문에 간통한 여자를 남편이 죽이는 것은 허용되었으나, 반대로 부정한 남편을 죽인 여자는 거꾸로 매달아 사형에 처해졌다.

카미노 레알 – 차스키

잉카 제국은 북으로는 콜롬비아 남부 지역에서 남으로는 칠레 중앙부의 마울레강, 아르헨티나 북부에 이르는 방대한 지역에 걸쳐 있었다. 이렇게 넓은 영토를 지배하기 위해서는 중앙 정부와 지방 정부 간의 원활한 연락이 매우 중요했다. 잉카 제국은 이를 위해서 '카미노 레알Camino Real(왕도王道)'이라고 불리는 도로망을 만들었다. 안데스산맥에 있는 이 길은 폭은 1미터에서 6미터까지 비교적 좁은 길로써 총 길이가 5,229킬로미터에 달했고, 해안 사막을 관통하는 해안도로는 총 길이가 4,054킬로미터로 그 폭은 약 7.3미터로 비교적 일정했다.

바퀴를 사용하지 않았던 잉카인이 이렇게 길을 거미줄처럼 정비한 까닭은 교역과 물자 수송에도 있었지만, 무엇보다도 군인을 빨리 이동시키기 위한 군사적인 목적 때문이었다. 새로운 영토를 정복하기 위해서 원정군이 길을 떠날 때에는 항상 새로 길을 넓히고 중앙 정부와 지속적인 연락을 취할 수 있도록 연락망을 구성했다. 정복이 끝난 다음 중앙 정부와 지방 정부 간의 명령과 보고가 긴밀하게 이루어질 수 있는 연락망을 유지하는 데 이 길들은 매우 중요한 역할을 했다.

이 도로망을 이용한 연락 제도로는 탐보 제도와 차스키 제도가 있었다. 탐보는 약 20~30킬로미터 간격으로 세워진 역으로, 숙박 시설과 함께 왕과 태양신의 창고가 있었다. '차스키'라는 말은 '교환하다, 주다, 받다'라는 뜻의 케추아어로, 릴레이 경기 주자들이 바통을 주고받듯이 연락을 주고받는 제도였다. 차스키는 국가의 기밀을 취급했기 때문에 출신 성분이 좋은 귀족의 아들 중에서 선발했다. 그리고 만약 정보를 잘못 전달했거나 다른 사람에게 정보를 누설했을 경우 가차 없이 사형에 처해졌다. 이 차스키들은 1.2킬로미터마다 있는 오두막집에서 24시간 대기했는데, 연락을 받은 차스키는 전력 질주해서 연락 내용을 다음 차스키에게 전달했다. 이러한 소식은 아무리 먼 지역이라도 이틀이면 쿠스코나 지방에 전달되었다. 해안가에서 잡은 생선을 쿠스코에 있는 왕의 식탁에 싱싱한 상태로 올릴 수 있을 정도로 차스키 제도는 일사불란하게 운영되었다.

결승結繩문자 – 키푸스

차스키들은 메시지를 전달할 때 키푸스('키푸Quipu'는 '매듭' 또는 '매듭을 맨다'라는 의미다)를 사용했다. 키푸스는 다양한 굵기와 색깔을 가진 끈에 여러 종류의 매듭을 서로 다른 위치에 만들어, 여기에 각각 다른 의미를 부여해 정보를 기록하는 일종의 결승문자다.

끈의 색깔은 기록하는 물건의 종류를 나타냈다. 예를 들어, 노란색 끈은 황

결승結繩문자 '키푸스'. 그들만의 문자가 없었던 잉카인은 다양한 굵기와 색깔의 끈에 여러 종류의 매듭을 사용해서 물건의 종류나 숫자 등을 기록하였다.

금을, 하얀색 끈은 은을, 붉은색 끈은 군인을 나타냈다. 매듭의 형태로 숫자를 표시했는데, 십진법의 수학 체계에 따라서 일반적으로 우리가 가장 흔히 쓰는 옭매듭은 1에 해당되며, 이 옭매듭을 한 번 더 돌려 감으면 2, 한 번 더 하면 3, 이런 식으로 10까지 이어졌다. 결국 매듭의 형태, 즉 감은 횟수에 따라서 의미하는 숫자가 달랐다.

그리고 매듭이 나무 막대기에서 얼마나 떨어져 있느냐에 따라 그 의미가 달랐다. 예를 들어, 카프스를 자연스럽게 들고 있을 때 맨 위 매듭은 가장 높은 수치인 만 단위를 나타냈고, 다음은 그 아래인 천 단위, 백 단위 순으로 표시했다. 한 마을의 인구를 나타낼 때에도 이와 같은 매듭의 위치를 사용했다. 맨 위의 매듭이 60세 이상의 노인 인구를 표시한다면, 그 밑에 있는 매듭은 50세에서 60세 사이의 인구를 표시하는 식이었다.

이 키푸스를 담당하는 자는 키푸 카마욕이라고 했는데, 이들은 땅의 분배, 사람의 수, 생산량, 생산 품목, 창고의 재고량, 세금 납부 등 모든 행정 사항을 처리했다.

잉카인의 건축술

쿠스코에 있는 태양 신전이나, 수많은 담벼락, 삭사와망 요새, 마추픽추 등 잉카인이 만든 석조건물의 정교함은 그 어떤 건축물에도 비할 수 없다. 잉카인은 수십, 수백 톤에 달하는 거대한 바위들을 면도칼이나 종이 한 장도 들어가지 않을 정도로 맞추어서 '외계인이 와서 쌓았다', '잉카 사람들은 돌을 부드럽게 하는 풀을 알고 있었다' 등의 억측을 낳게 할 정도였다.

잉카인이 기록을 남기지 않은 탓에 그들의 건축 과정을 정확히 알 수는 없지만, 미완성으로 남겨진 건축의 흔적과 초기 스페인 침략자들의 목격담을 통해서 그 과정과 방법이 어느 정도 알려져 있다. 먼저 건축 계획이 세워지면 터를 닦고 건물에 사용될 돌을 가까운 채석장에서 1차 가공하여 운반해 왔다. 가깝다고 해야 10킬로미터 이상 떨어져 있었다. 재료로 쓰일 돌의 색깔이나 품질은 중요한 의미를 지니기 때문에 아무 돌이나 사용하지 않았다. 에콰도르 남쪽 토메밤바에 신전과 궁전을 지을 때에는 무려 1,400킬로미터나 떨어진 쿠스코에서 그 재료가 되는 돌들을 운반해 왔다고 전해진다. 이처럼 멀게는 1,000킬로미터 이상 되는 곳에서 돌을 가져왔는데, 잉카에는 코끼리나 황소, 말처럼 짐을 끌게 할 힘센 동물도 없었고 바퀴도 사용하지 않았기 때문에 순전히 사람의 힘에 의존해야 했다. 이렇게 운반한 돌들을 가지고서 먼저 아랫돌을 놓고 그 위에 올라갈 돌의 아랫부분을 어느 정도 가공한 다음, 아랫돌의 윗면 부분을 정밀하게 다듬어서 쌓고, 옆면도 마찬가지로 다듬기와 놓기를 반복하면서 쌓았다. 이 모든 작업은 석공들의 눈대중과 감각으로 행해졌다. 이렇게 잉카인의 석조 기술은 매우 정교해서, 1950년 쿠스코를 덮친 대지진 때 스페인의 정복자들이 건설한 많은 건축물은 파괴되었으나 잉카인이 만든 건축물은 거의 피해를 입지 않았다.

바다 건너 큰 나라:
콘티키호의 모험

바다 건너 큰 나라

1914년, 노르웨이 출신의 인류학자 소르 헤이에르달은 남태평양의 외딴섬에서 1년간 바다 생물 및 지구상에서 이미 사라진 문명의 유물을 수집하고 있었다. 헤이에르달은 섬에서 생활하면서, 바닷물과 그 위에 피어오르는 구름은 항상 동쪽 수평선에서 온다는 사실을 알게 되었다. 그러나 이러한 사실은 그곳에 살고 있던 원주민들은 이미 잘 알고 있는 내용이었다.

어느 날 저녁 헤이에르달은 그 섬 토박이 노인에게서 귀에 솔깃한 이야기를 들었다. "그는 우리의 족장이자 신神이었소. 우리 조상들을 지금 우리가 살고 있는 이 군도로 이끌고 온 사람은 바로 티키였소. 예전에 우리 조상은 바다 건너 큰 나라에 살았다오." 노인은 할아버지가 아버지를 통해 전해 준 '태양의 아들이자 위대한 폴리네시아의 족장 티키'에 대한 전설을 기억하고 있었다. 노인이 말한 '바다 건너 큰 나라'란 바로 남아메리카였다.

헤이에르달은 원주민들이 언제부터 이 섬에 살았는지, 이들이 왜 태평양의 여러 섬에서만 살고 있는지 이유를 알 수 없었다. 또한 그는 이스터섬의 석상石像들이 남아메리카의 선사시대 유물과 여러 면에서 비슷하다는 사실도 생각했다. 여기에서 헤이에르달은 페루의 문화, 신화, 언어가 폴리네시아의 종족 신 티키의 기원임을 증명하는 여러 흔적을 발견할 수 있었다. 또한 실제로 일부 폴리네시아 사람들이 기억을 돕기 위해 잉카인처럼 끈에 복잡한 매듭을 만들어 사용하고 있었다는 사실도 알게 되었다.

그 후 10여 년간 폴리네시아 문명을 연구한 헤이에르달은 마침내 결론을 내렸다. '페루 땅에 살던 사람들이 나라가 망하자 뗏목을 타고 태평양을 건넜다. 그들은 폴리네시아의 외딴섬에 정착해 남아메리카에서 누렸던 문명을 다시 건설하면서 살았다'라고.

자네 생각은 틀렸네

"선생님께서 제 논문을 읽지 않으셨기 때문 아니십니까?"
"젊은이, 내용이 뻔한 걸 무엇 때문에 읽나? 결국은 잉카인이 태평양을 횡단해
폴리네시아까지 갔다는 말이 아닌가. 그건 불가능한 일이야."
"선생님, 발사Balsa나무로 만든 뗏목이 있었습니다."
"자네는 그 뗏목으로 그 넓은 태평양을 건널 수 있다고 생각하나? 그렇다면 뗏목을
타고 태평양을 건너 보게나."
"……."
"더 할 말 없으면 돌아가게."

이는 1946년 어느 겨울날, 뉴욕의 한 박물관장과 인류학자 소르 헤이에르달 사이의 대화다. 이처럼 그 누구도 수천 킬로미터나 떨어져 있던 두 지역이 서로 관련이 있다고 믿지 않았다. 헤이에르달의 주장과 그의 연구 논문은 학자들의 비웃음을 살 뿐이었다. 결국 그는 자기가 직접 발사나무로 뗏목을 만들어서 이를 타고 태평양을 건너기로 결심했다.

콘티키호의 항해

헤이에르달은 옛날에 페루에 살았던 사람들이 탔던 것과 똑같은 뗏목을 만들기로 했다. 그는 못과 철사를 전혀 쓰지 않으면서 옛 사람들처럼 나무

페루의 카야오 항에서 출항 준비를 끝낸 콘티키호. 원주민들의 항해 수단과 똑같이 만든 뗏목에는 벽이 터진 대나무 오두막과 정사각형의 돛이 설치되어 있다. 탐험계획의 과정에서 도움을 주었던 게르트 볼트 양(좌측 위)이 선수船首에 야자즙을 뿌림으로써 콘티키호가 탄생되었다.

덩굴로 뗏목을 만들었다. 뗏목 위에 갈대로 엮은 자리를 깔고 대나무로 선실을 만들었으며 돛대도 2개를 세웠다. 대원은 헤이에르달과 4명의 노르웨이 출신 동료, 1명의 스웨덴 출신 동료로 모두 6명이었다.

1947년 4월 28일, 태양왕 콘티키를 돛에 그린 뗏목 콘티키호는 페루의 카야오항을 떠났다. 뗏목을 다루는 데 익숙해지기 전에 콘티키호의 대원들이 겪은 제일 큰 어려움은 방향을 제대로 잡고 나아가는 일이었다. 콘티키호는 여러 날 동안 파도와 싸우면서 항해를 해 나갔다. 그러나 아무리 물결이 높아도 방향만 잘 잡고 있으면 바닷물이 선실까지 들어오지는 못했다. 바닷물은 뗏목 바닥의 나무 틈으로 새 나갈 뿐 절대 들어오지는 않았다. 뗏목 타기에 제법 익숙해진 콘 티키호 대원들은 고기잡이할 정도의 여유를 가지게 되었다. 그 후 콘티키호는 폭풍우를 세 번이나 겪고 난 뒤에야 비로소 섬을 만났다. 93일 만이었다. 투아모투 군도 가장자리에 있는 푸카푸카섬이었다. 그러나 바람과 해류로 인해 콘티키호는 안타깝게도 그 섬을 비켜 지나쳤다.

헤이에르달은 페루를 떠나기 전에, 정상적인 항해가 이루어진다면 97일 만에 섬에 닿을 수 있으리라고 계산했다. 97일째 되던 날 아침, 기적처럼 또 하나의 섬을 만났다. 앙가타우섬이었다. 산호 암초가 섬을 빙 둘러싸고 있었지만, 원주민들이 타고 온 카누 4척의 인도를 받아서 섬에 들어갈 수 있었다. 원주민들에게 선물을 준 콘티키호 대원들은 다시 바다로 나왔다. 그 후 100일째 되던 날, 콘티키호는 집채만 한 파도로 인해서 파손된 채 산호섬에 도착했다. 그 후 콘티키호의 대원들은 노르웨이 정부의 도움으로 고향으로 돌아갈 수 있었다. 장장 8,000킬로미터에 가까운 뗏목 항해가 성공하자, 미국의 트루먼 대통령이 콘티키호 탐험 대원들을 워싱턴으로 초대해서 축하해 주는 등 전 세계가 열광했다.

탐험을 마친 헤이에르달은 1952년 《태평양의 아메리카 인디언(American Indians in the Pacific: The theory behind the Kon-Tiki Expedition)》이라는 책을 펴내 남아메리카 문명이 폴리네시아로 건너갔다는 주장을 폈다. 1961년에 호놀룰루에서 열린 제10차 태평양과학회의에서는 남아메리카가 태평양 여러 섬의 주민과 문화에 영향을 끼쳤다는 견해가 채택되기도 했다.

제3장
만남과 정복
LATIN AMERICA

바다 너머 미지의 세계로!:
유럽의 팽창

봉건사회의 몰락과 절대왕정의 출현

15세기를 전후해서 유럽 각국은 대규모 영토를 소유한 영주領主, 귀족과 성직자, 직업군인, 상인, 가내수공업자 그리고 자유민 및 농노農奴로 구성된 봉건제도를 유지하고 있었다. 십자군 원정을 통해 동방의 문물이 전해지고 해외무역이 활성화되면서, 부를 축적한 중산계급(또는 신흥도시민 계급)의 영향력은 커졌다. 반면, 중세 봉건사회에서 막강한 권력을 행사했던 영주들의 영향력은 상대적으로 축소되면서 봉건제도는 몰락하기 시작했다. 봉건제도의 몰락과 함께 출현한 절대왕정 체제는 바다 너머 미지의 세계에 대한 관심을 가졌는데, 강력한 왕권의 지원을 받은 중산계급은 새로운 무역로의 개척에 중요한 역할을 하게 되었다.

마르코 폴로의 《동방견문록》

중세 말까지 유럽인은 아시아에 대한 지식이 거의 전무했는데, 13세기 말에 마르코 폴로(1254~1321년)가 《동방견문록(The Travels of Marco Polo, 또는 Le Livre des Merveilles)》을 펴내면서 아시아에 대한 관심을 갖게 되었다.

지팡구는 대륙에서 1,500마일 떨어진 동쪽 공해 가운데에 있는 아주 큰 섬이다. 그곳 사람들은 피부색이 희고 예절이 바르며 우상을 숭배하고, 어느 나라 군주에게도 예속되지 않는 독립국을 이루면서 자신들의 국왕을 받들고 있다. 도처에서 황금이 산출되므로 이 나라 사람들은 누구나 막대한 황금을 소유하고 있다. 대륙에서 이 나라에 들어간 상인은 아무도 없다. 따라서 막대한 양의 이 황금은 아직 한 번도 나라 밖으로 반출된 적이 없다. 이와 같은 막대한 황금이 이 나라에 현존하는 것은 모두 이런 이유에서다.

이것은 마르코 폴로의《동방견문록》에 나오는 '지팡구'라는 동방의 섬나라에 대한 이야기다. 이《동방견문록》은 1400년대 당시 유럽인에게 가장 인기 있던 여행기였는데, 당시의 서아시아, 중앙아시아, 중국, 남해南海 등에 관한 내용이 비교적 풍부하고 정확하게 묘사되어 있다. 마르코 폴로는 이 책을 통해서 아시아가 발전된 문명을 가진 매우 풍요롭고 살기 좋은 대륙이라는 확신을 유럽인에게 심어 주었다. 처음에 유럽인은 이 견문록의 내용을 믿지 않았으나, 그 후 많은 사람이 아시아를 여행하면서 그 내용이 정확하다는 것을 알게 되었다. 이 마르코 폴로의《동방견문록》은 훗날 포르투갈의 항해 왕자인 엔리케와 콜럼버스에게 큰 영향을 끼쳤다.

바다 너머 미지의 세계로!

1400년경만 하더라도 유럽에서는 드넓은 바다를 계속 항해해 나가면 배가 결국 낭떠러지로 추락한다든가, 펄펄 끓는 바다가 삼켜 버린다든가, 아프리카 남부로 가면 작열하는 태양열에 백인이 흑인으로 변한다는 등의 허무맹

1477년 독일에서 출판된 마르코 폴로의 《동방견문록》 표지. 이 책으로 유럽인들은 바다 건너 미지의 세계에 대한 관심과 그에 대한 실질적인 지식을 가지게 되었다.

랑한 이야기가 당연시되는 분위기였다. 그러나 모든 유럽 국가가 해외 무역로 개척에 경쟁적으로 참여하게 되면서, 이러한 이야기들은 그야말로 미신이나 환상이 되고 말았다. 유럽인이 유럽을 넘어 다른 지역으로 무역로를 개척하여 새로운 지역을 발견하려 했던 이유는 크게 경제적 동기, 종교적 동기, 그리고 정치적 동기가 있다.

먼저, 경제적 동기로는 유럽인은 향신료, 보석, 금, 은 등과 같이 유럽에서 수요가 많은 동방의 생산물을 구하기 위해 기존의 무역로가 아닌 새로운 동방 무역로의 개척이 필요했다. 기존의 무역로에는 장기 여행에서 오는 위험, 경비의 과중함, 중간 지역에서 지불하는 세의 부담 등이 존재했기 때문이다. 둘째, 종교적 동기로는 가톨릭을 전파할 수 있는 새로운 지역이 필요했다. 15세기 중엽을 전후로 근동 지방에서 오스만 투르크족의 세력 팽창과 콘스탄티노플의 함락으로 인해, 유럽인이 가톨릭 전도에 대한 열망을 더욱더 갖게 되었기 때문이다.

셋째, 정치적 동기로는 오스만 투르크족에 의한 동방 무역로 단절과 이베리아반도에서 이슬람교도의 추방으로 인한 영토의 통일, 그리고 포르투갈의 근대국가로의 발전 등을 들 수 있다.

이러한 다양한 동기로 인해서 스페인을 비롯한 신흥 군주국가들이 해외의 식민지 개척에 열을 올렸다. 이들이 해외의 식민지를 확대하는 데 필요한 외부적인 조건들 역시 성숙해 있었다. 즉, 지리에 대한 지식 확대 및 항해술의 발달, 대범선의 건조와 나침반의 사용 등 중세의 편견을 깨고 더 멀리까지 갈 수 있는 여건이 조성되었다. 유럽인이 그토록 두려워했던 암흑의 바다는 이제 아프리카와 아시아, 그리고 신대륙과의 교역을 위한 중요한 통로가 되었다.

대양이 시작되는 곳:
포르투갈의 팽창 정책

포르투갈 = 항구 + 서쪽

'포르투갈Portugal'은 그 이름이 라틴어의 포르투스 칼레Portus Cale, 즉 '항구'라는 의미를 지닌 포르투스Portus와 '서쪽'의 뜻을 가진 칼레Cale의 합성어에서 왔다. 이처럼 포르투갈은 유럽의 서쪽 끝에 위치하고 있으며 대서양에 면한 나라다. 이러한 지정학적 위치 때문에 포르투갈은 지중해와 북유럽을 오가는 데 있어서 매우 중요한 지역이었고, 십자군 전쟁 시에는 원정군에게 물자를 보급하거나 원정군의 함대가 일시적으로 정박하는 곳이기도 했다.

포르투갈이라는 명칭에서뿐만 아니라 포르투갈의 국기에서도 그들의 해양 왕국으로서의 진정한 모습을 찾을 수 있다. 포르투갈의 국기는 바탕색이 좌우 각각 녹색과 적색인데, 녹색은 15, 16세기에 새로운 세계를 발견했을 때 포르투갈인이 가졌던 희망을 상징하며, 적색은 이를 위해 수많은 포르투갈인이 흘린 피와 희생, 그리고 고통을 상징한다. 가운데 원형 모양은 지구의 地球儀로서, 포르투갈인이 발견했던 새로운 세계와 그곳에 살던 여러 민족과 행했던 교류를 의미하고 있다.

이처럼 미지의 대양을 항해하는 데 좋은 조건을 제공하는 위치에 있었던 포르투갈은, 명칭과 국기에서 나타난 것처럼 대지가 끝나는 곳이자 대양이 시작되는 곳이었고, 지중해 역사에 이어 대서양의 역사가 시작되는 곳이었다.

대항해 시대의 개막 – 동 주앙 1세

포르투갈의 제1왕조였던 보르고냐 왕조의 마지막 왕인 동 페르난두가 후손을 남기지 않고 사망하고, 그의 뒤를 이어 동 페르난도의 외동딸 베아트리스가 왕위를 계승했다. 그러자 그녀의 남편인 카스티야의 돈 후안 1세가 포르투갈을 합병하려고 시도했다. 이에 포르투갈 국민은 일제히 반대하면서 당시 아비스 기사단의 수장이었던 동 주앙을 국왕으로 추대한 것이다. 그 후 카스티야는 포르투갈을 침공하여 전쟁을 벌였지만 포르투갈에게 패배했다. 1385년 아비스 기사단의 수장인 동 주앙 1세의 등극과 함께 보르고냐 왕조가 막을 내리고, 제2왕조인 아비스 왕조가 시작되었다. 이후 동 주앙 1세는 카스티야와 평화조약을 맺어 독립전쟁을 완전히 종결시키고 자신의 입지를 확고히 했다.

그러나 전쟁에 참여했던 많은 '전쟁 귀족'이 자신들의 힘을 분출할 곳을 찾았고, 그 당시 해외무역을 통해 부를 축적하여 아비스 왕조의 설립에 절대적인 도움을 주었던 상인계층도 경제적인 불황 속에서 탈출구를 찾고 있었다. 이러한 상황 속에서 동 주앙 1세는 국내의 불만세력들의 관심사를 외부로 돌려, 자신의 중앙집권 정책을 강화하기 위해서 해외 영토 개척을 시작했다. 이를 계기로 동 주앙 1세는 15세기 포르투갈 번영의 초석을 다졌을 뿐 아니라, 지리상의 발견과 탐험에 있어서 포르투갈이 해양왕국으로 나아가는 데 발판을 놓았다. 그는 무엇보다도 포르투갈의 오랜 숙원이었던 아프리카 대륙 진출의 교두보였던 세우타를 점령하는 데 결정적인 역할을 했다.

세우타 정복

지금의 모로코 북부에 위치해 있는 세우타는 이슬람 문명권과 기독교 문명권 간의 전략적 요충지이자, 유럽의 세력권이 그동안의 지중해 중심에서 대서양 중심으로 바뀌는 출발 지역이었다. 세우타는 또한 바다 건너편의 지브롤터와 연결되는 헤라클레스의 기둥이 세워졌다는 전설을 가진 곳이기도 했다. 포르투갈은 1415년, 바로 이 세우타 정복을 시작으로 대서양 남부 연안의 아프리카, 더 나아가 인도 항로와 아메리카 식민지를 개척해나갔다. 이 세우타 정복 전쟁에 200여 척의 전함에 1,700명의 수병, 1만 9,000명의 전투원, 그리고 항해 왕자 엔리케를 포함한 많은 귀족이 참여했다.

　포르투갈이 세우타를 정복함으로써 아프리카 대륙에 전초기지를 마련하여, 아프리카 연안의 대서양과 아프리카 내륙지역에 대한 보다 많은 정보를 얻을 수 있었다. 그리고 비록 왕족이기는 했지만 지도력이 검증되지 않았던 엔리케 왕자의 능력을 만천하에 과시하는 계기가 되었다. 아울러 엔리케는 세우타의 아랍 상인으로부터 아프리카에 대한 많은 정보를 수집하며 대서양의 남쪽으로 더 내려갈 야망을 키울 수 있었다.

항해 왕자 엔리케와 사그레스성

　엔리케 왕자는 동 주앙 1세의 셋째 아들이다. 그는 아버지 주앙 1세의 뒤를 이어 본격적으로 아프리카 연안의 탐사 작업을 주도했다. 1419년에는 대서양상의 마데이라와 아조레스 군도에 원정대를 파견하여 식민 사업을 전개했다. 이는 유럽 국가에 의한 최초의 대서양 원정이었다. 그 후 엔리케 왕자는 세네갈, 카보베르데, 기니 해안, 시에라리온까지 진출하는 데 주도적인 역할을 함으로써 포르투갈의 해외 팽창 정책은 그 어느 때보다도 활기를 띠게 되었다. 이때 포르투갈이 점령했던 아조레스 군도와 카보베르데는 후일 포르투갈이 브라질을 식민

항해 왕자 엔리케. 포르투갈의 대항해 시대를 연동 주앙 1세의 셋째 아들인 엔리케 왕자는, 푸르투갈의 해외 팽창의 전초기지가 될 세우타를 점령하는 데 큰 역할을 하였다.

지로 만드는 데 징검다리 역할을 했다.

　이러한 모든 업적은 엔리케 왕자가 세웠던 사그레스성에서 시작되었다. 이 성에는 세계 각지에서 우수한 조선기사, 항해기술자, 세공업자, 탐험가, 지리학자, 천문학자가 모여 식민지 개척에 필요한 항해와 지리적 지식을 서로 교환하고 연구했다. 그뿐만 아니라 사그레스성에는 각종 기행문과 지리 서적, 각국의 지도와 항해 관련 서적이 모두 수집되었다. 자료가 축적되어 감에 따라 이 자료를 보려는 전문가들이 세계 도처에서 모여들었고, 이들이 나눈 대화와 연구가 다시 기록으로 남아 사그레스성에 보관되었다. 세계의 모든 사람에게 사그레스성은 일종의 도서관이었고, 포르투갈인에게 사그레스는 '육지가 끝나고 바다가 시작되는 세상의 끝'이었다. 또한 사그레스성은 포르투갈의 해외 팽창에 두뇌 역할을 했던 곳이었고, '항해 왕자'라는 칭호를 얻었던 엔리케가 해외 팽창의 꿈을 펼치기 시작한 곳이기도 했다.

레콩키스타의 완료:
스페인의 팽창 정책

국토 회복운동 – 레콩키스타

아프리카 북부에 살고 있던 이슬람교도인 무어인(모로인)이 711년에 이베리아반도를 침략했다. 반도에 있던 가톨릭교도들은 반도 북부 아스투리아스의 산악 지대까지 쫓겨 갔다. 그 후 가톨릭교도는 718년, 코바동가에서 이슬람교도에게 처음으로 승리하면서 국토 회복의 발판을 마련했다. 그 후 10세기에서 14세기까지 이베리아반도의 가톨릭교도와 프랑스에서 피레네 산맥을 넘어온 용병들, 그리고 프랑스의 수도사들이 힘을 합쳐 이슬람 치하에 있던 반도의 대부분을 재정복(레콩키스타Reconquista)하기 시작했다.

1469년에 아라곤 왕국의 페르난도 2세와 카스티야 왕국의 이사벨 1세의 결혼으로 두 왕국이 통합되었다. 이는 이베리아반도 내에 있던 다른 가톨릭 왕국들이 힘을 합쳐서 이슬람교도를 반도에서 완전히 축출하는 발판이 되었다.

가톨릭 왕들

그라나다 왕국을 점령하고 이슬람교도를 축출한 이사벨 여왕은, 유태인의

카스티야 왕국의 이사벨 여왕. 남편 페르난도 왕과 함께 그녀는 스페인을 점령했던 이슬람교도들을 몰아내고, 이베리아반도를 확고한 가톨릭 국가로 만들었다.

추방과 남아 있는 무어인의 개종 사업 추진, 전제적인 중앙집권화와 같은 대내 정책에 중점을 두었다. 반면에 페르난도 왕은 강력한 군사력을 이용하여 로세욘과 세르데냐 백작령의 합병을 추진하는 등 대외 정책을 담당했다. 이와 함께 이사벨 여왕과 페르난도 왕은 봉건 귀족들을 영주에서 궁정 귀족으로 만든 후, 그들을 왕정의 관료제도 속에 편입시켜 절대왕정의 확립에 힘을 기울였다.

이처럼 이사벨 여왕과 페르난도 왕은, 가톨릭교도의 오랜 숙원이었던 가톨릭교도에 의한 반도의 종교적 통일을 이루는 데 큰 공헌을 했다. 이에 교황 율리우스 2세는 성지 예루살렘을 속히 되찾아주기를 염원하는 의미로, 아라곤 왕국의 페르난도 2세를 '예루살렘의 왕'에 봉했으며, 후에 이사벨 여왕과 페르난도 왕을 '가톨릭 왕들(Reyes Católicos)'이라 칭했다.

마데이라 군도와 카나리아 군도

대서양상에 있는 마데이라 군도는, 1419년과 1420년 두 차례에 걸쳐 원정대를 파견했던 포르투갈에 점령되었다. 마데이라 군도에서 충돌한 적 있었던 스페인과 포르투갈은 그 후 카나리아 군도에서 또다시 대립했다. 마데이라 군도는 포르투갈이 이미 점령한 곳이었지만, 카나리아 군도는 당시에 그 누구의 소유도 아니었다. 1478년, 가톨릭 왕들은 카나리아 군도를 점령하기 위해 원정대를 파견했지만, 원주민들의 저항으로 실패한 적이 있었다. 그러나 1482년, 스페인은 다시 원정대를 파견하여 카나리아 군도를 점령했는데 이는 스페인 최초의 해외 영토가 되었다. 가톨릭 왕들은 재정복 시기에 행했던 관례에 따라 카나리아 군도의 이주민들에게 '레파르티미엔토

Repartimiento(식민지의 일정 지역을 이주민에게 할당하고, 그 지역에 거주하는 원주민을 노예로 삼을 수 있는 권리까지 인정해 주는 제도. 이 제도는 후일 아메리카에서는 '엥코미엔다Encomienda'로 발전했다)'의 권리를 부여하면서 식민 사업을 전개해 나갔다. 스페인은 지정학적으로 중요한 지점에 있었던 이 카나리아 군도를 이용하여 신대륙 항해에 적극 참여하기 시작했다.

명예와 부 그리고 영혼

스페인에서 레콩키스타가 완성되면서 그동안 축적된 힘을 분출할 새로운 기회가 필요했다. 신대륙으로의 진출과 정복은 바로 그 돌파구가 되었다. 신분과 명예를 존중했던 중세 스페인에서 '명예의 추구'와 '부富에 대한 욕구'는 이러한 정복의 추진력이 되었다.

스페인의 신대륙 정복을 위한 원정대가 조직되기 전에, 국왕과 원정대장 사이에 정식계약(카피툴라시온Capitulación)이 체결되었다. 이 계약에 따라서 국왕은 원정대가 정복한 영토를 자신에게 귀속시키는 대신 원정대장과 원정대원들에게 응분의 보상을 약속했다.

그런데 신대륙 정복에는 이러한 경제적 요인뿐만 아니라 종교적인 원인도 있었다. 종교적 열정이 유난히 강했던 스페인은 '정복'이라는 명분 속에서 국가, 교회 그리고 군인이 정복의 주체가 되었다. 이들은 신대륙을 무력으로 식민지화하고 아울러 그곳에 살고 있는 원주민의 영혼을 정복했다. 바로 '영혼의 정복'이었다. 이는 스페인의 정복 사업이 다른 유럽 열강들의 그것과는 뚜렷이 구분되는 차이점이기도 했다.

1492년 10월 12일:
콜럼버스의 신대륙 도착

콜럼버스

우리가 흔히 말하는 콜럼버스는 영어식 이름 '크리스토퍼 콜럼버스'로 널리 알려져 있다. 하지만 그의 본국인 이탈리아에서는 크리스토포로 콜롬보, 스페인에서는 크리스토발 콜론으로 불린다. 크리스토퍼의 원형인 '크리스토퍼런스Christoferens'는 예수를 의미하는 '크리스트Christ'와 운반자를 뜻하는 '퍼런스Ferens'가 합성된 말로써, 콜럼버스의 이름인 크리스토퍼는 결국 '예수 전도자(Christ Bearer)'라는 뜻이 된다. 따라서 콜럼버스가 대서양 항해를 나섰던 이유가 바로 가톨릭을 전파하기 위함이라고 많은 사람들이 주장하기도 했다. 이러한 주장은 그의 아들 페르디난드 콜럼버스가 쓴 《콜럼버스 전기(The Life of the Admiral Christopher Columbus)》에도 잘 나타나 있다.

> 우리가 그를 라틴식 이름인 크리스토포루스 콜로누스Christophorus Colonus로 부른다면, 성자 크리스토퍼 콜럼버스가 위험천만한 망망대해 너머로 예수를 전파했기 때문에 그런 이름을 얻게 되었다고 말할 수 있을 것이다.

지구는 둥글다

콜럼버스는 대서양 서쪽을 건너 아시아 대륙에 도달할 목적으로 당대의 지리적인 지식을 탐구했다. 그는 프톨레마이우스의 학설을 토대로 지구 둘레를 1만 8,000마일로 추산했고, 다이이 추기경이 쓴 《세계의 형상(Imago Mundi)》을 바탕으로 지구의 7분의 6이 육지, 나머지 7분의 1이 바다로 되어 있어서 황금향인 지팡구Zipangu(일본 왕국)까지의 바다는 길어야 2,600여 마일을 넘지 않을 것이라 생각했다(그러나 이는 실제 거리인 1만 2,000마일보다 4분의 1이나 작게 계산한 것이었다).

콜럼버스는 또한 '아시아 본토로부터 남동쪽 1,500마일에 황금이 가득한 지팡구라는 섬이 있다'고 묘사했던 마르코 폴로의 《동방견문록》과, '향료와 금은보석으로 가득한 카타이Cathay에 도달하려면 항로를 서쪽으로 잡아야 하며, 서쪽의 바다는 그리 넓지 않다'라고 썼던 토스카넬리의 서한을 통해서 자신의 탐험 계획을 보다 구체화할 수 있었다.

그러나 무엇보다도 콜럼버스의 발상의 전환을 가져왔던 것은 '지구는 둥글다'라는 혁명적 학설이었다. 1459년 피렌체 출신의 의사이자 천문학자였던 토스카넬리가 주도한 이 학설은, 항해가들에게 서쪽의 대서양을 통해 인도에 닿을 수 있다는 가능성을 제공했다. 이는 아프리카 서안의 대서양을 돌아 인도에 이르는 길을 개척하고 있었던 포르투갈의 길과는 또 다른 혁명적인 방식이었다.

산타페 협약

콜럼버스는 이러한 지리적 근거를 가지고 대서양 탐험을 실행하고자 했다. 그는 1484년, 처음으로 포르투갈의 주앙 2세에게 자신의 탐험에 대한 지원을 요청했다. 그의 지원 요구 중에는 항해선단을 조직하는 일을 후원해 줄 것, 모든 발견에 대한 권리를 인정해 줄 것, 자신을 제독으로 임명하고 자신의 자손들이 이를 세습토록 할 것, 그리고 획득될 부의 일정 부분을 할애해 줄 것 등이 포함되어 있었다. 그러나 포르투갈 왕실은 대서양을 횡단해서 동방의 무역로를 개척하겠다는 콜럼버스의 생각을 지나치게 위험 비용이 높은 사업으로 평가하고 그의 제안을 거절했다. 이는 포르투갈의 인도 항로 개척 사업의 눈부신 성장 기회를 외면한 것이었다.

1486년, 후원자를 찾아 헤매던 콜럼버스는 마침내 스페인 카스티야 왕조의 이사벨 여왕을 만나서 자신의 구상을 말하고 지원 요청의 기회를 잡았다. 하지만 1490년, 왕실조사위원회의 거부 결정으로 또다시 좌절하고 말았다. 그 후 콜럼버스는 포르투갈, 영국, 프랑스의 궁정에 재차 후원 요청을 했으나 거절당하는 등 많은 우여곡절을 겪었고 그 끝에 스페인 왕실과 '산타페 SantaFe 협약'을 맺게 되었다. 이 협약에서 스페인 왕실은 콜럼버스에게, 앞으로 발견되는 지역의 대제독과 식민지 총독 및 부왕副王의 칭호를 부여하고, 이러한 직위들이 그의 자손들에게 영구히 상속되며, 그곳에서 산출된 모든 귀금속의 10분의 1을 콜럼버스가 소유하는 등의 내용을 명시했다. 이는 콜럼버스 개인의 열망과 스페인의 팽창 정책에 대한 필요성이 서로 일치된 결과였다.

육지다! 육지다!

1492년 10월 12일 그날, 로드리고 데 트리아나는 말했다. "육지다! 육지다!" 그 고대해 온 말에 모두가 뛰어나갔다. 정말 그 말이 사실인지를 확인하기 위하여… 배 안에 있던 모든 선원이 그 말이 사실인 것을 알았을 때, 모두 무릎을 꿇고 기쁨의 눈물을 흘렸다.

1492년 8월 3일, 콜럼버스는 이사벨 여왕이 제공한 90명의 선원과 3척의 배를 이끌고 팔로스항을 떠났다. 산타마리아호를 비롯한 3척의 카라벨 범선은 비교적 순조로운 항해를 계속했다. 콜럼버스는 선원들의 동요를 막기 위해 하루 동안 운항한 항해 거리를 실제보다 적은 숫자로 기록하는 한편, 자신만의 기록을 따로 보관하고 있었다. 그럼에도 불구하고 대서양은 콜럼버스의 계산보다 훨씬 큰 바다였다. 항해에 지친 선원들 사이에서 불평이 새어 나오기 시작했다. 팔로스항을 출발한 지 69일째로 접어들면서 회항을 요구하는 선원들의 목소리가 거세질 무렵, 전방을 관측하던 로드리고 데 트리아

나가 외쳤다. "육지다! 육
지다!"

1492년 10월 12일, 드
디어 육지에 상륙했다.
콜럼버스는 구세주와 관
련시켜서 이 섬을 산살바
도르San Salvador(구세주, 구
원자)라고 명명했다. 그는
자신이 도착한 곳을 인도
로 생각하여 카리브해의
원주민을 '인도 사람'의

1492년 10월 12일 콜럼버스가 신대륙에 도착하여 원주민과 처음으
로 만나는 모습. 우여곡절 끝에 스페인의 이사벨 여왕의 후원으로 신
대륙에 도착한 콜럼버스는 죽을 때까지 이 거대한 대륙이 '아시아의
인도'라고 굳게 믿었다.

의미를 지닌 '인디오indio'라고 불렀다. 그러나 실제로 그곳은 지금의 바하마
제도에 있는 구아나아니라는 조그만 섬이었다.

콜럼버스는 섬에 거주하는 '원주민'들과의 만남의 순간을 다음과 같이 묘
사했다.

> 그들이 우리에게 우호적이기를 원했기 때문에, 폭력이 아닌 사랑을 통해 해방되어
> 우리의 성스러운 신앙에 귀의할 것이라는 점을 믿었기 때문에, 나는 그들에게 빨간
> 모자를 선물했고, 그들의 목에 유리 목걸이를 걸어 주었다. 그리고 별로 값어치가
> 나가지 않는 것도 그들에게 많이 주었는데, 그들은 기쁜 듯이 그것을 바라보았고
> 또 놀라워했다… 나중에 그들은 앵무새와 실뭉치, 창 그리고 그 밖의 것들을
> 헤엄을 쳐서 우리가 탄 배로 가져와 유리구슬, 탬버린 등과 교환했다.

그 후 콜럼버스는 총 12년에 걸쳐 네 차례의 탐험을 했지만, 1506년 죽
을 때까지 자신이 발견한 곳이 '아시아의 인도'라고 굳게 믿었다. 그러나
1498년, 인도 항로를 개척한 포르투갈에 의해 인도의 실체가 알려지고, 아메
리고 베스푸치 등의 탐험으로 콜럼버스가 발견한 곳이 새로운 대륙이라는
사실이 알려졌다. 이에 따라 콜럼버스가 도착한 카리브해 지역은 '서인도'로

불리게 되었다.

1492년 10월 12일

1492년 10월 12일 콜럼버스의 대서양 횡단은, 대서양을 사이에 둔 두 문명권에서 전혀 다른 삶을 살아가던 사람 모두에게 새로운 인식의 지평을 열어주는 계기가 되었다. 이는 콜럼버스가 중세의 지리적 기반을 무너뜨렸음과 동시에, 신대륙을 유럽에 소개함으로써 세계를 바라보는 지평을 크게 넓힌 사건이었다. 따라서 콜럼버스의 신대륙 '도착'은 '예수의 탄생과 죽음을 제외한 인류 역사상 가장 위대한 사건'이라는 평가를 받을 정도로 그 역사적 의의가 매우 크다.

한편, 콜럼버스의 신대륙 '도착'으로 신대륙에서의 식민지 개척을 위한 하나의 근거지를 마련한 스페인은, 17세기 중반까지 신대륙에서 유럽으로 막대한 양의 귀금속을 얻었다. 그러나 이는 유럽의 화폐가치 폭락과 가격 혁명의 촉발을 야기했고, 이는 다시 상업혁명으로 이어져 유럽 자본주의의 성장과 발전에 밑바탕이 되기도 했다. 아울러 콜럼버스의 신대륙 '도착'으로 스페인은 스페인어와 종교, 문화 등을 중남미 전역에 걸쳐 전파할 수 있는 발판을 마련했다.

이처럼 '1492년 10월 12일'은 단순히 콜럼버스가 신대륙에 '도착'했던 날을 의미하는 것 이상으로 인류 역사에 큰 영향을 끼친 위대한 날이었다.

파우 브라질:
브라질의 발견과 정복

브라질의 대표 원주민 – 투피족

브라질 지역에 살고 있던 원주민 중에서 가장 대표적인 원주민은 투피족이었다. 이들은 많은 부족을 받아들여 부족국가를 형성했는데, 지도자는 따로 없었고 전쟁터에서 가장 용감했던 전사를 각 거주지역의 지도자로 선정했다. 투피족은 자신들이 위협을 느낄 때나 많은 사람의 동원이 필요할 때에만 모였고, 벌목, 추수, 사냥, 고기잡이 등의 작업을 공동으로 진행했다. 이들은 강과 해안 근처에 살았기 때문에 수영 솜씨와 카누를 다루는 기술이 뛰어났다. 특히 투피족이 짧은 기간 내에 브라질 전역에 확산될 수 있었던 것은 바로 이 카누 때문이었다.

주로 브라질 해안 전역에 거주했던 투피족은 포르투갈의 오지 개척단인 반데이란치에 참여하면서 그들의 문화가 브라질 전역에 전파되었으며, 17세기에는 아마존 지역까지 진출했다.

카브랄의 대서양 횡단

브라질에 최초로 상륙한 사람은 스페인 출신의 핀손이었다. 그는 1499년,

4척의 배로 구성된 탐험대를 이끌고 스페인을 출발해 카나리아 제도를 거쳐 1500년 1월에 오늘날의 브라질 동북부 페르남부쿠주에 도착했다. 이후 핀손은 아마존 하구지역을 비롯한 북쪽지방의 여러 지역을 탐험했다.

포르투갈의 브라질 탐험은 토르데시야스 조약에 의해 확정된 자국의 영토에 대한 본격적인 탐험을 시도하면서 시작되었다. 동 마누엘 왕은 대규모 원정대를 조직하고, 바다에 대한 경험은 없지만 유능한 항해사의 능력을 갖춘 32세의 페드루 알바레스 카브랄을 선장에 임명했다. 카브랄은 1500년 3월, 15척의 배에 군인과 예수회 선교사, 승무원을 포함해 1,500명과 함께 리스본을 출발했다. 카브랄의 함대는 카보베르데 인근에서 항로를 이탈하는 등의 우여곡절을 겪은 끝에 바이아주 포르투 세구루에 도착하여 포르투갈인으로는 처음으로 브라질의 존재를 확인했다. 리스본을 출발한 지 한 달 반 만이었다. 이때 포르투갈인은 처음으로 원주민과 대면했고, 동행했던 선교사는 브라질 땅에서 처음으로 미사를 집전했다.

이처럼 카브랄의 대서양 횡단은 포르투갈이 아메리카 지역에서의 식민 사업을 위해 '브라질'이라는 유일하고 중요한 거점을 확보할 수 있게 해 주었다.

파우 브라질 – 브라질

그 후 1501년에 포르투갈 왕실은 최초로 브라질 해안 답사를 위한 원정대를 파견했다. 그러나 당시 포르투갈은 인도와의 직접 교역을 통해서 향료와 고추 등 동양의 특산물을 대량 들여오는 등, 인도와 활발한 무역 활동을 전개해 가고 있었다. 또한 아프리카에서 금과 상아, 노예와 다이아몬드 등을 들여왔는데, 이는 당시 포르투갈에 엄청난 부를 가져다주었다. 따라서 특별한 자원 보유 여부가 확실치 않았던 브라질은 포르투갈에게 큰 관심을 끌지 못했다.

원정대는 이렇다 할 귀금속을 발견하지 못하고 염료 재료로 이용할 수 있는 다량의 파우 브라질Pau-Brasil만을 싣고 귀환했다. 이 파우 브라질은 붉은 염료를 얻을 수 있는 나무였다. 키가 8~12미터, 몸통 지름은 80센티미터

포르투갈 선원과 브라질 원주민의 만남. 적색 염료를 추출할 수 있는 '파우 브라질'이라는 나무를 채취하는 사람을 의미하는 브라질레이루에서 지금 현재의 '브라질'이라는 국명이 유래했다.

~1미터에 이르는 이 나무는, 주로 리우그란데두노르테 주에서 리우데자네이루에 이르는 광범위한 해안 지역의 밀림에 분포되어 있었다. 초기의 파우 브라질 채취는 극히 원시적인 방법으로 원주민들의 도움에 의해 이루어졌으며, 채취 즉시 배로 옮겨져 포르투갈로 향했다. 인류학자 쟝 드레비가 "채취된 파우 브라질 나무는 원주민들에 의해 15~20레구아(1레구아는 약 5.5킬로미터)나 되는 밀림을 뚫고 운반되었다"고 말할 만큼 이 나무의 채취와 운송은 매우 힘들고 고통스런 작업이었다.

지금 현재의 '브라질'이라는 국명은 바로 이 '파우 브라질'이라는 나무를 채취하던 사람을 일컫는 '브라질레이루Brasileiro'에서 유래했다. 그런데 포르투갈 왕실은 인도에서 들여오는 특산물에 비해 파우 브라질이 그다지 경제성 있는 자원이라고 생각하지 않았다. 때문에 이 나무의 채취와 운송, 그리고 판매의 권한을 1502년에 유태인 개종자인 페르난두 지 노롱냐에게 주었다. 그 후 1차 원정대에 이어 2차 원정대가 1503년 브라질에 파견되었지만,

다른 귀금속을 얻지 못하고 역시 다량의 파우 브라질만 싣고 귀환했다.

엔트라다와 반데이란치

이처럼 1500년대 초기에 포르투갈은 브라질을 거의 방치된 상태로 남겨

두었다. 이는 브라질에는 인도에 비해 상업적 가치가 있는 상품이 없었고, 식민 사업을 바로 전개할 수 있는 사회가 존재하지 않았으며, 울창한 열대림으로 인해 사람의 거주와 지리적 탐험이 불가능했기 때문이다. 또한 포르투갈도 당시 흑사병으로 인해 인구가 총 200만 명에 불과해서 브라질의 개척 사업에 투입할 노동력이 없었다. 그럼에도 불구하고 스페인령 아메리카에서 끊이지 않았던 금과 은의 발견 소식으로 인해, 포르투갈 왕실은 브라질에서의 귀금속 발견 가능성에 대한 기대를 버리지 않았다.

그 후, 브라질의 정복 사업은 '엔트라다Entrada'와 '반데이란치Bandeirante'에 의해 행해졌다. 엔트라다와 반데이란치는 브라질 중서부 지역의 정복을 위해 파견된 개척 원정단이었다. 엔트라다는 포르투갈어로 엔트라entrar(들어가다)라는 동사의 명사형으로 '내륙지방으로 들어가는 탐험대'를 의미했다. 주로 군인으로 구성되었던 이 탐험대는, 금 발견 및 원주민 사냥을 목적으로 했던 포르투갈 식민지 정부의 공식 원정단이었다. 이들은 1494년의 토르데시야스 조약으로 정해진 브라질 영토 중에서 주로 북동부 지방을 중심으로 활동했다.

반면에 반데이란치는 '깃발'이라는 의미로 '기를 들고 내륙으로 침투하는 탐험대'를 의미하며, 원주민 사냥, 금 발견 외에도 도망친 흑인 노예와의 전쟁, 그리고 식민 사업이 그들의 주된 목적이었다. '반데이란치'는 17, 18세기에 들어와 주로 상파울루를 거점으로 구성되었으며, 식민지 정부가 아닌 개인이 운영했기 때문에 토르데시야스 조약에 의해 정해진 경계를 무시하면서 스페인령까지 침투하기도 했다.

브라질만 왜 포르투갈어를?:
토르데시야스 조약

포르투갈어에 대한 전설

포르투갈의 국민 시인인 카몽이스는 그의 저서 《우스 루지아다스*Os Lusíadas*》에서 모국어인 포르투갈어에 대한 전설을 다음과 같이 이야기하고 있다.

> 하루는 비너스가 올림포스 신전에서 제우스 신에게 말하기를, 포르투갈의 뱃사람들이 행하는 것 중 가장 그녀를 사로잡는 것은 '언어'라고 했다. 비너스 여신은 그들이 말하는 소리를 좋아했기 때문에 포르투갈인을 사랑했고, 작은 배에 그들의 언어를 담아 파도를 이용해서 아프리카, 아시아, 아메리카, 인도네시아의 티모르까지 흘러 들어가게 했다.

이 전설에서 볼 수 있듯이 포르투갈어는 독특한 비모음鼻母音을 사용하여 비너스 여신을 사로잡을 정도로 매우 매력적인 언어다.

라틴아메리카 대부분의 나라가 스페인어를 사용하는 데 비해 오직 브라질만 이 포르투갈어를 사용하고 있다. 이는 바로 1494년에 스페인과 포르투갈 사이에 체결한 '토르데시야스Tordesillas 조약'때문이다.

토르데시야스 조약

1492년에 콜럼버스의 신대륙 발견으로 포르투갈과 스페인 사이에 영토 분
계선 문제가 발생했다. 포르투갈은 1480년에 스페인과 맺은 조약과 교황의
칙서에 의해, 기니와 보자도르 곶(대서양상의 카나리아 군도 아래에 위치) 남쪽에
서 발견되는 모든 영토에 대한 지배권을 소유하고 있었다. 그러나 콜럼버스
의 신대륙 발견으로 스페인과 포르투갈 사이의 영토 구분에 대한 분쟁이 생
겼다.

이에 스페인의 페르난도 왕은 1492년 교황의 자리에 오른 알렉산더 6세
가 스페인 출신임을 십분 활용해 정치공작을 벌여, 이듬해인 1493년 5월 4일
〈칙서(Inter Caetera)〉를 만들어냈다. 이 칙서는 아조레스 군도와 카보 베르데
에서 서쪽으로 100레구아 떨어진 곳에 가상의 선을 긋고는, 그 선의 동쪽에
서 발견되는 영토에 대해서는 포르투갈이 이미 보유하고 있던 모든 권리와
사법권을 인정하고, 그 선의 서쪽에서 발견되는 영토에 대해서는 스페인 국
왕에게 모든 권리와 사법권을 인정했다.

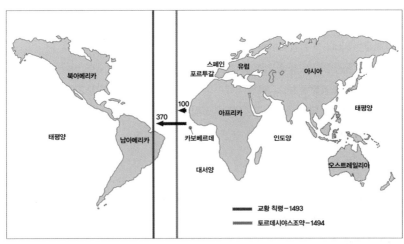

스페인과 포르투갈의 영토 분계선. 1494년 교황 알렉산데르 6세의 중재로 스페인의 가톨릭 왕들과 포르투갈의
주앙 2세 사이에 토르데시야스조약이 체결되었다. 이에 의해서 브라질이 포르투갈의 영토에 편입되었고, 이로
말미암아 브라질은 신대륙에서 유일하게 포르투갈어를 쓰는 나라가 되었다.

그러나 포르투갈의 주앙 2세는 이러한 교황의 칙령에 강하게 반발했다. 그는 교황이 정한 경계선을 베르데곶에서 서쪽으로 370레구아 옮겨, 그것을 기준으로 동쪽의 모든 영토(브라질에서 인도까지)는 포르투갈에, 그리고 서쪽의 모든 영토(카리브 해에서 태평양까지)는 스페인에 귀속시켜야 한다고 주장했다.

그 후 스페인 국왕과의 직접 담판을 통해서 '토르데시야스 조약'을 1494년 6월에 체결하여, 베르데곶에서 서쪽으로 370레구아, 약 2,100킬로미터 지점에 양국의 경계선을 확정지었다. 이는 오늘날 서경 46도쯤에 해당하는데, 이 선은 브라질 동쪽 끝의 일부분만 해당되었지만 포르투갈이 브라질을 자국의 식민지로 삼는 근거가 되었다. 이로 인해 오늘날의 브라질은 포르투갈의 식민지가 되어서 남아메리카에서 유일하게 포르투갈어를 쓰는 국가가 되었다.

아담의 유언장

이러한 스페인과 포르투갈 간의 경계선 확정으로, 스페인과 포르투갈 양국은 적어도 한동안 자신들의 해외 영토 개척에 있어서 독점적 지위를 누릴 수 있었다. 그뿐만 아니라 포르투갈의 경우 특히 이 분할선이 서쪽으로 훨씬 더 많이 이동했기 때문에 브라질을 자신의 식민지로 만들 수 있었다.

그러나 이 조약은 유럽의 다른 나라들의 반발을 불러일으켰다. 가톨릭 왕위를 이은 스페인의 카를로스 5세의 가장 강력한 라이벌이었던 프랑스의 프랑수아 1세는, '점유한 땅에 대한 실질적인 권리는 점유한 자에게 있다'라는 우티 포시데티스Uti Possidetis 이론, 즉 오직 실질적인 점유만이 소유를 합법화한다는 논리를 폈다. 그러면서 스페인 국왕에게 "이 세계의 반쪽을 지배할 수 있는 권리가 아담의 유언장에 나와 있다면 몇 항 몇 조에 있는지 보여주시오."라고 반발하기도 했다. 항해와 교역의 자유를 열렬히 주장했던 네덜란드나, 네덜란드와 동맹관계를 맺었던 영국 역시 이 확정된 경계선에 많은 불만을 가지고 있었다. 특히 영국의 엘리자베스 1세는 '바다와 하늘은 모든 나라의 공유'라는 대원칙을 천명하고 "바다는 만인의 것이므로 그것은 당연히 짐의 소유다."라고 말하기까지 했다.

이러한 반발은 스페인과 포르투갈 이외의 다른 유럽 나라들이 해외로 자신의 세력을 확장시키려는 의지의 표현이기도 했다.

마야 문명의 분서:
마야 문명의 멸망

마이암

1502년, 콜럼버스는 네 번째 항해 도중 온두라스만에 있는 베이섬 근처에서 움직이는 커다란 암초 3개를 발견했다. 자세히 보니 그것들은 암초가 아닌 사람들이 탄 배였다. 그들은 탐험대에게 큰 소리로 말을 건네면서 밧줄로 된 사다리를 던졌다. 자기들이 있는 곳으로 건너오라는 의사표시였다. 탐험대는 자신들이 가져온 물건들을 가지고 원주민들이 탄 배로 건너갔다. 탐험대를 본 원주민들은 무척이나 놀라는 눈치였다. 그들은 탐험대원들의 옷과 살갗을 만져보는가 하면 킁킁거리며 냄새를 맡아보기도 했다. 물론 그들은 서로 말이 통하지는 않았지만 몸짓을 섞어가며 대화를 나누었다. 잠시 후 한 원주민은 자신들의 배가 온 방향을 가리키며 '마이암'이라고 말했다.

이것이 바로 유카탄반도에 살고 있던 마야인과 유럽인의 최초의 만남이었다.

헤로니모 데 아길라르와 곤살로 게레로

마야의 땅에 처음으로 발을 디딘 유럽인은 스페인의 정복자가 아니었다.

1511년 파나마의 다리엔에서 산토도밍고로 가던 카라벨선이 자메이카 해안의 모래톱에 좌초되어 2주일 동안 표류한 끝에 가까스로 살아남은 10여 명의 생존자들이었다. 그들은 유카탄반도의 동쪽 해안에 도착하여 마야인과 처음으로 접촉했다.

그러나 마야인은 이 유럽인을 신이 보내준 제물로 생각했다. 선장이었던 후안 데 발디비아와 그의 일행 4명은 즉시 심장이 도려져 제단 위에 바쳐졌다. 나머지는 우리에 갇히는 신세가 되었다. 다음 의식 때 제물로 쓰기 위해서 좀 더 살찌울 필요가 있었던 것이다. 끝까지 생존했던 두 사람 중 한 명이 바로 헤로니모 데 아길라르였는데 그는 다음과 같이 말했다.

"나는 다른 여섯 명과 함께 우리에 갇혀 다가오는 다음 축제를 기다리고 있었다. 그들은 우리를 살찌게 만들어 우리 고기로 엄숙하게 잔치를 진행할 생각이었다. 우리는 최후의 날이 다가오고 있다는 사실을 깨닫고 살기 위해 모험을 감행하기로 했다. 그래서 우리는 갇혀 있던 우리를 깨뜨리고 숲속으로 도망쳤다."

또 다른 생존자였던 곤살로 게레로는 마야인과 결혼하여 아이들을 낳고 그들의 부족이 사는 체투말에서 원주민과 철저히 동화되면서 살았다. 그는 특히 체투말의 지도자가 되어서 스페인 침입자들에 대항하여 싸우다가 전사했다. 이 전투가 끝난 후 스페인인이 그를 전사자 틈에서 발견했는데, 그는 긴 머리에 몸에는 문신이 있었으며, 코와 입술, 그리고 귀에는 보석을 달기 위한 구멍이 뚫려 있었다고 한다.

코르도바와 '유카탄'

1517년, 프란시스코 에르난데스 데 코르도바는 노예사냥과 황금 약탈을 위해 탐험대를 이끌고 쿠바섬에서 서쪽으로 전진해, 유카탄반도 북동쪽 해안에 가까운 한 섬에 도착했다. 탐험대는 이곳에서 쿠바섬의 허름한 오두막과도 비교할 수 없는 화려한 건축물들을 목격하고는, 황금을 약탈하고 북쪽의 해안선을 따라 올라갔다. 그곳에서 마야인의 강력한 저항을 받아 부상을 입고 다시 쿠바섬으로 돌아갔다.

이 유카탄반도의 '유카탄'이라는 지명의 유래가, 이 지역의 주교로서 마야 풍습에 깊은 관심을 보였던 디에고 데 란다가 쓴 《유카탄 지역 문물들의 제諸 관계(The Relación de las Cosas de Yucatán)》에 다음과 같이 소개되고 있다.

> 프란시스코 에르난데스 데 코르도바가 처음 이 땅에 발을 디뎠을 때 그는
> 원주민들과 마주쳤다. 그들에게 여기가 어디냐고 묻자, 원주민들은 '우리의 집',
> '우리의 땅'이라는 의미를 가진 '코토크'라고 대답해서 그곳을 '코토크'로 불렀다.
> 그리고 또 몸짓을 써가며 나라 이름이 무엇이냐고 물어보자, 원주민들은 '그들이
> 이렇게 말하는데'라는 의미를 지닌 '시우탄'이라고 대답했다. 이때부터 스페인
> 사람들은 이곳을 '유카탄'이라고 불렀다.

코르도바의 탐험대가 귀환한 후, 당시 쿠바 총독이었던 디에고 벨라스케스는 유카탄 지역에 황금이 많다는 소문을 듣고 군함 4척과 탐험대원 200명을 선발했다. 그리고 조카 후안 데 그리할바에게 황금을 약탈해 올 것을 명령했다. 그리할바의 탐험대는 유카탄 주위를 5개월 동안 항해하면서 원주민들이 거주했던 많은 지역을 발견했다.

디에고 데 란다의 분서

모든 스페인 사람은 마야를 정복하고 식민지로 만드는 일에 열정적으로 참여했다. 특히 사제들이 마야 문명에 깊은 관심을 보였다. 1535년, 프란시스코회 사제들이 처음으로 유카탄반도에 들어왔다. 이들은 원주민들을 진정한 신앙의 길로 인도하기 위해 그들의 우상을 파괴했고 신전을 불살랐으며, 인신공양 의식을 치르는 자를 극형에 처했다. 또한 사제들은 원주민들의 노래나 춤조차도 악마의 혼이 깃들어 있다며 금지시켰고, 이를 행하는 자를 가차 없이 처벌했다. 사제들은 특히 마야의 문자가 마야인의 신앙에서 분리될 수 없는 것이라고 믿었기 때문에, 원주민들의 의식용 서적을 갖고만 있어도 원주민들을 죽였다.

유카탄 지역의 주교 디에고 데 란다. 그는 마야의 풍습에 깊은 관심을 가지고 있던 반면에 마야 원주민들의 향연이나 노래, 춤, 그림, 천체 관측 등에 악마의 혼이 깃들어있다고 생각하여 금지시켰으며 마야인들의 역사, 예언 등 원주민들의 책을 모두 불살라버렸다.

이렇게 마야인의 탄압에 앞장선 사제들 중에서 유카탄 지역의 주교였던 디에고 데 란다가 대표적이었다. 그는《유카탄 지역 문물들의 제諸 관계》라는 책을 통해서 16세기 마야 문명에 관한 풍부한 정보를 기록하고, 마야인의 용기, 절제, 의지 등 기독교적인 미덕을 보여준 마야인에게 찬사를 보냈다. 하지만 한편으로는 마야인의 신앙이 성행하는 것을 막기 위해 1562년에는 신앙의식을 행한 자들을 고문하고 화형에 처했다. 그는 이에 대해서 '우리는 이런 성격의 책을 대량으로 발견했다. 그 안에는 미신과 악마의 거짓말이라고 볼 수밖에 없는 내용이 실려 있어서 모두 불태워버렸다. 그러자 마야인은 놀라울 정도로 아쉬워했다. 그것은 그들에게 고통스러운 일이었다'라고 그의 책에서 당시의 상황을 묘사했다. 이런 탄압으로 인해서 족보, 전기傳記, 과학서적, 역사, 예언서, 천문학, 의식 문서 등 수천 권에 달했던 마야인의 책이 모두 불태워지고 현재는 단지 4권만이 남아 있다.

코르테스의 말馬과 '치민 착'

그리할바의 유카탄 지역의 탐험 소식을 들은 에르난 코르테스는, 1519년 멕시코 중부 고원지대의 아스텍 제국을 정복하고, 1525년 마야 문명이 있던 남쪽지방으로 향했다. 6개월 가까이 걸린 대장정 동안 코르테스는 험난한 밀림을 헤쳐 나가야 했다. 원주민들의 도움을 받으면서 길을 찾아갔지만, 마을은 대부분 파괴되거나 불살라진 뒤였다. 백인이 무서워 도망쳤던 것이다. 힘겨운 탐험 끝에 코르테스의 탐험대는 마야 부족 가운데 가장 세력이 큰 이차족의 수도였던 타야살에 도착, 성가를 부르며 미사를 행했다. 이에 감명을 받은 부족장은 즉시 자신들의 우상을 부숴버리고 코르테스에게 십자가를 두고 가라고 간청했다. 이에 코르테스는 십자가와 함께 부상당한 말을 그에게 맡기면서 "신께서 당신들이 이 병든 말을 보살피라고 내게 말씀하셨다. 나는 신께서 무엇을 원하는지 모른다."라고 말했다. 코르테스가 떠난 후, 원주민들은 말에게 극진한 대우를 했지만 말은 그리 오래 살지 못했다.

원주민들은 이 말을 기리기 위해 조각상을 만들었는데 이를 '치민 착('치민'은 중남미에서 서식하는 말과 가장 닮은 동물인 '맥'과 비와 천둥의 신인 '착'의 합성어다)'이라고 부르면서 떠받들었다.

한 세기가 훨씬 지난 1618년, 2명의 프란시스코회 사제가 포교의 임무를 띠고 타야살에 파견되었다. 이들은 도시에서 가장 중요한 사원에 세워진 말 조각상을 발견했다. 이 우상을 본 신부들은 돌로 말 조각상을 부숴버렸다. 그러자 흥분한 군중이 그를 죽이려고 덤볐다. 이에 신부가 설교를 통해서 그들의 흥분을 가라앉히고 가까스로 목숨을 건진 일도 있었다.

그 후 많은 스페인 사람이 마야인이 거주하고 있던 유카탄 지역을 수차례 탐험하여, 콜럼버스가 신대륙에 도착한 지 거의 두 세기가 지난 1696년에야 비로소 마야 문명은 완전히 정복되었다.

한 줌의 스페인 정복자들:
아스텍 제국 정복

에르난 코르테스

2000년을 앞두고 《라이프Life》지는 지난 천 년을 만든 100명 중 구텐베르크에 이어서 콜럼버스를 두 번째 위치에 앉혔다. 그리고 에르난 코르테스는 42위에 선정되었다.

아스텍 제국을 정복했던 코르테스는 스페인의 에스트레마두라 지역의 메데인에서 태어난 가난한 시골 귀족이었다. 그는 살라망카 대학에서 수학한 후 19세 때인 1504년, 에스파뇰라섬(지금의 도미니카 공화국)으로 건너갔다. 그는 1511년, 쿠바 총독인 디에고 벨라스케스와 함께 쿠바를 정복함으로써 명성을 떨쳤다. 벨라스케스는 유카탄반도에 식민지를 세우려는 그리할바를 돕기 위해서 코르테스를 파견하기로 결정했다.

그러나 뛰어난 능력을 가진 코르테스의 독립을 두려워한 벨라스케스는 탐험대장을 다른 사람으로 바꾸려 했다. 이러한 총독의 미심쩍은 태도에 반발한 코르테스는 선수를 쳤다. 그는 1519년 독자적으로 11척의 배에 500여 명의 병사들, 16마리의 말 그리고 14문의 포, 13정의 머스킷 소총으로 탐험대를 조직하여 쿠바를 떠나 유카탄반도에 상륙했다. 코르테스는 카를로스 1세의 이름으로 베라크루스라는 도시를 건설했다. 그 후 상륙한 지방의 부족들과 전투를 벌였다. 한 부족의 장은 "그들은 천둥 벼락의 무기로 무장했고 그것들은 불길을 토해냈다"라는 보고를 듣고는 코르테스 일행의 환심을 사기 위해 황금과 여자 노예 20여 명을 바치기까지 했다.

2명의 통역관, 아길라르와 말린체

코르테스는 유카탄반도의 코수멜섬을 탐사하다가 이 지역에서 9년을 보낸 스페인 난파 선원 헤로니모 데 아길라르를 만났다. 아길라르는 마야어에 능통했다. 이어 도착한 타바스코에서 그곳의 부족장이 준 20여 명의 인디언 여성 중 '미녀에다 사교적이고 자유분방한' 말린체(스페인어로는 '도냐 마리아')를 만났다. 코르테스는 이 여자를 정부情婦로 삼았고 그녀의 '혀'를 활용했다. 그녀는 원래 아스텍 지역에 살았기 때문에 나우아틀어와 마야어를 말할 수 있어 통역자로서 적임자였다. 코르테스는 두 사람의 통역관을 통해 많은 정보를 입수할 수 있었다.

코르테스는 말린체로부터 "목테수마라는 위대한 황제가 멕시코 고원의 거대한 도시에 거주하고 있으며, 이 황제의 군대가 한번 도열하면 바다의 물결처럼 대지를 뒤덮는다"는 말을 들었다. 또한 아스텍 동맹국 내부의 정치적 암투와 분열 때문에 아스텍 제국이 붕괴 조짐을 보이고 있으며, 또 실제로 제국 내에 불만이 팽배해 있다는 귀중한 첩보도 얻었다. 이에 코르테스는 아스텍 제국에 적대적이었던 찰코, 테파넥, 틀락스칼라와 동맹 관계를 맺고, 아스텍 제국의 수도 테노치티틀란을 향해서 진군했다. 당시 아스텍 제국의 인구는 약 500만 명에 달했고, 수도 테노치티틀란은 인구가 30만 명이나 사는 대도시였다. 당시 유럽 최대 도시들이었던 파리, 나폴리, 이스탄불의 인구가 각각 15만 명 정도에 불과했다는 사실을 보면 이 도시의 규모를 가히 짐작할 수 있다.

그러나 계속되는 전투로 사상자가 발생하고 양식이 거의 고갈되었다. 미지의 세계에 소수 병력으로 상륙한 코르테스 일행에게 엄청난 공포가 엄습했다. 또한 벨라스케스의 명령을 거역한 터라 쿠바에 있는 스페인 군대로부

코르테스(오른쪽)와 목테수마 황제의 첫 만남. 코르테스 뒤로 통역이자 정부情婦인 말린체가 있다. 목테수마는 코르테스를 자신들의 최고 신인 케트살코아틀이라 여기고 환대했지만, 코르테스는 목테수마를 인질로 잡고 아스텍 제국의 수도 테노치티틀란을 정복했다.

터 지원을 기대할 수도 없는 처지였다. 다시 쿠바로 돌아가자는 병사들의 간청에 코르테스는 "이제 배는 없다. 내가 모두 침몰시켰다. 우리는 앞으로 나아가는 수밖에 없다. 이제 되돌아가는 길은 없다. 우리는 테노치티틀란을 향해 전진해서 자칭 위대하다는 목테수마라는 자가 정말로 그런지 이 눈으로 확인해보자."라고 단호히 말했다. 이에 병사들은 자신들의 주장을 접고 코르테스를 따랐다.

케트살코아틀의 도래

케트살코아틀(깃털 달린 뱀)은 아스텍인의 수호신이자 평화의 신이었다. 케트살코아틀은 다른 영웅들처럼 추방당한 방랑자였지만, 사라지면서 언젠가 다시 돌아오겠다고 약속했던 신이었다. 목테수마 황제는 금발에 턱수염을 하얗게 기른 신이 나타날 것이라는 예언을 믿었다.

어느 날, 전령이 도착해 목테수마 황제에게 보고하기를 "네 다리를 가진 하얀 짐승 위에 남자들이 올라타 있고, 그들을 태운 떠다니는 집이 동쪽에서 다가오는 것을 해안에서 보았다. 그들은 금과 은을 두른 복장을 하고 있었다"고 전했다. 그러나 이들은 목테수마 일행이 기다리던 케트살코아틀 신이 아닌, 아스텍 제국을 정복하러 온 정복자들이었다. 그들은 금발에 파란 눈을 가졌고 턱수염이 긴 스페인인이었다. 목테수마 황제는 이 정복자들을 그들의 최고신인 케트살코아틀이라고 확신했다. 그는 그들을 영접하기 위해 도시 입구의 대로까지 나왔다. 그러고는 코르테스에게 "어서 오십시오! 당신을 기다리고 있었습니다. 여기가 바로 당신의 고향입니다."라고 말했다. 목테수마 황제의 환대를 받고 테노치티틀란에 도착한 코르테스와 그의 병사들은 호수 위에 세워진 도시를 보고는 다음과 같이 감탄했다.

> "물 위에 세워진 도시와 마을 전체, 대지 위에 건설된 다른 대도시, 그리고 테노치티틀란으로 통하는 평평하고 고른 제방 길을 보았을 때 우리는 깜짝 놀랐다. 물 위에 우뚝 솟은 이 위대한 도시와 사원, 그리고 건물은 모두 석조 건축물이었는데, 아마디스의 전설 이야기에서나 볼 수 있는 환상적인 모습으로 다가왔다. 정말 병사들 중 몇몇은 이 모든 것이 꿈이 아니냐고 물어보기도 했다."

코르테스 일행과 목테수마 황제 사이의 의례적인 선물 교환과 환담이 오간 뒤, 코르테스와 그의 병사 400여 명은 도시 한쪽에 여장을 풀었다. 일주일 내내 불안한 마음으로 지내던 코르테스와 그의 부하들은 목테수마의 진정한 의도가 무엇인지 몰라서 전전긍긍했다. 얼마 되지 않아 코르테스는 목테수마 황제가 기거하던 궁전에는 벽까지 황금으로 만들어진 방들이 있다는 것을 알게 되었다. 코르테스와 그 부하들은 아스텍인에게 기습 공격을 가해 황제를 인질로 잡았고, 종교의식에 참여했던 귀족들을 포함해서 많은 사람을 죽였다. 또한 도시 곳곳에 있던 우상들을 파괴했으며 그 자리에 교회를 세웠다. 마침내 코르테스의 원정대는 목테수마 황제를 굴복시키고 테노치티틀란을 점령했다.

슬픈 밤

그러나 이러한 스페인 정복자들의 정복 행위에 아스텍인은 쉽게 물러서지 않았다. 목테수마의 조카였던 쿠아우테목의 지휘 아래 스페인의 정복자들과 싸워서 1520년에 그들을 테노치티틀란 밖으로 몰아냈다. 이때 많은 스페인 병사가 황금으로 가득 찬 자루를 메고 도망치다가 운하에 빠져서 죽기도 했다. 막대한 피해 상황을 보고받은 코르테스는 땅을 치며 울었다고 한다. 후에 이날은 '슬픈 밤(Noche Triste)'이라고 명명되었다.

한 줌의 스페인 정복자들

그러나 코르테스는 쉽게 포기하지 않았다. 그 유명한 '슬픈 밤'의 퇴각으로 테노치티틀란에서 틀락스칼라로 후퇴했을 때, 그에게 다가온 원군은 천연두였다. 당시 참전했던 도미니크회 수도사 프란시스코 데 아길라르는 "하나님은 가톨릭교도들이 전쟁에서 지쳤을 때, 원주민들에게 천연두를 창궐시키는 것이 온당하다고 보았다. 그러자 도시에는 엄청난 역병이 돌았다."라고 말했다. 이 전염병은 70일 동안이나 지속되었고 이로 인해 많은 원주민이 죽었다.

이와 함께 코르테스는 아스텍 제국의 내분을 이용하여 테노치티틀란에 대한 총공격을 준비했다. 이들의 총공세는 수도 전체를 포위함으로써 시작되었다. 양측의 일진일퇴는 4개월이나 끌었지만, 코르테스는 아름답던 도시의 건물을 하나하나 파괴해나가며 수도를 정복했다. 1521년 8월 21일, 코르테스가 이끄는 스페인의 정복자들이 아스텍 제국의 영웅적인 항전을 지도하던 최후의 황제 쿠아우테목을 체포함으로써 테노치티틀란을 함락시켰다. 아스텍 제국에 예속되어 있던 타라스코인과 사포텍인도 순순히 스페인의 정복자들을 받아들였고 이들에게 계속 공물을 바쳤다. 1522년, 코르테스는 이 지역을 관할하는 최고의 통치자가 되었다.

이처럼 아스텍 제국은 600명도 채 안 되는 '한 줌의 스페인 정복자들'에 의해서 멸망했다. 이는 스페인 정복자들이 자신들의 월등한 무기와 전술을 사용함과 동시에 아스텍 제국 내부의 분열을 잘 이용했기 때문이다.

잉카 제국의 내분:
잉카 제국 정복

정복자 피사로

코르테스가 아스텍 제국을 멸망시켰다는 소식은 스페인 본국에 많은 모방적 추종자를 낳았다. 피사로도 이들 중 한 명이었는데, 그는 에스트레마두라 출신으로서 많은 정복자를 배출한 피사로 가문의 사생아로 출생했다. 아버지 곤살로는 호방한 군인이었으며 어머니는 천민 출신이었다. 피사로는 서자였기에 돼지치기로 성장했지만, 그에게는 정복자 피사로 가문의 피가 흐르고 있었다. 또한 피사로의 형제들은 비록 이어받은 피가 서로 달랐지만 결속력이 매우 뛰어나 형제 모두가 신대륙 정복에 참여했다. 서자인 피사로에게 유럽 땅은 그의 신분적 구속을 자유롭게 해줄 수 있는 곳이 아니었다. 그는 시선을 신세계로 돌렸다.

피사로는 1513년 바스코 누네스 데 발보아 원정대에 참가하여 처음으로 태평양을 본 유럽인 중 한 사람이기도 했다. 피사로는 파나마에서 남쪽으로 수백 킬로미터를 내려가면 엄청나게 부유한 제국이 있다는 소문을 들었다. 피사로와 디에고 데 알마그로는 탐험을 추진하고 싶었지만, 결과가 불확실하고 엄청난 자금을 쏟아부어야만 하는 이 탐험을 결행할 능력이 없었다.

두 사람은 사제 페르난도 데 루케와 손을 잡고 1524년, 드디어 파나마 남쪽을 향해 탐험을 시작했다. 파나마 지역에서 소유하고 있던 농장과 원주민에 대한 특권을 뒤로 하고 피사로가 새로운 정복의 길에 나선 것이었다. 피사로는 그의 동료 디에고 데 알마그로와 함께 2척의 배로 열대 특유의 밀림으로 뒤덮인 남아메리카 해안을 탐사했지만, 모기떼에 시달리기만 했을 뿐아무런 성과도 얻지 못했다. 알마그로는 원주민과의 전투에서 한쪽 눈을 잃기까지 했다.

이슬라 델 가요의 13인

1526년에 두 번째 탐험에 나선 피사로와 알마그로는, 본격적인 탐험에 앞서 남쪽으로 부하들을 보냈다. 얼마 후 남쪽을 탐험했던 부하들이 돌아왔다. 부하들은 남쪽에 '우아이나 카팍'이라는 통치자가 금이 지천으로 널려 있는 곳을 지배하고 있다는 사실을 피사로에게 알렸다. 그곳은 바로 지금의 페루와 에콰도르 국경에 위치한 툼베스였다. 피사로는 탐험대원들과 원주민 통역을 배에 태우고 툼베스로 향했다. 그들과 대적하기에 병력의 수가 부족하다고 판단한 피사로는, 파나마로부터 증원군을 요청하기 위해서 일부는 파나마로 돌려보내고 '이슬라 델 가요Isla del Gallo(닭의 섬)'에서 그들을 기다렸다.

그런데 막상 배가 돌아오자 피사로와 함께 남아 있던 사람들은 힘들고 지친 나머지 파나마로 돌아가고 싶다는 의사를 밝혔다. 그러나 피사로의 결심은 확고했다. 의기소침해진 동료들 앞에서 피사로는 해안가 모래밭에 선을 긋고 다음과 같이 외쳤다.

동지들이여, (선 바깥쪽을 가리키며) 저쪽은 죽음, 고난, 굶주림, 헐벗음, 폭풍우를
의미하고, 이쪽은 편안함을 의미한다. 저쪽을 선택하면 그대들은 파나마로
돌아가 가난해지는 것이고, 이쪽을 선택하면 그대들은 부를 얻을 것이다. 훌륭한
스페인인으로서 최선의 것을 선택하라!

피사로의 외침은 단호했다. 결국 12명의 추종자가 남았는데, 후에 이 12명의 추종자와 피사로를 '이슬라 델 가요의 13인'이라고 불렀다. 그 후 피사로는 파나마 총독의 증원군의 도움을 받아 잉카의 도시 툼베스에 상륙했다.

피사로의 불타는 정복욕

툼베스에 상륙한 정찰대는 잉카인이 가지고 있던 많은 양의 금과 은, 그리고 화려한 복장 등에 대해 피사로에게 보고했다. 상상을 뛰어넘는 잉카 문명에 대해 보고받은 피사로는 자신의 정복욕을 더욱더 불태웠다. 피사로는 스페인으로 다시 돌아갔다. 왕에게 정복에 필요한 지원을 받기 위함이었다. 1532년 피사로는 63명의 기병과 200명의 보병을 거느리고 잉카 제국을 정복하러 페루로 갔다.

당시 잉카 제국은 우아이나 카팍 황제가 죽자 왕위 계승을 둘러싼 내분에 휩싸여 있었다. 우아이나 카팍의 아들인 우아스카르는 그의 이복형 아타우알파에게 왕위를 찬탈당했고, 우아스카르와 그의 가족은 모두 잔혹하게 살해되었다. 이렇게 부당하게 왕위를 찬탈하여 잉카 제국을 통치하고 있던 아타우알파는 카하마르카라는 도시의 중앙 광장에서 피사로 일행을 만났다. 아타우알파는 피사로가 이끄는 정복자들에게 커다란 황금 술잔에 담은 옥수수술(치차)을 제공했다. 정복자들은 처음에는 거절했지만 위협에 가까운 강권에 어쩔 수 없이 마셨다.

이렇게 잉카의 황제 아타우알파와 피사로와의 1차 만남이 끝나고, 그다음 날 피사로는 곧바로 황제를 납치하기로 결정했다. 2차 만남에 나온 아타우알파 황제의 행렬은 장관이었다. 황제는 앵무새 깃털로 호사스럽게 장식한 가마에 올라탄 채, 금으로 장식한 화려한 의상을 걸친 근위병들에게 둘러싸여 있었다. 피사로는 수백 명의 부하들을 주변 건물에 매복시켜 놓았다. 이윽고 사제가 원주민 통역자를 데리고 나와서 황제 앞으로 나가 한 손으로 성호를 긋고 다른 손으로 성서를 내밀면서 "나는 그대에게 신의 말씀을 가르치기 위해서 왔노라."라고 말했다. 이에 아타우알파는 성서를 빼앗아 귀에 대 보고는 땅바닥에 던져버렸다.

카하마르카 전투. 프란시스코 피사로가 카하마르카 중앙광장에서 아타우알파 황제를 사로잡아 화형에 처한 후 잉카제국의 수도 쿠스코로 이동하여 잉카제국을 점령했다.

이 잉카 황제의 불경스러움에 피사로는 분노를 터뜨렸다. 그는 황제의 팔을 잡아 가마에서 끌어내렸다. 화승총과 말 등을 사용하여 군사적 우위를 확보하고 있던 스페인 병사들은 아타우알파를 사로잡고, 거의 비무장 상태였던 많은 수의 잉카인을 학살했다. 포로가 된 아타우알파는 피사로에게 자기를 풀어주면 그 대가로 커다란 방을 황금으로 채워주겠다고 약속했다.

잉카 제국의 정복과 내분

그러나 피사로는 아타우알파를 풀어주겠다는 약속을 지키지 않고, 1532년 아타우알파를 화형에 처했다. 화형은 잉카인에게 가장 잔인한 처벌이었다. 잉카인은 육체가 없어지는 화장에 대해 극도의 공포를 가지고 있었기 때문이다. 아타우알파는 화형 대신 목이 잘린다는 조건으로 가톨릭으로 개종하려고까지 했다. 피사로와 그 부하들이 쿠스코와 파차카막의 신전들을 거의 약탈하다시피 해서 모은 황금과 은 공예품은 엄청났다. 총 11톤의 금 공예품은 모두 녹여서 1만 3,420파운드의 순금으로 만들었고 2만 6,000파운드의 순은도 확보했다. 피사로는 이 전리품을 보병 1인당 금 45파운드, 은 90 파운드를 지급했고 기마병에게는 이것의 2배를 지급했다.

1533년, 피사로는 잉카 제국의 수도 쿠스코로 군대를 신속히 이동시켜서 잉카 제국을 점령하고 1535년에는 리마를 건설했다. 그 후 스페인의 정복자들은 아타우알파의 동생 망코 카팍을 꼭두각시 황제로 내세웠다. 정복의 쾌감에 도취해 있던 스페인 정복자들 사이에서도 내분이 발생했다. 피사로는 그의 오랜 동료였던 알마그로와 서로 주도권을 놓고 싸웠다. 결국 알마그로는 피사로의 손에 죽었고, 피사로는 1541년에 다시 알마그로의 부하들에게 살해되었다.

　잉카 제국의 정복 후, 스페인의 정복자들은 "나는 이곳에 금을 찾으러 왔지 농부처럼 땅을 파기 위해 온 것이 아니다."라고 한 피사로의 말처럼 엄청난 양의 금을 얻었다. 1492년부터 1600년까지 아메리카 대륙에서 스페인으로 옮겨진 금의 양은 총 75만 파운드에 달했다고 한다.

칼과 십자가:
영혼의 정복

칼과 십자가

약 800년 동안의 이슬람 지배에 대항한 레콩키스타(국토 회복 전쟁 또는 재정
복 전쟁)를 통해 스페인의 가톨릭교회는 '전쟁과 종교', '칼과 십자가'를 동일
시하게 되었다. 이는 신앙의 수호나 전파를 위해서는 군사적 수단을 함께 사
용할 수 있음을 의미했다. 스페인 왕실은 신대륙에 대한 식민 통치 역시 이
처럼 무력과 종교를 병행하는 방법을 취했다.

1508년, 교황 율리우스 2세는 스페인의 신대륙에 대한 식민정책에 종교적
인 정당성이 있음을 인정했다. 스페인 왕실은 교황으로부터 신대륙의 주교
를 위시해서 여러 직책을 임명할 수 있는 권한을 부여받았으며, 교구의 설치,
신부의 임면권, 교회와 수도원 신축, 교회 건물의 건축에 필요한 경비 조달을
위한 십일조 징수, 신대륙에 보낼 교황의 문서나 교칙 승인권 등의 권리도
갖게 되었다. 대신 국왕은 원주민들을 가톨릭으로 개종시킬 의무를 지게 되
었다.

영혼의 정복

> 당신이 떠나는 원정의 첫 번째 목표가 하나님께 봉사하고 가톨릭 신앙을 전파하는
> 것이라는 점을 처음부터 명심하시오. 그러므로 당신은 어떤 종류의 신성모독이나
> 음탕함도 허용해서는 안 됩니다. (중략) 마지막으로 암흑 속에서 사는 사람들에게
> 진정한 믿음과 하나님의 지식을 전파할 기회를 결코 놓쳐서는 안 됩니다.

이는 코르테스가 아스텍 제국의 정복에 대한 명령을 받고 출항을 준비할
당시 쿠바 총독 디에고 벨라스케스에게 받은 지시문이다. 이 지시문에서 볼
수 있듯이 스페인은 설사 실제적인 목표가 황금을 구하는 것이라 해도, 겉으
로는 가톨릭 전파를 식민 통치를 합리화하는 명분으로 삼았다.

스페인의 왕실과 가톨릭교회는 이러한 명분을 가지고, 발견된 새로운 땅
을 복음화해야 한다는 생각으로 콜럼버스의 2차 항해(1493년) 때부터 선교사
들을 동행시켰다.

1511년에는 2명의 주교가 처음으로 신대륙에 파견된 이후 교회의 행정조
직이 정비되기 시작했다. 이어 프란시스코회, 도미니코회, 아우구스티노회,
예수회 등 많은 교단이 신대륙에 들어
와 가톨릭 신앙의 전파에 힘을 쏟았
다. 특히 멕시코에서는 이들의 열정으
로 1570년에 이미 70개의 수도원이 건
립되었다. 신자가 증가함에 따라 교회
조직은 16세기 말에 5개의 대교구와
27개의 일반 교구로, 그리고 17세기 말
에 10개의 대교구와 38개의 일반 교구
로 확장되었다.

이렇게 신대륙에서 가톨릭 신앙이
양적인 발전을 이루었지만 가톨릭에
대한 원주민들의 태도는 그리 우호적
이지 않았다. 엄격한 교리문답 훈련을

십자가와 세 대륙. 가톨릭 왕들의 치세를 칭송하
는 문장紋章속에 세 대륙(아시아, 유럽, 아프리카)
의 모습이 십자가 아래에 놓여있다. 이들의 칼과
십자가는 새로 건설한 신대륙 원주민들의 영혼
을 정복했다.

거치지 않은 채 집단 세례를 받은 원주민들은, 수사들의 눈을 피해 자신들의 우상이나 신들을 계속 숭배하거나 두 종교에 대한 적당히 타협적인 태도를 취했다. 이에 가톨릭 신부나 수사들은 원주민의 세계를 좀 더 체계적으로 이해할 필요성을 느껴 원주민의 언어를 습득하고 그들의 역사와 관습을 연구했다. 또한 원주민에게 교리를 가르치는 등의 포교 활동도 병행했다.

선교사들의 노력으로 가톨릭에 귀의하는 원주민의 수가 늘어나면서 원주민의 영혼은 정복되어갔다. 이러한 원주민의 영혼 정복은 스페인의 식민 통치의 공고화를 의미했지만, 한편으로는 가톨릭교회와 식민지 권력의 결탁을 통해서 교회가 막대한 토지와 지배력을 갖게 되는 문제점을 야기했다.

'갈색 피부의 성모마리아' 과달루페

원주민에 대한 '영혼의 정복'이 원주민 자신들의 고유 신앙에 대한 포기를 의미하는 것은 아니었다. 원주민들은 자신들의 신을 포기하지 않고 단지 다른 신을 쉽게 받아들인 것뿐이었다. 이는 자신들의 많은 종교적 전통이 가톨릭의 그것들과 유사했기 때문이다. 예를 들어 원주민들은 예수가 인류를 위해 스스로를 희생했다는 사실이, 자신들을 위해 실행했던 인신공양과 같은 과거의 종교적 전통과 유사하다고 생각했다. 원주민들은 아프거나 괴로울 때 하나님의 은총이나 위로를 받기 위해 교회로 갔고, 그곳에서 하루에 수천, 수만 명의 원주민이 세례를 받았다. 하지만 원주민들이 이로써 완전한 가톨릭 신자가 된 것은 아니었다. 왜냐하면 원주민들은 비록 형식적으로는 가톨릭을 받아들였지만 실질적으로는 여전히 자신의 토착 신앙을 버리지 않고 있었기 때문이다.

이에 따라 가톨릭교회는 원주민들에게 가톨릭 신앙을 뿌리내리기 위해 원주민의 전통 신앙의 요소들을 이용해서 가톨릭의 토착화 작업에 박차를 가했다. 이것이 바로 종교적 융합인 '싱크레티즘Syncretism'이다. 이를 잘 보여주는 사례가 멕시코의 성모 '과달루페Guadalupe'다.

1531년 성모마리아는 후안 데 디에고라는 원주민 소년에게 나타났는데, 이때 성모마리아는 갈색 피부의 원주민 여성이었다. 이 갈색 피부의 성모마리아는 소년에게, 멕시코시의 수마라가 주교에게 가서 '뱀을 무찌른 여인' 이라는 뜻의 코아탈호페Coatalxope라는 이름으로 자신을 기념할 성당을 건립하도록 전하라고 말한 뒤 사라졌다. 그러나 소년에게 이 말을 전해들은 주교는 그 언덕이 아스텍의 어머니 신인 토난친의 성소였기 때문에 소년의 말을 믿으려 하지 않았다. 그러자 성모마리아가 또다시 디에고에게 나타나서 병세가 위독한 디에고의 삼촌이 기적적으로 완전히 치유될 것이라고 안심시키고, 주교에게 다시 가서 자신이 했던 말을 전하라고 명했다. 그리고 자신이 나타났다는 증거로서 한겨울에는 볼 수 없는 장미 한 다발을 디에고의 품에 안겨주었다. 디에고는 주교 앞에 나아가 성모마리아의 말씀을 전하며 가슴에 품고 있던 장미꽃을 펼쳐 보였다. 순간 장미꽃이 땅에 떨어지면서 후안의 옷자락에 그가 묘사했던 성모마리아의 모습이 새겨졌다. 주교는 그 자리에 성모마리아를 위한 성당을 지었는데, 코아탈호페와 음성학적으로 비슷한 스페인어의 '과달루페'라는 이름을 붙였다.

성모마리아가 출현한 곳인 테페약은 현재 멕시코시 북부에 있는 지역으로, 아스텍의 풍요의 여신인 토난친이 있는 신성한 장소다. 원주민들은 자신들이 믿고 있던 신이 변해서 가톨릭의 과달루페 성모마리아가 되었다고 생각하여 두 종교를 동일한 것으로 인식하게 되었다.

인류 역사상 최대의 인종 학살:
원주민들의 인구 감소

원주민에 대한 묘사

콜럼버스가 바하마 군도에 도착했을 때 만났던 아라와크족에 대한 콜럼버스의 묘사다.

그들은 좋은 체격과 수려한 용모를 지닌 건장한 사람들이었다. 무기를 지니고 있지도 않았으며, 또 무기라는 것을 알지도 못했다. 왜냐하면 내가 그들에게 칼을 보여주었을 때, 그들은 칼날을 만지작거리다가 손을 베었기 때문이다.

콜럼버스 《항해일지(El Diario de Cristóbal Colón)》

라스카사스 신부는 원주민들의 남녀 관계를 다음과 같이 묘사했다.

결혼법은 존재하지도 않는다. 남자나 여자는 공히 자기가 좋아하는 상대를 선택하고 무례함이나 질투, 분노심도 없이 그 상대에게서 떠난다. 그들은 아이를 많이 낳는다. 임신한 여자는 해산 당일까지 일하다가 거의 고통 없이 순산한다. 다음 날 강에서 목욕하기 때문에 출산 전처럼 깨끗하고 건강해진다. 남편에게 싫증이 나면, 사산死産시키는 독한 풀을 먹고 나뭇잎이나 무명천으로 부끄러운 부위를 가리고서는 낙태시켜 버린다. 원주민들은 벌거벗은 것을 우리가 머리나 손을 바라보는 것처럼 아무렇지 않게 여긴다.

바르톨로메 데 라스카사스 신부 《서인도 제도의 역사(Historia de las Indias)》

참상의 고발

스페인의 정복자들은 신대륙의 원주민에게 온갖 만행을 다 저질렀다. 다음은 바르톨로메 데 라스카사스 신부가 쓴 《서인도 제도의 역사》에서 발췌한 원주민들의 참상에 관한 글이다. 그는 한때 쿠바 정복에 참가했으며 원주민 노예를 고용해서 대농장을 경영하기도 했던 인물이다.

그들은 사람들 사이로 뚫고 들어가 어린이건 노인이건 임신부건 가리지 않고 몸을 찢었으며, 칼로 베어서 조각을 냈다. 울타리 안에 가둔 한 떼의 양을 습격하는 것과 다를 바 없었다. 그들은 끼리끼리 그들 가운데 누가 단칼에 한 사람을 두 동강 낼 수 있는지, 창으로 머리를 부술 수 있는지, 또는 내장을 몸에서 꺼낼 수 있는지 내기를 걸었다. 그들은 갓난아기의 발을 잡고 엄마의 젖가슴에서 떼어내 머리를 바위에다 패대기쳤다. 어떤 이들은 아기의 어깨를 잡고 끌고 다니면서 놀리고 웃다가 결국 물속에 던져 넣고, "이 작은 악질 놈아! 허우적거려 보라!"고 말했다… 그들은 또 구세주와 12사도를 기리기 위해 13개의 올가미를 만들어 원주민 13명을 매달고 그들의 발밑에 모닥불을 피워 산 채로 태워 죽였다.

나는 똑똑히 들었다. 산토도밍고에서 바하마 제도로 가는 배는 나침반 없이도 바다에 떠 있는 인디언의 시체를 따라 항해할 수 있다는 말을.

산들은 봉우리에서 기슭까지 온통 벌거숭이가 되어버린다. 흙을 파내고 바위를 쪼개고 돌을 옮긴다. 그리고 사금砂金 조각을 강물에 씻기 위해 등으로 져 나른다. 물속에서 등을 굽힌 채로 줄곧 황금을 씻는 동안, 그들의 몸은 부서진다. 무엇보다도 고통스러운 일은 광산에 물이 차게 되면 물을 한 줌씩 퍼내 광산을 건조시키는 것이다.

인류 역사상 최대의 인종 학살

콜럼버스가 신대륙에 도착하기 이전에 이미 그곳에 살고 있던 원주민은 그 수가 약 8,000만 명으로 추정된다. 통계에 의하면, 1500년 당시 세계의 인구는 약 4억 명 정도였고, 그중 신대륙 원주민의 인구가 8,000만 명이었는데, 1500년대 중반에는 1,000만 명으로 감소했다. 50년이 지난 1600년경에는 1500년 당시 인구의 10분의 1로 줄어들었다. 또 다른 연구는 1492년에서 1650년 사이 아메리카의 인구가 5,000만에서 500만으로 감소했다고 밝히고 있다. 이러한 사실은 유럽의 정복자들이 신대륙에 도착한 이래, 원주민의 수가 약 100년 사이에 급격히 감소했음을 보여주고 있다.

지역적으로 살펴보면 1492년에 카리브해 지역의 원주민은 20만 명이었는데, 20년 뒤에는 1만 4,000명으로, 다시 30년이 지나서는 그 수가 200명으로 감소했다. 멕시코 중앙 고원에는 1500년대 초에 약 2,500만 정도였다고 추정되었는데, 이는 1500년 말에 가서는 135만 명으로 대폭 감소했다.

이러한 인구 감소가 비록 추정치이지만, 스페인 정복자들의 신대륙 도착 이전과 이후의 원주민의 인구변화를 극명하게 보여주고 있다. 오늘날 카리브해에 흑인 노예가 도입되고 그들의 후손들이 쿠바, 푸에르토리코, 아이티 등에 주류를 이루고 있는 것도, 바로 16세기에 불어닥친 원주민 인구의 급격한 감소 내지 절멸에 그 이유가 있다.

이렇게 전체 인구에 대한 희생자의 비율(90% 이상)이나 희생자의 절대 수(약 7,000만 명)의 측면에서 학자들은 이를 '인류 역사상 최대의 인종 학살', '대량 몰살' 또는 '스페인 사람 한 사람의 호흡이 원주민 1명을 죽이기에 충분하다'라는 말로 표현하기까지 했다.

'대량 몰살'의 원인

이렇게 100년 사이에 인구가 10분의 1로 급격히 감소한 이유에는 여러 가지가 있다.

먼저 스페인 정복자들과의 전쟁으로 많은 원주민이 죽었고, 서구 문명과의 충돌 속에서 일부 원주민은 집단 자살의 길을 택하기도 했다. 그밖에 원

주민이 가혹한 노동으로 인해 사망한
경우도 있었다.

　그러나 무엇보다도 가장 큰 원인은
'세균 충격'이라고 불리는 유럽형 병원
균의 전파로 인한 사망이었다. 오랫동
안 고립되어 있었던 아메리카의 원주
민들은, 이미 천연두나 흑사병을 경험
했던 유럽인을 맞이할 만큼 충분한 면
역력이 없었다. 스페인의 정복자들이
전파했던 천연두, 홍역, 발진티푸스,
말라리아, 인플루엔자 등으로 인해서
아메리카 원주민들은 그야말로 파리
떼처럼 죽어나갔다. 비록 고의성이 없

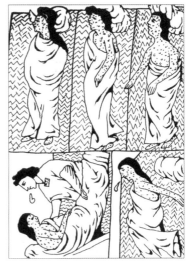

천연두에 걸린 원주민들. 아스텍인이 그린 것으로 원주민들의 인구 감소에 결정적인 원인이었던 전염병의 실체를 보여주고 있다.

다 할지라도 전염병으로 인해서 가장 많은 수의 원주민이 죽었던 것이다. 스
페인의 정복자들이 아메리카를 정복하는 속도보다 병균의 정복 속도가 훨씬
빨랐다. 정복 전쟁을 하는 데 있어서 전염병은 수백 발의 대포알보다 더 큰
위력을 발휘했다.

　이 전염병은 또한 원주민들에게 좌절감을 심어주었다. 전염병을 경험했던
원주민들은 악몽에 시달렸고 신들이 자신들을 버렸다고 생각했다. 스페인의
정복자들이 신이 아니라 자신들과 똑같은 인간임에도 이들이 전염병에 쓰러
지지 않는 것을 알게 된 원주민들은, 이 '초인超人'에게 저항한다는 것이 얼마
나 부질없는 짓인가를 깨닫게 되었다. 이는 스페인의 정복자들이 전염병으
로 인해 원주민과의 심리전에서 한 수 위에 있었음을 반증하는 사례다.

"이들 인디오는 인간이 아니란 말인가?": 카사스 신부와 비토리아 신부의 절규

'야만'을 고발한다!

정복자들이 신대륙의 원주민에게 행했던 '야만'에 대해 일부 스페인 성직자들은 강하게 비판했다. 이들은 "만약 스페인 왕실이 참다운 복음화를 원한다면 십자가와 칼이 함께 가서는 안 된다"고 주장했다. 비록 많은 성직자가 스페인 정복자들의 이익을 대변했지만, 이처럼 착취당하는 원주민의 입장에서서 그들의 권익을 보호하는 데 앞장섰던 성직자도 있었다.

바스코 데 키로가, 프란시스코 데 비토리아, 안토니오 데 몬테시노스가 바로 그들이었다. 이들은 '가톨릭'이라는 미명하에 저질러진 야만스런 정복 행위를 만천하에 고발했다.

원주민의 권익 보호

바스코 데 키로가는 "여기가 신세계라는 이름으로 불리는 데에 전혀 근거가 없는 것은 아니다. 여기에는 그럴 만한 합당한 이유와 명분이 있다. 진정 여기는 신세계다. 그것은 여기가 새롭게 발견되었다는 이유 때문이 아니라, 사람을 포함한 거의 모든 것이 태초의 황금시대의 세계, 바로 그곳에 있기 때문이다. 그렇지만 이 황금시대는 우리의 악행과 무지막지한 탐욕으로 인해서 철기시대, 아니 그보다 더 못한 시대로 전락하고 말았다.'라고 한탄했다. 그는 토마스 모어의 《유토피아Utopia》의 원칙, 즉 재산의 공유, 하루 6시간의 노동, 사치의 추방, 노동의 결실에 대한 평등한 분배 등을 멕시코 원주민의 공동체에 적용, 스페인 정복자들의 이익과 원주민 공동체의 이익을 서로 조화시키고자 노력했다.

프란시스코 데 비토리아 신부도 원주민의 인권 옹호에 적극적이었다. 그는 1539년 살라망카 대학에서 학생들을 향해, 스페인의 정복자들이 신대륙에서 원주민을 어떤 식으로 취급하고 또 어떤 식으로 원주민에게 대접받는지 직접 눈으로 보라고 절규했다. '원주민들은 사회라는 것이 탄생하기 이전의 인간이기 때문에, 유럽의 문명인이 그들을 정복하고 또 문명화의 목적에 적절히 사용하기 위해 그들의 재산을 빼앗는 것은 정당한 행위'라고 한 철학자 세풀베다의 주장에 대해서, 비토리아 신부는 "도대체 이들은 인간이 아니란 말인가? 또 정복자들은 자연을 파괴한 범죄자로 죄를 받아야 하지 않는가? 유럽의 모든 국가는 자연을 파괴한 행위에 대해서 책임이 없다고 말할 수 있을까? 이것이 사실이라면, 어느 누구에게도 원주민을 정복할 도덕적 권리는 없다."라고 스페인의 정복자들이 자행했던 원주민에 대한 착취를 비난했다. 그는 또한 콜럼버스의 신대륙 '발견'에 의문을 제기하고, 이미 문명이 존재하고 있던 땅을 '발견'했다고 하는 말은 어불성설이라고 비판하기도 했다.

도대체 무슨 권리로…

도미니크회의 성직자인 안토니오 데 몬테시노스는 스페인의 정복자들이 원주민을 학대하는 모습을 보고 큰 충격을 받았다. 그는 1511년, 에스파뇰라 섬에서 행한 설교에서 "도대체 무슨 권리로 당신들은 자기 땅에서 평화롭게 사는 원주민에게 그토록 천인공노할 전쟁을 벌여 왔습니까? 그들은 인간이 아닙니까? 그들은 이성을 가진 사람이 아니란 말입니까?"라는 말로 원주민을 가혹하게 착취하던 스페인 정복자들의 잔인한 행위를 맹렬하게 비난했다.

"나는 이 섬의 황야에서 부르짖는 예수의 목소리입니다… 이 목소리는 당신들이 죽음을 피할 수 없는 죄악 속에 있고, 또 그 속에서 살다가 죽을 것임을 말합니다. 왜냐하면 당신들이 이 순진한 사람들을 잔혹하게 다루었기 때문입니다. 당신들은 도대체 무슨 권리와 법으로 이 원주민들을 처참한 노예로 만들었습니까? 도대체 무슨 권리로 자기 땅에서 조용하고 평화롭게 사는 이들과 가증스러운 전쟁을 치르고 있습니까? 이런 상태라면 당신들은 무어인이나 터키인처럼 더는 구원을 받지 못할 것임을 명심하십시오."

몬테시노스의 이 예언자적 고백은 산토도밍고(지금의 쿠바)의 식민지 사회에 커다란 충격을 주었다. "당신들은 모두 영원한 죄를 범했다"는 선언으로 시작한 몬테시노스의 설교는 라틴아메리카에서 참다운 교회의 건설을 위한 시금석이 되었다. 그의 이 기념비적인 설교는 정복자들뿐만 아니라 식민지에서 활동 중이었던 가톨릭 성직자들에게 큰 영향을 주었다.

정의를 향한 최초의 외침

그러나 무엇보다도 스페인 정복자들의 '야만'에 대한 비판의 불을 댕긴 사람은, 바로 콜럼버스와 거의 동시대인이었던 바르톨로메 데 라스카사스 신부였다. 라스카사스 신부는 살라망카 대학에서 법학을 전공하고 부와 명예를 얻기 위해 신대륙에 왔다. 그는 1510년, 사제에 서품된 뒤에도 계속 부를 축적하는 등 다른 정복자들과 다름없는 삶을 살았다.

그러나 라스카사스 신부는 몬테시노스 신부가 원주민의 운명에 관해서 던졌던 "이들은 인간이 아니란 말이요? 그들은 이성을 가진 사람들이 아니란 말입니까?"라는 질문에 큰 충격을 받았다. 그는 식민지 체제의 불평등과 불의를 시정하기 위해서 자신의 모든 재산을 포기하고, 스페인의 정복자들이 원주민에게 저지르는 수많은 범죄행위를 고발했다. 원주민도 스페인 왕의 신민臣民이기 때문에 스페인 사람과 똑같은 권리를 누려야 하고, 그들은 지적으로 가톨릭을 받아들일 능력이 있으며, 가톨릭 신앙 안에서 자애롭게 교화되어야 한다고 신대륙과 구대륙 양측을 오가며 끊임없이 주장했다. "설사 그들이 이교異教의 신앙을 지녔다고 해서 그들을 인간의 종種에서 제외시켜야 한단 말인가? 차라리 이교도이기 때문에 그들을 개종시킬 명분이 더 있는 것 아닌가?"라고 라스카사스 신부는 되물었다.

바야돌리드 대논쟁

라스카사스 신부가 원주민을 옹호하는 입장에 대해서 스페인 정복자들과 대다수의 신학자는 강하게 반발했다. 스페인의 식민정책을 둘러싼 2개 노선의 대립은, 카를로스 1세의 지시로 1550년에 열린 바야돌리드 궁정 토론회에서 본격화되었다.

그중에서도 라스카사스 신부와 세풀베다의 논전은 유명하다. 스콜라 철학자 후안 히메네스 데 세풀베다는 군사적 정복이야말로 원주민을 가톨릭교도로 바꾸는 데 가장 효과적인 방법이며, 원주민은 인간의 형상만 하고 있을 뿐 결코 인간이 아닌 문화적 야만인이라는 점과, 이들이 선진 유럽 문명에 복속해야만 한다는 점을 강조했다. 아울러 원주민을 옹호하는 라스카사스의 저술은 '이단적이고 악마적인 것'이라고 주장했다.

이에 그동안 원주민의 권리를 위해 투쟁해왔던 라스카사스 신부는, 식민지에서 스페인의 국왕이 해야 할 일은 스페인의 정신을 신대륙의 식민지에 심는 것이고, 원주민의 토지 소유권 역시 '자연법과 국제법'에 따라 존중되어야 함

바르톨로메 데 라스카사스 신부. 그는 식민지 체제의 불평등과 불의를 시정하기 위해, 자신의 모든 재산을 포기하고 평생 원주민들의 권리를 위해 투쟁하였다. 그의 투쟁은 후에 원주민 노예제 폐지와 엥코미엔다의 세습을 금지했던 '신법'이 만들어지는 토대가 되었다.

을 역설했다. 그는 또한 정복 이전의 원주민 사회가 관습의 차이에도 불구하고 독자적 질서를 가진 공동체였다는 점을 강조했다.

이 논쟁은 후에 카를로스 1세가 라스카사스 신부의 주장을 받아들여, 엥코미엔다 제도 개혁의 바탕이 되는 '신법新法'을 1542년에 공포하는 계기가 되었다. 이 신법은 원주민 노예제를 폐지하고, 원성이 자자했던 엥코미엔다 제도의 세습을 금지시켰다.

쿠바의 시인이자 혁명가인 호세 마르티와 칠레의 시인인 파블로 네루다 등은, 이렇게 치열하게 아메리카 원주민의 권익 보호에 앞장섰던 라스카사스 신부의 생애를 '원주민 노예제에 맞선 고독한 투쟁의 과정'이라고 칭송했다.

잔잔한 바다, 태평양:
신대륙을 탐험한 사람들

바스코 누녜스 데 발보아

발보아는 유럽인으로는 최초로 파나마의 다리엔 지협을 통과하여 태평양을 목격한 사람이었다. 파나마운하의 태평양 쪽 항구인 발보아항이 바로 그의 이름에서 연유한 것이다.

발보아는 1500년에 스페인의 탐험대에 참가하여 콜롬비아 연안을 탐험하고 산토도밍고에 정착했으나, 빚에 쫓기는 신세가 되어 파나마의 다리엔 지역에서 식민지를 개척하게 되었다. 당시 다리엔 지역의 총독이었던 콜럼버스의 장남 디에고 콜럼버스는 발보아를 다리엔의 통치자로 임명했다. 발보아는 한 원주민의 부족장에게서 "남쪽 바다에는 금으로 접시를 만들고 심지어 돛과 노까지도 황금으로 만들어 사용하는 종족이 살고 있다"는 정보를 얻었다. 여기에서 남쪽 바다는 태평양이며, 황금의 나라는 잉카 제국이었다. 발보아는 스페인 왕실에 '자신이 곧 황금의 나라를 얻게 될 것이며, 이를 위해 1,000명의 군사를 지원해줄 것'을 요청했지만 스페인 왕실은 이를 거절했다. 이에 발보아는 독자적으로 다리엔 지협을 지나 태평양(발보아는 원주민의 말에 따라 태평양을 '남쪽 바다'라고 명명했다) 해안에 도착했다. 이곳에서 원주민에게 진주와 황금조각을 얻었고, 황금의 나라인 '비루Biru(지금의 '페루Perú'라는 말이 여기에서 유래했다)'에 대한 정보를 듣게 되었다. 그러나 계속된 원주민의 공격으로 다시 다리엔으로 귀환했다.

그런데 새로 임명된 총독인 다비야와 이미 파나마 지역에서 상당한 세력을 쌓았던 발보아 사이에 갈등이 극심했다. 이에 발보아는 다비야가 사법권과 군사력을 소유하고 있는 한 자신의 지위가 위태롭다는 사실을 알고는, 원정대를 조직하여 독자적인 탐험에 나섰다. 한편 스페인 본국에서는 다비야가 식민지 통치에 부적절한 인물이라는 소문이 퍼졌다. 곧 새로운 총독이 임명되어 다비야의 행적을 조사할 것이라는 소식이 다리엔 식민지에도 전해졌다. 이에 다비야는 자신과 대립관계에 있었던 발보아를 제거하기로 마음먹고 발보아를 체포하여, 반역죄와 원주민 학대죄 등의 죄목으로 그의 동료 4명과 함께 처형했다. 이로써 태평양을 최초로 목격한 발보아는 한동안 파나마 지역을 함께 통치했던 다비야의 손에 죽고 말았다.

마젤란

마젤란은 1480년경에 포르투갈의 북부 오포르투에서 태어났다. 그는 인도 총독으로 부임한 알부케르케의 지휘 아래 몰루카 제도를 왕복하는 등 큰 활약을 펼쳤다. 1513년에는 포르투갈의 마누엘 1세가 모로코의 해적들을 소탕하기 위해서 조직한 정벌대에 참여해 싸우다가 부상을 당하기도 했다.

그 후 마젤란은 포르투갈을 떠나 스페인의 세비야로 이주했다. 마젤란은 서쪽 항로를 따라 인도에 도달하려는 자신의 탐험 계획을 스페인 왕실에 제출하여 왕실의 후원을 약속받았다. 드디어 마젤란은 1519년 9월 20일, 스페인 왕실의 후원 아래 역사적인 항해를 시작했다. 그의 선단은 5척의 배와 265명의 선원으로 구성되었다. 대서양상의 카나리아 군도를 거쳐, 같은 해 12월 13일 리우데자네이루에 도착해 한 달간의 휴식을 취했다. 마젤란의 함대는 다시 항해를 시작하다가 광활한 평지 위에 우뚝 솟은 구릉지에 도착했는데, 이 구릉을 '몬테 비디Monte Vidi(멀리 보이는 산)'라 명명했다(이곳이 현재 우루과이의 수도 몬테비데오다). 마젤란은 이곳에서 대양으로 나가는 수로가 있

"마젤란해협에 오심을 환영합니다"라는 입간판(왼쪽 사진)과 버스를 싣고 마젤란해협을 건너는 페리호(오른쪽 사진). 남아메리카 대륙 끝과 티에라 델 푸에고 섬 사이에 있는 이 해협은 길이는 560킬로미터, 너비는 3~32킬로미터다. 태평양과 대서양이 연결되는 이 해협의 이름은, 포르투갈 출신의 모험가이자 항해가인 마젤란이 처음으로 이 해협을 건너 태평양으로 항해한 것에서 기인하였다.

는지 알아보기 위해 라플라타강을 정찰했으나 끝내 발견하지 못했다.

그러자 탐험대원의 일부가 다시 스페인으로 돌아가야 한다고 주장하면서 반란을 일으켰지만, 마젤란은 후안 세바스티안 델 카노(이 사람이 바로 마젤란이 죽은 후 빅토리아호를 지휘하여 최초로 세계를 일주한 선장이다)를 시켜 반란을 진압하게 했다. 반란을 진압한 마젤란 함대는 1520년 10월 21일, 마침내 대양으로 나가는 해협을 만났다. 마젤란 함대는 이곳 해협을 통과하는 데 36일이나 걸릴 정도로 많은 어려움을 겪었다. 악천후로 고생한 마젤란해협에 비해서 해협을 빠져나오고 나서 만난 바다는 잔잔하고 평화롭기 그지없었다. 마젤란은 이를 보고 '잔잔한 바다'라는 의미를 지닌 '태평양太平洋(el Pacífico)'이라고 명명했다.

그 후 마젤란의 함대는 장장 98일 동안 태평양을 횡단해서 라드론섬(라드론ladrón은 '도둑'이라는 의미)에 도착했다. 이는 마젤란 함대가 태평양을 횡단해 처음으로 도착한 섬이었는데, 이곳 원주민들이 벌떼처럼 달려들어 갑판으로 올라와 이것저것을 뜯어 갔고, 심지어 보트까지 가지고 가버린 데서 마젤란이 '도둑의 섬'이라 명명한 것이다. 이곳이 바로 지금의 괌이다.

마젤란 함대는 일주일 뒤에 필리핀 제도(이 '필리핀'이라는 이름은 자신을 후원했던 펠리페 2세의 이름을 따서 명명되었다)의 사마르섬을 거쳐 세부섬에 도착했다. 마젤란 함대는 이곳 세부섬의 원주민들과 우호적인 관계를 유지했다. 그러나 맞은편에 있던 막탄섬은 오래전부터 세부섬과는 적대적인 관계였다. 마젤란은 자신에게 우호적이었던 세부섬을 돕기 위해 부하 60명을 이끌고 막탄섬 정복에 나섰으나 1,500명이나 되는 막탄섬 원주민들과의 전투에서 사망했다.

그 후 남은 원정대원들은 인도양을 횡단하여 희망봉을 돌아서 1522년 9월 6일에 스페인의 세비야항으로 귀환했다. 이는 만 3년에서 12일이 모자라는 기간이었다. 이때 귀환한 사람은 겨우 18명이었다.

카베사 데 바카

카베사 데 바카는 레콩키스타가 완료되고 콜럼버스가 신대륙에 도착한 해인 1492년에 스페인 남부 헤레스의 한 귀족 집안에서 태어났다. 그는 어린 시절부터 신세계에서 흘러들어 온 많은 보물과 정복 전쟁에 관한 소문을 들으며 자랐다.

그 후 새로 발견한 지역들을 정복하고 통치하라는 국왕의 명을 받은 판필로 데 나르바에스 총독이 1527년에 스페인을 출발했다. 5척의 범선과 600명의 병사, 그리고 귀족 출신의 모험가들로 이루어진 원정대는 1527년 산루카스항을 출발했다. 바카는 이 원정대의 재무 담당으로 합류했다. 그는 나르바에스와 함께 플로리다반도에 상륙했다.

그는 이들과 함께 플로리다반도를 시작으로 미시시피, 텍사스, 콜로라도, 뉴멕시코, 애리조나 지역을 걸어서 이동해 멕시코시티까지 갔다. 걸어서 미국 대륙을 횡단했던 것이다. 그는 비록 의사는 아니었지만 군인이었기 때문에 원주민에게 전장에서 경험했던 응급조치들을 해주면서 그들과 친분을 돈독히 했다. 아울러 굶주림과 고통을 겪으면서 미국 대륙을 횡단했음에도 심오한 관찰과 성찰을 게을리하지 않아서, 아메리카 대륙의 생태, 원주민의 관습들을 섬세하게 글로 옮겼다. 카베사 데 바카는 원주민의 도움을 받아 동료 3명과 함께 간신히 살아남을 수 있었다.

카베사 데 바카는 당시의 그 누구도 갖지 못했던 자신의 경험을 스페인 왕

에게 전했다. 이에 스페인 왕은 그를 남아메리카 동남부에 위치한 리오데라
플라타 지방의 총독으로 임명했다. 그는 그곳에서 자신의 평화로운 정복 방
식에 협조하는 원주민들과 적극적인 연대를 맺는 한편, 자기에게 협조했던
원주민들을 공격하는 또 다른 원주민들을 응징했다. 이러한 통치 방식은 자
연히 원주민들 사이의 분쟁에 깊이 개입할 수밖에 없었다. 결국 카베사 데
바카의 통치는 오래 지속될 수 없었고, 1545년에 체포되어 스페인으로 압송
된 뒤 관직에서의 부정행위로 유죄를 선고받고 아프리카로 추방되었다.

제4장
식민 통치 시대

LATIN AMERICA

식민지에 대한 원격 조정:
부왕령

레케리미엔토

스페인의 정복자들은 원주민들에게 레케리미엔토Requerimiento(명령, 통고)를 읽어주었다. 이는 원주민을 정복하기 위한 전쟁을 하기 전에 스페인 왕에게 평화적으로 복속당할 것인지, 아니면 이를 거부할 것인지를 원주민에게 강요하는 문서였다. 이 문서에는 "당신들(원주민들)이 진심으로 스페인 군주와 정복자들에게 의무 사항을 이행한다면 사랑으로 영접하겠다. 하지만 만약 이를 이행치 않거나 악의적으로 지체한다면, 하나님의 도움을 받아 가능한 모든 방법을 동원하여 당신들과 전쟁을 해서, 당신들과 그 가족을 노예로 삼고 때로는 이들을 팔아버릴 것이다."라는 사실이 명기되어 있다.

그런데 정복 전쟁의 현장에서는 이 레케리미엔토가 제대로 읽히지도 않았고, 읽힐 경우에도 원주민들이 아직 잠들어 있을 동틀 녘이었다. 더구나 대부분의 원주민이 알아들을 수 없는 스페인어로 읽혔기 때문에 이는 거의 유명무실했다. 이렇게 희극적인 정복 행위를 통해서 신대륙을 정복했던 초기의 정복자들은, 그들이 정복한 땅에서 거의 무한대의 권한을 누렸다. 정복 과정에서 세운 기여도에 따라 토지나 관직 등을 분배받았고, 자신이 원하는 직책을 국왕에게 통보만 하면 거의 그대로 인정받았다.

정복자들은 자기들을 도와서 정복을 수행한 자들에게 포상을 내렸고, 그들을 주요 직책에 임명했으며, 정복지 내에서는 스페인 국왕의 간섭 없이 독자적인 식민 사업을 행할 수 있었다. 이들은 정복지의 군사적 책임자인 동시에 행정적, 사법적 책임자였다. 이러한 지위는 거의 종신직이었으며, 또한 스페인 왕실과는 별도로 식민지에서 상당한 권한을 누렸다.

그러나 스페인 왕실은 신대륙에서 이렇게 무한대의 권한을 누리는 정복자들이 자신들의 통제에서 벗어나 강력한 봉건 귀족으로 성장하는 것을 두려워했다. 스페인 왕실은 이를 막기 위해 스페인 본국의 중앙통제정책을 실시했다. 먼저 스페인 본국에 식민지 지배를 위한 관청들을 설립했고, 신대륙에는 스페인 본국에서 관리를 파견하여 통제했다.

스페인 본국에 설치된 식민 관청

식민지가 점차 확대되면서 스페인 왕실은 식민지에 대한 좀 더 체계적인 통제를 위해 통상원을 설립했다. 1503년에 세비야에 세워진 이 기구는 신대륙과 관련된 행정, 사법적 기능뿐만 아니라 교육, 학술적인 역할까지 맡았다. 행정적 기능으로는 신대륙을 오고 가는 사람들의 출입국 관리, 출입 선박의 등록 및 허가, 교역상품에 대한 세관 업무, 그리고 신대륙에서 국왕에게 바치는 '킨토레알quinto real(5분의 1세)'에 대한 관리 등이 있었다. 사법적 기능으로는 신대륙과의 교역에 관련된 모든 소송을 담당하는 재판소 역할이 있었다. 교육 및 학술적 기능으로는 세계 최초의 항해학교 설치 및 운용, 선원의 교육, 그리고 해도나 항해일지 등 항해 관련 책자를 발간하는 등의 업무가 있었다. 이 통상원은 1717년에 카디스로 이전했다가 1790년에 폐지되었다.

또 다른 기구로는 1509년에 창설된 인디아스 심의회가 있었는데, 이 심의회는 경제를 제외한 식민지의 모든 업무를 감독하고 통제하는 기능을 담당했다. 통상원보다 상위에 있었던 이 기구는 행정기관의 청원, 법률, 형사, 민사 소송, 왕을 위한 자문 등 식민지에서 발생하는 모든 문제를 다루었다. 이 기구는 식민지의 주요 관리나 교회의 고위직을 임명하는 권한과 함께 식민지의 하급 법원에서 상소를 받아 재판하는 사법권 등, 사실상 왕을 대신해 신대륙과 관련된 중요 업무를 모두 결정하는 막강한 권한을 갖고 있었다. 때문에 신대륙에서 인디아스 심의회의 영향력은 절대적이었다. 그러나 시간이 갈수록 이 심의회의 영향은 점차 축소되어갔다.

식민 통치 제도

스페인 왕실은 식민지를 직접 통치하기 위해 스페인 본국뿐만 아니라 신대륙 현지에 여러 제도를 실시했다. 그중 대표적인 제도로 부왕령副王領(Virreinato)과 아우디엔시아Audiencia가 있었다.

부왕령은 16, 17세기 초에 가장 번성했던 지역인 멕시코와 리마에 설치되었다. 스페인 왕실은 1535년 파나마를 경계로 현재의 멕시코에 누에바에스파냐를 설치하여 멕시코에서 파나마까지를, 1530년에는 페루지역에 페루 부왕령을 설치하여 파나마 이남 지역을 부왕의 통제하에 두게 했다. 이로써 스페인 본국은 식민지에서의 중앙집권체제를 공고히 할 수 있었다.

이 부왕령을 통치하는 부왕副王(virrey)은 행정의 최고직으로서 식민지에서 왕의 권한을 대행했다. 그는 왕을 대리한 실질적인 행정 책임자였고 최상층에 속하는 귀족이었다. 그가 위임받은 권한은 컸지만 관할 지역이 너무 넓었기 때문에 권력이 행사되는 범위는 제한적이었다. 부왕의 임기는 6~7년 정도였는데 대체로 귀족 작위를 가지고 있는 스페인 본토인(페닌술라르 peninsular)들이 맡았다. 이들은 왕의 신임과 자신의 직책을 이용하여 하위직을 가족과 친지에게 배분하기도 했다. 부왕은 식민지에서 획득되는 모든 재화를 관장하는 감독관이었으며, 관할 아우디엔시아의 의장도 겸했다. 그는 또한 성직자 및 관리 임명권 등을 가짐으로써 식민지에서는 거의 왕과 같은 지위를 누렸다. "부왕은 식민지에서 왕의 명성과 힘을 대신했다. 그의 권위는 시가지에 세워진 개선문, 사법관들과 성직자들의 품위 있는 의상행렬, 축하연, 그리고 가장행렬로 이어지는 화려한 환영식으로 입증된다."라는 말에서 부왕의 권위가 어느 정도였는지를 알 수 있다.

그 후 식민지의 영역이 더 확대되어감에 따라 이를 더 효율적으로 관리할

16~18세기 부왕령. 스페인 왕실은 신대륙의 식민지를 직접 통치하기 위해서 신대륙에 여러 제도를 도입했는데, 그 중 부왕령과 아우디엔시아는 강력한 사법권을 가지고 최고의 지위를 누렸다.

필요가 있었다. 이에 페루 부왕령의 일부였던 현재의 콜롬비아 지역을 분리해 1718년 그곳에 누에바그라나다 부왕령을 설치했다. 1776년에는 현재의 아르헨티나, 우루과이, 파라과이, 볼리비아 지역에 네 번째 부왕령인 라플라타 부왕령을 설치했다.

부왕령과 함께 식민지에서 아우디엔시아는 매우 중요한 기관이었다. 아우디엔시아는 신대륙의 방대한 영토에서 최상급 재판소의 기능을 수행했고, 일정한 정치적, 행정적 기능도 갖고 있었다. 관할 영역 내에서 최고 법원 역할을 했던 아우디엔시아는 주로 형사, 민사 사건의 심리, 하급심에서 올라온 사건의 최종심 역할을 수행했다. 이 아우디엔시아의 장長은 부왕이 맡았고, 구성원으로는 판사 역할을 했던 오이도르Oidor(듣는 사람)가 있었다. 이 오이도르들은 부왕이나 총독들의 불법적이거나 억압적인 행위를 감찰하고 그들의 전횡을 견제하는 기능을 수행했다. 신대륙 최초의 아우디엔시아가 1511년 산토도밍고에 설립된 이래, 파나마, 멕시코, 리마, 과테말라, 과달라하라, 산타페 데 보고타, 차르카스, 키토, 산티아고 데 칠레 등 18세기 말까지 모두 14개나 되었다.

이 아우디엔시아 아래에 도시를 다스리는 시의회인 카빌도Cabildo가 있었다. 이 시의회는 회계, 세금 징수, 도량형 측정과 공증 업무를 맡을 관리의 임용과 치안, 보건, 사법 등의 업무를 담당했다. 스페인 왕실은 식민지의 중추 신경이었던 카빌도가 공정하게 운영될 수 있도록 했다. 이에 수많은 포고령을 통해 시의회 의원들이 사적인 이익을 위해 일하지 못하게 했고 정기적인 검열을 받도록 했다. 이 카빌도는 도시에서 중요한 문제가 발생했을 때 도시의 유력 인사들이 참여하여 공개적으로 논의했는데, 후에는 왕실에서 직접 대표자를 파견함으로 인해 주민들의 대표성이 결여되어 카빌도의 권한이 많이 약화되었다.

엥코미엔다, 미타, 그리고 아시엔다:
식민지에 대한 경제 정책

엥코미엔다

'엥코미엔다Encomienda(위탁, 위임)'는 말 그대로 국왕이 식민지 정복자들에게 원주민을 위탁하는 제도다. 즉 스페인 정복자들이 원주민을 위탁받아 보호하고 종교적으로 교육시켜 그들을 '문명화'시키고 '그리스도의 어린 양'으로 만드는 의무를 가지는 대신에 그들의 노동력을 착취하는 제도였다. 이는 원래 스페인의 레콩키스타 과정에서 정복했던 이슬람교도의 마을을 기사단의 지도자에게 하사하고 그 통치를 위임하는 스페인의 봉건제도에서 유래한 제도였다. 이를 1503년에 이사벨 여왕의 지시에 따라 신대륙의 새로운 환경에 맞게 변형시켜 실시한 것이다.

그러나 이 제도는 종교적 교화를 통한 영혼의 구제와 원주민의 보호를 명분으로 노동력을 착취하기 위한 노예제도의 또 다른 형태였다. 이는 신대륙의 스페인 정복자들에게 적당한 보상을 해주고 경제활동에만 전념하도록 장려함으로써 개인과 국가에게 모두 이익을 가져다주기 위함이었다. 따라서 이 제도는 스페인 왕실의 충실한 신하였던 신대륙의 정복자들이 각기 관할 지역의 평화를 유지하면서 자신의 부를 축적할 수 있었기 때문에 매우 성공적으로 정착했다.

엔코멘데로(엔코미엔다의 소유주)들은 원주민 위에 군림했고 거대한 농지를 소유했으며 크고 작은 도시의 지도자로 부상했다. 이렇게 성장한 엔코멘데로들은 당연히 스페인 왕실이나 교회, 귀족들의 정치적, 경제적 이해관계를 위협하는 세력으로 등장했다. 스페인 왕실은 신대륙에서 엔코미엔다를 통해 기반을 잡은 식민지 귀족인 엔코멘데로와 맞서야 했다.

신법

스페인 왕실이나 교회 세력, 귀족들은 이처럼 식민지에서 자신들을 위협하는 세력으로 성장한 엔코멘데로들이 하나의 봉건 귀족으로 성장하는 것을 두려워했다. 비록 엔코멘데로의 수가 2,000명을 넘지 못했으나 그들은 결코 달가운 존재가 아니었다. 게다가 스페인 본국에서 멀리 떨어진 식민지 권력을 통제하는 일은 이베리아반도의 귀족들을 장악하는 것보다 훨씬 더 어려웠다.

1540년대에 들어서 멕시코와 페루에서 각각 자신의 위치를 공고히 했던 엔코멘데로들을 '재정복'하기 위한 조치가 시급히 요구되었다. 이러한 요구와 함께 원주민에 대한 정복자들의 가혹한 학대와 착취가 가톨릭 윤리에 어긋난다는 주장이 제기되었다. 특히 라스카사스 신부는 이 제도가 아내로부터 남편을, 부모로부터 아이들을 분리시킴으로써 가족에 기반을 둔 사회를 파괴하는 제도라고 주장했다. 또한 그는 만일 엔코미엔다 제도를 철폐하지 않는다면 원주민은 곧 모두 절멸하고, 그렇게 되면 '신은 무서운 징벌을 내려 스페인의 모든 것을 파멸시킬 것'이라고까지 경고했다.

카를로스 1세는 이러한 라스카사스 신부의 주장을 받아들여 1542년에 '신법新法(Nueva Ley)'을 공포했다. 이 법은 원주민을 광산에 보내는 것, 진주 채취에 동원하는 것, 짐꾼으로 부리는 것 등 원주민의 노예화와 강제 노역을 금지했다. 또한 부득이하게 일을 시킬 경우에는 정당한 대가를 지불해야만 했다. 그리고 엔코멘데로들의 토지에 대한 상속을 한 세대에만 국한시켜서 토지 소유의 세습을 금지했다. 이 법에 의해서 원주민은 최소한 법적으로는 스페인 사람과 마찬가지로 왕의 신민臣民이었으며, 다른 곳으로 팔려가지 않고 자신들의 관습을 유지할 수 있었다.

그러나 이러한 '신법'이 시행되었음에도 불구하고 원주민에 대한 정복자들의 노동력 착취는 식민 통치 기간 내내 계속되었다.

코스타리카의 커피 농장. 스페인의 정복자들은 대농장 제도와 노예제가 결합된 엥코미엔다 제도를 신대륙에 이식시킴으로써 농업과 광업의 생산에 있어서 원주민의 노동력을 마음대로 동원할 수 있었다.

레파르티미엔토와 미타

엥코미엔다의 폐해를 막고자 '레파르티미엔토Repartimiento(분배, 할당)'와 '미타Mita'라는 제도가 시행되었다. 이 제도는 엥코멘데로들이 원주민 노동력의 사용을 식민 정부에 요구, 관리들이 이 청원을 받아들인 다음, 우선순위를 정하여 엥코멘데로들에게 노동력을 배정하고, 규정에 의거해서 원주민에게 임금을 주는지를 확인하는 제도다. 이를 멕시코 지역에서는 강제 노동을 의미하는 '쿠아테킬' 또는 '레파르티미엔토', 잉카 문명 지역에서는 '미타'라고 불렸다.

레파르티미엔토는 원주민 마을에서 노동력을 모집하는 일차적 집행자로서, 왕실의 관리가 엥코멘데로를 대신하게 했다. 그러나 이 제도에서도 법령의 무시와 남용이 빈번했고, 엥코멘데로들은 왕실 관리의 통제 아래에 있는 원주민 노동력을 자기들 임의대로 사용하기 위해 왕실 관리들에게 뇌물을 주면서 접근하기도 했다. 이 제도는 계속 발견되는 금, 은광에 제공해야 할 노동력을 충당하고 원주민에게 소량의 임금을 지불하여 그들을 먹여 살릴 수 있는 역할을 했다. 하지만 가혹한 노동력 착취로 인해 원주민 인구는 급속히 감소해갔다. 이는 광산의 전문 기술자들이 높은 수준의 보수를 받는 유럽게 이주민이었던 반면에, 광물 채굴, 갱도와 운하 건설, 야금 작업 등은 원주민의 몫이었기 때문이다.

예를 들어, 멕시코의 파추카 광산에서는 1576~1579년 사이에 1,108명의 원주민이 이 제도에 의해 징발되었는데 1661년에는 단지 57명만이 남을 정도였다. 또한 볼리비아 지역의 포토시의 인구 16만 명 중 절반가량이 광산 일에 종사하는 원주민이었다. 이 제도로 인해서 원주민 노동자들은 36시간 교대와 같은 비인간적인 노동을 해야 했으며, 노동량에 비해 매우 적은 임금을 받았다.

이처럼 이 제도는 결과적으로 원주민의 권익 보호에 어떠한 실질적인 개선도 가져오지 않았다.

아시엔다

엥코미엔다 제도는 후에 아시엔다Hacienda나 브라질의 파젠다라는 대농장 제도로 바뀌었다. 본래 아시엔다는 스페인과 포르투갈 국왕이 그 지역의 정복자들에게 토지를 하사한 데서 비롯되었다. 엥코미엔다는 왕실이 정복자들에게 준 것이기 때문에 엥코미엔다의 소유자(엥코멘데로)들은 토지에 대한 권한이나 원주민의 노동력에 대한 조건을 규정할 수 없었다. 반면에 아시엔다 제도에서는 법적으로 토지 소유가 인정되며, 대농장 주인(아센다도hacendado)이 직접 원주민의 노동 조건을 결정할 수가 있었다.

이는 마치 일제하에서 일본인이 교묘한 방법을 이용해 한국의 토지를 대규모로 소유하면서 한국인을 소작인 혹은 농업 노동자로 전락시켰던 것과 비슷한 방법이다. 스페인의 정복자들은 정복된 지역의 원주민에게 토지를 빼앗아 대단위 농장을 만들고 원주민을 이에 예속시켰다. 이렇게 형성된 아시엔다는 내부에 교회, 상점, 학교, 감옥, 묘지 등 자체의 사회를 형성한 거의 중세의 봉건 영지와 비슷한 하나의 독립적이고 폐쇄적인 형태를 나타냈다. 대농장 주인은 아시엔다 내에서 입법, 사법, 행정의 모든 권한을 소유하면서 원주민들에게 노동과 충성을 요구했다. 대신 그들에게 식량과 교육, 의약품 등을 제공했다. 이 제도는 20세기 중반까지도 라틴아메리카에 존속되었다.

포르투갈의
식민 정책과 식민 경제:
브라질

세습 봉토 제도 – 카피타니아

포르투갈은 해외 식민지 개척 초기에는, 자원이 많지 않고 노동력도 풍부하지 않은 브라질보다는 온갖 향료와 자원을 얻을 수 있는 아시아와 아프리카에 더 관심을 가졌다. 1520년까지 브라질로 이주한 포르투갈인은 고작 3,000명에도 미치지 못할 정도였다. 여기에 파우-브라질(붉은 염료를 얻을 수 있는 나무)의 소비가 유럽에서 증가해 포르투갈 왕실에 많은 부를 가져다주었다. 하지만 이 나무는 빠른 속도로 고갈되어 갔을 뿐만 아니라, 프랑스나 네덜란드와 같은 나라 역시 브라질에서 파우-브라질을 마구 채취, 밀매하는 일이 빈번히 발생했다. 게다가 이 나라들이 브라질에 대한 지배욕을 노골적으로 드러냈다.

포르투갈 왕실은 이에 대한 대응책으로 1530년, 마르팅 아폰수 지 소자를 대장으로 하는 첫 번째 원정대를 브라질로 보내 본격적인 식민 사업을 위한 개척 활동을 하게 했다.

당시 포르투갈 왕이었던 동 주앙 3세는, 1534년에 서쪽으로는 토르데시야스 조약에 의해 정해진 경계선과 동쪽으로는 대서양 연안에 이르는 300만 제곱킬로미터에 이르는 면적을 14등분하여 카피타니아Capitania(세습 봉토) 제도를 만들었다. 이 제도는 포르투갈이 점유했던 대서양에 있는 아조레스와 마데이라 군도에서 이미 시행해서 긍정적인 결과를 얻은 제도였다. 포르투갈 왕실은 이 14등분한 지역을 공적이 큰 12명의 귀족에게 나누어 주었다. 이 세습 봉토제는 포르투갈 왕실이 일종의 토지 계약을 통해 세습 봉토주들에게 토지를 불하해주는 형태였다. 세습 봉토주들은 토지의 소유권이 아닌 사용 권한과 그에 따른 의무를 가졌다. 넓은 브라질 영토를 포르투갈 왕실 단독으로 식민 사업을 벌이기는 어려웠다. 때문에 이 세습 봉토제는 세습 봉토주 자신의 재원으로 영구 임대받은 땅을 개발해가는 개별적인 기업의 형태를 취한 식민 사업이었다. 봉토를 부여받은 봉토주들은 인디오를 노예로 삼고 또 팔 수 있었으며, 이들에 대한 처벌권을 가졌다. 그리고 파우 브라질의 채취와 어업 활동으로 생기는 수입의 절반 또는 염전이나 사탕수수 공장의 사용료를 징수할 수 있었고, 포르투갈 왕실에 세금을 물지 않는 대신에 식민 사업에 드는 모든 비용을 자비로 충당해야 했다.

세습 봉토제의 실시로 인해 브라질에 대한 식민 사업은 외형상 잘 진행되어가는 듯 보였으나, 시간이 갈수록 많은 문제점이 발생했다. 왕에게 불하받은 땅이 너무 넓었던 봉토주가 개발 비용을 감당하지 못해 개발을 포기하기도 했고, 프랑스나 프랑스에 우호적인 원주민에게 끊임없이 공격을 받기도 했다. 공격을 받은 세습 봉토주는 이웃 카피타니아에게 도움을 요청하기도 어려웠을 뿐만 아니라, 설사 도움을 요청한다 해도 이웃 카피타니아의 재원이 빈약해서 거절당하기 일쑤였다. 더욱이 봉토주 간의 중재 역할을 맡는 조직이 없어서, 본국과의 관계뿐 아니라 각 카피타니아 간의 접촉도 이루어지지 않았다.

이 제도가 실시됨으로 인해 상비센테와 페르남부쿠, 바이아 지역은 사탕수수 경작이 활성화되어 많은 마을과 도시가 생겨나고, 해안 지역의 방어 시설들이 잘 갖춰지는 등 긍정적인 효과를 거두었다. 하지만 전체적으로 이 카피타니아 제도는 포르투갈 왕실이 의도한 목적을 달성하는 데 실패했다.

총독부

카피타니아 제도의 실패로 포르투갈은 새로운 식민정책을 모색했다. 동 주앙 3세는 각 카피타니아 간의 협력과 질서를 보장하고 또 식민 활동의 안전을 보장하기 위해서 1548년에 총독제를 도입했다. 이는 브라질을 각 카피타니아에 일임해서 통치하는 것이 아니라 국가적인 차원에서 통치하는 것이었다. 이를 위해서 포르투갈 왕실은 브라질 내에서의 모든 권력을 한 명의 총독에게 부여했다. 총독의 임무는 브라질 내 세습 봉토주의 권력 남용과 포르투갈 왕실에 대한 불복종을 감독, 징계하며 외적과 원주민 침입 시 군대를 지원해주는 것이었다. 또한 왕실의 이익을 대변하는 동시에 세습 봉토주와 식민자의 이해관계를 조정하는 왕실 대리인의 역할을 했다.

동 주앙 3세는 총독부를 바이아에 설립했다. 바이아는 땅이 비옥하고 물과 공기가 좋아서 사람들이 거주하기 적합한 곳이었으며, 중앙에 위치해서 다른 카피타니아들의 이해관계를 원활히 조정할 수 있었다. 포르투갈 왕실은 초대 총독으로 마르팅 아폰수 지 소자를 임명했다. 소자는 6척의 배에 군인과 예수회 신부 등 많은 사람을 대동하고 1549년 3월 브라질 바이아에 도착했다. 그는 초대 총독으로서 산살바도르 건설, 식민행정조직의 강화, 폭동을 일으킨 원주민에 대한 강력한 응징, 브라질 최초로 바이아 콜레지오 설립, 주교 관구 설립, 그리고 사탕수수 경작의 활성화 등 많은 업적을 남겼다. 그의 뒤를 이은 총독들은 세습 봉토주와 중앙권력 간, 원주민과 식민자 간, 식민자와 예수회 간, 그리고 프랑스 침입자와 포르투갈인 간의 갈등을 겪었다. 하지만 도시 건설, 사탕수수 산업의 발전, 교육 및 선교활동과 같은 많은 일을 했다.

1572년, 국왕이 된 동 세바스티앙은 브라질의 발전을 위해서 2개의 총독부를 둔다는 칙서를 발표했다. 국왕은 '브라질 땅은 너무 방대해서 한 지역과 또 다른 지역 간의 거리가 너무 멀다. 그 안에 있는 수많은 도시를 통제하고 지배하기에 한 명의 총독으로는 부족한 점이 있다'는 이유를 들어 1개의 총독부를 2개로 분리했다.

이러한 분리 통치는 주로 방만한 총독 관할구역을 양분하여 총독의 권력을 분산시키는 데 그 목적이 있었다. 2개의 총독부는 남부와 북부로 나뉘었다. 남부는 일레우스를 포함한 남부 전역을 관장하며 리우데자네이루를 수도로, 북부는 페르남부쿠에서 포르투 세구루에 이르는 지역을 관장하며 바이아의 살바도르를 수도로 정했다.

그러나 동 세바스티앙은 이 2개의 총독부가 브라질 식민지를 효율적으로 경영하지 못했다고 판단, 1578년에 총독부를 다시 하나로 통합했다.

사탕수수 산업의 발전과 쇠퇴

포르투갈이 브라질을 식민 통치하는 기간 동안, 브라질 경제는 브라질의 발견 이후 1530년경까지는 '파우 브라질' 주기, 1530년경부터 1650년까지는 브라질 북동부 지역을 중심으로 한 '사탕수수' 주기, 1700년경부터 1780년까지는 내륙 고원에서 금이나 다이아몬드 등을 캐던 '광산 개발' 주기 등 모두 세 차례의 시기로 구분된다.

브라질 정복 초기에 포르투갈 왕실은 파우 브라질의 채취를 독점해 오다가 이를 개종 유태인이었던 노롱냐에게 맡겼지만, 예상과 달리 큰 이익을 얻지 못했다. 그 후 방치되어 있던 파우 브라질은 프랑스인과 네덜란드인의 남벌과 밀매로 인해서 18세기에 들어서는 브라질 땅에서 찾아보기 힘들어졌다.

포르투갈 왕실은 파우 브라질을 대신할 수 있는 경제성 있는 사업을 찾았는데, 그것은 바로 금, 은과 같은 귀금속의 채굴과 농업 분야였다. 그런데 귀금속은 스페인의 식민지에서처럼 브라질 땅에서는 쉽게 발견되지 않았다. 결국 포르투갈 왕실은 농업에 관심을 가지고 사탕수수 재배에 역점을 두었다. 사탕수수는 강수량이 풍부하고 열대성 기후에 '마사페'라는 최적의 토양을 지닌 브라질 북동부, 특히 페르남부쿠와 바이아를 중심으로 재배되었다. 이곳은 1516년 당시 동 마누엘이 "브라질에서 살고자 하는 사람 모두에게 도끼와 괭이 등 모든 농기구를 제공하고, 그 중에 사탕수수 공장을 설립할 수 있는 사람을 한 명 선발하여, 그에게 사탕수수 공장 설립과 운영에 필요한 모든 도구와 설비 등 도움을 주어라"는 칙령을 내린 적이 있을 정도로 사탕

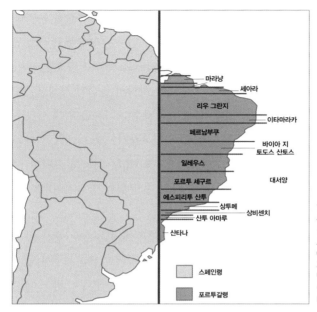

14개의 카피타니아. 포르투갈의 동 주앙 3세는 공적이 큰 12명의 귀족에게 모두 14개의 카피타니아(세습 봉토)를 분배했다. 이 제도는 포르투갈 왕실이 단독으로 식민사업을 벌이기 어려워 실시한 제도다.

수수 재배를 위한 최적지였다. 브라질의 사탕수수 산업은 1530년 소자가 묘목을 들여와 설탕 제분소를 설립한 이래 급성장했다. 1560~1570년 당시 8개의 카피타니아에 60개의 제분소가 있을 정도로 이 산업은 브라질 경제의 중추적 역할을 담당했다.

이렇게 생산된 설탕은 당시 유럽에서 매우 비싼 가격으로 거래되었다. 이를 토대로 16세기에 브라질은 최대의 설탕 생산국이었고 유럽 시장에 대한 최대 공급자였다. 사탕수수 산업은 대규모 농장에서 많은 노동력이 필요했지만, 브라질로 이주해오는 포르투갈 본토인은 육체노동을 꺼렸다. 또한 원주민을 이용해서 노동력을 충당했는데 이는 예수회를 비롯한 종교 단체의 반대로 어려움을 겪었다. 따라서 부족한 노동력을 충당하기 위해서 아프리카에서 흑인 노예를 들여왔다. 흑인 노예는 체질적으로 우수했으며 문화 수준도 원주민보다 높았다. 때문에 흑인 노예 수입의 규모는 시간이 흐를수록 커지고 또 조직적으로 시행되었다.

사탕수수 농장은 넓은 사탕수수밭을 비롯하여 삼림, 철공장, 제재소 및 수많은 소와 말을 사육하는 목장, 그리고 설탕 생산 및 가공 설비 등 설탕 제조에 필요한 모든 시설을 갖추고 있었다. 이러한 시설을 완비한 농장을 운영하기 위해서는 노예와 기술자 등 많은 인원과 토지를 임차받아야 했고 사탕수수를 경작하는 농장주, 그리고 계약관계를 맺고 있던 소작인이 필요했다. 이 사탕수수 농장은 중세의 봉건제도를 연상케 하는 하나의 독립된 경제단위를 형성하고 있었다. 이 농장에 속한 모든 사람은 사탕수수 가공을 위해 사탕수수 농장주에게 의존할 수밖에 없었다. 이렇게 가부장적이고 절대적인 사회체제를 확립한 사탕수수 농장은 단순히 설탕을 생산하는 기능에 그치지 않고, 성당과 교육기관 등을 갖춘 정치, 경제, 사회 및 문화의 중심지이기도 했다.

그러나 1654년, 브라질에서 추방된 네덜란드 출신의 사탕수수 생산 기술자 및 대자본가들이 영국 및 프랑스와 손을 잡고 쿠바섬과 남미대륙의 북부인 가이아나에 사탕수수를 재배하면서, 또 당시에 브라질에서 금이 발견되면서, 사탕수수 산업은 쇠퇴하기 시작했다.

목축업과 광산업

브라질의 목축업은 소자 총독이 바이아 지역에 소를 들여오면서 시작되었다. 초기에는 사탕수수 농장의 운송수단으로 이용하고 육류 공급을 위해 시작되었지만, 사육 두수의 증가로 넓은 초지가 필요하게 되었다. 초지에 방목 상태에 있는 소가 점점 늘어나면서, 소가 사탕수수 경작지에 침투해 막대한 피해를 입히기 시작했다. 이로 인해서 사탕수수 농장주들과 목장주들 사이에 심각한 갈등이 생겨났다.

결국 포르투갈 왕실이 개입하여 사탕수수 농장을 보호할 목적에서 해안으로부터 10레구아 이내에서는 목축을 금지하는 칙령을 1701년에 발표했다. 이 조처로 목축업자들은 농경에 부적당했던 북동부 내륙의 반건조 지역으로 이동했다. 그리고 후에 예수회 신부들이 남부 지역으로 목축업을 확장시켰다. 그때까지 불모의 땅으로 버려졌던 북동부 내륙지방의 개척 사업이 목축업의 확대로 활기를 띠게 되었다. 즉, 목축업자들에 의해 각 지역을 잇는 도로가 생겨나고 마을들이 세워져 포르투갈의 식민 지역은 훨씬 더 넓어지게 되었다.

한편, 금과 은을 비롯한 다양한 귀금속이 발견되었던 스페인의 식민지에서와는 달리, 브라질에서는 이들이 발견되지 않았다. 초조해진 포르투갈 왕실은 귀금속의 발견을 위해 '엔트라다스Entradas(주로 군인으로 구성되었고, 금 발견 및 원주민 사냥을 목적으로 공식적으로 운영되었던 원정단이다)'와 '반데이란치 Bandeirante(주로 원주민 사냥, 금 발견 외에도 도망친 흑인 노예와의 전쟁, 그리고 식민 사업이 그들의 주된 목적이었고 식민지 정부가 아닌 개인에 의해 운영되었다)'를 브라질로 보냈고, 이들은 드디어 금을 발견했다. 이 소식이 식민지 전역에 급속히 확산되자 부의 획득과 신분 상승을 위해서 수많은 정복자가 내륙을 향해 몰려들었다. 포르투갈 왕실은 금광 개발을 위하여 리우데자네이루와 미나스제라이스를 연결하는 많은 도로를 개설했다.

그러나 모든 생산력과 인구가 금광산업에 집중되자, 농토는 경작되지 않은 채 방치되어 식량 부족 현상이 나타났다. 이 심각성은 1698년 리우데자네이루의 총독이 "식량 부족이 극심하여 많은 광산주는 금광 개발을 포기해야 하고, 식량의 확보를 위해서 노예들과 함께 숲속을 헤매고 있습니다."라고 왕실에 보냈던 보고를 통해 알 수 있다.

이처럼 금광 개발사업은 브라질의 식민화에 많은 영향을 끼쳤다. 광산업 발전의 결과로 도시가 만들어졌고, 사탕수수 경제에서 비롯된 전통적 가부장 제도가 위축되었다. 그리고 사탕수수 경작 지대에 비해 노예들이 훨씬 더 많은 자유를 누렸으며, 유럽을 모방한 바로크 시대의 건축물들이 세워졌다. 여기에 부르주아 계급이 형성되었고 내수시장이 활성화되어 수입이 증가했다. 또한 경제활동의 중심지가 사탕수수 재배 지역이 있던 북동부에서 미나스제라이스를 비롯한 남부지방으로 이동하는 계기가 되었고, 1763년에는 수도가 바이아에서 리우데자네이루로 옮겨졌다.

크리오요와 페닌술라르:
다인종 사회의 출현

다인종 사회의 출현

콜럼버스가 신대륙에 도착했을 때, 원주민들은 수적인 우세에도 불구하고 스페인의 정복자들 앞에 힘없이 무너지고 말았다. 이로써 원주민들은 하루아침에 피지배 계층으로 전락했고, 스페인의 정복자들은 사회의 지배층이 되었다.

식민지 시대의 지배층은 첫째로는 대주교, 주교, 교구장 등 고위 성직자, 둘째로는 부왕 등 식민지 고위 관료들, 그리고 셋째로는 신대륙에서 태어난 스페인 사람(크리오요criollo)으로 구성되어 있었다. 첫 번째와 두 번째 그룹은 주로 스페인 본국에서 태어난 스페인 사람(페닌술라르)이 대부분이었다. 이들은 정치권력을 독점했고 대부분 많은 토지를 소유했으며, 가톨릭교회를 통해서 문화와 교육의 혜택을 누렸다.

한편, 식민 초기에 피지배 계급의 대부분을 형성했던 원주민의 수가 격감되고 뒤이어 아프리카 흑인 노예가 수입되면서, 신대륙의 인종 구성 분포는 획기적으로 바뀌었다. 식민 초기에 들어온 유럽 이민자 대부분은 가족 단위의 이주보다는 30세 미만의 남자들로 이루어진 개인적인 이주가 더 많았다.

때문에 이들 백인과 원주민, 백인과 흑인 사이에 태어난 혼혈이 나타났다. 백인과 원주민 사이에 태어난 혼혈은 메스티소, 백인과 흑인 사이에 태어난 혼혈은 물라토, 그리고 원주민과 흑인 사이에 태어난 혼혈은 삼보라 불렸는데, 이들이 신대륙의 새로운 사회계층을 형성했다. 그러나 그 후에도 다양한 혼혈이 꾸준히 증가해서 이러한 인종 간의 구별이 큰 의미를 가지지 않는다.

이처럼 신대륙은 유럽인의 식민 지배 이후 유럽계 백인, 원주민 및 흑인, 그리고 다양한 혼혈로 구성된 다인종, 다문화 사회가 되었다.

크리오요

크리오요는 '신대륙에서 태어난 스페인 사람'을 의미한다. 물론 이들은 식민지 사회에서 메스티소나 원주민, 그리고 흑인 위에 군림하는 지배계급이며, 대부분 경제적으로 부유한 사업가나 대지주였다. 그러나 크리오요들은 자신들이 거주하는 도시에서 정치적으로 한정된 권한만 가지고 있었을 뿐 중요한 관직을 차지할 수는 없었다. 때문에 사회적으로나 정치적으로 중요한 역할을 하기가 어려웠다. 반면에 '스페인에서 태어난 스페인 사람'인 페닌술라르는 식민지의 거의 모든 중요한 관직을 차지하고 있었다. 즉, 크리오요는 자신들의 능력에 따라 경제적인 부를 획득했으나, 정치적으로는 페닌술라르의 그늘에 가려 있었다. 크리오요는 식민지 관료체계의 중하위직을 독점하다시피 했지만, 상위직을 차지하는 데 있어서 페닌술라르와 경쟁이 되지 않았다.

이러한 정치적인 차별에 불만을 가지고 있던 크리오요는 스페인 본국의 중상주의 정책에도 불만을 품었고 또 이를 표출했다. 이 중상주의 정책은 스페인 본국에서 생산되는 산물이 식민지에서 생산되는 것을 금지했고, 식민지에서 크리오요 간의 교역이나 다른 나라와의 교역을 제한했다. 비록 이러한 정치, 경제적인 차별에 대한 크리오요의 불만 표출이 자신들의 이익이 되지 않았다.

이러한 정치적인 차별에 불만을 가지고 있던 크리오요는 스페인 본국의 중상주의 정책에도 불만을 품었고 또 이를 표출했다. 이 중상주의 정책은 스

페인 본국에서 생산되는 산물이 식민지에서 생산되는 것을 금지했고, 식민지에서 크리오요 간의 교역이나 다른 나라와의 교역을 제한했다. 비록 이러한 정치, 경제적인 차별에 대한 크리오요의 불만 표출이 자신들의 이익 보호를 위한 단순한 이권 투쟁이라는 한계를 지니고 있었지만, 한편으로 자신들의 세력 과시 효과와 스페인 본국의 신대륙에 대한 통치력 약화를 만천하에 알리려는 의도를 내포하고 있었다.

17세기의 크리오요 귀족. 크리오요는 라틴아메리카에서 태어난 스페인인으로서, 경제적으로는 성공했지만 관직에의 진출이나 정치적인 의사결정권에서 열등한 위치에 있었다.

더욱이 17세기에 들어 스페인은 극도의 재정난으로 인해 식민지에서의 여러 관직을 돈을 받고 팔기 시작했다. 1678년에서 1750년까지 아우디엔시아 관직의 44%가 크리오요로 채워지기까지 했다. 그러나 스페인 왕실은 1765년에 이러한 매관매직이 통치력의 약화를 초래할 우려가 있다고 판단, 식민지 관직에서 크리오요를 페닌술라르로 대폭 교체하고 유럽 국가들과의 밀무역을 통제하여, 식민지에서의 무역을 독점했다.

그러나 이러한 조치는 크리오요의 거센 반발을 불러일으켰다. 그렇지 않아도 페닌술라르에 비해 관직에의 진출이나 정치적인 의사 결정권 등에서 열등한 위치에 있었던 크리오요는, 이를 계기로 해서 스페인 본국으로부터의 독립 열망을 키워갔다. 그 후, 크리오요는 미국의 독립운동과 프랑스의 혁명 정신을 통해 라틴아메리카 독립의 필요성에 대한 이론적 정당성을 확보하면서 독립운동을 시작했다.

'신대륙에서 태어난 스페인 사람'인 크리오요는 신대륙의 식민지들이 스페인의 지배로부터 독립하는 데 커다란 역할을 했다.

흑인의 유입

1455년, 교황 니콜라스 5세는 '사하라 이남의 아프리카 해안에 살고 있는 흑인이 가톨릭을 거부할 경우 포르투갈은 이들을 노예로 삼아도 좋다'는 허가를 내린 적이 있었는데, 이때부터 아프리카 서해안에서 포르투갈의 노예무역이 시작되었다. 그 후 아랍세계와 지중해 지역에 흑인이 유입되어 노예로 생활했다. 스페인의 세비야나 포르투갈의 리스본에는 상당수의 흑인 노예가 살고 있었는데, 15세기 말엽 리스본의 인구 중에서 흑인이 10% 정도를 차지했고, 16세기 중반 스페인에서도 약 10만 명의 흑인 노예가 존재하고 있었다.

그런데 16세기 동안 카리브 지역의 원주민 인구가 전염병과 엔코멘데로의 가혹한 착취로 인해 급속히 줄어들자, 아프리카에서 사냥한 흑인들을 들여왔다. 육체노동을 전통적으로 천시해온 스페인 사람들은, 원주민 노동력이 충분히 확보되지 않은 농장에서 이 흑인들을 원주민의 대체 노동력으로 활용했다.

16세기에는 비교적 적은 수의 노예가 유입되었지만, 17세기에 들어와 사탕수수가 카리브해의 주요 품목으로 자리 잡음으로써 흑인 노예의 유입이 크게 늘어났다. 대체로 1601년부터 1650년까지 유입된 노예의 수는 약 13만 명을 웃돌았다. 이들은 당시 급속도로 팽창하고 있던 사탕수수밭이나, 멕시코와 페루의 광산으로 흡수되었다. 특히, 채집 생활과 자유로운 이동 생활로 인해서 규칙적이고 고된 노동에는 적합하지 않았던 기존의 원주민들과는 달리, 흑인 노예들은 생산성이 원주민들의 그것보다 3~4배 정도 높았다. 아프리카 흑인 노예들이 없었다면 신대륙이 지닌 잠재적인 경제적 가치는 결코 실현되지 못했을 것이다. 왜냐하면 포르투갈이나 스페인 모두 새로운 영토를 탐사하고 개발하는 데 필요한 노동력이 부족했기 때문이다.

이처럼 스페인과 포르투갈이 신대륙의 식민지를 경영하는 데 있어서 아프리카에서 유입된 흑인 노예들의 역할은 매우 컸다.

황금의 도시 '엘도라도'를 찾아서:
정복자들의 탐욕

엘도라도

나는 그들이 금을 가지고 있는지를 알기 위해 예의 주시했는데, 그들 중 몇 명이 코에 구멍을 뚫고 작은 금 조각을 달고 있는 모습을 보았다. 그리고 몸짓을 통해 남쪽 또는 남쪽으로부터 오는 길에 커다란 금항아리를 가진 왕이 있고, 그가 많은 금을 가지고 있다는 사실을 알게 되었다.

콜럼버스 《항해일지》

위의 글은 콜럼버스가 황금에 대한 관심이 얼마나 컸는지를 적나라하게 보여주고 있다. 스페인 왕실 역시 황금을 얻기 위해서 콜럼버스를 지원했다. 이처럼 스페인 왕실이나 정복자들에게는 가톨릭 전파가 궁극적인 목적이었고, 황금의 획득은 구체적인 목적이었다.

이후 수많은 스페인 사람이, 순금으로 길이 포장되어 있고 온몸에 금가루를 바른 사람들이 산다는 황금의 도시 '엘도라도El Dorado(엘El은 스페인어에서 정관사에 해당하고, 도라도Dorado는 '황금빛으로 된'이라는 의미다)'를 찾아 나섰다.

발레 운 포토시

   그러나 식민지 초기에는 금을 발견한다는 것이 하나의 환상에 불과했다. 에스파뇰라섬(현재의 아이티와 도미니카 공화국)의 강에서 채취하는 소량의 사금砂金이 신대륙에서 얻을 수 있는 유일한 귀금속이었다. 그러나 이마저도 1530년경에 모두 고갈되고 말았다.

   그 후 적극적인 채광작업을 벌인 결과, 스페인은 1545~1546년에 볼리비아 지역의 포토시Potosí 은광, 1548년에 멕시코의 사카테카스 은광을 개발했다. 이 은광에서 채굴된 은의 양은 1521~1544년에 전 세계 은의 34%를 차지했고, 특히 1581~1600년에는 전 세계 은의 약 89%를 차지했다. 비록 금광은 아니었지만, 정복자들이 그렇게 찾아 헤매던 '엘도라도'로서 전혀 손색이 없었다.

   특히 볼리비아의 포토시는 17세기에 신대륙 최대의 도시로 변모했다. 이곳에 살고 있던 대부분의 원주민은 '미타'라고 하는 강제 노동의 제도 아래에서 일생 동안, 경우에 따라서는 자손 대대로 광산에 묶여 일해야만 했다. 그들은 코카 잎을 씹으면서 일을 했다. 이 코카 잎을 씹으면 이틀 동안 아무 것도 먹지 않고도 일을 할 수 있었다. 당시 스페인과 유럽의 여러 나라에 유입된 막대한 부는, 이렇게 굶주림으로 고통받고 병으로 죽어간 인디오들의 희생으로 얻은 산물이었다. 이러한 원주민들의 고통에는 아랑곳하지 않고, 스페인 사람들은 신대륙에서 황금에 대한 욕망을 채웠다. 세르반테스의 《돈키호테Don Quijote》에 나온 '발레 운 포토시Vale un Potosí('포토시만큼의 가치가 있다.' 즉 '최고의 가치가 있다'라는 의미다)'는 스페인 사람들의 황금에 대한 욕망을

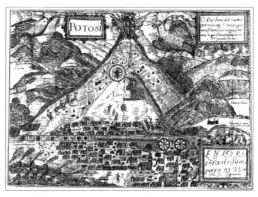

볼리비아 포토시 은광. 17세기 신대륙 최대의 도시가 되었던 포토시에서 스페인의 정복자들은 원주민들의 노동력을 이용해서 자신들의 황금에 대한 욕망을 채웠다.

극명하게 나타내는 표현이다.

늘어나는 교역량과 해적

초기에 신대륙에 정착한 스페인의 정복자들은 필요한 모든 것, 즉 무기, 의복, 말, 식량, 포도주 등을 스페인 본국에서 수입했다. 생필품을 싣고 왔던 배가 본국으로 돌아갈 때에는 금과 은을 비롯한 식민지에서 생산되는 산물을 싣고 갔다. 이 산물을 싣고 가는 배들은 호송선대, 즉 플로타Flota 체제로 조직되어 있었다. 이 플로타는 1560년대부터는 매년 두 차례 안달루시아에서 출발해 각각 멕시코와 남미대륙으로 향했다.

신대륙에서 들어오는 금과 은의 양이 점점 증가함에 따라, 이 선단들은 해적의 습격을 받아 싣고 있던 금은보화를 약탈당하는 일이 빈번하게 일어났다. 특히 영국의 드레이크는 스페인의 호송선대를 괴롭혔던 대표적인 해적이었다. 1572년, 드레이크가 이끄는 해적들이 파나마의 다리엔 지협에 상륙하여, 페루에서 스페인으로 은괴를 운반해오던 행렬을 습격, 이를 탈취하는 일이 발생했다. 그 후에도 드레이크는 스페인의 상선대를 약탈하고 카리브 연안의 식민지들을 습격하는 등 온갖 해적질을 자행했다.

스페인은 이러한 상선대를 대상으로 한 해적들의 무차별적인 약탈과 공격에 화물선을 더 크게 만들고 대포로 무장했으며, 호위선을 더 늘리는 등 해적에 대한 방어에 신경을 썼다.

헛된 달콤함, 잇새에 낀 찌꺼기

스페인은 신대륙에서 유입되는 귀금속과 여러 가지 산물로 인해 막대한 부를 축적했지만, 그것들이 실질적으로는 큰 도움이 되지 못했다. 식민지에서 스페인에 유입된 부富는 스페인 사람들의 게으름과 일확천금주의를 낳았고, 귀족들의 사치와 국왕의 전쟁 경비에 충당되었을 뿐, 도로, 운하, 항만 등 국가 기반을 다지는 데는 사용되지 않았다. 더욱이 이 부는 비단, 양초, 의류, 피혁제품 등 값비싼 제조품을 공급했던 제노바, 베네치아, 프랑스 그리고 네덜란드 등지의 은행으로 흘러들어 갔다. 스페인은 대서양 너머에서 운송된 귀금속의 단순한 통과 지역일 뿐 부의 최종 안식처가 아니었다. '스페인 빈곤의 원인은 바로 스페인의 부에 있다'는 역설이나, '스페인은 음식물을 받아들이는 입과 같아 그것을 깨물어 으깨지만, 헛된 달콤함과 잇새에 긴 찌꺼기 외에는 그것을 자기 것으로 남겨두지 못했다'라는 풍자에서는, 스페인이 부의 축적의 중심이 되지 못한 채 단순히 통과 지역에 머물렀던 사실을 잘 묘사하고 있다. 신대륙이라는 커다란 젖소의 목줄을 붙잡고 '이 소는 나의 것이다'라고 목청 높여 외치는 스페인과, 젖소 밑에서 열심히 우유를 짜는 네덜란드, 프랑스, 영국의 모습이 바로 당시의 상황이었다. 신대륙에서 스페인이 비록 정치적 권력을 장악했지만, 경제적 이익은 다른 나라들이 가져가고 있었음을 의미하기도 했다.

케베도가 남긴 시구는 당시의 상황을 잘 전해주고 있다.

강력한 군주는 돈 디네로Don Dinero

그는 세계가 경의를 표하는 서인도 제도에서 탄생하여 스페인에 와서 숨을 거둔다.

그리고 그의 시신은 제노바에 묻힌다.

* (돈Don은 '이름 앞에 붙이는 경칭'이고 디네로Dinero는 '돈(Money)'이라는 뜻이다)

이로 인해서 스페인 왕실은 1557년에서 1647년 사이에 무려 6번씩이나 파산을 선언해야만 했다. 여기에서 스페인의 식민정책에 대해 죽는 순간까지 비판을 가했던 라스카사스가 유서에 남겨 놓은 다음과 같은 저주의 예언이 점차 실현되고 있음을 알 수 있다.

범죄적이며 사악하고 수치스런 신념을 가지고 압제적이고도 야만적인 만행을 저질렀던 스페인에게 신은 분노를 터뜨리고 말 것이다. 스페인은 파괴와 학살로 거둬들인 피에 젖은 재산을 가졌기 때문이다.

국제 무역의 증가와 물가 앙등:
식민지 무역 정책

대서양 무역의 주역 – 세비야

신대륙은 스페인이 필요로 하는 모든 원료의 공급지이자 생산된 상품을 팔기 위한 시장이었다. 스페인은 신대륙과의 무역을 좀 더 효율적으로 관리하기 위해서, 1501년에 외국인이 신대륙으로 항해하는 것을 정식으로 금지했다. 또한 1503년에는 스페인이 신대륙과의 무역에서 절대적 우위를 확보하기 위해 세비야에 통상원을 설립했다.

이로써 세비야는 스페인뿐만 아니라 다른 외국에서 신대륙으로 향하는 화물의 집결지였으며, 신대륙의 물건을 실은 배가 돌아오는 곳이기도 했다. 시간이 지남에 따라 스페인은 다른 나라들에게 신대륙 독점에 대한 도전을 받았다. 하지만 1538년에 모든 외국인의 신대륙 출입이 다시 금지됨으로써, 세비야는 카디스에게 그 권리를 넘겨주었던 1680년까지 대서양 무역의 당당한 주역이었다.

증가하는 국제무역

스페인과 신대륙 사이에 증가하는 교역의 양은 스페인 경제에 큰 영향을 끼쳤다. 안달루시아의 농민들은 밀, 포도, 올리브 등의 농산물을 북유럽이나 신대륙으로 수출하여 점점 부유해졌으며, 대토지의 소유주가 되기도 했다. 농업뿐만 아니라 산업 분야에서도 매우 활기를 띠었다. 특히 직물공업의 발전이 두드러졌는데, 신대륙으로 수출하는 총 직물류의 약 4분의 3이 스페인에서 생산된 것이었다. 또한 신대륙과의 무역을 위해 사용되었던 선박 제조에 스페인 북부지방의 조선소가 큰 역할을 했다. 신대륙에서 수입한 물건 중에는 염료, 진주, 설탕도 포함되어 있었지만, 그중 가장 환영받은 것은 금과 은이었다.

스페인은 신대륙과의 교역뿐만 아니라 네덜란드나 프랑스와도 교역을 활발히 전개했다. 스페인에서 만들어진 메리노 양모가 네덜란드 지역으로 수출되었고, 16세기 초에는 스페인의 북부지방에서 생산되는 철이 프랑스로 많이 수출되었다. 또한 스페인에서 만들어진 도자기, 가죽제품, 비단, 톨레도산産 도검류 등이 북유럽과 이탈리아로 수출되었다.

이와 같이 스페인의 산업은 유럽으로부터의 수요 증대에 따라 많은 이득을 얻었다. 그러나 스페인 상품은 수입품보다 훨씬 비쌌다. 때문에 값싼 외국 상품들이 스페인 국내로 갑자기 쏟아져 들어왔다. 이는 스페인 국내의 여러 산업 분야에 큰 영향을 끼쳤다.

물가앙등

신대륙에서 많은 금과 은이 쏟아져 들어왔지만 이것이 스페인에 반드시 긍정적인 영향을 끼친 것만은 아니었다.

1934년, 미국의 경제사가 해밀턴 교수는 "신대륙으로부터의 금과 은의 유입 증가와 생필품 가격 인상과의 상관관계는 의심할 여지 없이 신대륙의 풍부한 광맥에 있으며, 이는 스페인에서 가격 혁명의 주된 원인이었다"는 결론을 내렸다. 1501년과 1600년 사이에 스페인 국내에서는 4배의 물가 상승이 있었다. 해밀턴 교수는 스페인의 물가가 1501년과 1550년 사이에는 완만하게 상승하다가, 1550년에서 1600년까지 정점에 이르렀다고 분석했다. 이는 신대륙으로부터의 금과 은의 유입 양과 거의 일치하고 있었다.

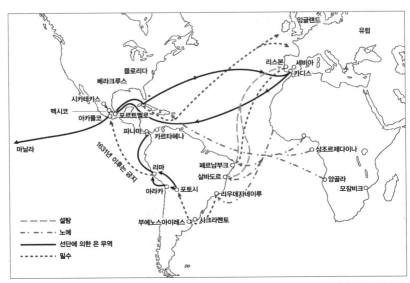

식민지 시대의 무역. 라틴아메리카에서 나는 모든 산물이 주로 대서양을 통해 유럽으로 전해졌다. 특히 금과 은의 유입은 유럽대륙에서의 물가앙등을 유발했다.

　이러한 물가 상승과 같은 스페인의 경제 정책의 실패에 대한 책임은, 무역에 종사하는 사람들보다는 스페인 왕실에 있었다. 스페인 왕실 구성원의 대다수는 일관된 경제 프로그램을 입안할 능력도 없었고, 신대륙에서의 식민지 획득이 스페인 경제에 어떤 의미를 가지고 있는지 숙고하려고 하지도 않았다. 광산 이외에는 신대륙의 부를 체계적으로 이용하려는 어떠한 시도도 하지 않았고, 신대륙에서 스페인의 경제를 보완할 만한 정책을 시행하려는 노력도 없었다.

　스페인은 비록 신대륙과의 교역을 통해서 여러 가지 이득을 얻었지만, 스페인 왕실의 안이한 대처로 인해 물가앙등이라는 치명적인 타격을 입었다.

감자, 옥수수, 설탕:
신대륙의 산물들

'기적의 수확물'이냐 '악마의 식물'이냐 – 감자

안데스에 거주하는 케추아 원주민들은 감자를 '파파papa'라고 불렀는데, 1500년경에 이 감자가 중남미 전역에 퍼지면서 스페인어로도 자연스레 '파파'로 통하게 되었다. 7,000년 전부터 이미 존재했다는 이 '파파'는 기원전 5,000년경부터 안데스 산지에서 재배되었다. 4,500미터 고지에서도 잘 자라는 감자는, 서리가 잦고 토양이 척박한 안데스 고지대의 원주민에게는 대단한 축복이었다.

이렇게 안데스에서 재배되던 감자는 1537년에 신대륙을 정복하러 온 스페인 사람들에 의해서 처음으로 목격되었다. 그 후 1570년경에 스페인의 정복자들은 감자를 스페인에 처음으로 소개했다. 감자를 처음 본 지 무려 30년이 지나서였다. 감자는 세비야 병원의 환자들에게 제공되면서 유럽에서 먹을거리로써 첫발을 내디뎠다. 그러나 유럽의 어느 나라도 감자에 관심을 보이지 않았다. 이러한 무관심에다 이 흉측한 모양의 감자를 먹으면 나병에 걸린다는 속설까지 퍼졌다. '비천한 자들의 음식'이라는 꼬리표를 단 채 유럽에 도입된 감자에 대해서 러시아 정교회의 한 분파는 '악마의 식물'이라고까지

잉카 시대의 감자 영농법. 안데스에서 태어난 감자는 안데스의 많은 문명을 살찌웠다. 이 감자는 1570년 페루에서 유럽으로 건너와 농민들과 도시 빈민들의 주식으로 부상했다.

불렀다. 감자는 이탈리아, 오스트리아, 프랑스, 스위스, 영국, 독일 등지로 펴져 나갔지만 제대로 대접을 받지 못했다. 하인이라 해도 양식으로 감자를 주는 주인은 섬기지 않았다. 전쟁이 일어났을 때 군인이 감자밭만은 거들떠보지도 않았기에, 약탈을 피하기 위해 울며 겨자 먹기로 농민들이 심은 작물이 바로 감자이기도 했다.

18세기에 들어오면서 인구가 급증한 영국은 쇠고기와 곡물의 수요가 크게 늘어났다. 이를 충족시키기 위해 영국은 아일랜드에서 쇠고기를 수입해 왔다. 이로 인해서 아일랜드의 귀리밭은 소를 키우는 방목지로 변해갔다. 귀리죽을 먹던 농민들은 점차 감자와 우유로 주식을 대체해야만 했다. 그런데 감자는 무엇보다도 단위면적당 칼로리 생산량이 다른 작물보다 훨씬 더 높았다. 땔감이 부족하고 오븐이 없었던 유럽의 농민과 도시 빈민들은 번잡스런 빵 굽기를 그만두고 저장이나 요리에 편한 감자를 선호했다. 이렇게 해서 감자는 아일랜드 농민의 주식으로 자리 잡게 되었다.

그런데 1845년에 예고도 없이 감자 역병이 찾아왔다. 아메리카에서 유행하던 균류菌類가 화물 여객선을 통해서 영국과 아일랜드로 들어와 감자가 검게 썩어 들어갔고 줄기는 말라 비틀어졌다. 이로 인해 많은 사람이 영양실조나 영양실조로 인한 괴혈병, 이질, 콜레라로 죽어갔다. 대기근 전에 아일랜드 인구는 대략 820만 명 정도였으나 대기근으로 인구의 12%에 해당하는

100만 명이 죽었다. 이 대기근을 피해 1845년부터 10년간 150만 명의 아일 랜드 농민이 신대륙으로 떠났다. 이처럼 감자가 신대륙에서 유럽으로 들어 온 지 거의 300년이 지나, 유럽인이 감자 역병으로 인한 기근을 피해 다시 신 대륙으로 건너가게 되었다.

신성한 주식 – 옥수수

네 개의 선을 긋고, 네 개의 모서리를 만들고,

길이를 재고, 네 곳에 말뚝을 박고,

이랑을 나누고, 이랑을 긋지.

하늘에, 땅에,

네 면, 네 모서리에.

마야 키체족의 성서《포폴 부》에 나오는 천지창조의 장면에 대한 묘사다. 이는 옥수수밭을 만드는 장면과 거의 일치하고 있다. 옥수수는 신대륙, 특히 메소아메리카(멕시코의 동부와 남부를 포함해서, 과테말라와 벨리스 및 엘살바도르의 전 지역, 온두라스의 서부와 남부, 그리고 남쪽으로는 코스타리카 등 중앙아메리카의 태 평양 연안을 망라하는 지역이다) 지역에 사는 원주민들에게는 상당히 중요한 의 미를 지닌 곡물이었다.

그들은 신들이 '신성한 주식'인 옥수수를 갖다준다고 믿었고, 옥수수를 신 으로 숭배했다. 또한 길에 떨어진 옥수수를 보고도 줍지 않는 자는 지옥에서 벌을 받아야 한다거나, 옥수수를 술과 바꾸는 행위는 하늘에 대한 불경으로 가뭄을 초래한다는 민간 전설도 있을 정도였다. 더 나아가 인간의 탄생과 성 장을 옥수수와 상징적으로 연관시키는 풍습도 있었다. 아이가 태어나면 탯 줄을 옥수수 위에서 자르고, 이 옥수수 낟알을 파종하여 얻은 수확의 일부를 신에게 바쳤으며, 그 나머지로 아이에게 음식을 만들어주었다. 그리고 아이 가 클 때까지의 식량도 탯줄을 자를 때 피를 묻힌 옥수수 종자에서 나온 수 확으로 충당하여 옥수수와 사람의 일체감을 강조했다. 이 풍습은 오늘날까 지 이어져 내려오고 있다.

이렇게 신대륙의 원주민에게 중요한 의미를 지니는 옥수수가 콜럼버스의 항해 직후 유럽에 들어왔다. 16세기에 신대륙에서 은이 대량으로 들어와 물건의 가격 인상과 함께 밀의 가격도 덩달아 인상했다. 이에 왕실에서는 보리, 귀리, 호밀과 같은 전통 작물보다, 단위면적당 소출량이 2~3배나 많고 재배를 위해 1년에 단지 50일의 노동만을 필요로 하는 옥수수 재배를 적극 권장했다. 이렇게 해서 유럽에 옥수수 재배가 본격적으로 시작되었고, 그 소비 역시 증가되었다.

흰색의 금 – 설탕

설탕은 기원전 8,000년경, 남태평양의 뉴기니에서 시작, 필리핀, 인도, 중국, 아랍을 거쳐 스페인에 전해졌다. 그 후 스페인 사람들은 자신들의 식민지였던 대서양상의 카나리아섬에 사탕수수밭을 만들었다. 뒤이어 포르투갈인에 의해서 브라질의 북동부 해안가에 사탕수수가 재배되기 시작했다. 설탕이 감자의 4배, 밀의 10배나 되는 열량을 내는 고칼로리 식품으로 알려지자 유럽 노동자의 필수 식료품으로 떠올랐다. 그 결과 유럽에서 설탕의 수요가 폭발했고 설탕은 수익성이 좋은 '흰색의 금'이 되었다.

신대륙에서는 브라질의 수도였던 살바도르가 설탕 생산의 중심지로서 최고의 번영을 구가했다. 금은 광산을 찾을 수 없었던 포르투갈인은 브라질의 북동부가 사탕수수를 재배하기에 적합한 곳이라고 판단하고, 흑인 노예를 끌어들여 설탕 산업을 활성화시켰다. 브라질은 1542년에 제당소를 만들어 설탕을 수출한 이래, 유럽을 위시한 세계 여러 나라에 설탕을 독점적으로 공급했다. 이에 네덜란드는 브라질의 바이아, 헤시피, 페르남부쿠 지역을 점령하면서 노예무역과 함께 설탕 산업에 뛰어들었다. 그러나 1645년, 현지인의 반란으로 인해 네덜란드인은 설탕 산업을 접어야 했다. 그 후 네덜란드인은 흑인 노예들을 데리고 카리브해의 프랑스령 안티야스로 설탕 산업의 거점을 옮겼다. 카리브해, 특히 쿠바는 사탕수수 재배의 최적지였다. 우기의 더운 여름 날씨는 사탕수수의 생장에 유리했고, 온화한 겨울은 설탕 정제에 적합했다. 16세기 이래 쿠바를 위시한 카리브 해역의 섬들은 유럽 시장을 겨냥한 거대한 설탕 생산지였다. 유럽인은 이곳에 흑인 노예를 이용한 기업형 제당소를 만들었다.

사탕수수는 이렇게 남태평양에서 출발해 아시아, 유럽을 거쳐 대서양을 건너 아메리카 대륙에 자리를 잡은 '글로벌 작물'이 되었다. 사탕수수는 '아시아의 작물, 유럽의 자본, 아프리카의 노동력 그리고 아메리카의 대지가 결합된 진정한 국제적 작물'이었다.

네덜란드와 프랑스의 침략:
외세의 브라질 점령

포르투갈과 스페인의 합병

포르투갈은 1506년 이래 아프리카와 아메리카에서 식민지를 개척하고 인도 항로를 발견하는 등 대외적으로 활발한 활동을 펼쳤다. 그러나 포르투갈이 계속 유지해오던 해외무역의 독점권을 상실하면서, 인도와 아프리카에서 들어오던 향료, 금, 노예 등이 감소하는 등 전반적으로 해외무역이 쇠퇴의 길에 접어들었다. 브라질의 사탕수수 농장도 격감했다.

이러한 상황 속에서 1557년에 포르투갈에서 동 주앙 3세가 사망했다. 동 주앙 3세는 9명의 자식을 두었으나 모두 단명해서 세 살 난 아들 세바스티앙만이 생존해 있었다. 결국 왕위는 세 살 난 아들에게 돌아갔지만 세바스티앙은 나이가 어려 직접 통치를 할 수 없었다. 그래서 작은 어머니인 카스티야 왕국의 이사벨 여왕이 섭정을 맡게 되었다. 그러나 그녀는 이미 카스티야의 왕이었기 때문에 포르투갈 국민의 강한 저항을 받았다. 그러자 다른 작은 아버지인 엔리케 추기경이 섭정을 이어받았다. 1568년 들어 세바스티앙이 직접 통치를 시작했으나, 24세의 젊은 나이로 모로코 원정 도중에 후사가 없이 사망했다. 이에 고령인 엔리케 추기경이 임시로 다시 왕위를 떠맡았으나, 추기경인 그에게는 왕위를 물려줄 자손이 없었다.

그러자 엔리케 추기경은 동 주앙 3세의 형제들(동 주앙 3세의 아버지 동 마누엘 1세는 장남인 동 주앙 3세와 그 밑으로 이사벨, 엔리케, 루이스, 두아르테를 두었다)의 후손들, 즉 동 마누엘 1세의 손자와 손녀들 중에서 왕위 계승자를 물색했다. 왕위를 계승할 가장 유력한 인물로는 스페인 왕인 펠리페 2세(이사벨 여왕의 아들), 안토니오(루이스의 아들), 카탈리나(두아르테의 딸)가 있었다. 이 중에서 카탈리나가 강력한 후보였는데, 1580년에 카탈리나의 강력한 후원자였던 엔리케 추기경이 죽고, 펠리페 2세에게 매수당한 귀족들도 역시 카탈리나에게 등을 돌렸다. 한편 또 다른 후보였던 안토니오가 대중적인 지지를 등에 업고 펠리페 2세와 맞섰다. 그러나 안토니오는 1580년 알칸타라 전투에서 스페인의 펠리페 2세에게 패함으로써 왕위는 펠리페 2세에게 돌아갔다.

스페인의 펠리페 2세는 1581년 토마르에서 열린 궁정회의에서 포르투갈의 펠리페 1세로 등극했다. 펠리페 2세는 포르투갈 궁정회의에서 포르투갈의 합법적인 왕으로 인정받는 대신에 포르투갈의 모든 법과 관습을 준수할 것을 서약했다. 포르투갈 궁정회의는 펠리페 2세에게 여러 요구 조건을 내걸었다. 왕은 가능한 한 많은 시간을 포르투갈에서 보내고, 만일 그가 어쩔 수 없이 포르투갈을 비우게 되면 그를 대신할 부왕을 왕실 사람 혹은 포르투갈 사람 중에서 임명하도록 했다. 그리고 왕이 직접 참여하는 포르투갈 평의회를 구성하고 모든 업무는 포르투갈어로 하며, 포르투갈 본국과 식민지에서의 직책은 포르투갈인 가운데서 임명하도록 했다. 또한 스페인과 포르투갈 사이의 관세 장벽을 허물고 자체의 화폐를 그대로 유지하며, 해외교역은 계속해서 포르투갈인이 독점하기로 했다. 펠리페 2세는 이를 받아들였고, 이러한 체제는 포르투갈이 스페인에 합병된 1580년 이후 1640년까지 60여 년 동안 포르투갈 통치 체제의 기본으로 남았다. 이렇게 해서 포르투갈은 스페인의 군주에 의해 통치되었지만, 포르투갈 자체의 법과 제도 그리고 화폐 체계는 그대로 유지되었다.

그러나 브라질 식민지는 포르투갈 왕의 부재로 인해서 구심점을 상실했다. 1600년대 초에 들어서는 프랑스와 영국, 그리고 네덜란드에게 침략을 받왔다. 특히 네덜란드와 프랑스의 침략이 빈번했다.

네덜란드의 침략

　포르투갈과 네덜란드는 1500년대부터 활발한 교역을 하고 있었다. 포르투갈은 인도양에서 무역 활동을 하고 있었기 때문에 브라질을 상대로 스페인처럼 대규모 수송선단을 편성할 수 없었다. 오히려 자국 선단만으로는 부족하여 네덜란드와 영국의 배로 설탕을 수송했다. 16세기 말에 이르러서는 브라질과 유럽 사이의 교역품 가운데 약 75%가 네덜란드의 배로 운송되었다. 따라서 네덜란드는 브라질을 자신의 식민지로 만들면 대서양 무역을 독점할 수 있다고 생각했다. 그러나 1580년 포르투갈이 스페인과 합병되면서 스페인은 포르투갈과 네덜란드 간의 무역을 억제하려 했고, 1621년에 가톨릭의 스페인과 신교의 네덜란드가 치른 30년 전쟁으로 인해 양국은 서로 적대국이 되었다.

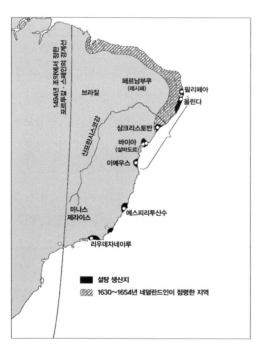

　스페인과 적대 관계에 있던 네덜란드는 대서양 무역 독점의 교두보를 마련하고자 두 차례나 브라질을 침공했다. 네덜란드는 1624년 브라질의 바이아를 공격했다. 당시 브라질의 총독부는 휘하에 300여 명의 군사밖에 없었기 때문에 곧 패배했다. 그래서 바이아는 네덜란드군에게 약탈당하고 총독과 그 부하들은 포로로 잡혀 네덜란드로 호송되었다. 바이아가 위험에 처

네덜란드의 점령 지역. 17세기 중반 포르투갈의 식민지 브라질에 네덜란드와 프랑스가 자주 침입했으며, 특히 네덜란드는 1630~1654년 사이에 브라질을 점령했다.

해 있다는 소식을 들은 포르투갈과 스페인은 많은 군함과 군인을 브라질로 보내서 브라질에 있던 모든 네덜란드인을 추방했다.

네덜란드의 두 번째 침공은 네덜란드가 쿠바 근처 해안에서 은을 가득 실은 스페인의 배를 공격하면서 시작되었다. 이를 통해서 부를 축적한 네덜란드는 1630년 브라질의 페르남부쿠를 공격했다. 당시 페르남부쿠는 포르투갈 식민지 중에서 가장 번창한 곳이었다. 이곳에서는 금과 은이 별로 중요한 것이 아니었다. 선적할 배보다 많은 설탕이 항구에 쌓여 있었다. 집집마다 풍요로움과 사치가 극에 달했으며 가히 지상천국이었다.

네덜란드인은 포르투갈인의 완강한 저항을 물리치고 1632년부터 5년간 히우그란지두술과 파라이바, 그리고 페르남부쿠를 점령했다. 이에 네덜란드는 브라질을 자국의 식민지로 만들려는 계획을 수립하여, 이들 점령지역에 자국의 총독을 브라질로 파견했다. 그러나 네덜란드는 브라질 내에서 국민의 강력한 저항에 부딪혀 1654년에 항복했다.

브라질인은 네덜란드인과의 전쟁에서 자신들의 민족정신을 키울 수 있었다. 한편 브라질에서 추방된 네덜란드인은 사탕수수 재배와 설탕 생산 기술을 안티야스 제도(카리브해)로 가져갔다.

프랑스의 침략

브라질에 총독부가 설치되기 전, 대부분의 프랑스인은 브라질의 특산품 파우 브라질을 몰래 채취해가려는 밀수업자에 불과했다. 카리브해의 섬들에서는 '부카네로bucanero'라고 불리는 프랑스 해적들이 주로 스페인 선박들을 상대로 해적질을 일삼았다.

따라서 당시 포르투갈의 동 주앙 3세가 프랑스인의 밀매업을 근절하기 위해 프랑스 왕에게 강력히 항의했지만 거부당했다. 이에 대한 대응책으로 1526년 해안경비대를 창설했으나 해안 지방이 너무 넓어서 프랑스의 침략을 제대로 저지하지 못했다. 이에 포르투갈 왕실은 효율적인 브라질 식민화 방법의 일환으로 세습 봉토제와 총독제를 실시했다. 그러나 프랑스는 이에 개의치 않고 파우 브라질의 밀매업뿐 아니라 리우데자네이루와 마라냥 지방에 자신들의 식민지를 건설하기 위해서 두 차례에 걸쳐 브라질을 침략했다. 첫 번째 침공은 1555년에 프랑스가 소위 '남국의 프랑스'라고 이름 붙인 식민지를 브라질에 건설할 목적으로, 리우데자네이루에 도착하여 요새를 만들고 식민지 수도를 세우려 했다. 여기에는 본국에서 박해받은 수많은 칼뱅주의자가 참가했다. 이에 1560년 당시 멩 지 싸 총독은 프랑스 요새를 파괴하며 그들의 침략을 저지했고, 밀림지대로 도주했던 프랑스인을 1565년에 모두 축출했다.

두 번째 침공은 1612년에 있었는데, 이 전쟁에서 포르투갈 군대가 프랑스 군대에 쉽게 승리를 거두었다. 포르투갈 군대는 프랑스 군대에 비해 인원과 무기가 적었고 식량도 열악했으며, 오랜 행군으로 지쳐 있었다. 이런 포르투갈 군대가 프랑스 군대를 격퇴시킨 이 전쟁을 '신비스런 여정'이라고 불렀다. 이 전쟁에서 패한 프랑스 군대는 포르투갈 군대와 휴전을 맺었으나, 1615년 프랑스 군대는 다시 대패했다. 이들 중 일부는 가이아나의 일부 지역에 정착하여 1623년 카옌을 건설했는데, 이곳은 지금도 프랑스령으로 남아 있다.

그 후 프랑스는 1664년 서인도 회사의 설립과 더불어 브라질 북부와 카리브해의 도서 지역에서 식민지 사업을 활발히 전개했다. 특히 프랑스는 스페인의 요충지였던 에스파뇰라섬 서부의 3분의 1을 장악하여 식민지로 만들었다. 이곳이 바로 현재 아이티 공화국이다.

하나님과 교황에 대한 절대 순종:
예수회

이그나티우스 데 로욜라와 예수회

예수회는 중세가 지나 점차 르네상스의 막이 열리고 가톨릭교회의 개혁을 요구하는 소리가 고조되는 시기에 탄생했다. 스페인 출신의 이그나티우스 데 로욜라는 신교를 타파하는 신神의 기사로서 봉사하려는 의지를 갖고 예수회를 창설했다. 예수회는 1534년 파리에서 로욜라와 그의 제자 6명으로 이루어진 작은 모임에서 시작되었다. 예수회는 '하나님과 교회 사랑으로 묶인 7명의 작은 학생회'에서 출발하여, 로마에서 성직자 사회와 일반 사회의 도덕 개혁, 노동 봉사, 병자 방문, 설교 등에 힘을 쏟으면서 그 틀을 만들어 갔다. 예수회 선교사들은 군대와 같은 엄격한 규율 아래 이단자와 싸우는 '예수의 전사'였다. 예수회는 1540년에 다른 교회 세력들의 반대에도 불구하고 교황 파울루스 3세에 의해 가톨릭교회의 정식 교단이 되었다.

예수회는 교황 직속으로 오직 하나님과 교황에게만 절대 순종했다. 이러한 예수회는, 신교의 종교개혁에 대항한 가톨릭교회 내부에서 일어난 개혁주의 사상의 결실 그 자체였다. 이들은 신교의 종교개혁으로 분열되어가던 가톨릭교회를 굳건하게 단합시키고자 했다. 이를 위해서 예수회는 모든 교

예수회를 설립한 로욜라. 1534년 설립된 예수회는 교황 직속으로 오직 하나님과 교황에게만 절대 순종하며, 개신교의 종교개혁운동으로 분열되어가던 가톨릭교회를 굳건하게 단합시키고자 했다.

단 중에서 가장 전투적이었다. 그들의 무기는 총과 창이 아니라 웅변과 설득 그리고 교리의 가르침이었지만, 필요하다면 무력도 사용했다. 회원들 각자의 개성은 무시되었고, 수장에게는 마치 군대의 병사처럼 복종할 것을 요구하는 등, 예수회 조직은 군대 조직과 같았다. 총사령관격인 수장이 있었고 모든 회원은 규율을 철저하게 지켜야 했다.

그러나 신앙 문제에 있어서 절대적인 복종을 요구했던 것과는 달리, 예수회는 해외 각 지역의 다양한 문화를 받아들이며 선교활동의 영역을 넓혀갈 수 있는 포용력과 유연성을 보여주었다. 또한 예수회 선교사들은 유럽에서 가장 유명한 교사들이 되어 상류 및 중류계급의 자제들을 위해 수많은 학교를 운영했다.

신대륙에서의 예수회

신대륙에서 예수회는 철저한 신앙과 불굴의 정신을 바탕으로 다른 어떤 수도회와 선교사보다 매우 활발한 활동을 펼쳤다. 초기에는 프란시스코 수도회 소속의 선교사들이 '백지상태(tabla rasa)'의 무지한 원주민에게 신앙을 주입한다는 생각으로 선교활동을 펼쳤다. 그러나 이는 원주민의 문화를 무시하는 것으로 비쳐서 많은 문제점을 낳았다.

뒤이어 파견된 예수회 선교사들은 먼저 원주민에게 다가가기 위해 그들의 세계를 이해하려고 노력했다. 예수회 선교사들은 '아코모다시오네스

acomodaciones(적응)'라는 방법을 통해 원주민의 언어를 습득하려고 했을 뿐만 아니라, 그들의 생활관습, 정치, 종교 등을 이해하고자 노력했다. 이에 따라 예수회 선교사들은 점차 원주민 세계를 가장 잘 이해하는 전문가가 되었다. 이러한 신뢰 속에서 원주민 역시 예수회 선교사들을 이해하고 또 그들의 삶의 양식을 쉽게 받아들일 수 있었다. 이는 선교사들이 원주민을 개종시키는 데 커다란 도움이 되었다. 특히 예수회는 르네상스 인문주의에 기초한 교육활동을 통해서 신대륙의 크리오요, 메스티소, 그리고 원주민에게 정신적으로나 사회·문화적으로 커다란 영향을 끼쳤다. 이는 후에 라틴아메리카의 정체성을 형성하는 밑받침이 되었고, 크리오요에게 독립운동의 사상적 기초를 제공했다.

이렇게 활발한 교육활동과 함께 예수회 선교사들은 라틴아메리카 몇몇 지역에 독자적인 마을과 공동체를 건설하여, 모든 면에서 자급자족이 가능한 이상향을 만들었다. 17세기 초반에 이르면서 각종 학교와 도서관을 설립하고 인쇄술을 이용하여 책자를 찍어냈으며, 각종 농법, 섬유 기술, 제약 기술 등의 개발로 자급자족적인 공동체로 발전했다. 1750년경에는 이 공동체에 속한 원주민의 수가 70만 명에 달할 정도였다.

예수회의 추방

포르투갈 왕실은 예수회가 종교보다 정치, 경제적인 면에서 정부만큼이나 강대한 권력을 행사하는 것을 못마땅하게 여겼으며, 그들이 원주민을 보호하여 원주민의 노예화를 방해하기만 한다고 생각했다. 이에 포르투갈의 폼발 재상은 예수회가 식민지에서 발생하는 모든 문제의 원인이 된다고 여겨서 예수회 선교사들을 포르투갈과 브라질에서 완전히 추방시켰다. 1759년, 예수회의 추방으로 브라질의 도덕적, 문화적 수준이 전반적으로 하락되었고, 원주민 보호구역들이 예전의 원시 상태로 되면서 식민 사회가 전반적으로 침체되었다.

18세기에 들어 왕권을 강화하고자 했던 스페인의 왕실 역시, 교황에 대한 절대복종을 철회하고 가톨릭교회를 자신의 영향하에 두려고 했다. 이런 상황에서 교황에게 절대 충성하는 교황의 '보디가드'였던 예수회는 눈엣가시였다. 게다가 다른 수도회와 식민 당국 그리고 대토지 소유주들은, 식민지에서 독자적인 세력을 형성한 예수회의 권한이 지나치게 강대해지는 것을 우려해서 예수회 세력을 견제할 필요성을 느꼈다. 마침내 1767년, 카를로스 3세는 왕실에 모반을 꾀한다는 죄목을 만들어 스페인이 지배하는 모든 영토, 즉 스페인과 신대륙에서 예수회 선교사들의 추방을 명령했다.

그러나 예수회의 추방으로 인해 학교와 병원 등 제반 사회구조가 붕괴되어 스페인 제국은 돌이킬 수 없는 손실을 입었다. 당시 신대륙에 있었던 예수회 선교사들의 숫자는 2,200여 명에 지나지 않았으나, 이들의 추방으로 인해 원주민에서 크리오요에 이르기까지 한 목소리로 '국왕'을 공동의 적으로 비난했다. 추방당한 많은 예수회 선교사는 순명을 바쳐 모셨던 교황에게 구원을 청하고자 로마로 모였지만, 교황은 이들을 받아들이지 않았다. 결국 교황과 국왕에게 버림받은 예수회 선교사들은, 그때까지 금기시되어왔던 식민지의 역사를 집필하여 스페인 국왕에 대한 적개심을 드러내기도 했다.

예수회의 이러한 활동은 결국, 새롭게 태동하고 있던 크리오요와 메스티소가 그들이 태어났던 땅의 역사와 문화를 통해서 자신들의 정체성을 형성할 수 있는 기회를 제공했다. 이는 1820년대를 전후해서 라틴아메리카 대부분의 국가가 독립을 성취하는 데 커다란 역할을 했다. 즉, 예수회의 추방이 라틴아메리카의 독립을 앞당긴 결과를 낳았던 것이다.

정복자의 후예들:
스페인 왕실에 대한 반역

반역자들

스페인 왕실이 신대륙에서 식민 통치를 하면서 제일 우려했던 것은, 막대한 토지를 소유한 현지의 식민지 관리들이 왕실에 저항하는 것이었다. 신대륙이 스페인과 거리상으로 멀리 떨어진 지역이었기에, 왕실의 의도대로 식민지에 대한 통제가 제대로 이뤄지기 어려웠다. 이에 스페인 왕실은 누에 바 에스파냐(지금의 멕시코)와 페루 부왕령에서 페닌술라르(스페인 본국 태생의 스페인 사람)와 크리오요(신대륙 태생의 스페인 사람) 사이에 철저한 차별을 두어 식민지 사회를 관리하고자 했다. 그러나 정치적으로 식민지 사회를 구석구석까지 완전히 지배할 수는 없었다. 식민지 현지에서 반란을 일으키면 왕실은 이를 단호하게 탄압하면서 반역자들을 처벌해갈 뿐이었다.

스페인 왕실에 대해 반란을 일으킨 사람으로는 페루에서 곤살로 피사로, 로페 데 아기레, 마르틴 코르테스 등이 있었다.

곤살로 피사로

곤살로 피사로는 잉카 제국을 점령했던 프란시스코 피사로의 이복동생이

페루 부왕 블라스코 누녜스 벨라의 부하들. 스페인 왕실은 식민지에서 일어난 반란을 철저하게 탄압하면서 반역자들을 처벌했다.

었다. 그는 프란시스코 피사로와 함께 페루를 정복한 후, 페루와 볼리비아 각지에서 막대한 재산을 축적했다. 그때 곤살로 피사로는 리마에서 이복형 프란시스코 피사로가 암살되었다는 소식을 듣게 되었다. 곤살로는 자신이 페루의 통치권을 물려받을 것이라고 생각했지만, 스페인 국왕 카를로스 1세는 바카 데 카스트로를 페루 부왕으로 임명했다. 이에 곤살로는 자신의 야욕을 포기하지 않고 호시탐탐 기회를 엿보았다.

1542년 원주민의 노동력 착취와 노예화를 금지했던 '신법'이 공포되었는데, 이 신법이 공포될 당시 페루 부왕으로 블라스코 누녜스 벨라가 임명되었다. 그런데 당시 아우디엔시아 의원들은 엔코멘데로(원주민을 개종시키고 대신 그들의 노동력 착취를 허가받은 식민지 귀족)들이 신법 시행에 강력히 반발하고 있다는 사실을 부왕에게 충고했다. 그러나 부왕은 이를 무시하고 신법을 엄정하게 시행할 것을 명령했다. 이에 곤살로 피사로는 다른 엔코멘데로들과 함께 부왕에 대항한 반란을 일으킬 생각을 가졌다. 양쪽의 충돌을 우려했던 아우디엔시아 의원들은 부왕을 강제로 배에 태워 본국으로 돌려보내려 했다.

그 후 1544년 곤살로 피사로는 자신의 부하들을 이끌고 리마시에 진입하여, 아우디엔시아의 동의 아래 페루의 총독이 되었다. 그 후 곤살로 피사로는 에콰도르와 페루, 그리고 스페인에서 페루로 들어오는 길목인 파나마 지협까지 통치했다.

스페인 국왕 카를로스 1세는 1546년에 페드루 데 라 가스카를 신대륙으로 보냈다. 식민지에서 일어난 스페인 왕실에 대한 반란 중 가장 규모가 컸던 이 곤살로 피사로의 반란을 진압하기 위해서였다. 페드루 데 라 가스카는 곤살로의 부하들을 설득하여 자신의 편으로 만든 후, 1548년 페루의 쿠스코 근교에서 곤살로 피사로에게 승리를 거둬 반란을 진압했다.

로페 데 아기레

아기레는 아마존강에 있다는 황금도시를 찾아 나섰던 페드루 데 우르수아 탐험대의 일원이었다. 이 탐험대 내에서 우르수아와 그의 부하들 사이에 갈등이 생기자, 아기레는 부하들을 선동해 1561년에 아마존강에서 우르수아를 살해했다. 그리고 탐험대에 함께 있던 귀족 페르난도 데 구스만을 지도자로 옹립했다.

그 후 아기레는 자신의 동료와 부하들에게 페루를 점령하여 구스만을 페루왕으로 추대하고 스페인으로부터 독립하자는 제안을 했다. 그러나 자신의 제안에 많은 동료가 반대하고 나서자, 자신이 지도자로 추대했던 구스만까지 죽이고 스스로 지도자의 자리에 올랐다. 그리고 아마존의 밀림 한가운데에서 스페인으로부터의 독립을 선언했다. 아기레의 반란 소식을 접한 식민지 정부는 토벌군을 조직하여 아기레의 반란군을 모두 소탕했다. 훗날 남미독립의 영웅 시몬 볼리바르는 아기레야말로 중남미 독립의 선구자라고 평가하기도 했다.

마르틴 코르테스

마르틴 코르테스는 멕시코를 정복했던 에르난 코르테스의 아들이었다. 정복자였던 아버지의 후광 덕분에 마르틴 코르테스의 주위에 힘 있는 귀족들이 모여들어 하나의 세력을 형성했다. 당시 멕시코의 부왕은 루이스 데 벨라스코였는데 그는 아우디엔시아와 사사건건 대립을 하고 있었다. 이에 당시의 스페인 국왕 펠리페 2세는 사태 파악을 위해서 멕시코로 사찰사를 파견했다. 그러나 얼마 되지 않아 벨라스코 부왕이 죽자, 부왕의 뒤를 이어 국왕이 보낸 사찰사가 통치했다. 이는 식민지 정부의 세력이 약화되었음을 의미했다. 멕시코에 거주하는 엔코멘데로들은 이를 이용해서 스페인 본국과의 유대를 끊고, 마르틴 코르테스를 멕시코의 왕으로 추대하여 멕시코의 독립을 추진하려 했다. 이들은 또한 멕시코시의 아우디엔시아 장악, 사찰사 제거, 베라크루스에서 본국으로 가는 선박 통제, 사카테카스의 은광 지대 접수 등 멕시코의 진정한 독립을 위한 음모를 꾸몄다.

그러나 정작 반란의 중심인물이 되어야 할 마르틴 코르테스는 결단을 내리지 못하고 있었다. 그사이 이들의 음모가 누설되어 1566년 멕시코시의 아우디엔시아는 마르틴 코르테스를 비롯한 용의자들을 체포했고, 반란에 가담했던 사람들을 모두 처형했다.

토착주의:
포르투갈 왕실에 대한 반역

태어난 땅에 대한 사랑의 감정 – 토착주의

18세기 중엽부터 프랑스의 사상계를 풍미했던 몽테스키외, 볼테르, 루소 등 계몽주의 사상이 브라질에서 그들의 민족주의 의식과 어울려 '토착주의 의식'으로 나타났다.

이 토착주의 의식은 자신이 태어난 땅에 대한 사랑의 감정이다. 이는 17세기 초 네덜란드인이 식민지를 건설하기 위해 브라질을 침략했을 때, 브라질에 살고 있던 원주민과 흑인 그리고 포르투갈인이 함께 힘을 합쳐 네덜란드인의 침공에 대항하는 투쟁 과정 속에서 생겨난 것이다. 이러한 의식은 브라질에서 금이 발견됨에 따라 더욱 강화되었다. 그래서 포르투갈의 절대군주제와 중상주의 정책에 대한 비판을 넘어 브라질의 독립을 요구하는 반反포르투갈 혁명으로까지 비화되었다.

반反포르투갈 혁명들

이리한 토착주의 의식은 브라질에서 반反포르투갈 혁명이 일어나는 계기가 되었다. '아마도르 부에누의 환호', '마라냥 반란', '엠보아바스의 전쟁', '마스카치스의 반란' 등이 바로 그것이었다.

먼저 1641년 상파울루에서 '아마도르 부에누의 환호'라는 사건이 일어났다. 이 사건은 포르투갈에 반대하고 브라질의 독립을 요구하는 일련의 혁명적인 사건들의 단초가 되었다. 1640년에 스페인으로부터 포르투갈이 독립하고 동 주앙 4세가 왕위에 올랐다. 그러나 남부지방에 위치해 있던 상파울루의 주민들은 스페인 식민지 국가들의 영향을 많이 받았기 때문에 동 주앙 4세를 왕으로 받아들이지 않았다. 대신에 자신들이 지지했던 지방의 유지이자 많은 부富를 소유한 아마도르 부에누를 왕으로 추대했다. 그러나 정작 당사자인 아마도르 부에누는 포르투갈 왕실에 충성을 맹세하며 피신했다. 이에 상파울루 주민들은 하는 수 없이 아마도르 부에누의 의견을 존중하여 동 주앙 4세를 왕으로 받아들였다.

1684년 마라냥에서 일어난 반란은, 원주민 노예화를 적극 반대했던 예수회 선교사 비에이라 신부에 의해 일어났다. 현지의 포르투갈 사람들은 자신들의 이익에 반하는 비에이라 신부의 활동에 심하게 반발했다. 이에 포르투갈 왕실은 원주민에 대한 노예화를 전면 금지시키는 대신, 1682년에 '마라냥 무역회사'를 설립, 이를 통해서 향후 20년간 1만 명의 노예를 수입하겠다는 약속을 했지만 지키지 않았다. 이에 1684년 이 지역의 시인이자 변호사, 그리고 농장주였던 마누엘 베크만은 주정부에 반기를 들어 마라냥 무역 회사를 없애고 예수회 선교사들을 추방했다. 그러나 1년 후 베크만은 포르투갈 군대에 의해 진압되었고 결국 부하에게 살해되면서 폭동은 끝났다. 이 반란의 진압으로 예수회 선교사들은 다시 복귀했다.

1708년에는 미나스제라이스에서 '엠보아바스emboabas(투피족 원주민들이 '털로 덮여 있는 다리와 발을 가진 새'를 일컫는 '엠보압mboab'이라는 이름에서 유래되었는데, 언제나 이 새의 깃털로 장식된 장화를 신고 있었던 '포르투갈 이주자'들을 가리키는 경멸조의 별명이었다. 여기에서는 상파울루 주민들이 '타 지역 주민과 포르투갈인'을 지칭할 때 사용했던 경멸적인 표현이다)의 전쟁'이 발생했다. 1700년대 초 미나스제라이스 지역에서 상당한 금광이 발견되면서 많은 수의 포르투갈인과 바이아 주민이 이 지역으로 몰려들어 제각기 금광의 소유권을 나눠 가졌다. 이들과 이미 금광을 발견한 상파울루 출신 사람들 사이에 잦은 대립이 일어났는데, 이러한 대립 속에서 상파울루 주민 300여 명이 엠보아바스군에게 잡혀 모두 살해당하는 사건이 발생했다. 이에 분노한 상파울루 주민들이 군대를 조직해서 전쟁을 벌였으나, 엠보아바스군이 승리하여 전쟁은 끝났다.

그밖에 1710~1712년에는 페르남부쿠에서 '마스카치스mascates(이 말은 포르투갈로 '보부상'이란 뜻인데, 여기에서는 페르남부쿠의 올린다시에 거주하는 브라질인이 무역으로 부유해진 레시페시에 거주하는 포르투갈인을 경멸조로 불렀던 말이다)의 반란'이 일어났다. 올린다시는 네덜란드의 지배 전까지만 해도 사탕수수 농업으로 레시페시보다 경제적으로 매우 윤택했다. 그러나 네덜란드인이 식민 통치의 중심을 레시페시로 옮긴 이후, 올린다시는 상대적으로 경제발전의 속도가 느렸다. 이로 인해 경제적 우위에 있었던 레시페시의 포르투갈인은 올린다 사람들을 경멸하고 얕보았다. 그러던 중 동 주앙 4세가 레시페시를 주의 수도로 승격시키자, 올린다 시민들은 분노하여 레시페시를 공격했다. 그러나 포르투갈인의 반격으로 주모자는 체포되고 반란은 진압되었다. 그 후 레시페시는 페르남부쿠의 주도로 확정되었다.

식민지 시대 말기의 브라질

포르투갈은 1640년에 스페인으로부터 다시 독립한 후, 북아프리카의 세우타를 제외한 대부분의 해외 식민지를 되찾았다. 그러나 동양에서의 상권이 네덜란드와 영국에게 넘어가자, 그동안 관심을 두지 않았던 브라질에 대한 본격적인 식민지 개척에 나섰다. 그 결과 18세기 초 미나스제라이스와 바이아 지방에서 금과 다이아몬드 광산이 발견되었다. 이로 인해 브라질 경제의 중심이 해안에서 내륙으로, 북부에서 남부로 옮겨졌고, 18세기 중엽에는 식민지의 수도가 살바도르에서 리우데자네이루로 옮겨졌다.

이렇게 브라질에서의 활발한 식민 개척과 금의 유입으로 인해 포르투갈의 경제는 회복되기 시작했지만, 식민지로부터 들어오는 부富를 이용해 포르투갈 왕신은 또다시 사치에 빠져들었다. 여기에 포르투갈 국민은 농촌을 떠나 대도시로 이주하여 심각한 경제, 사회적 문제를 야기했고, 영국에 대한 경제

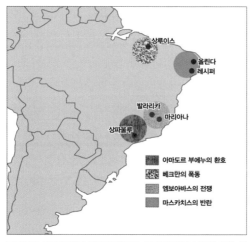

먼저 수출입과 노예의 교역, 해운의 독점권 등을 전담할 회사의 설립과 채굴

적 의존도가 높아지기 시작했다. 이는 포르투갈의 경제를 다시 위축시켰다.

1750년에 즉위한 동 주제 1세에 의해 재상으로 기용된 폼발 재상은 '왕의 권력은 신의 이름으로 국가를 통치하기 위해 신으로부터 부여받은 것이다'라는 신념을 가지고 있었다. 그는 철저한 절대주의 왕권정치에 바탕을 두고,

포르투갈 왕실에 대한 반란의 발생지. 자신이 태어난 땅에 대한 사랑의 감정을 가지게 된 브라질 원주민과 흑인, 그리고 브라질에서 태어난 포르투갈인들이 포르투갈 왕실에 대항한 반란을 일으켰다.

먼저 수출입과 노예의 교역, 해운의 독점권 등을 전담할 회사의 설립과 채굴된 금에 대한 세금의 부과 등을 통해서 포르투갈 본국과 식민지 간의 관계 변화를 추구했다. 또한 재정적인 어려움을 극복하고자 금과 다이아몬드의 밀매를 억제하고, 1771년에는 직접 다이아몬드 광산 개발에 나서기까지 했다. 그러나 그 후에 미나스제라이스에서 금의 가격이 떨어지면서 포르투갈 경제가 침체되기 시작했다. 여기에 매년 무겁게 부과되는 세금으로 인해 주민들의 불만이 극에 달했다. 또한 1755년 대지진으로 폐허가 된 리스본시를 재건하기 위해 지출된 엄청난 경비와, 영토 문제로 인한 스페인과의 전쟁 등으로 포르투갈의 경제 사정은 더욱 악화되었다.

이러한 악화된 경제 상황 속에서도 폼발은 중앙집권 정책을 더욱 강화하였으며, 비대해지는 종교 단체를 통제하기 위해 포르투갈과 브라질에서 예수회를 추방하고 그들의 재산을 몰수했다. 그리고 이 몰수한 예수회 재산의 대부분을 대상인과 농장주들에게 경매에 붙여서 매각했다. 그런데 이 예수회의 추방은 포르투갈의 식민지 교육에 나쁜 영향을 끼쳤다. 이는 스페인의 식민지에 많은 대학이 세워진 것에 비해 포르투갈의 식민지인 브라질에는 한 개의 대학도 세워지지 않았다는 사실로 입증된다.

투팍아마루:
식민제국에 저항한 원주민의 반란들

식민지 본국에 대한 원주민들의 반란

식민지 본국에 대한 원주민들의 반란도 일어났다. 원주민들이 아무런 저항도 없이 스페인의 정복자들에게 복종했던 것은 아니었다.

잉카 제국을 점령한 피사로는 1533년부터 1536년에 걸쳐 망코 카팍을 꼭두각시 황제로 임명했다. 스페인의 정복자들은 망코 카팍을 사슬에 묶고 끌어내 신하들 앞에서 그의 몸에 오줌을 누거나 그의 아내를 범하는 등, 그에게 치욕스러운 모욕을 주었다. 이런 모욕을 더는 참지 못한 망코 카팍은 결국 1536년에 쿠스코를 탈출하여 옛 잉카의 군대를 모아 반란을 일으켰다. 그후 그는 안데스의 깊은 곳에 들어가 게릴라전으로 스페인 정복자들과 투쟁하다 체포되어 처형당했다.

멕시코에서도 광산마을인 사카테카스 북쪽 산지에 살았던 치치멕족이 1541~1542년에 스페인의 정복자들에 대한 반란을 일으켰다. 이들은 스페인 부왕의 군대를 잇달아 무찌르며 자신들의 영역을 넓혀갔다. 이에 멕시코의 부왕인 멘도사가 직접 진압에 나서 이 치치멕족의 반란을 진압했다.

이외에도 페루 부왕령의 남쪽지역인 칠레 중부에 살고 있던 아라우칸족이 스페인의 침입에 강하게 반발했다. 이들은 소규모의 게릴라 전술로 막강한 스페인 군대를 괴롭혔다. 피사로의 부하이자 칠레 지역의 식민지 확장에 큰 공을 세웠던 페드루 데 발디비아가 아라우칸족에게 잡혀서 처형당했다. 그후 1557년, 페루의 부왕 안드레스 우르타도 데 멘도사는 자신의 아들을 보냈으나 역시 그들을 괴멸시키는 데 실패했다. 스페인의 식민 통치 시대 동안 아라우칸족의 저항은 계속되어, 칠레가 독립한 후 1850년에야 비로소 칠레와 아라우칸족 사이에 화해가 이루어졌다.

그러나 무엇보다도 최대의 원주민 반란으로는, 잉카 제국의 후예인 투팍아마루가 1780년에 일으킨 반란이 있다.

투팍아마루 반란

'투팍아마루'는 본래 스페인의 정복에 대항하다 1571년 페루 부왕 톨레도에 의해 처형된 잉카 제국의 왕족 '투팍아마루 1세'를 말한다. 투팍아마루 1세는 가톨릭을 포용하는 정책을 전면적으로 거부했고, 선교활동을 벌이던 수도사들을 모두 죽였다. 이에 분노한 부왕 프란시스코 데 톨레도는 1572년 군대를 이끌고 빌카밤바 계곡의 정글 속에서 잉카 제국의 잔존 세력을 소탕하고 투팍아마루 1세를 처형했다. 투팍아마루의 반란이 진압됨으로써 콜롬비아에서 페루에 이르는 잉카 제국이 완전히 스페인의 통치 아래 놓이게 되었다. 그러나 안데스 고산지대에 사는 원주민들은 이 투팍아마루가 언젠가 다시 돌아와서 자신들을 고난에서 해방시켜줄 것이라고 믿었다. 투팍아마루는 원주민들에게는 바로 독립과 자존심의 상징이었다.

그로부터 200년이 지난 1780년, 쿠스코 출신의 원주민 지도자였던 호세 가브리엘 콘도르칸키가, 원주민들에게 신화적인 존재였던 투팍아마루의 이름을 따서 자신을 '투팍아마루 2세'로 명명했다. 그리고 스페인의 정복자들에 대항해 반란을 일으켰다. 당시 안데스 지역의 광산에서 원주민들은 노예처럼 혹사당했다. 투팍아마루 2세는 이러한 압제를 타파하고자 했다. 그는 놀라운 지도력을 보이면서 6만에 가까운 원주민으로, 잉카의 수도 쿠스코를 중심으로 남부 페루 및 볼리비아와 아르헨티나 북부까지 점령했다. 투팍아마루 2세는 체포한 스페인 총독에게 녹인 금을 먹게 한 뒤 처형시켰다. 이는 황금에 굶주린 스페인의 정복자들에 대한 상징적인 보복이었다.

그러나 1781년, 투팍아마루 2세를 포함해서 그의 아들, 아내, 친지, 측근이 모두 체포되었다. 이들에 대한 처벌은 가혹했다. 투팍아마루 2세는 아내와 아들이 처형되는 광경을 목격해야 했다. 그는 혀가 잘렸고 양편에서 끄는 말들에 의해 팔과 다리가 갈기갈기 찢겨졌다. 그의 죽음에 대해서 '광장 한가운데로 끌려 나온 그는 혀가 잘렸다. 그의 두 팔과 두 발을 네 마리의 말에 연결시켜 각기 네 방향으로 돌진시켰다. 그러나 그의 몸은 완전히 분리되지 않아서 거미처럼 공중에 매달린 채 있었다. 이에 그의 머리를 베고 몸통을 교수대 밑에 놓고는 그의 수족을 절단했다'라는 기록이 전해지고 있다.

투팍아마루 2세는 이렇게 비참한 최후를 맞이했지만, 그의 투쟁으로 인해 스페인의 식민 지배층은 원주민들의 반란을 처음으로 두려움의 대상으로 인식하게 되었다. 아울러 그의 투쟁은 오늘날까지도 이어져 옛 잉카 제국의 영화를 꿈꾸는 모든 사람의 가슴속에 살아 있다.

가까운 예로 1960~1970년대 우루과이의 게릴라 단체는 자신들을 '투파마로'라 불렀고, 1990년 중반까지 활동한 페루의 한 도시 게릴라 세력도 자신들을 '투팍아마루 민족해방운동'으로 칭했다. 시인 파블로 네루다는 "안데스에서는 초목의 씨앗까지도 '투팍'의 이름을 침묵 속에서 반복하여 부른다."라고 말하기도 했다. 이는 안데스 원주민들의 가슴속에 '투팍아마루'의 존재가 깊이 새겨져 있음을 반증하고 있다.

브라질의 치과의사 티라덴티스

1750년 이후 브라질에서 금과 다이아몬드의 산출량이 감소하기 시작했다. 이에 따라 포르투갈 왕실은 미나스제라이스 지역에 사탕수수 농장의 건설을 금지시키고, 금을 채굴하기 위해 낮은 임금의 노동력을 동원했으며, 세금을 과다하게 징수했다. 그러나 미나스제라이스 주민들은 포르투갈 왕실에 내던 5분의 1 세금을 제때 내지 못했다. 이에 포르투갈 왕실은 이 세금을 강제로 징수함과 동시에 일명 '데하마derrama(일종의 부가세로서 연체된 5분의 1세를 모든

투팍아마루 2세의 처형 장면. 잉카제국의 투팍아마루 1세의 이름을 딴 콘도르칸키는 1870년에 스페인의 정복자들에 대항해서 최초로 원주민 반란을 일으켰지만, 진압되어 잔인한 방법으로 처형되었다.

미나스제라이스 주민에게 분배하여 강제로 징수하는 세금)'를 또다시 부과했다. 이에 미나스제라이스 주민들은 포르투갈 왕실에 큰 불만을 품게 되었다. 이러한 불만이 유럽에서의 유학을 통해 자유주의 등의 신사조를 접한 브라질 부유층 자녀들의 민족주의 의식과 합쳐져 반란이 일어났다.

　이 반란의 주동자는 주아킹 주제 다 실바 사비에르(일명 '티라덴테스')였다. 그는 의사, 상인, 군 장교 그리고 치과의사 등의 직업을 가졌는데, 그는 그의 마지막 직업인 '치과의사'라는 의미의 '티라덴테스'로 불렸다. 그는 노동자, 군인, 사제, 그리고 법률가의 지원을 받아 싸우면서 공화정 선포, 대학의 설립, 노예제도의 폐지, 그리고 브라질의 완전한 독립을 요구했다. 그러나 주요 주동자 중 3명의 포르투갈인의 배반으로 주모자였던 '티라덴테스'는 리우데자네이루에서 체포되었다. 그는 1792년에 사지가 절단되는 참형을 받았고, 그의 머리는 경고를 목적으로 해서 많은 사람에게 공개되었다. 그러나 이 반란 사건으로 인해 포르투갈 정부는 '데하마'의 징수를 중지시켰다.

제5장
독립운동

LATIN AMERICA

부르봉 왕조의 개혁과 크리오요들의 반발:
독립운동

제2의 라틴아메리카 정복 – 부르봉 왕조의 개혁

1700~1713년의 왕위 계승 전쟁으로 스페인 왕실은 합스부르크 왕조에서 부르봉 왕조로 바뀌었다. 부르봉 왕조의 카를로스 3세는 1765년 무기력한 상태에 놓여 있던 라틴아메리카에 대한 통치력을 강화하기 위해, '부르봉 왕조의 개혁' 또는 '제2의 라틴아메리카 정복'이라는 개혁조치를 시행했다. 이것의 주요 골자는 식민지의 행정 및 경제체제에 대한 통제를 강화하고 제도를 정비함으로써, 왕실의 수입을 증대시키고 식민지에서의 통치 체제를 공고히 하려는 것이었다.

카를로스 3세는 합스부르크 왕조에서 시행되었던 복잡한 행정체제를 감독관제(인텐덴시아Intendencia)로 바꾸었는데, 이 감독관에 스페인 본토 출신의 스페인 사람인 페닌술라르들을 임명했다. 또한 그동안 크리오요들이 장악해온 식민지의 지방재판소들 역시 페닌술라르의 통제하에 두었다. 이는 식민지에서 국왕의 통치권을 강화하려는 의도였다. 그리고 해외교역에 대한 제재를 강화하고, 밀무역을 통해 크리오요들이 수익을 올리던 많은 상품에 대해 관세를 부과해 왕실의 수입을 증가시켰다.

아시엔다의 크리오요(신대륙에서 태어난 스페인인). 스페인의 부르봉 왕조의 개혁으로 크리오요들의 불만이 고조되어 스페인 본토인(페닌술라르)과의 갈등이 심화되었고, 이로 인해서 크리오요들은 스페인으로부터의 독립에 대한 필요성을 자각하게 되었다.

　이러한 개혁 정책은 일시적으로 식민지 통치력을 강화시키는 효과를 가져왔지만, 한편으로는 크리오요와 페닌술라르 간의 갈등을 더욱 심화시키는 계기가 되었다. 크리오요들은 식민 사회의 토착 엘리트로서 기반을 다졌지만, 정치적 지위나 경제적인 면에서 불이익을 받아왔다. 때문에 스페인 본국의 개혁 정책에 강하게 반발했으며, 스페인으로부터의 독립에 대한 필요성을 자각하게 되었다.

　한편, 스페인이 1805년 트라팔가 전투에서 영국에 패함으로써 대서양 무역의 독점권을 완전히 상실하게 되었다. 이는 곧 신대륙의 식민지들이 스페인의 무역 독점에서 벗어나 경제적으로 독립할 수 있음을 의미했다. 그 후 신대륙의 식민지는 스페인의 독점 무역 체제에서 벗어나 영국과 프랑스 및 네덜란드 등의 유럽 국가들과 교역하게 되었다. 1776년 미국의 독립과 1789년 자유, 평등, 박애를 주장했던 프랑스 대혁명 역시, 크리오요들에게 라틴아메리카 독립의 필요성에 대한 이론적인 정당성을 제공했다. 그러면서 이들이 독립의 의지를 다지는 데 커다란 영향을 끼쳤다.

　이러한 국내외의 여러 요인이 라틴아메리카의 독립에 많은 영향을 끼쳤으나, 결정적인 계기를 제공한 것은 무엇보다도 1807년 나폴레옹의 이베리아 반도 침공이었다. 나폴레옹은 스페인 침공 이후 자신의 형 호세 보나파르트를 스페인 왕으로 추대했다. 라틴아메리카에서는 이를 정통성이 없는 왕이라고 규정하고 인정하지 않았다. 이는 스페인의 라틴아메리카 식민 지배의 진공상태를 의미했다. 그 후 스페인에서 다시 왕정복고가 이뤄졌지만, 그사이 왕실의 권위와 세력은 상당히 약화되었다. 크리오요들은 이러한 상황을 이용하여 자신들의 독립에 대한 열망을 실천에 옮길 수 있었다.

독립운동

라틴아메리카의 식민지는 일부 지역을 제외하고는 거의 모두가 1810년부터 1825년 사이에 독립을 했다. 1810년 한 해에만 4월에 베네수엘라, 5월에는 부에노스아이레스, 9월 16일에는 멕시코, 그리고 9월 18일에는 칠레 등 당시의 누에바에스파냐 부왕령(현재의 멕시코)부터 라플라타 부왕령의 수도 부에노스아이레스에 걸친 지역까지 동시에 독립운동이 일어났다.

이러한 라틴아메리카 식민지의 독립운동에는 많은 독립영웅이 나타났다. 베네수엘라, 콜롬비아, 에콰도르를 독립시킨 후 이들을 통합해 '그란 콜롬비아 공화국'을 결성하여 '아메리카의 해방자'라는 칭호를 얻은 시몬 볼리바르, 그리고 아르헨티나를 독립시키고 해발 4,000미터의 안데스산맥을 넘어 칠레의 독립을 달성한 후 페루를 거쳐 에콰도르까지 진격해 이들 나라에 독립의 초석을 세운 산 마르틴 등이 바로 그들이다.

카우디요의 출현

그런데 라틴아메리카 식민지의 독립은 한 국가의 독립이라기보다는, 오히려 독립전쟁의 영웅들 또는 특출한 개인과 소집단의 독립이었다. 독립 후에도 각국은 험난한 지리적 여건과 불분명한 국경선으로 인해 국경분쟁이 빈번히 일어났다. 이로 인해서 군부의 역할이 더 중요시되었는데, 그 역할은 바로 각 지역의 군벌 독재자들이었던 '카우디요caudillo'의 몫이었다. 카우디요는 스페인과 포르투갈을 상대로 한 독립전쟁의 선봉에 서서 많은 공을 세웠던 '지도자' 또는 '군벌'을 의미한다. 이들은 대부분 사적인 군사력을 갖춘 정치 두목이자 가부장적인 권위로 정치를 했던 독재자들이었다. 또한 독립 후 통치의 진공상태를 정치적인 규율이나 공식적인 제도에 의존하기보다는, 폭력에 호소하여 채우려 했던 존재가 바로 이 카우디요였다.

독립 당시, 라틴아메리카 각국은 아직 도시화가 진행되지 않았다. 따라서 리마나 부에노스아이레스 같은 곳의 인구가 고작 수만 명에 불과했다. 이러한 곳을 무력으로 제압하여 지방의 작은 우두머리를 자신의 밑에 두기만 하면, 그 지역의 권력을 모두 장악하는 것과 마찬가지였다. 독립 후 라틴아메리카에서 빈번히 발생했던 쿠데타는, 한 카우디요가 정권을 잡고 있는 동안 또 다른 카우디요가 사병私兵을 일으켜 이를 뒤엎고 정권을 빼앗는 것을 의미했다. 한마디로 19세기 라틴아메리카는 '카우디요의 시대'라고 할 정도로 사병화된 군대가 정치에 미친 영향이 상당히 컸다.

독립 후 50년간 지속된 이 카우디요 체제(caudillismo)는, 라틴아메리카 각국의 정치적인 경험이 축적되고 막대한 해외자본과 기술의 유입에 따른 민족국가의 건설이 진행되면서 쇠퇴기를 맞았다. 하지만 라틴아메리카 정치의 전형적인 모습인 강력한 카리스마의 개인 통치, 강압적인 통치, 권력의 장악과 유지를 위한 군사력 이용, 권력 중앙집중화 등이 바로 이 '카우디요 체제'에서 비롯된 것이며, 이러한 전통이 오늘날까지 이어지고 있다.

"바다를 경작하는 것처럼…":
시몬 볼리바르

'해방자' 시몬 볼리바르

1997년 미국의 《라이프》지는 지난 1,000년간 세계사에 중요한 영향을 끼친 인물 100명을 선정하여 발표했다. 1위에 에디슨이 선정되었고, 콜럼버스가 2위, 그리고 시몬 볼리바르가 25위로 선정되었다. 토머스 제퍼슨(10위), 과나 폴레옹(12위)이 바로 볼리바르와 같은 시대인 18세기 인물들이다.

시몬 볼리바르는 베네수엘라의 카라카스 태생으로, 어린 시절부터 루소의 자유와 정의, 기본권 사상 등에 대해 많은 관심을 가졌다. 1799년, 16세의 시몬 볼리바르는 유럽 여행에서 프랑스 파리 혁명의 분위기를 경험했다. 그는 스페인에서 자신보다 두 살 연상이던 베네수엘라 출신의 마리아 테레사 로드리게스와 결혼해서 카라카스로 함께 귀국했다. 그런데 그녀가 갑작스럽게 사망했고, 이러한 일을 겪은 볼리바르는 '라틴아메리카의 독립'만 이 자신의 영원한 신부新婦라고 생각하여 그 후에 다시는 결혼하지 않았다. 볼리바르는 "나 자신의 명예와 하나님의 이름으로, 그리고 내 조국의 이름으로 맹세한다. 우리를 속박하고 있는 스페인의 권력을 무너뜨릴 때까지 나의 몸과 마음은 한시도 쉬지 않을 것이다."라고 결의를 다지면서 독립투쟁의 의지를 다졌다.

병사의 죽음을 애도하는 시몬 볼리바르. '라틴아메리카의 통합'만이 자신의 영원한 신부라고 생각했던 그의 꿈은 각 지역 카우디요들의 욕심과 외세의 분열정책 등으로 인해서 좌절되었다.

볼리바르는 1810년 7월에 독립군 총사령관인 미란다 장군과 함께 독립전쟁에 참여했다. 독립군은 스페인군과의 일전을 앞두고 카라카스에 주둔하고 있었다. 그런데 독립군이 주둔하고 있던 카라카스에 대규모 지진이 발생해 2만 명 이상의 희생자가 났다. 독립군은 '신이 도와주지 않는 전쟁'을 더는 수행할 수 없었다. 그 후 볼리바르는 1812년 독립군 총사령관으로 베네수엘라 땅에서 스페인 세력들을 격퇴하고 카라카스에 입성했다. 이때 그가 받은 칭호는 '해방자(Libertador)'였다. 그러나 1814년 스페인군과 식민 당국의 반격으로 볼리바르는 카라카스를 내주고 자메이카로 피신해야 했다.

볼리바르는 1817년 다시 독립투쟁을 시작했다. 그는 "자연이 우리의 의도에 반대한다면 우리는 자연과 싸워서 자연을 복종시킬 것이다!"라고 선언하면서 독립군을 이끌어 1819년에 콜롬비아를, 1821년에 베네수엘라와 에콰도르를 해방시켰다. 그 후 그는 베네수엘라, 누에바그라나다(지금의 콜롬비아), 에콰도르의 각 지역 대표로 구성된 의회를 만들고, 자신은 종신 대통령에 취임하여 '그란 콜롬비아'라는 단일국가를 세웠다.

볼리비아 – 볼리바르

볼리바르는 페루의 해방을 위한 독립전쟁을 계속했다. 1822년 남미 해방의 두 영웅인 볼리바르와 산 마르틴이 에콰도르의 과야킬에서 만났다. 그 후 2년간에 걸친 전쟁 끝에 1824년 아야쿠초 전투에서 안토니오 호세 데 수크레 장군이 페루의 스페인 부왕군에 승리를 거두었다.

1825년 페루를 해방시킨 시몬 볼리바르는 페루의 대통령으로 선출되었다. 그리고 남부의 알토 페루 지역을 독립시켰는데, 이 나라 이름을 시몬 볼리바르의 업적을 기리기 위해 '볼리비아'로 했다. 시몬 볼리바르는 1826년 라파스에 도착하여 "오늘로 진정한 볼리비아가 탄생한다."라고 선언하고 헌법을 제정, 공포했다. 그러나 볼리바르가 그란 콜롬비아로 귀국하여, 1826년에 수크레 장군이 볼리바르의 뒤를 이어 볼리비아의 대통령이 되었다.

바다를 경작하는 것처럼… 라틴아메리카 통합의 좌절

볼리바르는 남미대륙이 하나로 통일되길 원했다. 하나의 연방으로 성장하고 있는 미국에 대항해서 라틴아메리카도 하나로 합쳐야 하며, 만약 통일되지 못한다면 결국 미국에 끌려갈 수밖에 없다고 주장했다. 그는 남미 전체가 하나로 합쳐지기가 어렵다면, 적어도 남미 북부 지역의 '누에바그라나다' 지역만이라도 하나로 통일되기를 바랐다.

볼리바르는 신생독립국들의 통합을 위해서, 또 유럽보다 넓은 지역의 해방을 위해서 활동했다. 이를 위해 볼리바르는 1826년 파나마에서 열린 동맹 회의에서 라틴아메리카의 화해와 통일을 위해 서로 협의할 수 있는 방법을 강구할 것을 호소했다. 그 결과 연방 결성을 위한 조약과 그에 따른 군사 협력, 회원국 간의 동등한 주권 유지, 국가 정치의 질서를 파괴하는 공격 행위에 대한 상호 방위, 범인 인도에 관한 조약이 체결되었다.

그러나 거대한 대륙에 산재해 있는 국가들 간의 지리적 소통의 어려움과 각 국가의 다양한 정치적 입장, 그리고 각 지역 카우디요들의 욕심과 이들의 볼리바르에 대한 의심, 독립 직후 국가들 간의 대립, 미국과 영국의 라틴아메리카 분열 정책 등으로 라틴아메리카는 하나의 강력한 연방 국가가 아닌 20여 개의 국가로 나뉘게 되었다. 이렇게 한 손으로는 헌법을 기초하고 또 다른 한 손으로는 칼을 휘두르면서 달성하려 했던 볼리바르의 노력은 무위로 끝나고 말았다.

이에 시몬 볼리바르는 "우리는 혁명을 위해서 몸 바치는 동안 배울 시간이 없었다.", "아메리카 대륙 전체는 피비린내 나는 무질서가 난무하는 무서운 무대가 되고 말았다. 그란 콜롬비아 공화국은 쓰러졌다 일어났다를 반복하고 있으며, 온 나라가 내전에 휩싸여 있다.", "라틴아메리카에도, 아메리카의 국가들 간에도 신의는 존재하지 않는다. 조약은 종잇조각에 불과하다. 헌법은 죽은 문자에 불과하다. …그리고 삶은 고통이다."라고 탄식했다.

볼리바르가 1830년 5월 8일 밤 보고타를 떠날 때, 사람들이 발코니에서 그의 머리에 오물을 쏟아부었다. 이에 볼리바르는 개의치 않고 "자! 갑시다. 사람들은 이제 우리를 원하지 않는 것 같소."라며 보고타를 떠났다. 그는 또한 산타마르타에서 삶을 마치면서 자신의 묘비명을 직접 구술했다. "아메리카는 이제 통치가 불가능하다. …마치 혁명에 몸을 내던진 사람이 바다를 경작하는 것처럼…."

이렇게 해서 젊은 이상가이자 탁월한 군사령관이었던 볼리바르는 1830년 46세의 일기로 생을 마감했다. 그가 사망한 지 2년 만에 '그란 콜롬비아'는 베네수엘라, 콜롬비아, 에콰도르의 3개 국가로 분열되었다.

페루의 보호자:
산 마르틴

라플라타 부왕령

1806년과 1807년, 라플라타(지금의 아르헨티나의 수도인 부에노스아이레스 지역)의 크리오요들은 부에노스아이레스 항구에 주둔하고 있던 영국군을 몰아내면서 독립에 대한 열망을 키워갔다. 특히 자유무역을 지향하는 크리오요들은 스페인 상인의 독점을 지지했던 라플라타 부왕과 끊임없이 대립했다. 이런 과정 속에서 스페인 본국에서 프랑스의 침공과 나폴레옹의 왕위 찬탈 등이 일어나 정치적 공백이 생겼다. 이 틈을 타서 부에노스아이레스의 시민들은 1810년 라플라타의 부왕을 추방하고 부에노스아이레스 지역을 장악했다.

부에노스아이레스 지역의 지도자들은 라플라타 전 지역을 단일국가로 만들 것을 주장했다. 반면에 그 이외의 지역 지도자들은 자신들이 통치하고 있던 지역의 완전한 독립을 달성하려고 1816년 투쿠만에서 모여, 스페인으로부터의 완전 독립과 '라플라타 연합주'의 결성을 선언했다. 이러한 두 세력 간의 갈등은 아르헨티나의 정치사에 중앙집권주의자(부에노스아이레스 지역)와 연방주의자(내륙 13개 주) 간의 대립을 야기하는 계기가 되었다.

호세 데 산 마르틴

　중앙집권주의자와 연방주의자 간의 갈등과 대립으로 라플라타 부왕령 지역은 혼돈에 빠졌다. 이때 나타난 인물이 바로 '호세 데 산 마르틴'이었다. 아르헨티나에서 태어난 산 마르틴은 어렸을 때부터 스페인에서 부모와 살면서 스페인에서 교육받았다. 그는 스페인 군대의 장교로 나폴레옹 전쟁과 아프리카 전투에 참여하기도 했다.

　1810년 부에노스아이레스 의회는 라플라타 부왕령의 독립을 선언했지만, 완전한 독립을 이루기 위해서는 페루와 알토 페루(지금의 볼리비아), 파라과이 등지에 남아 있던 스페인군과의 일전이 불가피했다. 페루의 공략에 고심하던 부에노스아이레스 의회는 1812년에 아르헨티나로 돌아온 산 마르틴에게 이 위업을 맡겼다. 스페인에 있을 때 스페인군의 일원으로서 프랑스군과 싸운 적이 있었던 39세의 산 마르틴은, 스페인의 군대가 페루에 남아 있는 한 독립이 달성될 수 없다고 생각했다. 이에 먼저 칠레에 있는 스페인군을 남측에서부터 기습, 공격하기로 결정했다.

　1814년부터 1816년까지 산 마르틴은 칠레의 접경지역에서 무기를 모으고 병력을 훈련시켰다. 그는 군사력 강화를 위해 특별세를 징수했고 병기창, 화약 공장, 섬유 공장을 세웠다. 그리고 첩자 1명을 칠레에 보내, 아콩카과산 정상 남측의 원주민 땅부터 공격할 것이라는 허위 정보를 유포시켜서 스페인군을 혼란에 빠트렸다. 원주민들은 이 소문을 듣고 즉각 스페인군에 알렸다.

안데스를 넘어

　1817년 1월, 산 마르틴은 약 5,000명의 군대와 1,600마리의 말을 이끌고 안데스산맥을 넘는 강행군을 시작했다. 그는 이 강행군이 장기간 지속될 것이라 판단하여 석공들, 빵 굽는 사람들, 물을 실은 마차들까지 동행시켰다. 산 마르틴의 군대는 남아메리카의 최고봉인 아콩카과산을 통과하면서 바람, 얼음, 화산재와 맞서고, 또 한편으로는 고산병으로 고통을 받으면서 강행군을 해야 했다. 무사히 산맥을 넘은 산 마르틴 군대는 마침내 새벽녘에 샤카

부코에서 스페인군과 결전을 벌여 대승을 거두었다.

그 후 1818년에 산 마르틴은 마이푸 전투에서 승리하여 칠레의 독립을 공식적으로 선언했다. 칠레의 수도 산티아고의 시민들은 산 마르틴을 해방자로서 환영하고 칠레 정부의 수반으로 추대했다. 그러나 산 마르틴은 이를 칠레 독립의 지도자 베르나르도 오이긴스에게 양보하고, 자신의 최종 목표인 페루의 해방을 준비했다.

페루의 보호자

스페인의 관심이 비교적 적었던 라플라타강 유역과는 달리, 페루 부왕령은 스페인 경제의 가장 중요한 원천이었다. 때문에 스페인의 강력한 군대가 페루 부왕령에 버티고 있었다. 아울러 많은 수의 병력이 아타카마 사막을 지나 산티아고 북부에서 리마까지 행진한다는 것은 거의 불가능했다.

이에 산 마르틴은 칠레에서 페루까지 바다를 통해서 침입하기로 했다. 그는 미국과 영국에서 배를 사들이고 바다에서는 스페인 선박을 나포하면서 전력을 보강해나갔다. 영국과 북아메리카의 상인도 앞으로 좋은 조건으로 장사를 할 수 있으리라는 기대 속에 무기와 탄약을 지원했다.

1820년, 드디어 산 마르틴이 지휘하는 함대가 칠레의 발파라이소항을 떠나, 페루의 카야오항 남쪽에 있던 피스코항에 상륙했다. 그러나 산 마르틴은 바로 리마를 공격하지 않았다. 그는 대대적인 공세를 취하기보다는 군사 작전과 협상을 동시에 수행하면서 가능한 한 무력 충돌을 피하려 했다. 이는 아직도 페루가 스페인의 강력한 통제 아래 있었고, 일찍이 페루에서 발생했던 무력 봉기가 스페인군에게 무참하게 진압된 적이 있었기 때문이다.

산 마르틴의 군대는 적당한 공격의 기회를 엿보고 있었는데, 마침 스페인 본국에서 왕정 체제에 반기를 든 자유주의자들의 반란이 발생했다. 더욱이 식민지의 독립운동을 저지하기 위한 스페인 함대의 출항이 반란군들에 의해 무산되었다. 페루 리마에서는 주민들 사이에 폭동의 조짐이 보이기 시작했다. 산 마르틴은 이 기회를 틈타 1821년 리마로 진격하여 페루의 독립을 선언했다. 그러나 페루 부왕군의 강력한 저항으로 산 마르틴의 군대는 페루의

페루의 독립을 선언하는 산 마르틴. 그는 안데스산맥을 넘어 칠레를 해방시킨 후, 페루의 독립에 결정적인 역할을 하면서'페루의 보호자'로 불리게 되었다.

일부 지역만을 장악했다.

'페루의 보호자'의 칭호를 받은 산 마르틴은 광산에서 원주민의 강제 노동 폐지, 교역 협정 체결, 금과 은의 수출 금지 등 여러 가지 조치를 취해 신생 페루 독립국의 정치, 경제적 기반을 확립했다. 그러나 페루의 지배층은 원주민에게 자유를 주면 그들은 광산이나 대농장을 이탈할 것이고, 결과적으로 토지 소유에 기반을 둔 식민지 체제는 와해될 것이라고 주장했다. 산 마르틴은 이러한 식민지 기득권 세력의 뿌리 깊은 인식에 실망했다. 그는 페루의 완전한 독립을 위해서는 볼리바르의 군사적 도움이 필요하다고 생각해서 과야킬에서 볼리바르와 만났다.

과야킬 회담

1822년, 볼리바르와 산 마르틴은 에콰도르의 과야킬에서 남미 지역의 독립 문제에 대해 협의했다. 권력에 대한 야심이 없었던 산 마르틴은 라틴아메리카의 독립만이 목표였고, 아르헨티나, 칠레, 페루를 어떻게 통합할 것인가 하는 문제에 관심을 가졌다. 그는 한 나라가 '행운을 가진 한 명의 군인'의 손아귀에 들어가는 것을 반대했고, 강력한 지배자가 아닌 강력한 정부를 원했다. 이에 대해 볼리바르는 인종적인 불평등이 횡행하는 아메리카 대륙에 '효과적인 전제주의', 즉 법적인 평등을 강제할 수 있는 능력을 겸비한 강력한 행정기관을 제안했다. 그는 또한 "비록 그들이 자유를 말하고 또 자유의 보장을 말하지만, 그것은 민중을 위한 것이 아니라 순전히 자신들을 위한 것이다. …그들은 하층계급의 사람들과 똑같은 수준에 있고자 해서가 아니라 자신들의 지위만을 높이기 위해서 평등을 원한다."라고 말하면서 '지위, 직업, 부에 입각한 귀족정치'에 반대했다.

회담이 끝난 후, 산 마르틴은 볼리바르에게 "나는 내 과업을 완수했네. 뒤에 오는 영광은 다 자네 것일세."라는 말을 남기고 아르헨티나 멘도사의 농장에서 은거하다가, 부에노스아이레스로 다시 돌아가서는 일체 정치활동에 참여하지 않았다. 그 후 1824년 딸과 함께 영국과 벨기에에서 살다가 자신이 해방시켰던 라틴아메리카에는 두 번 다시 돌아오지 못한 채, 72세의 나이로 프랑스 파리에서 생을 마감했다.

이처럼 역사적인 과야킬 회담의 내용은 알려지지 않았다. 이 회담은 라틴아메리카 전체를 하나의 나라로 묶는 강력한 대통령제 실시를 주장한 볼리바르와, 대통령제를 시행하기에는 아직 라틴아메리카의 정치 상황이 맞지 않다고 판단해 입헌군주제를 주장한 산 마르틴의 입장 차이만 확인한 채 끝났다.

그 후 볼리바르는 산 마르틴의 당부에 따라 페루의 완전 독립을 위해 더욱 매진했다. 결국 1824년 12월, 아야쿠초 전투에서 승리함으로써 페루를 정치적으로 완전히 독립시켰다. 그러고서 안토니오 호세 데 수크레와 함께 알토 페루Alto Perú('높은 페루'라는 의미로 지금의 '볼리비아'에 해당한다)를 해방시켰다. 여기에서도 볼리바르는 페루와 알토 페루를 하나로 묶는 대페루국 구상을 제시했으나, 결국 알토 페루의 크리오요들의 지지를 얻지 못해 실패하고 말았다. 그러나 스페인으로부터 해방된 알토 페루는 볼리바르의 이름을 따서 '볼리비아'라 부르게 되었다.

DIGEST

43

LATIN AMERICA

돌로레스의 절규:
멕시코의 독립

누에바에스파냐 부왕령

1808년 나폴레옹의 스페인 침공 이후, 스페인 왕실은 스페인과 아메리카 식민지를 프랑스에 양도했다. 그로 인해 나폴레옹의 형 호세 보나파르트가 1808년부터 1814년까지 스페인과 아메리카 식민지를 통치하게 되었다.

누에바에스파냐 부왕령(지금의 멕시코 지역)은 스페인에게 많은 이익을 가져다주었고, 또 다른 식민지들에 비해 거리상으로 가깝기도 했다. 때문에 아메리카의 식민지 중에서 스페인에게 가장 중요한 지역이었다. 따라서 스페인 본국은 누에바에스파냐 부왕령을 많이 통제했다. 당시 멕시코 지역의 크리오요들은 나폴레옹의 침입과 페르난도 7세의 퇴위 소식을 듣고, 스페인 왕에 대한 자신들의 충성심을 나타내기 위해 정치위원회(훈타Junta)를 구성할 것을 부왕에게 간청해 동의를 얻었다. 이에 멕시코 지역에 주둔했던 스페인군은 크리오요들의 세력 강화를 우려해 부왕을 쫓아내고, 자신들의 뜻을 따를 만한 페드루 데 가리바이를 부왕으로 추대했다.

돌로레스의 절규 - 미겔 이달고 신부

스페인 식민 당국은 크리오요들의 세력이 확대되는 것을 막기 위해서 감시를 더 철저히 했다. 이에 불만을 품은 크리오요들은 각지에서 비밀결사를 조직했다. 이 중 케레타로 지방의 비밀결사조직에 소속된 크리오요들은 1810년 12월 8일을 기해서 페르난도 7세의 이름 아래 멕시코의 독립을 선언하기로 결정했다. 하지만 이들의 계획이 누설되어 이 비밀결사조직의 주요 인사들이 체포되었다. 이 사실이 멕시코시티에서 북서쪽으로 100마일 떨어진 돌로레스라는 마을에 전해졌다. 그러자 이 마을의 미겔 이달고 신부는 1810년 9월 16일 일요일 새벽, 성당 마당에서 미사를 드리면서 교구민들에게 스페인 식민 정부를 전복시키는 운동에 동참해 달라고 요청했다. 그러고는 교구민들과 함께 "우리의 과달루페 성모마리아 만세! 악정을 때려 부숴라! 스페인인을 죽여라!"라고 외치면서 당시의 식민 통치 체제에 반기를 들었다. 이날 새벽에 행한 신부의 강론과 외침이 바로 멕시코 독립운동의 발단이 되었던 '돌로레스의 절규'다.

돌로레스 교구의 신부였던 미겔 이달고는 루소의 저서들을 통해 개혁 지향의 성향을 갖게 되었다. 그는 교회가 빈곤계층을 구제할 의무가 있음을 강조했다. 그는 원주민과 메스티소로 구성된 교구민들의 열악한 생활을 향상시키기 위해서 이들에게 새로운 영농법을 가르치기도 했다. 이처럼 평소에 사회개혁에 앞장섰던 이달고 신부가 스페인의 식민 정부에 대항하여 600명의 신자들과 함께 봉기한 것이다. 이 봉기에 참여한 사람의 수가 며칠 만에 10만여 명으로 늘어났다. 이들은 대부분 광산, 농장 등지에서 일하는 원주민과 메스티소로였다. 이들은 전쟁의 경험도 없었고 무장도 되어 있지 않았지만 주변의 여러 도시를 해방시켰다. 이달

'돌로레스의 절규'. 1810년 9월 16일 돌로레스에서 이달고 신부의 주도로 일어난 반란은 멕시코 독립운동의 발단이 되어, 후에 이날은 멕시코 독립기념일이 되었다.

고 신부는 과나후아토에서 스페인군을 상대로 전투하는 도중 주교로부터 파문을 당하기도 했지만 이에 개의치 않고 멕시코시를 향해 진격했다.

그러나 멕시코시의 스페인인과 크리오요들은 이달고의 이러한 독립운동이 자신들을 겨냥하고 있다고 생각했다. 그래서 크리오요들은 이달고의 독립운동에 등을 돌리고 스페인군과 손을 잡고 진압에 나섰다.

결국, 독립에 대한 열정은 매우 컸으나 오합지졸에 불과했던 이달고의 군대는 스페인군에 쉽게 패배했다. 그 후 과달라하라로 피신한 이달고 신부는 과달라하라에서 노예제도 폐지, 특정 품목에 대한 정부의 독점 폐지, 원주민에게 토지 환원 등과 같은 여러 가지 개혁적인 조치를 발표했다. 하지만 이는 어디까지나 상징적인 것이었을 뿐 실제적인 힘은 이를 뒷받침해주지 못했다. 아울러 무지하고 격노한 원주민들의 폭동 앞에 대다수의 크리오요들은 자신들의 방어를 위해 이달고 신부에게 비협조적인 태도를 보였다.

이렇게 의욕은 앞섰지만 철저한 준비가 부족했던 이달고 신부의 독립투쟁은 실패로 끝났다. 이달고 신부는 1811년 3월 체포되어 종교 재판소에서 유죄판결을 받고 처형되었다. 그러나 이달고 신부의 독립투쟁과 순교는 이 지역의 지도자들에게 많은 영향을 주었다. 사실 그가 멕시코의 독립을 선언한 것은 아니었지만, 이달고 신부는 오늘날까지 멕시코 독립의 영웅으로 추앙받고 있다. 멕시코는 '돌로레스의 선언'을 한 9월 16일을 멕시코의 독립 기념일로 정했다.

모렐로스 신부

멕시코 북쪽에서 이달고 신부의 독립운동은 실패로 끝났으나, 남쪽지방에서는 호세 마리아 모렐로스 이 파본 신부가 독립투쟁을 계속했다.

<blockquote>

하사에게는 1레알real을

상사에게는 멕시코 은화

내 장군 모렐로스에게는

내 마음 전체를 드리겠노라

</blockquote>

이 노래는 조직력이 뛰어났던 모렐로스 신부의 가치를 극명하게 보여주고 있다. 모렐로스 신부는 혁혁한 전과를 세우면서 1813년 아카풀코를 점령했다. 그는 헌법을 제정하기 위해 크리오요들을 모아 1813년 칠판싱고에서 국민의회를 소집했다. 모렐로스는 이 의회의 개회식에서 '멕시코가 스페인으로부터 독립한 자유국가고, 가톨릭만이 멕시코의 유일한 종교다. 그리고 주권은 바로 국민에게서 나오고 법률은 부와 가난을 잘 조정해야 하는 것'이라는 취지의 선언문을 발표했다.

이에 스페인군은 보수적인 멕시코시 크리오요들의 도움을 받은 모렐로스의 군대를 공격했다. 이에 칠판싱고 의회는 여러 곳을 전전하다가 1814년에 아파싱간에서, 국교는 가톨릭이고 주권재민정신과 삼권분립의 원칙을 기본으로 한 헌법을 공포했다. 그러나 1815년에 모렐로스 신부는 스페인군에 체포되어 총살당했다. 모렐로스 신부가 처형당한 후 독립군은 멕시코의 독립을 위한 의지가 약화되고 구심체를 상실했다. 그들은 약 5년간 소규모의 게릴라 형태로 그 명맥을 유지했다.

이달고와 모렐로스의 봉기는 원주민과 메스티소가 중심이 되는 사회를 추구했지만, 그 어떠한 성과도 거두지 못했다. 반면에 이들의 봉기는 오히려 누에바 에스파냐 부왕청이 병력을 더욱 증강하게 만들어, 보수적인 크리요오들의 세력을 강화시키는 계기가 되었다.

이투르비데

1814년에 카디스 헌법이 폐지되고 절대왕정이 복구된 스페인은, 누에바에스파냐 부왕령에서의 독립운동을 더욱더 탄압했다. 그러나 1820년 스페인에서 자유주의자들이 페르난도 7세에 대항하여 자유주의 체제의 회복을 요구하며 폭동을 일으켰다. 이에 누에바에스파냐의 크리오요들은 스페인 본국에 대해 불안감을 갖고 점차 독립의 의지를 품게 되었다. 그들은 스페인으로부터 독립하면 지금까지 스페인 본토 출신의 스페인인(페닌술라르)이 소유하고 있던 광산, 토지, 자본 등을 자신들의 것으로 만들 수 있다고 기대했다. 이런 상황 속에서 멕시코의 독립을 주도한 인물이 바로 크리오요이자 누에바에스파냐 부왕청 소속의 군인이었던 아구스틴 데 이투르비데였다.

이투르비데는 이달고와 모렐로스의 봉기에 맞선 전투에서 혁혁한 공을 세운 인물이었다. 당시 고위 성직자, 크리오요 출신의 광산주, 지주들의 지지를 받았던 그는, 1820년 모렐로스 신부의 잔당 토벌을 구실로 부왕으로부터 2,500명의 군대를 지원받아 자신의 세력으로 키웠다. 그리고 당시 스페인에서 페르난도 7세가 자유주의적인 카디스 헌법의 부활을 선언하자, 누에바에스파냐 부왕령의 크리오요들과 교회 성직자들, 그리고 본토 출신의 스페인인이 이에 일제히 반발했다. 그들은 스페인의 자유주의 정책이 누에바에스파냐 부왕령으로 파급되는 것을 막기 위해서라도 독립을 하자는 방향으로 의견을 모았다.

이투르비데는 바로 이 기회를 이용하여 1821년 '이괄라 계획'을 발표했다. 여기에는 첫째 가톨릭을 국교로 하고, 둘째 페르난도 7세를 국왕으로 추대하는 입헌군주제를 세우고, 셋째 출생 국가와 관계없이 모든 사회 구성원이 동등한 권리를 향유한다는 내용이 들어 있었다. 누에바에스파냐 부왕이 이투르비데를 반역자로 규정하고 그의 제의를 거부함으로써 군사적 충돌이 일어났다. 그러나 이투르비데는 누에바에스파냐 신임 부왕과의 협상을 통해 1821년 코르도바 조약을 체결했다. 이 조약에서 스페인은 이투르비데에게 정권의 이양을 약속했다. 그런데 당시 멕시코 의회에는 부르봉 왕가가 멕시코의 왕권을 계승해야 한다는 집단, 이투르비데가 왕에 즉위해야 한다는 집단, 그리고 멕시코 연방공화국을 창출해야 한다는 집단으로 나뉘어 있었다. 그러나 군대의 힘을 배경으로 의회를 장악한 이투르비데는 1822년에 아구스틴 1세로 황제에 즉위했다.

"내가 여기 있노라":
브라질의 독립

브라질로의 수도 이전

1703년 이후 경제적으로 영국에 완전히 종속되어 있었던 포르투갈은, 1806년 나폴레옹의 대륙 봉쇄령에도 불구하고 영국 함대가 자유롭게 접근할 수 있는 곳이었다. 이에 나폴레옹은 포르투갈에게 영국과의 관계를 완전히 끊을 것을 강력하게 요구했으나 포르투갈은 이를 거부했다. 이에 나폴레옹은 1807년 포르투갈을 침공했다.

침공을 당한 포르투갈 왕실은 영국 해군의 보호 아래, 동 주앙을 비롯한 1만 5,000명의 왕실 가족, 귀족 및 관리들과 함께 두 달 동안의 고달픈 항해 끝에 브라질에 도착했다. 그러나 이들은 식민지 출신 엘리트 계층의 저항에 부딪혔다. 이에 동 주앙은 소요 사태를 수습하고 불만을 해소하기 위해 개혁 정책을 과감하게 추진했다. 우선 1808년에 브라질 항구들을 개방하여 300년에 걸친 포르투갈의 독점적인 중상주의 정책에 종지부를 찍었다. 이로써 브라질은 다른 국가들과의 자유로운 교역이 가능하게 되었다. 또한 동 주앙은 브라질에 공장 설립을 자유화했고, 화약 공장, 조선소, 식물원, 의학 학교, 도서관, 국립박물관, 왕실 인쇄소, 은행과 조폐국 등도 설립했다. 그 결과

1827년까지 리우데자네이루는 인구 10만의 화려한 대도시로 탈바꿈했다. 이러한 모든 조치는 식민지의 발전에 유익한 것이었지만, 이를 위해서는 엄청난 재원을 세금으로 충당해야 했기 때문에 식민지인의 부담이 매우 컸다. 한편 영국인은 포르투갈 왕실에 제공한 협조에 대해 대가를 요구했다. 이에 포르투갈은 1810년에 영국의 특혜관세를 인정했다. 이로써 영국 함대가 브라질의 항구를 자유롭게 출입할 수 있었고, 영국 상품은 브라질에서 타국의 상품보다 적은 관세를 물고 수입되었다. 이로 인해서 저질의 브라질 상품은 양질의 값싼 영국 상품과의 경쟁에서 밀려났고, 그들이 기대했던 공업 발전은 실현되지 못했으며, 브라질은 결국 영국에 경제적으로 종속되었다. 한편 동 주앙은 1815년 브라질을 통합 왕국의 범주로 승격시켰고, 1816년 도나 마리아 1세가 서거하자 동 주앙 6세의 칭호로 왕위에 올랐다.

혁명의 발생 – 동 주앙 6세의 귀국

1820년 포르투갈의 오포르토시에서 자유주의 혁명이 일어났다. 이 혁명은 브라질에 커다란 파문을 일으켰다. 부유층은 보다 많은 자치권을 주장했고, 포르투갈 상인은 영국에 대한 특혜 조처에 반대했다. 또한 포르투갈 본국의 혁명정부는 동 주앙 6세의 본국 귀환을 요구했다. 이에 동 주앙 6세는 자기 대신 장남인 동 페드루를 보내는 타협안을 제시했으나 거절당했다. 동 주앙 6세는 "브라질에 머무르면서 포르투갈을 잃느냐, 포르투갈로 돌아가면서 브라질을 잃느냐"라는 갈림길 속에서 결단을 내리지 못하다가, 결국 1821년에 15년간의 브라질 생활을 청산하고 포르투갈로 돌아갔다.

동 주앙 6세의 귀환 이후, 포르투갈 입헌의회는 동 페드루가 브라질에서 독립을 선언할지도 모른다는 판단으로 그의 귀환을 종용했다. 하지만 동 페드루는 입헌의회의 명령에 따르지 않고 계속 브라질에 머무르기로 결정했다. 그러자 포르투갈 입헌의회는 브라질의 모든 법원을 폐쇄했고, 각 지역 관공서는 동 페드루의 지시에 따르지 말고 포르투갈 본국의 지시를 직접 받도록 명령했다. 이는 각 지방이 수도였던 리우데자네이루의 통제에서 벗어나는 것을 의미했다. 따라서 많은 사람이 보다 자유를 추구할 수 있는 이 제안에 찬동했으며, 그 결과 동 페드루의 통치 영역은 리우데자네이루에 한정되었다.

그러나 포르투갈의 재식민화 정책에 반발하는 자유주의 사상이 확산되고, 포르투갈에 대한 반감이 사회의 각계각층에서 표출되었다. 리우데자네이루의 민족주의자들은 동 페드루 왕자의 브라질 잔류를 강력하게 희망했다. 1822년 동 페드루의 귀환을 지시하는 포고령이 도착했을 때, 브라질 상원 의장인 주세 클레멘치 페레이라는 동 페드루의 체류를 요청하는 연설을 했다. 그리고는 리우데자네이루, 상파울루 그리고 미나스제라이스 주민들의 동조 서명을 받아 동 페드루 왕자에게 전했다.

머무름의 날

동 페드루는 이에 대해 "모든 사람의 안녕과 국가의 전체적인 행복을 위해 나는 준비가 되어있다. 내가 여기 머물겠노라고 국민에게 말하라. 이제 나는 오직 단결과 평정을 여러분께 부탁하노라."라고 답했다. 1822년 1월 9일은 동 페드루의 발언 중 '내가 여기 있노라'라는 의미를 상징하는 '머무름의 날'로 불리는데, 이날이 브라질 독립의 첫 시발점이 되었다. 같은 해, 내각이 구성되고 동 페드루는 브라질 독립의 대부 주세 보니파시오 지 안드라다 이 실바를 총리에 임명했다. 그리고 자신의 승인 없이는 어떠한 포르투갈의 법령이나 조치도 집행하지 말라는 칙령을 내렸다. 또한 브라질에 파견된 모든 포르투갈인 관리와 군대는 적으로 간주되었다.

이피랑가 강가의 외침

동 페드루가 산투스를 순방하고 상파울루로 귀환하던 1822년 9월 7일, 왕의 일행이 이피랑가 강가에 다다랐을 무렵, 동 페드루에게 포르투갈로부터 긴급 전문이 전해졌다. 이 문서에는 '최근에 브라질에서 취해진 모든 결정을 인정치 않음과 동시에, 그와 같은 결정에 대한 책임자를 색출하기 위한 청문회를 열겠다'는 것과 '동 페드루가 취한 모든 조치를 무효화하겠다'는 내용이 들어 있었다.

1822년 1월 9일 "내가 여기 있노라". 동 페드루는 포르투갈 본국의 귀화 지시에 응하지 않고 '모든 사람의 안녕과 국가의 행복을 위해서 내가 여기에 머물겠노라'는 선언으로 브라질의 독립의 기초를 다졌다.

이러한 내용들은 곧 동 페드루의 권한을 인정하지 않겠다는 것이었다. 이에 격분한 동 페드루는 브라질의 독립을 선언할 결심으로 "단결하라 군인이여! 포르투갈 입헌의회는 브라질을 노예화하려 하고 있다. 따라서 우리의 독립은 이미 선포되었다. 이 순간부터 우리는 포르투갈과 완전히 분리되었다. 독립이냐, 아니면 죽음이냐, 이것이 우리가 분명히 취해야 할 문제다."라고 외쳤다. 동 페드루가 '독립이냐 아니면 죽음이냐'라고 '이피랑가 강가'에서 외쳤던 1822년 9월 7일이 바로 브라질의 독립기념일이다. 그 후 동 페드루는 같은 해 12월, 동 페드루 1세로 브라질의 황제에 즉위했다.

브라질의 독립

'독립이냐, 아니면 죽음이냐'라는 이피랑가 강가의 외침을 통해 브라질은 포르투갈로부터의 독립을 선언했지만 완전한 독립으로 인정받지 못했다. 상파울루와 미나스제라이스주는 동 페드루의 독립 정부에 즉각적인 동참을 선언했다. 하지만 포르투갈인이 지배하는 북동부 지역의 바이아와 마라냥, 파라, 피아우이 그리고 오늘날의 우루과이 영토에 속하는 남부의 시스플라티나주는, 포르투갈 왕실에 충성을 맹세하고 동 페드루의 독립선언을 인정하지 않았다. 이런 상황 속에서 바이아주에서는 소요 사태가 발생했고, 살바도르에서는 군인 숙소, 민간인 주택 및 수도원 등이 공격을 받았다. 이에 동 페드루는 미국과 영국, 프랑스 군대의 지원을 받아 소요 사태를 진압하여 브라질 황제로 인정받게 되었다.

한편 동 페드루는 1824년 먼로 대통령의 '아메리카인에 의한 아메리카 국가들의 지배'를 주장한 소위 '먼로 독트린'에 의해서 미국으로부터 독립을 인정받았다. 그러나 유럽 열강들은 동 주앙 6세의 통치하에서 두 나라가 통합될 수 있다고 생각했기 때문에, 브라질의 독립을 인정하는 데 미온적인 태도를 보였다. 포르투갈과 오랜 동맹국이었던 영국은 포르투갈에 압력을 가하며 문제 해결에 나설 것을 주장했지만, 결국 브라질과 포르투갈 간의 평화우호조약이 체결되어 브라질의 독립이 정식으로 인정되었다. 포르투갈에 이어 프랑스와 오스트리아, 그리고 영국이 브라질의 독립을 인정함으로써 브라질은 대외적으로도 독립국임을 인정받았다.

제6장
독립 이후
(19세기)

LATIN AMERICA

갈등의 시작:
독립 후의 라틴아메리카

먼로 독트린

미국 제5대 대통령 제임스 먼로가 1823년 12월 초 의회 연설에서 남북아메리카에 대한 유럽의 간섭을 거부하는 상호불간섭원칙을 선언했다. 이 정책은 라틴아메리카 제국諸國의 독립과 맞물려 나왔던 일명 '먼로 독트린'으로 불렸다. 이 정책의 골자는 '유럽은 라틴아메리카의 내정에 더는 개입해서는 안 되며, 미국은 라틴아메리카에 대한 유럽 국가들의 간섭을 강력히 저지하겠다'는 것이다. 즉, 라틴아메리카에서 미국이 패권을 쥐겠다는 의지의 표명이었다. 미국은 이 먼로주의를 제2차 세계대전 이후에 자신들의 활동 영역을 세계로 넓히기 위한 명분으로 삼았다.

카우디요 체제

독립을 성취한 라틴아메리카 국가들은 독립전쟁으로 인해서 농촌이 황폐화되었고, 국가의 행정 체제가 여전히 체계를 갖추지 못했다. 이러한 혼란 속에 등장했던 계층이 바로 카우디요들이었다. 이들은 독립전쟁에서 많은 공을 세웠던 '지도자' 또는 '군벌'이었다. 이들은 대부분 사적인 군사력을 갖춘

'먼로 독트린'을 풍자한 만화. 미국은 어미 닭으로, 라틴 아메리카의 여러 나라는 그 뒤에 서 있는 왜소한 모습의 어린 닭들로 형상화되어 있는 이 만화에서 먼로 독트린의 의도를 알 수 있다.

정치 두목으로서 가부장적인 권위로 정치를 했던 독재자들이었다. 카우디요는 국가 건설과 통합에 기여한 긍정적인 측면도 있었지만 민주주의의 발전을 저해한 부정적인 측면도 있었다. 법과 같은 이성적인 방법보다는 무력에 의존했던 카우디요들의 지배는 독립 이후 1860년까지 계속되었다. 그러나 시간이 흐르면서 축적된 정치적 경험과 지속적으로 유입되는 해외자본과 기술, 그리고 근대 서구 사상으로 인해서 이 카우디요 체제는 쇠퇴했다.

자유주의와 보수주의

라틴아메리카에서는 독립 당시 보수주의자와 자유주의자와의 대립이 존재했다. 자유주의자들은 유럽에서 이룩한 모든 정치 과정과 기술의 발전을 이해하고, 지적 자유의 수호, 교회와 국가의 분리를 주장했다. 또한 의무교육의 실시, 투표권의 확대, 무역과 이민의 장려 등의 사회개혁과, 중앙 정부가 모든 권력을 장악하는 것을 반대하는 연방주의를 고집했다. 반면에 보수주의자들은 기본적으로 전통적 가치관과 교회의 특권을 옹호했다. 즉, 식민 시대와 유사한 전통적 가치체계를 유지하면서 교회와 국가의 통합을 지지했고, 자유무역 사상이나 외국자본의 유입에는 반대했다. 이들은 또한 행정부가 국가 권력을 강력하게 장악하기를 기대했던 중앙집권주의자들이었다.

초기에는 보수세력이 중앙아메리카 연방을 제외하고는 거의 모든 국가에서 우세했지만, 19세기 후반부터 일부 국가를 제외하고 자유주의자들이 연방주의에 기초해서 통치했다.

가톨릭주의와 반反가톨릭주의

자유주의와 보수주의의 대립과 함께 가톨릭교회 내부의 분열로 인한 갈등이 나타났다. 독립 이후 라틴아메리카 국가들은 헌법에서 가톨릭을 국교로 선언했다. 하지만 독립운동 기간 중 가톨릭 성직자들의 분열로 교회는 식민 시대에 지니고 있었던 권위를 상실한 상태였다. 대부분의 주교들은 계속해서 스페인 왕실에 충성한 반면, 상당수 지역의 교구 사제들은 독립군을 지원했다. 일부 국가는 소규모 수도원을 폐쇄하고 교회가 소유하고 있던 방대한 토지를 수용하는 등의 조치를 취하면서 교회를 장악하려 했다. 더 나아가 1850~1900년 사이에 대부분의 국가에서 자유주의 정부가 들어서면서, 교회의 자산과 토지를 징발하는 법령을 제정하고 시민 결혼법과 이혼법을 제정했다. 이러한 일련의 조치들은 보수주의 세력의 가톨릭주의와 자유주의 세력의 반反가톨릭주의 간의 갈등을 불러왔다.

유럽의 이민

19세기 후반부터 1930년대까지 유럽에서 라틴아메리카로 많은 수의 이민자가 들어왔다. 유럽 이민자들의 대다수는 아르헨티나, 우루과이, 브라질 남부 및 칠레 등으로 갔다.

당시의 이민은 식민 시대에 크게 주목받지 못했던 지역에 집중되었다. 19세기 중반부터 20세기 초 사이에 아르헨티나는 이탈리아와 스페인으로부터 약 600만 명의 이민자를 받아들였다. 그들 중 최소한 절반은 아르헨티나에 영구 정착했다. 우루과이는 50만 명, 브라질은 300만 명을 받아들였다. 그들 대부분은 이탈리아, 포르투갈, 스페인, 독일 및 스위스에서 온 이민자들이었다. 칠레는 이탈리아, 스페인 및 독일에서 5만 명을, 그리고 파라과이는 스페인, 이탈리아, 독일에서 4만 명을 받아들였다.

이들 유럽 이민자는 자신을 받아들인 나라들에 유럽의 문화와 농업, 목축 및 공업 기술을 전파했다. 그러나 이민자를 받아들인 나라들은 이들 활용에 대한 경험이 미숙했고, 이민자들의 국가 의식 결여로 정치, 사회적인 갈등과 민족문제 등이 발생했다.

DIGEST 46
LATIN AMERICA

왕정과 '밀크 커피' 정치:
브라질

동 페드루 1세

 1821년 4월, 동 주앙 6세는 23세의 장남 동 페드루를 브라질에 남겨 놓고 포르투갈로 귀환했다. 그 후 포르투갈 의회가 페드루 왕자를 소환하자, 1822년 9월 7일 페드루 왕자는 이피랑가 강가에서 브라질의 독립을 선언하고 동 페드루 1세로 즉위했다. 같은 해 12월 동 페드루 1세의 즉위 이후 브라질에서는 최초의 제헌의회가 소집되었다. 그런데 당시 제헌의회 의원들 대다수가 브라질 태생이어서 포르투갈 태생인 동 페드루 1세와 사사건건 대립했다. 결국 동 페드루 1세는 이러한 내각과의 갈등을 해소하기 위해 제헌의회를 무력으로 해산시켰다.

 의회를 해산한 동 페드루 1세는 1824년 10명으로 구성된 국가위원회

브라질 제국의 동 페드루 1세 초상화.

브라질 제국의 동 페드루 1세의 대관식 광경. 1822년 동 페드루 1세가 즉위하면서 브라질에서 왕정이 시작되었다.

를 구성하여 '브라질 제국 헌법'을 제정했다. 이 헌법에는 '황제는 신성하여 침해받지 않는다'라고 명시되어 있었다. 이에 따라 황제는 종신직 상원의원의 임명권을 갖게 되었을 뿐 아니라, 황제에게 조정권을 부여하여 경우에 따라서는 황제가 의회의 결의안에 대한 거부권 및 내각의 승인 없이 하원을 해산할 수 있는 권리도 가졌다. 헌법에는 또한 입법, 사법, 행정의 삼권분립을 규정하고 있는데, 이 헌법은 일부의 조항만이 수정되면서 1889년 공화국 선포로 폐지될 때까지 65년간 존속되었다.

제2왕정의 시작 - 동 페드루 2세

1826년, 포르투갈의 동 주앙 6세의 서거로 동 페드루 1세가 동 페드루 4세의 칭호로 포르투갈 국왕을 겸임하게 되었다. 이에 대해서 브라질 국민은 포르투갈과 브라질 양국이 통합 왕국이 될까 우려했다. 동 페드루 1세는 왕위를 자기의 딸인 도나 마리아 다 글로리아에게 양위하면서 동생 동 미겔과 결혼시켜 섭정하도록 했다. 그러나 미겔은 신성동맹의 지원을 받아 자신이 유일한 포르투갈의 왕임을 선언하고 질녀와의 결혼을 거부했다.

이 일로 인해서 동 페드루 1세가 브라질보다는 유럽에 더 큰 관심을 보이자, 브라질인은 동 페드루 1세에게 반감을 갖기 시작했다. 그 후 계속되는 사회 불안정과 함께 동 페드루 1세를 지지하는 보수파와 이에 반대하는 자유주의파 간의 정쟁이 심화되었다. 결국 동 페드루 1세는 1831년 황제직을 사임하고, 아들인 동 페드루 데 알칸타라를 브라질에 남겨 놓고 가족과 함께 포르투갈로 돌아갔다.

페드루 1세의 아들인 동 페드루 데 알칸타라가 왕위를 계승해야 했지만, 그의 나이는 고작 5세에 불과했다. 이는 헌법이 규정한 통치자로서의 성년인 18세에 훨씬 못 미치는 나이였다. 따라서 헌법의 규정에 따라 섭정이 1840년까지 동 페드루 데 알칸타라 대신 통치했다. 이 섭정기에 리우를 비롯한 많은 지역에서 소요와 폭동이 발생했다. 1840년 동 페드루 데 알칸타라가 동 페드루 2세의 칭호로 황제에 즉위하면서 10여 년간에 걸친 섭정기는 끝났다. 동 페드루 2세의 등극으로 브라질에서 제2왕정이 시작되었다.

산업화와 노예제도의 폐지

노예제도 폐지의 대상이 되었던 아프리카의 흑인 노예들이 브라질에 들어온 근본적인 이유는, 브라질 원주민들이 사탕수수 노동에 적합하지 않았기 때문이다. 원주민들은 채집 생활과 자유로운 이동 생활을 해왔기 때문에 유럽인이 적용하는 규칙적이고 고된 노동에 적합하지 않았다. 또한 원주민들은 백인과의 접촉으로 인해 황열병, 천연두, 독감과 같은 질병으로 많은 수가 사망한 상태였다. 이에 흑인 노예들이 1538년부터 브라질의 페르남부쿠, 바이아와 리우데자네이루로 수입되었다. 초기에 수입된 흑인 노예는 소수에 불과했지만 1570년부터 사탕수수 경작이 확대되면서 빠르게 증가했다.

19세기 중반에 시작된 산업화와 도시화로 인해서 드넓은 소비시장이 형성되어, 산업 분야에서는 노동력이 많이 필요하게 되었다. 여기에 포르투갈에서 수학했던 엘리트들이 브라질로 귀환하여 유럽의 선진문화를 브라질에 뿌리내리려고 노력했다. 이러한 사회, 경제적인 변화와 함께 브라질에 대한 최대의 투자국이자 공산품 수출국인 영국은 흑인 노예제도의 폐지를 주장했다. 원래 18세기에도 브라질 노예제도의 폐지가 거론되었으나 사회적인 주목을 끌지 못했다. 그러다가 1865년에 동 페드루 2세가 파라과이 전쟁에 참전한 흑인 노예에 대해 논의하면서 노예제 폐지가 공식적으로 거론되었다. 그 후 브라질의 흑인 노예들은 1850년 노예무역의 금지를 시작으로 파라과이 전쟁에 참여한 흑인 노예의 해방, 노예 어머니에게서 태어난 흑인의 자유인정(자유출생법), 60세 이상의 흑인 노예의 해방 등의 단계를 거쳐 1888년에 황금법(아우레아법)의 선포로 완전히 노예제에서 해방되었다. 이렇게 노예제가 완전히 폐지되었지만, 신분이 해방된 노예들은 또다시 대농장에서 비참한 생활을 하는 반半노예로 전락했다.

제정 붕괴 - 제1공화정 수립

라틴아메리카의 많은 식민지가 공화정 형태로 독립을 이룩한 반면, 브라질은 동 페드루 1세의 왕정 아래에서 독립을 달성했다. 이에 대해서 공화주의자들은 "우리는 아메리카에 살고 있다. 그래서 우리는 아메리카인이 되길 원한다."라고 외칠 정도로, 왕정 때문에 브라질이 라틴아메리카의 다른 나라들과 분리되어 있다고 생각했다.

자유주의파 의원들이 동 페드루 2세의 보수파 내각 구성에 반발하여 1871년 공화당을 창당했다. 그러면서 이들은 국민에 의해 직접 선출된 대통령이 브라질을 지배하고 연방주의 원칙에 의해 조직된 공화제를 희망했다. 이들은 1880년대에 농장주, 상인, 전문직 종사자 등 젊은 세대를 중심으로 세력을 확대했다. 파라과이 전쟁에 참여했던 군부의 지도자들 역시 공화정 체제를 이해하고 공감했다. 그들은 라플라타강 유역 국가들의 군인과 함께 전투에 참여한 적이 있었는데, 당시 라플라타강 유역 국가들은 이미 공화제를 실시하고 있었다. 군부의 지도자들은 당시 전투에서 공화제에 대한 이야기를 들었던 것이다.

결국 1889년 11월에 데오도로 다 폰세카 원수를 중심으로 한 일부 군인이 쿠데타를 일으켜 임시정부를 세웠다. 그리고 동 페드루 2세가 임시정부의 요구에 따라 가족과 함께 프랑스 파리로 망명함으로써 브라질에서의 군주제는 종말을 고했다. 데오도로 다 폰세카의 임시정부에는 대농장 소유주,

자유직업인 및 군인 출신의 대토지 소유주인 공화주의자들이 주축을 이루었다. 임시정부는 국가와 교회를 분리했고, 제헌의회가 소집되기 전까지 지방의회, 자치 시의회 및 상하원을 해산했다. 또한 주의 공식 명칭을 프로빈키아Provincia에서 에스타두Estado로 바꾸었고, 연방 수도를 리우데자네이루로 결정했다.

카페 콩 레이치 정치

1890년 제헌의회가 소집되어 아르헨티나와 스위스 연방헌법을 토대로 미국 헌법을 모방한 제1공화국 헌법이 제정되었고, 이것이 1891년에 공포되었다. 이 헌법에는 임기 4년의 대통령 직선제와 재선 금지, 대통령 중심제의 연방 공화국, 대통령의 내각 자유 조각권 등을 명시했다. 또한 상하원을 국민투표로 선출하고 삼권을 분립하며 각 주 정부에 자치권을 부여하는 내용이 포함되었다. 이에 따라 각 주정부가 시장, 경찰 및 교육기관을 조직, 관리하는 등 브라질의 주정부는 다른 나라에 비해 보다 강력한 힘을 갖게 되었다.

1889년부터 1930년까지 계속된 제1공화국은, 허약한 중앙 정부하에서 거의 자치적 권한을 누리는 강력한 주정부들이 연합한 형태의 과두 지배 체제였다. 비록 중앙 정부가 국가의 재정을 상당 부분 통제하고 외교나 국방에 대한 권한을 가지고 있었지만, 전체적으로 브라질은 강력한 힘을 가진 '주지사들의 정치'였다. 그중에서도 특히 경제적으로 부유하고 인구가 가장 많은 상파울루주와 미나스제라이스주가 브라질의 정치적 주도권을 장악했다.

당연히 커피산업으로 부유해진 상파울루주와 광산업과 목축업으로 번영한 미나스제라이스주 정당의 지도자들이 교대로 대통령직을 맡았다. 이를 상파울루주의 '커피(카페Café)'와 미나스제라이스주의 '우유(레이치Leite)'라는 표현을 사용, 2개 주 출신의 대통령이 정치적 타협을 통해서 브라질을 번갈아 통치한다는 의미의 '카페 콩 레이치Café com Leite(밀크 커피) 정치'라고 불렸다. 이 정책에 따라 1889년부터 1930년까지의 제1공화정 기간 동안 집권한 12명의 대통령 중에 9명이 이 2개의 주 출신이었다.

나라 전체의 정치가 '주지사'들의 정치라면, 지방의 정치는 '코로넬coronel'

의 정치였다. '코로넬'이라는 말은 원래 군인 계급에서 '대령'을 뜻했지만, 지역 정치세력의 주요 역할을 담당했던 '각 지역의 수장(지방 토호인 카시케 cacique에 해당)'을 의미했다. 이 '코로넬'은 각 지역의 대토지 소유자나, 자신이 지지하는 후보에 표를 몰아줄 수 있는 영향력을 지닌 지역의 정치적 세력가들이었다. 따라서 제1공화국 시대의 정치는, 경제적으로 부를 쌓았던 각 주의 주지사들과 각 지역 단위의 정치세력인 '코로넬'에 의해 움직이는 특성을 가지고 있었다.

카누두수의 반란

이렇게 제1공화국 시대의 정치는 강한 지역주의 전통에다 소수의 지배층이 교대로 정권을 잡았다. 때문에 사회가 외형적으로는 비교적 평온해 보였지만, 내부적으로는 그렇게 안정된 것만은 아니었다. 각 지역에서 정치적 소요 사태가 계속 발생했는데, 특히 1896~1897년 사이에 북동부 지역 바이아에서 일어난 폭동이 브라질 국내에 큰 반향을 일으켰다.

바이아주의 카누두수에서 안토니우 비센테 멘지스 마시엘('안토니우 콘셀에이루'로 알려져 있다)이란 사람이 스스로를 예언자로 지칭했다. 그러면서 교육과 문명의 혜택을 받지 못한 오지 사람들을 중심으로 전도 활동을 하며 세상의 종말을 예고하고 또한 공화정에 반대하는 투쟁을 전개했다. 그의 이러한 전도 활동은 당시 소외받던 빈민계층에게 급속히 파고들어 상당한 세력을 형성했다. 하지만 결국 1897년 10월 국방장관이 직접 지휘하는 진압군에 의해 주모자였던 안토니우 콘셀예이루와 그의 추종자 대부분이 사망함으로써 반란은 진압되었다.

페루와 볼리비아의 재앙:
태평양 전쟁

볼리비아

볼리비아는 인종의 구성 면에서 원주민이 많은 비중을 차지하는 나라다. 볼리비아는 독립 전에는 알토 페루에 해당하는 지역이었다. 처음에는 페루 부왕령 소속이었으나 1776년 라플라타 부왕령이 생기면서 부에노스아이레스의 관할권에 속하게 되었다. 그 후 1824년 12월에 볼리바르의 지원을 받은 안토니오 호세 데 수크레 장군이 아야쿠초 전투에서 승리한 후, 1825년 8월 추키사카에서 정식으로 볼리비아의 독립을 선언했다.

볼리비아 의회는 볼리비아의 독립에 결정적인 역할을 했던 볼리바르에게 국부 및 보호자 칭호를 부여하고 그를 대통령으로 선출했다. 그리고 나라 이름도 볼리바르를 기념하여 '볼리비아'로 정했다. 또한 독립을 선언했던 곳인 추키사카의 명칭도 아야쿠초 전투의 영웅인 수크레 장군을 기념하여 수크레로 바꿨다. 볼리비아의 독립 후 시몬 볼리바르는 1826년 5월 25일 수도 라파스에서 "오늘로 진정한 볼리비아가 탄생한다"고 선언했다.

그러나 대통령에 선출되었던 볼리바르가 그란 콜롬비아로 귀국하면서 수크레 장군이 그의 뒤를 이어 대통령이 되었다. 그러나 볼리비아인은 그란 콜

페루와 볼리비아 국경. 아타카마 사막의 초석 개발을 둘러싸고 칠레와 페루·볼리비아 연방 사이에 태평양 전쟁이 일어났다. 이 전쟁으로 볼리비아는 태평양으로의 진출구를 잃고 내륙국가가 되었다.

롬비아에 합병되는 것을 두려워했기 때문에 외국인인 볼리바르와 수크레에 대한 적대감을 갖고 있었다. 이에 수크레 대통령은 영국인과 포토시 광산의 일부를 매각해서 예산을 확충하여 이들의 반감을 완화시키려 노력했다. 그러나 베네수엘라 출신의 이방인 대통령 수크레의 이러한 노력은, 볼리비아 출신 태생 카우디요들의 야망으로 인해 큰 효과를 얻지 못했다. 결국 1828년 수크레 대통령은 안드레스 데 산타크루스 장군이 일으킨 군사 반란으로 물러나고 말았다.

그 후 볼리비아에서는 무지하고 권력욕으로 가득한 카우디요들 간의 무력 투쟁과 빈번한 헌법 개정, 수많은 군사 쿠데타, 정치적 암살 등으로 혼란한 상태가 계속되었다.

태평양 전쟁

이렇게 혼란한 가운데 아타카마 사막에 있는 초석 산지의 경제적 이권을 둘러싸고 볼리비아와 칠레 사이에 태평양 전쟁이 일어났다. 이 아타카마 사막 지역은 원래 볼리비아의 소유였는데, 칠레인이 초석 광산 개발을 위해 이곳으로 이주했다. 이로 인해서 칠레 북부 도시 안토파가스타시의 경우 볼리비아인의 수는 1,200명에 불과한 데 비해 칠레인은 약 6,500명에 달했다.

1866년에 볼리비아의 멜가레호 대통령은 칠레와 조약을 맺어 남위 24도를 경계로 볼리비아와 국경선을 설정했다. 동시에 양국은 23도와 25도 사이에서는 양국의 모든 기업이 광산 개발을 할 수 있도록 하고, 초석에서 얻어지는 이윤을 동등하게 분배하기로 합의했다. 그러나 이 합의는 볼리비아 측에 매우 불리한 것이어서 볼리비아 주민들의 불만이 극에 달했고, 결국 그 불만은 반란으로 이어져 1871년 멜가레호 대통령이 물러나야만 했다. 그 후 볼리비아는 극도의 정치적 혼란을 겪었다. 1873년에 집권한 아돌포 바이비안 대통령은 페루와 비밀리에 군사동맹조약을 체결했다. 이 조약은 칠레에게 페루와 볼리비아 양국의 군사력 강화에 대한 불안감을 갖게 해주었다. 칠레는 외교사절을 볼리비아에 파견하여 화해하려 했으나 볼리비아는 이를 거부했다.

1875년 볼리비아 정부는 멜가레호 대통령이 맺었던 칠레와의 조약을 무효화하는 대신, 부족한 재정난 해소를 위해 칠레의 광산 회사들에 세금을 부과하기로 결정했다. 이 조치에 칠레의 광산 회사들은 1874년에 볼리비아가 25년간 세금 인상을 하지 않겠다고 자신들과 합의한 사실을 들어 세금 납부를 거부했다. 그러나 볼리비아 정부는 칠레의 광산 회사들에게 세금의 납부를 계속 강요했다. 이에 대부분이 영국 소유였던 광산 회사들은 칠레 정부에 불만을 쏟아냈다.

결국 칠레가 1879년 안토파가스타시를 무력으로 점령하고 칠레는 볼리비아와 페루에 전쟁을 선포했는데, 이것이 바로 '태평양 전쟁'이다.

페루와 볼리비아의 재앙 – 전쟁의 패배

칠레의 선전포고로 위기를 느낀 페루는, 1873년에 볼리비아와 맺은 비밀 군사동맹을 근거로 볼리비아 지지를 선언했다. 그러자 칠레는 페루에 선전포고를 하면서 이키케를 점령한 후, 볼리비아군을 격퇴시키면서 북진했다. 칠레군은 타크나와 아리카 지역을 점령하고 페루의 카야오항을 봉쇄했다. 이어서 칠레는 1881년 리마를 점령하여 가르시아 칼데론이 주도하는 괴뢰정부를 수립, 태평양 전쟁에서 완전한 승리를 거두었다.

전쟁이 끝나고 칠레는 페루와 안콘 조약을 체결했다. 이로써 페루는 칠레에 타라파카를 양도하고, 타크나와 아리카 지역을 칠레 측이 10년 동안 통치한 후 주민투표를 실시하여 최종적으로 주민들이 국가를 선택하도록 했다. 그 후 이들 두 지역의 귀속 문제는 1929년에 맺은 협정에 의해 아리카는 칠레가, 타크나는 페루가 소유하기로 합의했다. 하지만 초석 광산이 있던 남부의 넓은 땅을 칠레에 빼앗기고 말았다. 또 볼리비아는 1884년에 칠레와 체결한 협정으로 태평양 연안의 땅을 잃고 해양으로의 진출구를 상실한 내륙 국가가 되었다.

한편 칠레는 영토의 3분의 1에 해당하는 방대한 안토파가스타주를 점유함으로써 19세기 말부터 엄청난 번영을 누리게 되었다.

제6-1장
카우디요의 통치

LATIN AMERICA

강대국들의 틈바구니:
파라과이

강대국들의 틈바구니

파라과이는 브라질과 아르헨티나 같은 강대국들의 틈바구니에 위치해 있었다. 때문에 이들로부터의 침공 위협에 대비하고 자체적으로 살아남기 위한 방편으로 강력한 독재정권이 계속되었다. 따라서 파라과이는 라틴아메리카 국가들 중에서 독재자들의 장기 지배에 의한 폐해가 가장 심했던 비극적인 역사를 갖고 있는 국가였다.

파라과이는 1776년에 라플라타 부왕청이 신설됨으로써, 페루 부왕청에서 라플라타 부왕청 관할 지역으로 소속이 변경되었다. 그 후 1810년 부에노스아이레스에서 구성된 평의회가 라플라타 부왕청이 관할하던 전 지역을 통치하려고 하자, 파라과이는 자체적으로 정부 평의회를 구성하여 정부를 수립했다. 그런데 강력한 중앙집권주의 형태의 통합을 주장했던 부에노스아이레스의 의견과, 자치 정부 수립에 따른 연방 결성을 생각하고 있던 파라과이의 의견이 서로 달라서 양국 간에 갈등이 생겼다.

부에노스아이레스가 리오데라플라타 하구를 차지하고 있었기 때문에, 파라과이는 자유로운 교역을 위해서라도 부에노스아이레스와 우호적인 관계

브라질, 아르헨티나, 파라과이 세 나라에 걸쳐 있는 세계 최대 규모의 폭포인 이구아수 폭포. 파라과이는 이 이구아수 폭포를 사이에 두고 브라질과 아르헨티나와 같은 강대국들의 틈바구니에 위치해 있었다. 때문에 이에 대한 대응 방편으로 강력한 독재정권이 오랜 기간 유지되었다.

를 유지할 필요가 있었다. 그런데 부에노스아이레스가 리오 델 라플라타 지역에 침공한 스페인군과 포르투갈군과의 전투를 위해 파라과이에 지원을 요청했는데, 파라과이가 이를 거부하고 대신에 우루과이의 독립을 지원했다. 이에 부에노스아이레스 정부는 파라과이에 경제적 제재 조치를 강화하기 시작했다. 이에 개의치 않고 파라과이는 1813년에 헌법을 제정하고 파라과이 공화국 수립을 선포했다.

닥터 프랑스 – 호세 가스파르 로드리게스 데 프란시아

1814년 '닥터 프랑스'라고 불린 호세 가스파르 로드리게스 데 프란시아가 5년 임기의 정부 수반으로 임명되었다. 그는 집권 후 강력한 지도력을 발휘하여 행정기구를 개편하고 국가 방위에 힘을 쏟았다. 또 수입 물품에 대한 관세를 인상하고 정부가 목재 수출을 독점하도록 했다.

그러나 그는 1816년 '총통'이라 불리면서, 비밀경찰이나 밀고자들을 동원하여 자신에 반대하는 인사들을 투옥 또는 사형하거나 추방했다. 그는 의회를 두지 않고 장관도 임명하지 않았으며 재판소도 없이 혼자서 나라를 통치했다. 프란시아는 종교행사를 제외하고는 공중집회를 금지하고 관리들의 부정을 엄격히 처벌하였다. 한편 그는 공공교육을 강화하고 수도원 제도를 폐지하여 그 자산을 징발했다. 또한 외국인의 입국을 금지하고 불법 입국 시에는 그들의 출국을 허용하지 않았다. 새로운 사상의 침투를 막기 위해 모든 항구와 국경을 봉쇄하고, 다른 나라와의 무역이나 여행, 심지어는 우편마저도 금지하는 등의 쇄국정책을 폈다. 이는 파라과이가 스페인에 이어서 브라질이나 아르헨티나의 지배를 받을 수 없다는 생각에서 나온 조치였다. 그는 이런 자신의 쇄국정책을 국가주의 고양의 구실로 삼았다.

'닥터 프랑스'라고 불린 프란시아는 1814년에서 1840년 그가 죽을 때까지 26년간 파라과이를 통치했다. 그는 비록 정치적인 탄압으로 인해 부정적인 이미지를 갖고 있었지만, 확고한 민족주의자로서 파라과이를 주변 강대국에 속하지 않는 독립적인 파라과이 공화국으로 만들어 경제적인 번영과 정치적 안정을 이루는 데 큰 공헌을 했다.

프란시아는 말년에 노이로제 증상을 보여, 자신의 암살을 극도로 두려워한 나머지 공관 정원의 풀숲을 모두 베어 버린다거나 밤마다 침실을 바꾸는 등의 병적인 증상을 보였다. 그가 죽은 후 성대한 장례식이 치러졌으나, 몇 개월이 지나 그의 묘는 누군가에 의해 파헤쳐져 유골이 여기저기 흩뿌려졌다고 한다.

부자父子의 통치

프란시아가 사망한 후, 1844년 의회가 소집되어 공화국 형태의 신헌법을 제정하고, 안토니오 로페스를 임기 10년의 대통령으로 선출했다. 안토니오 로페스는 군부를 개편하여 국가의 방어 체계를 확고히 했으며, 미국, 프랑스, 영국, 이탈리아와 외교관계를 수립하는 등, 파라과이의 국력을 크게 신장시켰다. 아울러 교황청과도 화친 협정을 체결하여 성직자의 임명권을 얻기도 했다.

1857년, 10년 임기의 대통령으로 다시 선출된 안토니오 로페스는 임기 중 경제, 사회 및 문화 부문에서 많은 업적을 이룩했다. 우선 경제발전을 위해 서면화, 담배 및 마테차와 같은 수출산물의 증산에 주력했다. 또한 조선소와 제철소를 건립하는 한편, 교육 재정 확보에 힘을 기울여 임기 말까지 많은 학교를 세웠다.

그러나 1862년 안토니오 로페스 대통령은 임기를 1년 남기고 사망했다.

그는 자신의 아들인 프란시스코 솔라노 로페스를 부통령으로 지명하여 사망 후 즉시 계승토록 했다. 하지만 이는 파라과이는 한 개인이나 가문에 의해 세습될 수 없다고 명시한 독립선언서의 구절 때문에 문제가 되었다. 이에 의회는 특별회의를 개최하여 솔라노 로페스를 10년 임기의 대통령으로 선출했다. 그는 일찍이 15년간 아버지 안토니오 로페스와 함께 외교관, 국방상, 부통령으로 근무했기 때문에 국내외 문제에 정통해 있었다. 솔라노 로페스는 아버지 안토니오 로페스로부터 그 당시 남미의 다른 국가들에 비해 상당한 경제적 부와 강력한 군부를 물려받았다. 그는 이를 토대로 강력한 파라과이 제국의 건설에 힘을 쏟았다.

삼국동맹전쟁

솔라노 로페스 대통령은 군대를 약 14만 명으로 증강하고 현대화해 파라과이를 군사 대국으로 급성장시켰다. 1864년 브라질이 우루과이 연안에 함대를 파견하여 우루과이 사태에 개입했다. 이에 파라과이 정부는 브라질에 더는 개입하지 말 것을 경고하면서 브라질과의 외교관계를 단절했다. 또한 항해를 금지했던 파라나강과 우루과이강을 지나던 브라질 함정을 나포했다. 더 나아가 1864년 12월 파라과이는 마투그로수를 침공한 후 남부에서 우루과이와 브라질의 히우그란지두술을 침공하려고 했다. 이를 위해서 파라과이는 아르헨티나에게 코리엔테스주 통과를 요청했으나 아르헨티나가 이를 허용하지 않았다. 그러자 솔라노 로페스 대통령은 아르헨티나의 선박을 나포하면서 코리엔테스 지방을 침공했다.

이에 아르헨티나는 브라질, 우루과이와 함께 비밀리에 삼국동맹조약을 체결하여 파라과이와 전쟁하기로 의견을 모았다. 1865년 아르헨티나의 바르톨로메 미트레 대통령의 지휘 아래 파라과이를 공격했다. 이어 브라질 함대가 파라과이를 침공했다. 결국 솔라노 로페스 대통령이 사망하면서, 5년 동안 계속되었던 삼국동맹전쟁은 끝이 났다.

이 전쟁에서 패한 파라과이는 전비 배상과 영토 상실로 인해 큰 피해를 입었고, 인구의 절반이 전쟁에서 목숨을 잃어 전쟁 후 남녀 성비가 1대 4가 되었을 정도였다. 그리고 전쟁 이후 솔라노 로페스 대통령이 구축했던 경제적 기반은 완전히 파괴되었고, 소비재가 부족해 온 나라가 큰 곤경을 겪었다. 이에 파라과이는 재정 확보를 위해 영국에서 1871년과 1872년에 300만 파운드의 차관을 도입했고, 부족한 부분은 교회의 재산과 철도 및 기업 자산의 매각으로 충당했다.

빵이냐 곤봉이냐:
포르피리오 디아스

포르피리오 디아스

11861년 1월, 후아레스가 공화정의 승리를 환호하는 시민들의 갈채를 받으며 멕시코시로 들어오는 날, 제국주의에 대항해 싸웠던 위대한 군인 포르피리오 디아스는 오악사카 근교의 한 농장에서 군에서의 은퇴를 선언했다. 같은 해 12월 대통령 선거에서 후아레스와 맞붙었지만 패하고 다시 농장으로 돌아왔다. 그 후 그는 38세에 연방의회 의원에 당선되었고, 1871년 다시 대통령 선거에 출마했으나 또다시 실패했다.

그러나 당선된 후아레스가 대통령에 오른 지 7개월 만에 죽자, 그의 뒤를 이어서 레르도 데 테하다가 대통령직을 이어받았다. 이에 포르피리오 디아스가 반란을 일으켜 테하다를 추방하고, 1877년 2월부터 포르피리오 디아스가 대통령이 되어 멕시코를 통치했다.

포르피리오 디아스는 1830년 오악사카에서 태어나 멕시코 내란과 프랑스와의 전투에서 자유주의자들의 편에 서서 싸웠지만, 권력을 잡는 과정에서 보수주의자로 변했다. 1880년에 1차 임기를 마친 디아스는 1880~1884년 사이에 꼭두각시 정부를 내세워 통치했다. 이는 그가 전임자들의 재선에 반대하여 주도했던 반란에 대한 명분 때문이었다. 그러나 디아스는 1884년 다시 대통령에 당선되어, 1887년에는 연임을 허용하는 헌법 개정과 1890년에는 중임을 허용하는 헌법 개정을 통해 1911년까지 30여 년 동안 멕시코를 통치했다. 이 33년간의 포르피리오 디아스의 집권 기간을 '포르피리아토Porfiriato'라고 부른다.

빵이냐 곤봉이냐

디아스는 그의 통치 기간 동안 강력한 독재체제를 수립하여, 독립 이후 멕시코가 결코 누려보지 못했던 정치적 안정을 이루었다. 이로써 외국자본과 대지주들로부터 신뢰를 얻었다. 자유주의적인 개혁은 후퇴하고 다시 지주계급과 대大상인, 그리고 외국자본을 바탕으로 하는 과두 지배 체제가 형성된 것이다. 비록 정치, 경제 및 사회적으로 많은 부작용이 나타났지만 경제적 근대화의 기반이 구축되었다.

디아스는 멕시코의 정치 안정과 경제성장을 위해 전문 기술 관료들을 기용하여, 행정의 효율화, 교육 개혁, 경제의 근대화 및 산업화 그리고 외자의 유치 등을 적극 추진해나갔다.

디아스는 또한 국내 질서의 회복을 위해서 '빵이냐 곤봉이냐(pan o palo)'라는 구호를 내세워, 체제에 복종하는 자들에게는 각종 정치 및 경제적인 혜택을 부여하고, 체제를 거부하는 자들에게는 무자비한 인권 탄압을 서슴지 않았다. 디아스는 "야수적인 멕시코에서 민주주의는 어울리지 않으며 독재만이 유일한 길이다."라고 말하면서 자신의 독재정치를 정당화했다. 디아스는 이러한 강력한 독재정치를 통해서 행정, 입법, 사법 및 지방행정조직과 군부, 교회 및 대지주 등의 보수세력들을 자신의 지지세력으로 만들었다. 반면에 디아스는 지방경찰을 창설하여 자신의 지지세력뿐만 아니라 일반 국민의 생활을 구석구석 감시하는 등 철저한 통제와 감시 체제를 강화했다.

이러한 디아스의 강력한 통치는 평화와 경제발전을 원했던 국민의 지지를 받았다. 디아스는 멕시코의 경제 활성화를 위해 많은 외국자본을 유치했다. 또한 경제의 하부구조 개선에 힘을 쏟아서, 취약했던 철도와 베라크루스, 탐

시케이로스가 그린 포르피리오 디아스에 대한 벽화. 여기에서 포르피리오 디아스는 장군들과 자본가들에 둘러싸여 매춘부들과 즐기는 퇴폐적인 통치자의 전형을 보여주고 있다.

피코, 살리나 크루스 등지에 항만시설을 건설했다. 이로써 생산량이 배로 증가된 목화와 광물 등의 수출을 쉽게 했다. 또한 우편, 전신, 전화 등의 통신망을 확장했고, 석유, 금속 및 섬유공업 등 2차 산업을 발전시켰다.

"멕시코! 외국인에게는 어머니, 멕시코인에게는 계모"

이러한 정치, 경제의 안정은 민주적인 절차에 의한 것이 아니라, 다수의 대중을 정치에서 배제한 채 일부 특권층에 의해 이루어진 것이었다. 통제와 감시 속에서 이루어진 정치적 안정은 필요 이상의 인권 탄압을 초래했다. 또한 경제발전의 실질적 수혜 계층도 일반 대중이 아니라 일부의 소수 특권층만이 이익을 독점하는 양상으로 나타났다. 또한 열등한 인종으로 규정했던 원주민들의 생활은 독립 이전의 상태로까지 후퇴하고, 많은 농민의 생활도 농업구조의 변화와 함께 더욱 악화되어갔다. 또한 지나친 외국자본 유치는 오히려 국내 산업기반을 약화시켜 외국 기업들이 멕시코 경제를 장악하는 결과를 초래했다.

이에 원주민, 농민, 산업 노동자들의 불만이 커졌다. 농민들은 토지를 강탈당함에 따라 사실상 대농장(아시엔다)의 노예로 전락하고 말았다. 치와와 주의 한 아시엔다는 네덜란드와 벨기에를 합친 것보다 컸고, 그 부지를 횡단하는 데 기차로 꼬박 하루가 걸릴 정도였다. 외국인의 소유지도 넓어서 1910년까지 미국인이 멕시코에서 소유하고 있었던 토지는 거의 1억 에이커에 달했다. 그것은 멕시코 전체 면적의 22%를 점하고 있었다. 이로써 멕시코 농경지의 98%가 아시엔다의 소유였고 멕시코 농민의 90%는 토지를 소유하지 못했다. 그 농민들이 인구의 80%를 점하고 있었고 읽고 쓸 수 있는 자는 10%도 채 못 되었다. 이로 인해서 수많은 농민과 전통 수공업자들은 값싼 노동력을 제공하는 노동자로 전락했다. 이들의 불만은 쌓여 갔지만 디아스는 이들을 잔인하게 탄압했다.

이러한 노동자, 농민에 대한 탄압은 반정부 세력이 생기게 된 계기가 되었다. 또한 철도, 광산 및 산업노동자들도 노동단체를 결성하여 반정부 투쟁에 나서기 시작했다. 1906년 12월 베라크루스주 리오 블랑코의 한 방직 공장에서 '자유노동자연합'이 반란을 일으켰다. 그들은 열악한 주거 환경, 공장 내의 신분증명서의 휴대와 사용, 그리고 독서물의 검열 등에 대해서 불만을 터뜨렸다. 이에 디아스는 외국의 군대 대신에 연방군을 출동시켜 노동자들에게 총알 세례를 퍼부었고, 시체들을 화물차에 실어 베라크루스까지 운반한 뒤 바다에 던져버렸다. 이러한 무자비한 탄압에 대해 자유주의 사상을 가진 지식인이 반대했고, 디아스 정권의 정치적 변화를 요구하면서 저항했다.

이처럼 디아스의 통치 기간 중 멕시코는 어느 정도 근대화를 달성했지만, '멕시코는 외국인에게는 어머니고 멕시코인에게는 계모'라는 자조적인 말에서 알 수 있듯이, 지나치게 외국자본에 의지했고 또 이들에게 특혜를 주었다. 이는 디아스 정권하에서의 멕시코 경제성장이 많은 문제점을 내포하고 있음을 뜻했다.

작은 베네치아:
베네수엘라

작은 베네치아

'베네수엘라'는 아메리고 베스푸치가 아마존강 유역을 탐사하고 북상하던 중 수상가옥에서 생활하는 원주민들을 보고는, 이탈리아의 수상도시 베네치아를 연상해서 '작은 베네치아'라는 의미로 붙인 명칭이다. 이곳은 멕시코나 페루 지역처럼 고도로 발전된 원주민 문명이 없었다. 때문에 초기의 정복 활동이 북부와 동부 해안 지대를 중심으로 이루어졌다. 그 후 1576년에 건설된 카라카스를 중심으로 주변 지역과의 무역이 이루어졌고, 여러 수도회가 이곳에 들어와서 활발한 선교활동을 폈다. 1776년에는 베네수엘라에 총독청이, 1786년에는 아우디엔시아가 설치되어 베네수엘라의 지위가 강화되었다.

독립의 선언

1808년 프랑스의 스페인 침공 후 나폴레옹이 호세 보나파르트에게 스페인의 왕권을 넘겨주었다는 소식이 라틴아메리카에 전해졌다. 그러자 카라카스 지역의 크리오요들은 독립운동을 시작했다. 1811년에 카라카스 지역의 크리오요들은 의회를 구성하여 독립을 선언, 제1공화국을 탄생시켰다. 그 후 베네수엘라 의회는 프란시스코 미란다를 독립군의 총사령관으로 임명하여 스페인군 축출에 나섰다. 그러나 1812년 독립군 이 장악하고 있던 지역을 강타한 대지진으로 약 2만 명가량의 희생자가 발생했다. 반면에 스페인의 지배하에 있던 지역은 별다른 피해가 없었다. 독립군은 예기치 못한 천재지변으로 인해서 1812년 스페인군에게 항복하고 해체되었다.

그 후 시몬 볼리바르가 독립군 총사령관으로 스페인군을 격퇴하여 1813년에 카라카스에 입성했다. 1814년 베네수엘라에서 제2공화국이 탄생되었다. 볼리바르는 '해방자'의 칭호를 받으며 베네수엘라 공화국의 수반이 되었으나 스페인군에 의해서 진압되었다. 이에 볼리바르는 다시 콜롬비아로 후퇴하여 정부를 수립하고 그곳의 정부 수반이 되었으나, 스페인군의 공격이 계속되자 자메이카를 거쳐 아이티로 건너갔다. 1816년에 시몬 볼리바르는 아이티의 지원을 받아 다시 베네수엘라로 돌아왔고 독립운동을 재개했다. 그리고 베네수엘라 지역의 카우디요인 호세 안토니오 파에스의 지원을 받아 오리노코강 유역 대부분을 장악했다. 그리고 1818년 앙코스투라에서 베네수엘라의 독립을 다시 선포했다. 하지만 스페인군의 완강한 저항으로 카라카스를 완전히 점령하지 못했다. 이에 볼리바르는 병력을 재정비하여 1821년 카라보보 전투에서 승리를 거두어 베네수엘라 지역을 완전히 독립시켰다.

파에스와 모나가스 형제들

1819년 베네수엘라를 포함한 그란 콜롬비아 공화국의 독립이 선포되고 시몬 볼리바르가 대통령으로 추대되었다. 그 후 볼리바르는 1821년 다시 대통령으로 선출되었으나 에콰도르, 페루, 볼리비아 등지에서 독립전쟁을 계속했다. 그사이 1825년 베네수엘라 지역의 카우디요인 호세 안토니오 파에스가 분리독립운동을 하면서 보고타의 중앙 정부와 갈등을 빚기 시작했다. 이로 인해서 베네수엘라의 지도자로 부상한 파에스는 카라카스 의회의 지원을 받아 그란 콜롬비아로부터 베네수엘라의 독립을 선언했다.

볼리바르의 독립운동을 돕기도 했던 파에스는 원래 야네로(베네수엘라 오리노코강 유역에 펼쳐진 드넓은 평원지대에서 자란 소를 기르는 목부)의 우두머리였다.

파에스는 1830년 이후 약 30년 간 군부 지도자, 농장주 및 교회 세력과 결탁하여 여러 차례 대통령직을 수행했다. 그의 통치 기간 동안에 비록 많은 반란과 분리주의 운동이 일어났지만, 파에스는 이를 잔혹하게 진압했다. 그는 병사들의 창끝에 적군의 피가 묻어 있지 않으면 가차 없이 벌을 주었을 정도로 강력한 카리스마를 갖고 있었다. 이렇듯 그는 독립 후의 혼란했던 베네수엘라의 질서를 확립하여 평온을 유지하였다.

그러나 독립 이후 베네수엘라의 주요 수출품이었던 커피의 가격 하락으로 경제 상황이 악화되었다. 그러자 전통적인 지지집단

시몬 볼리바르의 초상화. '해방자' 볼리바르는 "이 세상에는 가장 멍청한 바보가 3명 있다. 첫 번째는 그리스도, 두 번째는 돈키호테, 그리고 마지막이 바로 나다"라는 말을 했다. 이는 라틴아메리카의 통일이라는 불가능한 꿈을 위해서 평생 동안 투쟁했던 자신의 무모한 열정을 자탄하는 말이기도 하다. 볼리바르가 원했던 하나로 통합된 라틴아메리카의 이상은 달성되지 못하고, 21세기인 오늘날에 이르기까지 라틴아메리카는 미국의 그늘을 벗어나지 못하고 있다.

이었던 평원지대의 주민들은 파에스에 대한 지지를 철회했다. 이러한 사회, 정치적 불안을 틈타 1847~1858년 사이에 모나가스 장군 형제가 집권했다. 보수주의자 호세 타데오 모나가스는 집권 후 자유주의파를 모두 사면하는 등 자유주의자들의 편에 서서 통치했다. 이로 인해 파에스는 모나가스의 자유주의 정책에 반발하여 반란을 일으켰으나 실패함으로써 1850년에 추방되었다.

1851년에 호세 그레고리오 모나가스가 정권을 잡았고, 1857년에 다시 집권한 타데오 모나가스는 1830년에 제정된 후 27년간 시행되어오던 헌법을 개정하여 강력한 중앙집권제에 기반을 둔 정부를 조직했다. 하지만 모나가스 형제의 권력 남용 때문에 반란이 일어나 모나가스 정권은 결국 1858년에

붕괴되었다. 이에 호세 안토니오 파에스는 베네수엘라 금융인을 주축으로
한 보수주의자들의 지지를 받아 1861년 재집권에 성공했으나, 보수주의자들
이 전쟁에서 패하여 사임했다.

이렇게 카우디요 안토니오 파에스와 모나가스 형제의 집권으로, 베네수엘
라는 지방자치제를 요구하는 자유주의자와 기득권을 유지하려는 보수주의
자 간의 극심한 대결로 혼란한 상황이 지속되었다. 이때 연방제 아래에서 부
통령직을 수행하고 있던 안토니오 구스만 블랑코 장군이 자유 동맹을 결성
하여 1870년 대통령이 되었다.

구스만 블랑코

안토니오 구스만 블랑코는 1870년 대통령으로 선출된 이후 1888년까지
직접 또는 추종자에게 권력을 이양하는 간접적인 방식으로 19년간 집권했
다. 블랑코는 베네수엘라가 해결해야 할 당면문제로, 공공질서의 확립, 경제
회복과 교역의 확대, 카라카스 지역의 근대화 등을 꼽았다. 그리고 이를 해
결하기 위해 외국과의 관계 증진, 중앙 정부의 권력 확대 등 정치, 경제의 안
정에 탁월한 능력을 발휘했다. 특히 블랑코는 집권 후 수도원 폐쇄와 성직자
및 교황청 대사의 추방, 카라카스 대교구청의 폐지, 교회 재산 몰수로 교회와
갈등을 빚었다.

그의 집권기에는 커피가 주요 수출품으로 부상하고 관세 인하를 통해 교
역이 증대됨으로써 경제발전이 이룩되었다. 1880년 재집권한 블랑코는 대학
교육 개선, 철도, 전신 등의 공공사업 확충 등을 통해 베네수엘라를 근대화하
는 데 큰 공헌을 했다. 1886년 세 번째로 집권한 블랑코가 유럽에 머물고 있
을 때, 카라카스에서 반란이 일어나 블랑코 정권은 붕괴되었다.

그 후 자유주의자, 보수주의자, 각 지역의 카우디요 간의 갈등과 경제 상황
의 악화로 정치적 소요는 계속되었다. 또한 영국, 이탈리아, 독일, 미국의 간
섭으로 베네수엘라는 국내외적으로 혼란이 끊이질 않았다.

"통치는 교육이다":
아르헨티나

독립기의 아르헨티나

식민지 통치 시대 내내 아르헨티나 지역은 스페인에게 있어서 중요한 땅이 아니었다. 그뿐만 아니라 각 지역의 카우디요들이 실질적으로 통치하고 있었기 때문에, 스페인은 이곳으로 많은 관료를 파견할 이유가 없었다. 이것이 바로 누에바에스파냐 부왕령(멕시코 지역)이나 페루 부왕령이 식민 통치가 시작되고 얼마 지나지 않아 설치되었던 것과 달리, 리오 데 라플라타 부왕령이 식민 통치가 시작된 지 한참 뒤인 1776년이 되어서야 생긴 이유였다. 일단 부왕청이 설립되자 부에노스아이레스 지역을 중심으로 한 주변 국가와 영국, 프랑스, 미국 등과의 교역이 활발해졌다.

그 후 1806년과 1807년 우루과이와 부에노스아이레스 지역의 크리오요들은, 이렇게 활발해진 경제활동을 바탕으로 스페인으로부터의 독립을 모색했다. 1809년에 새로 부임한 시스네로스 부왕이 스페인과의 독점 교역을 주장했는데, 이는 자유로운 교역을 주장했던 크리오요들과 대립하는 원인이 되었다. 결국 이러한 갈등은 1810년 라플라타 부왕체제의 붕괴로 이어졌다. 1816년 투쿠만에서 각 지역 대표자 회의가 소집되었는데, 일부 지역의 참여

거부에도 불구하고 '리오데라플라타 연합주'라는 명칭으로 독립을 선언했다.

스페인 최후의 부왕령이었던 라플라타 부왕령이 붕괴된 후, 우루과이, 볼리비아 및 파라과이 지역이 아르헨티나 지역에서 분리되었다. 이러한 상황 속에서, 식민 시대 동안 이어져 온 전통과의 완전한 단절을 통해 근대국가를 건설하려는 자유주의자들과 각 지방에 독자적인 세력을 구축했던 카우디요들 간의 대립이 발생했다.

당시 부에노스아이레스 지역은 소위 아르헨티나 '목축 문명'의 3개 축이라 할 수 있는 '내륙과 유럽을 연결하는 무역과 관세 수입' '대목장 경영', 그리고 '살라데로saladero(목장에서 자란 소를 대량으로 처리할 수 있는 소금절임 공장)'의 영향력에 기반을 둔 강력한 중앙집권주의를 추구했다. 반면에 원주민이 많이 거주했던 안데스 문화권의 투쿠만이나 살타, 칠레와 가까운 산후안이나 멘도사 등은, 육로로 몇 달씩 걸리는 부에노스아이레스보다는 칠레의 산티아고와 더 밀접한 관계를 지녔다. 때문에 이들은 각 지역의 특성을 살리는 연방주의를 추구했다. 이처럼 당시 아르헨티나는 국가의 통합을 통한 근대 국가 건설이 거의 불가능했다.

독재자 로사스

이처럼 독립기의 아르헨티나는 각 지역마다 고유의 특성을 지니고 있었다. 때문에 동질감 있는 하나의 국가라기보다는 단순한 하나의 지역 단위에 불과했다. 당시 아르헨티나 지역에서는 중앙집권주의자(이들은 부에노스아이레스 및 그 주변의 연안 지역이 실권을 잡는 것을 지지했다)와 연방주의자(이들은 각 지역의 자치를 주장하며 느슨한 연합을 지지했다) 사이의 대립이 계속되고 있었다. 이러한 상황 속에서 부에노스아이레스 주지사에 후안 마누엘 데 로사스가 취임했다.

부에노스아이레스의 명문가 출신이었던 로사스는 상업적 수완을 바탕으로 15세 때 이미 많은 토지와 가축을 소유했다. 그는 또한 일찍이 팜파에서 아라우칸족과 싸운 경험이 있는 부친과 팜파에 살아왔기 때문에 가우초(팜파 지역의 목동)보다 더 뛰어난 기마술로 지니고 있었다. 때문에 그는 가우초들의 영웅이기도 했다. 1820년에는 내륙주의 지도자들 간에 벌어진 주도권 싸움에서 두각을 나타내 팜파 지역의 지도자로 부상했다.

1829년, 로사스는 2년 동안 무정부 상태에 있던 부에노스아이레스를 장악하고 주지사 겸 총사령관으로 취임했다. 당시 아르헨티나에서는 몇몇 지방의 유력한 카우디요들이 있었지만, 부에노스아이레스를 장악한 로사스가 가장 강력한 카우디요였다. 1832년 부에노스아이레스 주지사에서 물러난 로사스는, 이듬해 남부 국경 지역의 원주민 정벌에 참여하여 6,000여 명의 원주민을 사살하거나 노예로 만들었다.

그 후 로사스는 1835년 주민들의 절대적인 지지 속에 다시 부에노스아이레스 지사가 되었다. 로사스는 원주민에게 빼앗은 토지를 자기의 측근들에게 분배했다. 로사스 자신도 80만 에이커의 대목장에서 50만 두 이상의 소를 사육했던 대농장주였다. 이처럼 로사스는 겉으로는 연방주의를 표방했지만 실제로는 중앙집권주의자였고, 이 두 그룹의 대립을 이용해서 자신에게 모든 권력을 집중시켰다.

이러한 로사스에 대한 평가는 극과 극을 이루었다. 그가 진정으로 아르헨티나 국민을 위해 정치했으며 유럽에 대항해서 아르헨티나의 정서를 유지시키는 데 노력한 인물로 평가하는 반면, 로사스의 반대파인 자유주의자들은 그를 잔인하며 모순덩어리인 악의 화신으로 생각했다. 로사스는 '이 나라를 집어삼키고 있던 무질서를 극복했다'는 점은 인정받았지만, 불행하게도 또 다른 극단으로 자신을 몰고 갔다. 그는 전 국민에게 자신의 초상화를 숭배하게 했고, 교회에서는 자신의 초상화 앞에 향을 피우도록 했으며, 여자들에게 자신의 마차를 끌도록 했다.

1868년에 대통령에 취임했던 사르미엔토는 로사스를 "목장에서나 통용될 법을 공화국 정부에 도입했다."라고 비난하기도 했다. 그는 또한 여러 가지의 비유를 사용해서 로사스의 폭력적인 독재정치를 비난했다. 로사스의 통치 방식을 목장을 운영하는 방법에, 연방파의 상징 휘장을 전 국민에게 두르게 한 것을 가축에게 낙인 찍는 것에, 사람들이 지켜보는 가운데 칼로 처형

하는 것을 가축의 목을 따는 행위에, 국민을 이유 없이 구금하거나 마소르카
mazorca(más horca, 더 많은 교수형)라는 비밀경찰을 동원하여 길거리에서 국민
을 매질하는 것을 가축을 길들이기 위한 로데오에 비유했다.

1829년부터 1852년까지 23년간 최고 권력자의 자리를 유지했던 로사스
는, 1852년 부에노스아이레스시의 중앙집권론자들에 의해 추방되어 영국으
로 망명해 살다가, 1877년에 84세의 나이로 세상을 떠났다.

통치는 교육이다 - 사르미엔토

미트레의 뒤를 이어 대통령이 되었던 도밍고 파우스티노 사르미엔토는 교
육자이자 사상가이며 정치가였다.

그는 연방제를 주장했던 로사스에 반대하는 반독재 투쟁으로 구금되었다
가 1841년에 칠레로 망명했다. 이 망명 생활 동안 사르미엔토는 타고난 재능
과 박식함을 바탕으로 칠레의 정계 인사들과 활발히 교류했고, 유럽, 북아프
리카, 미국 등지를 여행했다. 사르미엔토가 여행에서 아르헨티나로 돌아온
1851년은, 아르헨티나가 극도의 쇄국정책으로 인해 프랑스, 우루과이, 브라
질, 파라과이 등과의 갈등이 최고조에 달한 시기였다. 또한 로사스의 지지자
였던 우르키사가 오히려 로사스 독재 타도를 외치는 등 독재정권을 붕괴시
킬 수 있는 분위기가 형성된 시기였다.

결국 1852년 로사스는 축출되고 우르키사의 주도하에 제헌의회를 구성하
여 1853년 헌법을 제정했다. 그러나 아르헨티나는 부에노스아이레스와 각
지방 사이의 이해가 엇갈려 다시 내분에 빠졌다. 1862년 대통령이 되었던 미
트레는 국가의 통합을 이룩하면서, 부에노스아이레스시의 상인 부르주아들
을 중심으로 외국과의 무역이나 외국자본의 도입을 적극 장려하고 문화적으
로도 서구화를 적극 추진했다.

미트레의 뒤를 이어 국무장관 겸 외무장관으로 활동했던 사르미엔토가
1868년 대통령에 당선되었다. 대통령이 된 사르미엔토는 '통치는 교육이다'
라는 자신의 정치 철학을 갖고 교육에 중점을 두어서 아르헨티나 교육을 선
진국 수준으로 끌어올렸다. 그리고 보호무역을 폐지하고 자유 무역을 활성

화했다. 또한 사르미엔토는 총 52권
에 달하는 작품집을 남긴 저술가이
기도 했다. 그는 국가의 안정적인
발전을 위해서는 엘리트 집단이 나
서야 하며, 계몽이 덜 된 국민은 끊
임없이 교육을 받고, 이를 거부하는
자가 있다면 과감히 도태시켜야 한
다고 주장했다. 그리고 그는 아르헨
티나에 바다로 나가는 출구가 라플
라타강 하나뿐이므로 연방주의가
아닌 중앙집권주의가 되어야 한다
고 주장했다.

도밍고 파우스티노 사르미엔토. 그는 '통치는 교육이
다'라는 정치 철학을 갖고 아르헨티나의 교육을 선진
국 수준으로 끌어올리는 데 큰 역할을 했으며, 여전
히 아르헨티나의 국부로 숭상받고 있다.

근대 아르헨티나의 초석을 다졌
던 사르미엔토는 극단적인 사대주
의자, 인종차별론자, 약육강식의 적자생존을 신봉하는 진화론자 등 국내외
의 많은 비난에도 불구하고 여전히 아르헨티나의 국부로 숭상받고 있다.

제6-2장
자유주의와
보수주의의
대결

LATIN AMERICA

중앙아메리카 연방의 탄생:
중앙아메리카 1

중앙아메리카 연방

스페인 식민지 시대의 중앙아메리카는 누에바에스파냐 부왕청(지금의 멕시코 지역) 아래의 과테말라 총독령에 속해 있었다. 이 지역은 식민지로서 그 가치를 제대로 인정받지 못했기 때문에 경제적으로, 문화적으로 매우 열악한 환경에 처해 있었다. 멕시코의 이투르비데 황제는 1522년에 군대를 파견하여 중미 지역을 멕시코에 통합시켰다.

그러나 1823년 이투르비데 황제 체제가 몰락하면서, 중미 지역의 지배계층은 멕시코로부터의 독립과 중앙아메리카 연방의 결성을 공식적으로 선언하고, 이듬해 헌법을 제정하여 공포했다. 이 헌법에는 과테말라, 온두라스, 니카라과, 엘살바도르, 코스타리카 등으로 구성된 연방제의 확립과 노예제도의 폐지 및 가톨릭교회의 특권 인정 등을 담고 있었다. 이 연방헌법에 따라 엘살바도르 출신의 마누엘 호세 아르세가 대통령으로 선출되었다. 그러나 이 연방헌법은 각 지역의 자율권 행사를 제약하는 중앙집권적인 요소를 포함하고 있었다. 때문에 자유주의자의 반발을 불러일으켜 보수주의자와 자유주의자의 갈등이 격화되는 원인이 되었다.

이 두 세력 간의 갈등은 1829년 자유주의자들이 과테말라시를 점령하여 온두라스 출신의 자유주의자 프란시스코 모라산이 집권하면서 종식되었다. 모라산은 집권 후 보수주의자의 주된 지지세력인 가톨릭 세력을 약화시키는 데 힘썼다. 이에 대항해 대지주와 가톨릭 사제들을 중심으로 한 보수주의자들은 1836년 말에 발생된 콜레라에 대해서, 신앙심이 없는 자유주의자가 원주민을 말살할 목적으로 콜레라균을 살포한 것이라는 소문을 퍼뜨렸다.

이에 분노한 과테말라 산악 지역의 원주민들이 반란을 일으켰고, 이 반란은 즉시 다른 지역으로 확산되어갔다. 이 반란의 중심에는 과테말라에서 양돈업을 하는 호세 라파엘 카레라가 있었는데, 그는 1838년 모라산의 자유주의 정부를 붕괴시키면서 중앙아메리카 연방을 와해시켰다.

모라산 정부가 붕괴된 후 소집된 중앙아메리카 연방의회는, 각 주가 독자적인 헌법을 제정하여 독립국가로서의 역할을 하게 했다. 그러자 니카라과, 온두라스, 코스타리카가 연방 탈퇴를 선언함으로써 중앙아메리카 연방은 15년 만에 해체되었다. 결국 중미는 과테말라, 엘살바도르, 온두라스, 니카라과, 코스타리카 등 5개국으로 나누어지게 되었다. 그리고 20세기 초 파나마는 콜롬비아로부터 독립했고, 1981년 벨리세가 영국으로부터 독립하여 중앙아메리카는 모두 7개국으로 나뉘게 되었다.

과테말라

과테말라는 멕시코와 인접해 있으면서 마야 문명이 발생된 곳이다. 스페인으로부터 독립한 후 중앙아메리카 연방에서 주도적인 역할을 했지만, 정치 불안과 경제의 후진성으로 인해 여전히 그 낙후성을 면치 못했다.

중앙아메리카 연방을 붕괴시킨 장본인이었던 라파엘 카레라가 바로 과테말라 출신이었다. 그는 '교회의 부활, 외국인 추방(여기에서 외국인은 온두라스 출신의 '모라산'을 지칭한다)'의 기치를 내걸고 반란을 일으켰다. 1838년 모라산 정부가 붕괴되고 정권을 잡은 카레라는 1865년에 사망할 때까지, 소수의 지배계층, 외국 기업, 그리고 교회의 지지를 등에 업고 자유주의자를 탄압하는 강력한 보수주의 정책을 폈다. 이로써 과테말라의 정치 안정과 경제발전

아티틀란 호수. 과테말라에 있는 이 호수는 세계에서 가장 아름다운 호수 중 하나다. 중앙아메리카 연방에서 주도적인 역할을 했던 과테말라는 정치와 경제의 불안으로 인해서 여전히 그 후진성을 면치 못하고 있다.

을 이룩했다. 또한 카레라는 가톨릭을 국교로 선포하고 추방되었던 예수회를 다시 불러들였으며, 교회에 바치는 십일조를 인정하는 등 가톨릭의 특권을 회복시켜 교회의 부활을 꾀했다. 그러나 대외적으로 과테말라는 엘살바도르, 니카라과, 온두라스에 내정 간섭을 해서 중미 각국의 정치적 혼란을 야기하는 원인을 제공하기도 했다.

그러나 1865년 카레라가 사망하자 자유주의자들은 루피노 바리오스를 앞세워 1871년에 권력을 잡았다. 바리오스의 통치는 같은 시기의 멕시코 집권자 포르피리오 디아스의 통치와 상당히 유사했다. 그는 소위 '정치적 보스'로 불리는 각 지역의 관리를 중용하여 이들에게 질서 유지 및 지역 내의 농민과 노동자를 관리할 수 있는 권한을 부여했다. 그는 또 예수회를 추방함으로써 교회의 영향력을 극소화시켜 교회가 각 지역 관리의 통제하에 놓이게 했다. 이러한 방법을 통해 정치적 안정을 이룩한 바리오스는, 철도 건설, 도로, 전화, 전신시설의 확대, 국가의 주산물인 커피와 바나나의 생산 증대와 재배작물의 다양화에도 많은 노력을 기울였다. 그러나 바리오스는 원주민들의 생활 향상에는 등한시하고 오히려 유럽의 이민을 장려하는 정책을 폈다.

한편 바리오스는 대외적으로 멕시코와의 국경문제를 해결하는 등 외교적 역량을 과시하기도 했다. 그는 중앙아메리카 연방을 재건하기 위해 인접 국가들의 내정에 간섭하기 시작했다. 1885년 바리오스는 과테말라가 중앙아메리카 연방의 중심 국가이므로 자신이 군의 최고 사령관이라는 선언을 했다.

이에 엘살바도르를 포함한 주변의 다른 국가들은 반발했다. 바리오스는 이러한 반발에 맞서 엘살바도르와 전투를 벌였으나 그해 사망했다. 이로써 중앙아메리카 연방의 재창출은 무산되었다.

과테말라는 1871년부터 1885년까지 14년 동안의 바리오스의 집권기를 거쳐, 1898년부터 1920년까지 22년 동안의 에스트라다 카브레라의 장기 집권을 경험했다.

엘살바도르

엘살바도르는 중미 7개국 중 가장 작고, 유일하게 대서양 연안과 면해 있지 않은 나라다. 중앙아메리카 연방을 이끌던 모라산 정권이 붕괴된 후, 엘살바도르는 헌법을 제정하여 1841년 독립을 선언했다. 엘살바도르는 국토 면적에 비해 인구가 많아서 토지문제가 다른 어느 나라보다 매우 민감한 사안이었다. 소수의 지주들이 자신들의 토지를 유지하면서 토지가 없는 농민을 통제하려는 목적으로 사병私兵을 육성하는 등, 엘살바도르는 정치적인 혼란이 계속되었다.

1861년 헤라르도 바리오스가 집권하여 개혁을 실시했다. 그는 헌법에서 국가와 종교를 분리했는데, 이에 반발하여 산살바도르 주교가 헌법에 대한 맹세를 거부하고 과테말라로 도주하는 사태가 발생하기도 했다. 1876년에 집권한 라파엘 살디바르는, 1880년에 원주민 공동체인 에히도ejido가 집단적으로 토지를 갖지 못하게 하는 법을 제정했다. 이로써 소수 귀족, 즉 전통적인 '14가문(Las Catorce)'이 원주민 토지를 강탈할 수 있는 기반을 제공했다. 그후 통치자들은 이렇게 소수의 가문이 소유하고 있던 토지를 개혁하려는 정책을 폈으나, 잦은 정권교체로 큰 효과를 거두지는 못했다. 여기에 1872년, 1875년, 1885년 및 1898년 네 차례에 걸쳐 토지 없는 농민들의 대규모 유혈 봉기가 발생하는 등, 엘살바도르에서는 토지로 인한 정치적 혼란이 끊이질 않았다. 특히 엘살바도르의 '14가문'은 결혼이나 상호출자 등을 통해서 국가의 정치, 경제적인 권력을 거의 독점하다시피 했다.

보수와 자유의 각축장:
중앙아메리카 2

보수와 자유의 각축장 − 니카라과

니카라과는 중미에서 면적이 가장 넓고, 다른 중미 국가들과는 달리 대서양과 태평양을 모두 면하고 있는 나라다. 이러한 지정학적 요충지에 자리 잡은 니카라과는, 카리브 연안을 지배하려는 영국은 물론이고 팽창주의 전략을 실행하려는 미국에게도 관심과 개입의 대상이 되어왔다.

니카라과는 이런 외세의 관심 속에서 다른 중미 국가들과 마찬가지로, 독립 후 그라나다 지역의 보수주의자와 레온 지역의 자유주의자가 토지문제와 무역 정책을 둘러싸고 크게 대립했다. 보수주의자가 중심이 된 그라나다 지역에는 스페인의 식민 시대부터 목장주, 농장주, 거대 상인집단이 살았는데, 이들은 기존의 체제를 고수하고자 했다. 반면에 대학 도시인 레온 지역은 태평양 연안의 상업도시로서, 이곳에서는 수공업자, 지식인, 중농들이 거주하면서 자신들의 경제적 성장을 제한하려는 기존의 제도에 반대하는 자유주의 사상을 부르짖었다. 레온과 그라나다 간의 적대감과 그에 따른 지역 간의 배타성은 다른 라틴아메리카 나라들에 비해 더욱 심했다. 이러한 두 세력, 양 도시 간의 갈등을 해결하기 위해 수도 마나과를 두 도시의 중간 지점에 건설하기까지 했다.

1855년 레온의 자유주의자들은 그라나다의 보수주의자들을 제압하기 위해서, 미국의 팽창주의 정책을 지지하던 미국인 윌리엄 워커를 고용했다. 그는 미국제 장비로 무장한 병력을 앞세워 그라나다를 점령했다. 그는 1856년에는 자신이 니카라과의 대통령임을 국내외에 선포했으나, 이에 분노한 니카라과인은 중미 인접 국가들의 지원을 받아 1857년 워커를 축출했다.

이 사건 이후 니카라과에서는 1857년부터 1893년까지 약 40년간 보수주의자가 권력을 장악했다. 1858년에는 새로운 헌법이 공포되었다. 1870년 이후 니카라과에서 커피 경작을 시작한 중소 규모의 지주들은, 국제시장에서의 커피의 급격한 수요 증가로 인해 부를 축적, 새로운 부르주아 계층을 형성했다. 보수주의자들의 집권 기간에 니카라과는 정치적 안정과 함께 경제적인 발전을 이룩했다.

그러나 1890년대 들어 호세 산토스 셀라야가 집권했다. 집권 후 그는 보수주의자의 정치적 활동을 철저히 금지하면서 동시에 자신의 통치에 반대하는 모든 세력을 제거하는 등, 1909년까지 16년간 강력한 독재정권을 시행했다. 그는 또한 커피와 바나나 산업을 활성화시켰고, 철도와 도로 등 사회 간접자본의 확충에 힘을 쏟아서 니카라과의 경제발전에 많은 공헌을 했다. 그는 특히 일본과 유럽의 지원으로 운하를 건설하여 파나마운하와 경쟁하고자 했는데, 이는 미국과의 외교적인 갈등을 불러일으켰다. 이에 미국은 보수주의자들을 사주하여 반정부 반란을 일으키게 하고, 니카라과 국내의 혼란을 틈타 니카라과 내 미국인의 인명과 재산을 보호한다는 명분으로 셀라야를 대통령직에서 물러나게 했다. 결국 1910년 보수주의자들이 다시 권력을 장악하게 되었다. 이를 두고 니카라과의 대문호 루벤 다리오는 "바로 너, 미국이구나. 원주민의 피를 가지고 그리스도에게 기도하며 스페인어를 말하는 우리 선량한 아메리카를 침입할 자가 바로 너, 미국이구나."라는 말로 니카라과의 슬픈 미래를 예고하기도 했다.

바나나 공화국 – 온두라스

온두라스는 중미 7개국 중에서 니카라과 다음으로 큰 면적을 갖고 있지만 인구는 많지 않고, 전체 수출에서 바나나가 차지하는 비율이 65%에 달하는 나라다. 독립 이후 다른 나라에서처럼 온두라스에서도 자유주의자와 보수주의자 사이의 대결이 있었지만, 다른 국가에 비해서는 그렇게 심한 편이 아니었다. 그 이유는 농촌지역의 지배층들이 과테말라와 니카라과에서처럼 적극적으로 정치에 참여하지 않았기 때문이다.

1838년 11월 온두라스는 중앙아메리카 연방에서 분리 독립을 선언했다. 그 후 온두라스는 1876년까지 38년간 무려 82명의 대통령이 번갈아 통치했으며 약 170번의 내란이 일어났다. 온두라스가 국제 자본주의 경제에서 경쟁할 수 있는 산물이 없었을 뿐만 아니라, 도로의 부족에 따른 고가의 수송비와 국내 자본이 부족했기 때문이다.

1870년대에 들어 온두라스는 커피와 바나나 등을 재배해 수출하기 시작했다. 그러나 온두라스는 1877년대에 들어서도 정국이 혼란하여 1900년까지 200번 이상의 군사 반란과 100번 이상의 정권 탈취 시도가 있을 정도였다. 이러한 혼란의 와중에 온두라스를 근대화시키는 데 커다란 역할을 한 대통령은 마르코 아우렐리오 소토다. 1877년에 집권한 그는 사법과 행정의 개혁, 의무교육 확대, 외국자본의 유치 등을 위해서 광산과 바나나 농장을 개방하고 커피, 사탕수수, 카카오 재배를 위해 토지를 징발했다. 그는 또 1880년에 새로운 헌법을 제정하여 민주화를 추진했고, 인접국가 및 미국과의 외교관계 확대를 위해서 노력했다.

풍요로운 해안 – 코스타리카

코스타리카Costa Rica('풍요로운Rica', '해안Costa')는 아스텍 문명과 마야 문명, 잉카 문명의 변방 지역이었기 때문에 원주민이 거의 살지 않았다. 따라서 다른 중미 국가들과는 달리 메스티소가 17%, 흑인이 2%, 원주민이 1%, 그리고 국민의 80% 이상이 스페인계 백인으로 구성되어 있다. 이로 인해서 코스타리카는 문맹률이 매우 낮고 국민 통합이 비교적 잘 이루어졌다. 또한 북부의

코스타리카의 해변. 코스타리카는 국민의 80%가 스페인계 백인이다. 북부에 있는 산악지형으로 인해서 이웃 국가와 격리되어 있어, 중미의 복잡한 정치상황과 관계없이 비교적 안정적인 정치체계를 구축하고 있다.

산악 지형으로 인해서 이웃 국가와 격리되어, 중미의 복잡한 정치 상황과는 관계없이 비교적 안정적인 정치체제를 구축할 수 있었다.

1835년에 집권한 브라울리오 카리요는 코스타리카의 국부로 추앙받았다. 그는 집권 후 자유주의적인 개방정책을 수립하여 중산계층의 이익을 대변했고, 코스타리카의 민주주의를 위한 기반을 확립했다. 그는 특히 언론의 자유를 보장하여 코스타리카에서 최초로 신문이 발간되는 데 노력했고, 산호세를 수도로 확정했다. 그 후 커피를 경작하는 엘리트들이 집권하면서 코스타리카는 언론과 종교의 자유가 확대되었다. 또한 공공교육의 강화, 식민 잔재의 청산, 정치 · 경제적 자유의 추구 등 중미의 다른 나라들과는 차별적인 모습을 보였다.

그러나 1870년에 집권한 토마스 과르디아는 1882년까지 모든 정적을 추방하고 일체의 정치적 논의를 허용치 않았으며, 자신의 측근들을 요직에 등용하여 권력 기반을 강화하는 등 강력한 전제정치를 폈다. 그는 설탕과 커피 생산을 증대시키고 대서양 연안에 넓은 바나나 농장을 건설했는데, 그는 커피의 수출을 용이하게 하기 위한 철도 건설에 관심을 가졌다. 일명 '양키 피사로(페루 안데스 산악 지역의 철도를 부설한 인물로, 페루의 정복자 피사로의 이름을 빗대어 불렸던 별명이다)'라 불리던 미국인 메이그스의 조카 케이스에게 1891년 수도 산호세에서 리몬항까지 철도를 부설토록 했다. 케이스는 1899년 코스타리카에 바나나 산업의 활성화를 위해 연합 청과물 회사(United Fruit Company)를 세우는 데 큰 역할을 한 인물이기도 했다. 그 후 코스타리카는 독재나 개인추종주의 등 전형적인 라틴아메리카 정치의 폐해가 나타나지 않았고 가장 민주적인 국가로 발돋움했다.

파나마운하 – 파나마

파나마는 원래 콜롬비아의 한 주였다. 그러나 파나마는 콜롬비아의 보고타에서 멀리 떨어져 있어서 콜롬비아의 중앙 정부와 접촉이 별로 없었기 때문에, 자치적인 성격이 강한 지역으로 남아 있었다.

파나마는 1821년 11월 독립을 선언했지만 곧바로 시몬 볼리바르의 그란콜롬비아에 통합되었다. 그 후 여러 차례에 걸쳐 독립을 시도했지만 실패하고, 다시 콜롬비아에 통합되었다. 이렇게 독립과 콜롬비아와의 통합이 계속되는 동안, 미국은 중미와 카리브 지역에서 영국이 영향력을 확대해나가는 것을 우려했다. 그래서 미국은 1846년에 콜롬비아와 비들랙·마야리노 조약을 체결했다. 이를 통해 파나마 지협에서 콜롬비아의 주권을 보장하는 대신, 향후 운하가 건설될 경우 미국 선박의 자유로운 통행권을 보장받을 수 있도록 했다. 이는 미국이 파나마 지역에 개입할 수 있는 계기가 되었다.

한편 미국 캘리포니아에서 1850년 이후 금이 발견되면서, 파나마는 해상교통로로서 그 중요성이 갈수록 커졌다. 그 사이 1903년까지 파나마에 거주하고 있던 미국인에 대항하는 반란이 파나마 지역에서 수십 차례 일어났다. 이에 미국은 자국민의 생명과 자산을 보호한다는 명분으로 여러 차례 미군을 파나마에 보냈다. 이렇게 파나마에 군사적인 개입을 했던 미국은, 군사 및 경제적 필요성에 의해 대서양과 태평양을 연결하는 운하 건설에 관심을 갖기 시작했다. 영국과 프랑스도 여기에 많은 관심을 보였다. 1903년 파나마가 독립하면서 파나마운하의 공사가 시작되었고 1914년 8월 15일에 완공되었다.

완충국:
우루과이

완충국

1810년 부에노스아이레스에서 혁명이 발생했을 때 우루과이는 여전히 스페인의 통치하에 있었다. 1811년 스페인군의 장교 출신인 케르바시오 아르티가스가 농촌지역의 독립군과 합류하여 독립운동을 시작, 1812년에 우루과이 대부분의 지역을 점령했다. 1813년 우루과이 의회는 부에노스아이레스에서 개최된 평의회에 대표를 파견해 우루과이의 자치 정부 수립을 승인해 줄 것을 요청했으나 거부당했다.

이에 아르티가스는 부에노스아이레스 정부에 전쟁을 선포했지만 오히려 점령당했다. 1816년에 아르티가스는 몬테비데오를 다시 점령하여 행정구역을 6개 주로 분할하고 몬테비데오에 도서관과 학교를 설립하는 등, 나름대로 국가의 형태를 갖추려고 노력했다. 그러나 아르티가스는 포르투갈군에 맞서 브라질 영토를 자주 습격하다가 패배하여 몬테비데오를 빼앗겼다. 이에 아르티가스는 아르헨티나에 지원을 요청했으나 거절당했다. 그 후 파라과이로 피신하여 독재자 프란시아의 도움으로 살다가 1850년 그곳에서 사망했다.

한편 1821년 포르투갈 점령하의 몬테비데오에서 소집된 의회는 우루과이

우루과이의 수도 몬테비데오에 있는 살보Salvo 왕궁. 이 왕궁은 한때 신대륙에서 가장 높은 건물이었다. 우루과이는 브라질과 아르헨티나 사이에 위치해 있는 관계로 완충국의 역할을 했다.

를 '시스플라티나 주'로 명명하여 포르투갈령 브라질과의 합병을 승인했다. 1822년 브라질이 포르투갈로부터 독립하자 우루과이는 결국 1824년 브라질에 합병되었다. 그러자 1825년 아르헨티나에서 건너온 우루과이인이 브라질에 대항해 반란을 일으켜 임시정부를 수립했다. 그 후 우루과이를 사이에 두고 아르헨티나와 브라질 간의 전투가 벌어졌다.

이에 1828년 브라질과 아르헨티나 양국은 영국의 중재에 따라 완충국으로서 우루과이의 독립을 보장하는 평화조약에 서명했다. 이로써 우루과이는 완전한 독립국이 되었다.

블랑코와 콜로라도

1828년 독립한 우루과이는 이듬해 헌법을 제정, 공포했다. 1830년에 보수주의파의 푸룩투오소 리베라가 의회에서 최초로 대통령으로 선출되었다. 그러나 두 당, 즉 몬테비데오의 자유 직업인이나 유럽에서 온 이민자 그리고 중소상공업자로 구성된 콜로라도Colorado(원래 '약간 붉은색의'라는 의미로, 여기에서는 '자유주의자'를 가리킨다)당과, 대지주, 대상인, 고위 성직자가 중심이 된 블랑코Blanco(원래 '하얀색'이라는 의미로, 여기에서는 '보수주의자'를 가리킨다)당 간의 갈등이 일어나면서 정치적 혼란이 계속되었다.

1834년에 콜로라도당은 아르헨티나의 독재자 로사스의 도움으로 반란을 일으켰으나 실패하고, 반란을 주도했던 라바예하는 브라질로 피신했다. 그 후 양측의 지지를 받아 마누엘 오리베 장군이 대통령이 된 후 잠깐 정치적인 안정기를 유지하다가, 초대 대통령이었던 리베라의 추종자들이 반란을 일으켜 마누엘 오리베 대통령이 권좌에서 물러나고, 1839년 리베라가 다시 대통령이 되었다. 그는 아르헨티나와 전쟁을 벌였지만 오히려 아르헨티나 군이 우루과이의 몬테비데오를 점령하여 8년간이나 지배했다. 이 기간 동안 대전쟁이라고 불리는 내란이 발생했는데, 영국, 프랑스, 브라질이 개입하여 이 전쟁은 1851년까지 9년 동안 지속되었다.

그 후 우루과이는 아르헨티나, 브라질과 삼국동맹조약을 맺어 파라과이와의 전쟁에 참여하기도 했다. 콜로라도당은 1865년부터 1958년까지 우루과이를 통치하면서 19세기 중반부터 영국과 스코틀랜드계 이민자를 대거 받아들였다. 이로써 근대적인 영농법, 가축의 품종개량, 축산물 가공업의 근대화를 통한 수출 증대에 기여토록 했다. 20세기에 들어서도 영국 자본가들이 철도 건설에 주력하여 교통이 발달했고 경제활동이 활발해졌다.

투파마로

20세기에 들어 경제가 발전하고 헌법 개정으로 정치가 안정되면서 우루과이는 많은 발전을 이룩했다. 그러나 1929년 세계대공황과, 우루과이의 발전에 큰 공헌을 했던 바트예 대통령의 사망, 제2차 세계대전, 쿠바의 카스트로 정권에 대한 지지 문제를 둘러싼 폭동 발생 등으로 우루과이가 정치, 사회적으로 혼란에 빠졌다.

특히 1962년 급진적인 제당 노동자들 중 조합주의자와 사회당의 이탈자들이 투파마로Tupamaro라는 게릴라 집단을 결성하여 활동을 시작했다. 그 후 그들은 국가 통제에 의한 경제개혁과 민족주의적인 정치성향을 가지고, 도시 게릴라 전법을 이용해 몬테비데오 지역에서 활동했다. 여기에 중산층, 학생 및 전문직 종사자들이 조직적으로 가세하여 정부에 대항했다. 이에 1971년 대통령에 당선된 후안 마리아 보르다베리 대통령은 이들에 대한 정치적 억압을 강화하고 파업자들을 탄압했다. 그는 또한 투파마로 게릴라 집단에 전쟁을 선포하여 1973년 그들의 조직을 완전히 와해시켰다.

훌리오 마리아 상기네티 대통령

게릴라 집단과 전쟁을 하면서 전통적인 정당 정치인에게 크게 불만을 가졌던 군부가 1973년 쿠데타를 일으켜 권력을 장악했다. 군부는 보르다베리 대통령에게 의회 폐쇄와 의원들의 체포, 공산당, 사회당 등 좌익정당과 노조의 해체, 노조 지도자들의 투옥을 요구했다. 그 후 군부는 보르다베리 대통령을 사임시키고 권력을 완전히 독점하여 전통적 정당들의 정치 참여를 봉쇄했다. 그리고 고위 장교들이 이들 정치인을 대신하게 했다. 비록 민간인이 대통령직을 맡고 있긴 했지만 그는 명목상의 통치자일 뿐이었다. 실질적인 권력은 군사혁명평의회와 고위 장교단의 구성원들이 장악했다.

1985년에 콜로라도당의 훌리오 마리아 상기네티가 집권했다. 상기네티는 집권 후 국민 화합을 위해 대대적인 사면령을 내렸다. 또한 군부와 경찰을 장악해줄 것을 바라는 국민의 기대에 부응해 군부의 규모와 기구의 축소를 단행했다. 그러나 상기네티 대통령은 심각한 인플레이션과 외채 문제 등으로 어려움을 겪었다.

결국 1989년 선거에서는 콜로라도당이 아닌 블랑코당의 라카예 에레라가 당선되었다. 그러나 의회가 여소야대의 의석 분포를 보임에 따라 효율적인 국정운영이 어려웠다. 이에 에레라 대통령은 안정된 국정운영을 위해, 콜로라도당이 블랑코당의 경제개혁안에 동의하고 대신 콜로라도당이 내각에 입각하는 타협안을 제시하여 국정을 운영했다. 그 후 1994년 선거에서는 상기네티가 다시 대통령에 당선되었다.

천일전쟁: 콜롬비아

그란 콜롬비아의 분열

'해방자' 시몬 볼리바르는 1819년 베네수엘라와 누에바그라나다(지금의 콜롬비아 지역)를 통합하여 '그란 콜롬비아 공화국'을 결성했다. 그 후 그란 콜롬비아 공화국을 베네수엘라, 쿤디나마르카 및 키토 등 3개로 분리하고, 이들 각 지역의 수도를 카라카스, 보고타, 키토로 정하여 각 수도에 대표 또는 부통령을 지명했다. 그 후 시몬 볼리바르는 1822년 에콰도르, 1824년 페루, 볼리비아를 각각 해방시켰다.

한편 시몬 볼리바르는 베네수엘라의 호세 안토니오 파에스에게 독립전쟁을 위한 인적, 물적자원의 지원을 요청했으나 거부당했다. 1826년 베네수엘라 의회는 그란 콜롬비아 중앙 정부에 반대하면서 호세 안토니오 파에스를 대표로 선출하고, 또 그란 콜롬비아에서의 분리 독립안을 채택했다. 이에 시몬 볼리바르가 페루에서 급히 귀국하여 호세 안토니오 파에스 세력을 진압했다. 하지만 시몬 볼리바르의 전제적 통치 방식에 불만을 가진 각 지역의 카우디요들이 반발했다. 결국 1830년 베네수엘라는 그란 콜롬비아로부터 독립하여 파에스가 베네수엘라 공화국 초대 대통령이 되었다. 1830년에는 에콰도르도 그란 콜롬비아로부터 분리, 독립했다. 이로써 라틴아메리카의 통합을 이룩하고자 했던 시몬 볼리바르의 꿈은 물거품이 되고 말았다. 개인의 이익에만 충실한 지역 카우디요들의 정치적 야망과, 안데스산맥이나 아마존 강 등 지역 간의 연결을 어렵게 하는 자연적 환경 때문이었다.

1832년 2월 그란 콜롬비아는 국명을 누에바그라나다로 바꾸었다. 누에바그라나다에서는 두 정파 간의 대립이 일어났다. 즉, 교회의 특권 폐지, 교회의 자산 몰수, 예수회 추방, 지방자치 옹호, 신앙의 자유 보장, 노예제 폐지 등을 실현하고자 했던 상인이나 도시의 자유 직업인이 중심이 된 자유주의자와, 교회를 중심으로 한 엄격한 중앙집권제를 추구했던 지주와 성직자가 주를 이루는 보수주의자 간의 갈등이었다.

콜롬비아 합중국

그란 콜롬비아가 붕괴된 후 콜롬비아는 보수주의자와 자유주의자가 번갈아 집권했다. 특히 1849년 자유주의자 호세 일라리오 로페스가 집권하여 노예 제도, 원주민 공동 소유 토지(에히도ejido)에 대한 보호령, 성직자들의 특권을 폐지하고 예수회를 추방했다. 그런데 이러한 자유주의 경제 정책은 대농장주들을 더 부유하게 만들었고, 콜롬비아가 국제시장에서 원자재를 수출하고 완제품을 수입하는 1차 산업국으로 전락하는 계기가 되었다.

그 후 자유주의자의 개혁 정책에 반발하여 보수주의자가 집권했다. 1857년에 집권한 오스피나 로드리게스는 헌법을 개정하여 국명을 그라나다 연방으로 바꾸었다. 그는 예수회의 귀국을 허용하고 21세 이상의 모든 남성과 21세 미만의 모든 가장에게도 선거권을 부여하는 등 선거권을 확대시켰다. 그런데 이 헌법으로 인해서 그라나다 연방정부가 각 주의 행정에 개입하는 사태가 벌어졌다.

1861년 카우카 주지사이던 모스케라가 연방정부에 반발하여 독립을 선언했다. 그는 1863년에 새로운 헌법을 제정해서 국명을 콜롬비아 합중국으로 바꾸었다. 그리고 각 주가 자체의 법령, 군대 및 사법제도를 갖는 절대연방제를 실시토록 했다. 또한 언론과 결사의 자유를 허용했지만 성직자의 자산

콜롬비아 보고타 시의 중심인 볼리바르 광장과 대성당. 1538년에 건설된 이 도시는 남아메리카 북부의 스페인 식민지의 중심도시로서 발전하였고, 1739년에는 누에바그라나다 부왕청이 이곳에 설치되었다. 보고타는 스페인으로부터 독립한 해인 1819년부터 1830년까지 그란 콜롬비아 공화국의 수도이기도 했다.

소유를 금지했고, 예수회를 다시 추방하면서 그들의 재산을 몰수했다. 그러나 이 헌법으로 인해서 대통령의 권한이 축소되어 중앙 정부의 지위가 약화되었다. 이는 각 주의 질서 유지에 중앙 정부의 개입을 어렵게 했다. 지방 정부에 대한 무장 반란, 주와 주 사이의 대립 및 무기 교역의 자유 등으로 인해 각 주는 자체의 군대를 강화시켰는데 여기에서 많은 문제가 발생했다.

이처럼 1863년의 헌법은 무정부 상태를 야기했고, 각 지역의 카우디요들이 경제적인 부를 기반으로 영향력을 행사할 수 있는 원인이 되었다. 결국 자유주의자는 기존의 헌법을 고수하려는 급진파와 중앙집권제로의 전환을 요구하는 온건파로 양분되었다.

천일千日전쟁

그 후 1880년 선거에서 당선된 라파엘 누녜스는 교회의 권위를 회복시키기 위해 추방된 성직자들의 귀국을 허용하는 등 중앙집권적인 통치를 펼쳤다. 그리고 그는 1886년, 이전의 헌법을 폐지하고 새로운 헌법을 제정했다. 이 헌법에는 국명을 콜롬비아 공화국으로 바꾸고, 삼권분립과 단원제 의회 제도를 채택하여 중앙 정부의 권한을 강화시키는 것이 포함되어 있었다. 주지사는 대통령이 임명하고 대통령의 임기는 6년, 가톨릭을 사회질서 유지의 기본 요소로 하여 국가는 교회를 보호하고 교회는 공공교육을 전담하도록 했다. 그리고 이 헌법은 1899년 내전이 본격화될 때까지 각 지방자치단체를 강압적으로 통제하는 수단이 되었다.

라파엘 누네스가 병으로 사망하자 1892년에 카로가 대통령이 되었다. 그러자 자유주의자들이 1895년 반란을 일으켰지만 정부군에 의해서 진압되었다. 보수주의자들은 카로를 지지하는 민족주의파와 대통령에 대한 권력 집중과 언론 통제에 반대하는 역사주의파로 양분되었는데, 1898년 선거에서 민족주의였던 안토니오 상클레멘테가 대통령에 당선되었다. 그러자 자유주의자들은 이를 부정선거라고 비난했다. 이에 고령의 상클레멘테 대통령은 부통령이었던 마로킨에게 권력을 위임했다. 마로킨은 보수주의 중에서도 민족주의파에 속했으나, 자유주의자들과 역사주의자들이 선호할 만한 일련의 개혁 정책을 시행했다. 그러나 대통령에 다시 복귀한 상클레멘테는 마로킨의 모든 개혁 정책을 무시했다. 이는 자유주의자와 보수주의자 간의 갈등을 불러일으켜, 콜롬비아 역사상 가장 비참했던 소위 '천일전쟁'의 원인이 되었다. 1899년에 시작된 전쟁에서는 현대화된 무기와 잘 훈련된 보수파 정부군이 구식 무기로 무장한 자유주의자들을 진압했다. 1900년에 마로킨이 다시 대통령직을 계승하자 자유주의자들은 평화협정 체결을 시도했다. 그러나 마로킨은 이를 거부했다. 1902년 자유주의자인 벤하민 에레라가 군대를 이끌고 파나마 지역을 공격했다. 그러자 콜롬비아 정부는 파나마에 주둔 중인 미군 측에 지원을 요청했다. 이에 미군은 자유주의자로 구성된 반란군을 진압했다. 이에 위기를 느낀 자유주의 지도자들은 1902년 보수파 정부군과 평화협정을 체결했다.

이 평화협정으로 끝난 천일전쟁은 십만 명 이상의 인명과 수많은 재산을 손실했을 뿐만 아니라, 원래 콜롬비아의 영토였던 파나마가 독립을 선언함으로써 파나마운하까지 잃게 되는 엄청난 국가적 손실을 입었다.

적도의 나라:
에콰도르

국경 분쟁과 독립

에콰도르는 원래 키토 아우디엔시아의 관할 지역으로, 1739년까지는 페루 부왕령에, 그 후에는 누에바그라나다 부왕령 소속이 되었다. 이렇게 소속이 바뀌면서 에콰도르, 북쪽의 콜롬비아, 남쪽의 페루 세 나라 사이에 국경 분쟁이 자주 일어났다.

주변국들과의 분쟁에도 불구하고 에콰도르는 다른 여느 국가보다 독립 열망이 높았다. 하지만 페루 부왕청군의 공격으로 그 열망이 좌절되었다. 1811년 12월에 에콰도르는 스페인으로부터 독립을 선언했지만, 계속된 페루 부왕청군의 공격으로 에콰도르는 다시 8년 이상 부왕청의 식민 통치를 받았다.

1821년 초, 콜롬비아의 시몬 볼리바르와 페루의 산 마르틴의 지원을 받아, 시몬 볼리바르의 부하였던 안토니오 호세 데 수크레 장군이 페루 부왕청군에게 승리했다. 이로써 에콰도르는 1822년부터 1830년까지 8년 동안 그란 콜롬비아와 합병했다. 그런데 이 합병으로 에콰도르는 그란 콜롬비아 북부 지역과 페루지역의 전투에서 전쟁 물자와 병력을 보급하는 기지가 되었다.

적도탑. 에콰도르는 '적도'라는 의미다. 이 탑은 에콰도르의 수도 키토에서 북쪽으로 22킬로미터 지점에 있으며 '미땃 델 문도Mitad del Mundo(세계의 중심)'라고 한다. 이 탑을 중심으로 지구의 남반구와 북반구를 구분하는 0도 0분 0초 선이 있다.

또한 1828년에는 그란 콜롬비아와 페루 간의 국경선 분쟁으로 인해 에콰도르의 과야킬시가 폐허가 되었다. 이로 인해서 인적, 물적 피해를 본 에콰도르 주민들의 불만이 커졌다.

1830년, 베네수엘라가 그란 콜롬비아로부터의 탈퇴를 선언하자, 에콰도르 역시 키토에서 혁명 평의회를 결성한 후 곧바로 그란 콜롬비아로부터의 분리 독립을 선언했다. 그리고 시몬 볼리바르의 부하였던 후안 호세 플로레스 장군을 중심으로 임시 정부를 수립했다. 1830년 8월 리오밤바에서 구성된 의회는 헌법을 제정하여 국명을 에콰도르, 수도를 키토로 정하고 대통령으로 후안 호세 플로레스를 선출했다. 그리고 단원제 의회에서 선출되는 4년 임기의 강력한 대통령제를 채택했고, 가톨릭을 국교로 했다.

그러나 독립 이후 에콰도르는 각 지역 카우디요 간의 경쟁, 지역 간의 적대감, 교회에 대한 반발, 불명확한 국경선으로 인한 분쟁 등으로 매우 혼란한 상태가 계속되었다.

플로레스의 망명과 귀환

플로레스에 이어 1835년에 집권한 자유주의파 의원 비센테 로카푸에르테는, 헌정의회에서 신헌법을 제정하여 국명을 에콰도르 공화국으로 하고 의회를 양원제로 개편했다. 그는 집권 후 국가질서의 확립, 공공교육의 기회 확대에 주력했다.

비센테 로카푸에르테에 이어 다시 집권한 플로레스는 대통령의 중임이 가능하도록 헌법을 개정했다. 그는 스페인과의 교역을 위해 항구를 개방하고 많은 국가와도 교역 협정을 체결했다. 그러나 플로레스는 페루와 국경선을 확정짓는 데 실패했고, 경제 상황이 악화되면서 반대 세력의 반발에 부딪혔다. 결국 1845년 과야킬에서 대규모의 폭동이 발생해 임시정부가 수립되었지만, 소요가 수개월간 전국적으로 확산되면서 에콰도르는 극심한 혼란에 빠졌다. 이 혼란은 플로레스가 유럽으로 망명하면서 진정되었다.

1859년 페루군이 과야킬항을 점령하자, 당시 과야킬 지역을 지배하던 기예르모 프랑코 장군은 1860년 에콰도르의 남부 지역을 양도하는 마파싱게 조약을 페루군과 체결해 페루로의 편입을 선언했다. 그러자 이를 반대하는 에콰도르 민중의 봉기가 발생했고, 유럽으로 망명했던 플로레스가 다시 돌아와 페루에게 빼앗겼던 지역을 다시 탈환했다.

가톨릭교회 세력의 득세

1861년에 플로레스가 정권을 다시 잡았으나 곧바로 물러나고, 교회 중심의 보수세력의 지원을 받은 가브리엘 가르시아 모레노가 집권했다. 그는 15년 동안 에콰도르를 통치하면서, 강력한 가톨릭 사상과 그의 지도력만이 혼란기의 에콰도르를 구원할 수 있다는 생각으로 모든 권력을 중앙집권화했다. 그는 또한 1865년 과야킬에서 일어난 반란을 강력히 진압하여 자신의 통치력을 강화했고, 항만과 공공건물의 건설, 교역과 농업의 장려, 부패 제거 및 단일 통화 제도의 수립을 통해서 에콰도르를 근대화하는 데 큰 역할을 했다.

1869년에 재집권한 가브리엘 가르시아 모레노는 헌법을 개정하여 대통령의 임기를 6년으로 연장하고, 임기가 끝난 후에도 즉시 연임할 수 있게 했다. 또한 선거권을 문맹자가 아닌 21세 이상의 가톨릭교도로 제한하여 부여했다. 이 헌법에 대해서도 그의 반대파는 '노예 헌장' 또는 '검은 헌장'이라고 비난했다. 하지만 가브리엘 가르시아 모레노는 이에 개의치 않고 재집권 후에도 계속 교회 세력에 힘을 실어주었다. 그는 자유주의와 반교회 세력의 강력한 저항에도 불구하고, 국가 통합, 전제주의적 질서의 수립, 도덕 재무장에 힘을 쏟았다. 그는 1875년 재선되었지만 취임 후 곧 암살되었다. 그의 암살로 인해서 에콰도르는 1895년 플라비오 엘로이 알파로가 정권을 장악할 때까지 20년간 무정부 상태와 다름없는 정치적 혼란기를 겪었다.

자유주의 집권 시기

가브리엘 가르시아 모레노가 암살된 뒤에도 20년 동안 보수주의자가 계속 집권했다. 그러나 1895년 과야킬에서 자유주의자 플라비오 엘로이 알파로가 집권함으로써 자유주의 집권의 시대가 열렸다. 1896년에 대통령으로 선출된 엘로이는 집권 후 보수 반동 세력과의 투쟁, 당 내부의 여러 계파 간의 갈등, 새로운 정치기구의 설립, 안데스산맥을 통과하는 철도의 건설, 사회 및 문화적 통합 등 많은 문제를 해결해야 했다. 1897년에 제정된 헌법에서는 종교의 자유를 허용하고 가톨릭을 국교로 인정했지만, 그는 집권 후 외국의 종교 단체를 추방하고 자국 출신의 성직자에게만 종교 활동을 허용했다. 그는 수도를 키토로 다시 정하고 세속혼과 이혼을 허용하였으며, 교회의 일부 자산을 수용하여 수도원, 병원 및 구호 기관에서 사용하도록 했다.

엘로이는 1907년에 다시 대통령으로 선출되었으나 1911년에 일어난 군사 반란으로 대통령직을 사임하고 망명했다. 그 후 그는 다시 에콰도르로 들어와서 정부군과 전투를 벌였으나 패하고, 키토에서 군중에 의해 1912년에 처형당했다.

조류의 배설물, 구아노:
페루

'외국인'에 의한 통치

17세기 말에 라플라타 부왕령이 생기면서, 유럽과의 교역이 보다 원활한 부에노스아이레스가 경제의 중심이 되었다. 이로 인해 독립 직후 페루 지역은 식민 시대의 번영을 찾아볼 수 없을 정도가 되었다. 또한 페루의 독립에 공헌한 대표적인 인물이 모두 토착 페루인이 아니어서, 정치적으로도 독립 직후의 페루는 매우 불안정했다. 페루인은 '외국인'인 아르헨티나의 산 마르틴 장군에 의해 독립이 되고, 또 산 마르틴이 자신의 나라로 돌아간 후에도 또 다른 '외국인'인 베네수엘라 출신의 시몬 볼리바르가 페루를 계속 통치한 것으로 생각했다. 이로 인해서 페루의 토착 지배계층들은 페루에서의 영향력 상실을 두려워했다. 그래서 내륙 고지에서 저항을 계속하던 스페인의 부왕군을 공공연히 지원하기까지 했다.

토착 지배계층의 우려

1824년, 남미의 독립전쟁에 있어 최후의 전투인 아야쿠초 전투에서 시몬 볼리바르가 승리함으로써 페루는 독립을 달성했다. 볼리바르는 페루의 통치를 정부평의회에 위임하고 볼리비아로 가서 1825년 볼리비아 공화국을 세웠다. 페루의 정부평의회는 볼리바르를 종신 대통령으로 선출했다. 그러나 페루의 토착 지배계층들은 볼리바르가 페루와 볼리비아를 그란 콜롬비아에 합병할 가능성에 대해서 큰 우려를 나타냈다. 1826년 볼리바르와 그의 군대가 그란 콜롬비아로 귀국하자, 이 기회를 이용하여 페루인은 볼리바르가 설치한 정부평의회를 폐지하고 임시정부를 수립하여 호세 데 라 마르 장군을 대통령으로 선출했다.

당시 페루에서 자유주의 성향의 연방주의자들은, 지역적 이해관계나 자신의 신념으로 리마의 중앙집권적인 체제에 의한 통제에서 탈피하고자 했다. 특히 남부 아레키파 지역에서는 리마지역의 보수주의 정권에 반대하면서 연방주의를 원했다.

페루-볼리비아 연방

1834년에 펠리페 산티아고 데 살라베리 장군이 쿠데타를 일으켜 정권을 잡았다. 살라베리 대통령은 1835년 칠레와 관세협정을 체결하여 칠레산 수입품에 부과되던 높은 관세를 철폐했다. 그러나 이 협정에 대한 반발이 거셌다. 이 상황에서 페루의 전직 대통령인 오르베고소가 볼리비아의 안드레스 데 산타크루스 대통령의 지원을 받아 살라베리 대통령을 축출했다. 그는 곧 페루를 남북으로 분리하여 오르베고소는 북부 지역, 피오 트리스탄은 남부 지역의 대통령이 되어서 페루-볼리비아 연방을 결성했다. 그리고 산타크루스 자신은 1836년 페루-볼리비아 연방의 최고 지도자가 되었다.

그러나 칠레와 아르헨티나는 페루와 볼리비아의 연방 결성이 남미 남부 지역의 세력 균형을 위협하는 것으로 인식했다. 그들은 페루-볼리비아의 연방 해체를 강력히 요구했지만 산타크루스는 이를 단호히 거부했다. 이에 칠레와 아르헨티나는 페루-볼리비아 연방에 전쟁을 선포했다. 이 전쟁은 1837년부터 시작되었는데, 1839년 칠레군이 융가이 전투에서 결정적인 승리를 거두며 페루-볼리비아 연방은 해체되었고, 산타크루스 대통령은 에콰도르로 피신했다.

조류의 배설물, 구아노guano

1839년 연방이 해체된 후 페루는 무정부 상태의 혼란기를 맞이했다. 이러한 무정부 상태의 혼란에 종지부를 찍은 인물은 바로 페루 최대의 카우디요인 카스티야 이 마르케사도였다. 그는 시몬 볼리바르의 종신제 대통령과 안드레스 데 산타크루스의 연방제에 반대한 인물이었다. 그가 1845년에 대통령이 되었을 때 페루의 정치는 혼란했고 경제는 파산 상태였다.

구아노의 수출이 활성화되면서 페루의 경제가 크게 발전했지만, 비효율적이고 무계획적인 수출로 국가 재정에 실질적인 도움이 되지 못했다. 구아노는 수천 년 동안 페루 해안에 쌓인 조류의 배설물로써 1840년경부터 비료의 주원료로 이용되었다. 1842년에서 1870년까지 페루는 약 900만 톤의 구아노를 유럽과 북미 시장으로 수출했다. 페루는 국고 수입의 약 80%를 구아노로부터 벌어들일 정도로 구아노에 크게 의존하는 단일 산물을 수출하는 경제 체제였다. 그러나 이러한 구아노 수출 성장에 따른 수입이 당시 페루의 막대한 외채 상환에 주로 사용됨으로써, 페루의 장기적인 경제발전에는 큰 도움이 되지 못했다.

따라서 카스티야 이 마르케사도는 집권 후 먼저 구아노의 수출 정책을 개선하여, 국가재정에 도움이 되는 방향으로 정책을 시행했다. 그는 중국 이민자들의 입국을 허용하여 그들을 흑인 대신 철도 건설 및 섬유 공장에 부족한 노동력으로 충당했다. 또한 그들에게 농사를 짓도록 하여 농업 발전에 기여하도록 했다. 그는 또한 방직, 유지 및 제지 공장 등을 설

페루 리마의 대통령궁. 구아노는 수천 년 동안 페루 해안에 쌓인 조류의 배설물로써 비료의 주원료로 이용되어왔다. 19세기 초 페루는 구아노의 수출로 국고 수입의 80%를 벌어들였다.

립해서 산업 발전에 힘썼으며, 대학 교육 개선과 법 체제의 확립 등에서도 많은 업적을 남겼다.

1855년 다시 집권한 카스티야는 보수주의자와 자유주의자 간의 이해를 잘 조정하면서 페루를 안정적으로 통치했다. 즉, 보수주의자에게는 강력한 중앙집권주의적 행정부의 우위 체제를 실현하여 그들을 만족시키고, 자유주의자에게는 종교재판과 성직세 제도의 폐지, 공공교육기관의 설치를 통한 교회의 교육 독점 방지 등 실용주의 정책을 폈다.

카스티야는 페루의 정치, 경제, 교육, 문화 면에서 많은 발전을 이룩했다. 그러나 1862년 그가 사임하면서 페루는 다시 카우디요들 간의 무력을 통한 권력 투쟁의 소용돌이 속으로 빠져들었다. 이런 상황은 1879년에서 1883년까지 일어났던 칠레와의 '태평양 전쟁'에서 패할 때까지 계속되었다.

긴 나라:
칠레

베르나르도 오이긴스

1817년 1월, 산 마르틴은 약 5,000명의 군대와 1,600마리의 말을 이끌고 안데스산맥을 넘어 샤카부코에서 스페인군과 결전을 벌여 대승을 거두었다. 그 후 1818년에 산 마르틴은 마이푸 전투에서 승리하여 칠레의 독립을 공식적으로 선언했다. 산티아고의 시민들은 산 마르틴을 해방자로서 환영하고 칠레 정부의 수반으로 추대했으나, 그는 칠레 독립의 지도자 베르나르도 오이긴스에게 이를 양보했다.

베르나르도 오이긴스는 먼저 독립국가의 기반을 확립하기 위해 해군을 창설, 영국과 미국에서 전함을 구입하여 군사력 증강에 힘을 쏟았다. 그는 또한 귀족 칭호와 장자 상속제를 폐지하고 초중등 교육기관을 확대했으며, 이를 위해서 영국에서 많은 수의 교사를 초빙했다. 반면에 그는 성직자를 임명할 때 국가가 개입할 수 있도록 하는 반反교회정책을 폈는데, 이는 보수주의자의 반발을 샀다. 반발은 1822년의 흉작과 대지진에 따른 생활고로 인해 더 커져만 갔다. 반발은 결국 폭동으로 변하여 1823년 오이긴스는 대통령직을 사임했다. 그는 1824년 페루에서 사망했다.

정치의 안정 – 디에고 포르탈레스 팔라수엘로스

오이긴스가 사임한 후 칠레는 다른 라틴아메리카 신생국이 겪었던 것과 마찬가지로, 지주, 성직자, 대상인 등 보수주의자와, 소시민이 주축이 된 자유주의자의 갈등으로 정치적 소용돌이에 빠지게 되었다. 1830년에 결국 보수주의자의 승리로 일단락되어, 이후 30년간 보수주의자가 집권했다.

이 보수주의자의 중심에는 디에고 포르탈레스 팔라수엘로스라는 인물이 있었다. 그는 보수파와 자유파 간의 갈등이 심할 때 반란에 참여했던 군 장교들과 자유주의자들을 공직에서 추방했다. 또한 그는 민주주의나 지방분권화가 초래할 혼돈을 잘 인식하고 있었기 때문에, 반대 세력을 철저히 제거함으로써 혼란했던 칠레 정국을 안정시켰다. 한편 그는 영국의 제도나 문화 등을 칠레에 흡수시키기도 했으며, 아르헨티나 출신의 사르미엔토나 베네수엘라 출신의 안드레스 베요를 초치招致함으로써 칠레가 최상의 교육제도를 갖추는 데 공헌했다.

이처럼 디에고 포르탈레스 팔라수엘라는 의회가 부여한 권한을 최대로 행사했던 사실상의 독재자였다. 그러나 자신의 이름을 딴 '포르탈레스 헌법'이라 불리기도 하는 '1833년 헌법'을 기점으로, 칠레는 이후 1880년대의 발마세다 정권까지 정치적 안정을 이루었다. 이 기간 동안 권력은 10년 임기의 대통령들에 의해 평화적으로 계승되었다. 이러한 상황은 독립 이후 대부분의 라틴아메리카 국가가 군사독재나 쿠데타, 그리고 자유주의와 보수주의의 갈등으로 극단적인 정치적 불안정을 보인 것과는 완전히 대조적이었다. 같은 시대 산타안나나 로사스와 같은 독재자 밑에서 억압당하고 있던 멕시코나 아르헨티나와는 달리, 칠레는 의회와 행정부, 공업화와 농업화, 민영과 국영 사이의 갈림길에서 올바른 선택을 할 수 있었다. 이로 인해서 칠레는 라틴아메리카를 통틀어 정치적으로 가장 안정된 나라가 될 수 있었다.

팽창주의 정책 – 영토의 확장

독립 이후 대부분의 신생국가들은 1810년에 소유하고 있던 기존의 영토를 경계로 국경선 설정의 원칙을 수립했다. 그러나 이는 유럽 열강이 아메리카

칠레 북부의 아타카마 사막(왼쪽 사진)과 남부의 토레스 델 파이네 국립공원(오른쪽 사진). 남북 길이 4,200킬로미터, 해안선은 1만 킬로미터에 달하는 긴 나라 칠레에는 위도에 따라 사막, 지중해성, 온대, 한랭기후 등 다양한 기후가 있다.

의 신생국가들을 침공할 수 있는 구실을 주었다.

칠레는 남북의 길이가 4,200킬로미터로 매우 긴 나라다. 칠레는 남북으로는 북부 아타카마 사막에서 남부 오르노스 곶까지, 그리고 동서로는 안데스 산맥에서 태평양까지를 자신들의 영토로 선언하고 있었지만, 실실석인 영토는 북쪽으로는 코피아포, 남쪽으로는 칠로에섬까지였다. 심지어 콘셉시온 아래 지역으로 내려가도 칠레인의 존재는 거의 찾아보기 어려웠다. 그것은 칠레에 이주해온 백인의 수가 얼마 되지 않았기 때문이기도 하지만, 그 지역에 거주하는 아라우칸 원주민들이 칠레에 편입되는 것을 원치 않았기 때문이기도 했다.

그러나 1840년 볼리비아-페루 연방의 해체에 성공한 이후, 칠레는 본격적인 영토 확장에 나섰다. 북쪽 광산 지역에는 주로 주민들이 식민 사업에 자발적으로 참가했지만, 남쪽 지역에서는 국가가 식민 사업을 의도적으로 추진해야 했다. 특히 칠레에 상당히 중요한 의미를 지니고 있었던 마젤란해협에는, 그곳의 기후가 워낙 춥고 삭막했기 때문에 군대를 제외하고 민간인은 이주를 거부했다. 1843년에는 칠레가 마젤란해협지대에 불네스 요새를 건설하지 아르헨티나 측이 자국의 영토라고 주장하면서 외교 분쟁이 빚어지기도 했다. 그뿐 아니라 칠레는 파타고니아의 영토권까지 주장하면서 1847년에는 마젤란해협지대에 푼타아레나스 시를 건설했다. 한편 칠레는 1845년에 발디비아 지역에서 아라우칸 원주민의 저항을 진압하여, 1850년부터 남쪽으로는 발디비아에서 푸에르토몬트 지역, 북쪽으로는 발디비아에서 콘셉시온에 이르는 지역까지 유럽 이민을 장려했다.

1891년의 내란과 의회민주주의

1883년 칠레의 승리로 끝난 태평양 전쟁으로 인해서, 칠레는 전체 영토의 3분의 1에 해당하는 북부 지역을 차지했다. 이곳은 구리와 초석이 많이 생산되는 지역이어서 초석과 구리의 수출로 칠레 경제가 번영기를 맞이했다. 또한 부를 축적한 자유주의자들이 새로운 세력으로 등장했다. 이들은 산티아고와 발파라이소의 전통적인 보수세력에 반기를 들었다. 1886년에 집권한 발마세다는 초석 수출로 벌어들인 자금으로 철도, 도로, 항만, 학교, 주택 및 위생 시설 등의 대규모 공공사업을 전개했다. 특히 교육개혁을 단행하여 많은 대학을 세웠으며, 독일에서 많은 교사가 칠레로 들어와 교육 발전에 공헌했다.

이러한 대규모의 공공사업을 추진하면서 북부의 초석 광산에 많은 세금을 부과하려고 했지만 주민과 의회의 강력한 반발에 부딪혔다. 당시 의회 내의 자유주의자들의 반발로 발마세다는 1886~1890년 사이에 13번에 걸쳐 내각을 교체해야만 했다. 결국 의회에서 소수의 지지파를 갖고 있던 발마세다가 제출한 예산안 통과가 거부되었고, 1891년 의회의 승인 없이 예산집행을 선언하고 각료를 임명했다. 이에 의회는 발마세다의 불신임안을 통과시키고 호르헤 몬트를 임시정부의 수반으로 지명했다. 이는 결국 내란으로 이어져 막강한 해군력을 바탕으로 한 호르헤 몬트가 북부의 광산지대와 항구들을 점령하고, 초석 광산과 동광에 세금을 부과해 재정 수입을 확보했다. 자신의 경제적 이익을 위협하던 발마세다 정권에 반대했던 북부의 광산업자들도 호르헤 몬트에 동조하여, 결국 호르헤 몬트 측이 정부군에 승리를 거두었다. 당시 발마세다 대통령을 지지하던 육군이 전투에서 패배할 때까지 약 8개월간 지속된 내란 기간 동안, 1만여 명이 희생되고 큰 재산 손실을 입어 국가경제는 파산 상태에 이르렀다.

발마세다 정권의 붕괴는 칠레에서 강력한 대통령의 권한 종식을 의미했다. 1833년 헌법에서는 대통령이 사실상 지방정치 및 국회의원 선거에 개입할 수 있게 되어 있었지만, 1891년의 내란에서 반란군이 승리함으로써 소위 의회체제 공화국이 수립되었다. 내란이 끝난 후 의회는 호르헤 몬트를 대통령으로 선출했다.

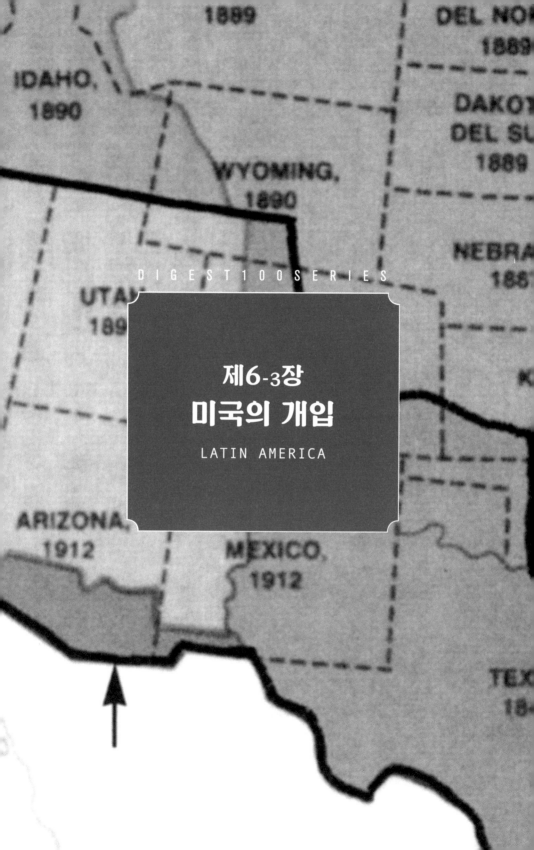

제6-3장
미국의 개입

LATIN AMERICA

과달루페-이달고 조약:
미국과 멕시코의 영토 전쟁

이투르비데의 축출

1820년 스페인에서 일어난 유주의자들의 반란으로 멕시코 지역의 크리오요들은 점차 독립의 의지를 품게 되었다. 이들의 지지를 등에 업고 멕시코를 독립시키는 데 큰 역할을 했던 이투르비데는, 자신을 '멕시코 독립의 아버지'로 지칭하며 멕시코시티에 입성했다. 1822년 7월 의회는 이투르비데를 '아구스틴 1세'라는 칭호로 옹립했다. 그러나 산타안나 장군이 1823년 이투르비데 제국의 종식과 민족 대표 배분 및 연방 결성을 골자로 하는 카사마타 강령을 선포하고, 멕시코시티로 진격해 들어갔다.

같은 해 3월, 결국 이투르비데는 집권 10개월 만에 사임하고 이탈리아로 망명했다. 그 후 이투르비데는 재집권의 의도를 가지고 탐피코항에 비밀리에 입국했으나 체포되어 총살당했다. 이투르비데의 실각 후 의회는 공화정을 선포하고 헌법을 제정했다. 이 헌법은 멕시코가 19개의 자치주로 구성되고, 각 주는 독자적으로 주지사와 주의원을 선출하며, 입법부는 상·하원으로 구분하고, 대법원은 사법부의 최고기관이며, 행정부의 수반은 임기 4년의 대통령이 맡는 등의 삼권분립제도를 골자로 하고 있다. 그밖에 가톨릭을 국교로 하고 언론과 출판의 자유를 인정했다.

그러나 각 지역의 분리 선언, 중앙 정부에 대한 지지 거부 등으로 멕시코는 무정부 상태에 빠지게 되었다. 국가 행정에 대한 경험도 없는 카우디요들이 자신들의 무력을 바탕으로 권력을 장악하려 했다. 1821년에서 1860년까지 40년 동안 정권교체가 50번이나 있었고, 그중 35번은 군인이 주도한 쿠데타로 인한 것이었다는 사실만으로도 당시 멕시코의 혼란상이 어떠했는지를 알 수 있다.

알라모 전투 – 미국의 텍사스 합병

1821년에 멕시코 정부는 오스틴에게 텍사스 일부 지역에서 식민화 사업을 할 수 있게 했다. 이들의 숫자는 급격히 늘어나 12년 만에 텍사스에 사는 멕시코인의 숫자를 상회하게 되었다. 이들 대부분은 미국 출신으로서 영어를 사용하는 신교도였다. 그들은 멕시코 정부의 감독에서 벗어나길 원했다. 1833년에는 오스틴이 멕시코 정부에게 텍사스가 멕시코의 코아우일라 주와는 별개임을 인정하도록 요구하여 끝내 이를 관철시켰다.

그리고 1835년에 멕시코 중앙 정부가 연방주의를 폐지하자, 많은 미국인이 거주하고 있던 텍사스는 1824년에 공포한 연방주의 헌법의 회복을 요구하면서 자신들의 임시정부를 구성했다. 이에 베라크루스에서 프랑스군과 싸운 경험이 있던 산타안나는 텍사스로 진격해, 텍사스인이 '알라모의 비극'이라 부르는 전투에서 그들을 전멸시켜버렸다. 그러나 이것은 미국 정부가 멕시코를 자극하지 않기 위해 이 사건에 적극 개입하지 않은 틈을 탄 일시적 승리일 뿐이었다. 이 전투를 지휘한 산타안나는 산하신토에서 텍사스군의 반격으로 대패하여 포로의 몸이 되어 미국에 인도되었다. 그 후 텍사스는 미국과의 통합 문제를 독자적으로 추진했다. 산타안나도 미국의 앤드류 잭슨 대통령에게 텍사스의 독립 인준을 약속하고 1836년 말 멕시코로 돌아왔다.

결국 1836년에 독립을 성취한 텍사스 공화국은 미국에 합병을 요구하기 시작했다. 그러나 당시 미국 정부는 산업화된 북부 지역과 노예해방을 반대하면서 농업을 위주로 하던 남부 지역 간의 정치적 갈등을 빌미로 텍사스의 합병을 보류했다. 하지만 결국 1845년 미국은 텍사스의 합병을 승인했다.

과달루페-이달고 조약

　1844년에 당선된 미국의 포크 대통령은 1845년 텍사스를 합병한 후, 캘리포니아를 비롯한 남서부 전역을 미국에 매각할 것을 멕시코 정부에 끊임없이 요구했다. 결국 포크 대통령은 테일러 장군에게 군대를 이끌고 리오 그란데 델 노르테 지역으로 진입하도록 명령함으로써, 1846년 4월 미국과 멕시코 간에 전쟁이 발발했다. 양국 모두 준비 없이 갑자기 치른 전쟁이었으나, 누가 대통령이 되느냐를 두고 정쟁만 일삼았던 멕시코는 쉽게 무너졌다. 이에 멕시코 정부는 쿠바에 망명 중이던 산타안나를 불러들여 전투에 참가하도록 했으나, 그도 역시 상대가 되지 못했다. 1847년 미국의 윈필드 스코트 장군이 멕시코의 베라크루스시를 거쳐 수도인 멕시코시티를 점령했다. 차풀테펙성에서 최후까지 목숨을 바쳐 항전한 사관생도들이 항전을 했으나 멕시코는 결국 패하고, 1848년 2월 '과달루페-이달고 조약'을 미국과 체결하였다. 당시 멕시코는 이 조약으로 텍사스를 비롯한 캘리포니아, 뉴멕시코, 애리조나, 네바다, 유타, 콜로라도 등 영토의 반 이상을 미국에 넘겨주어야만 했다. 미국과의 전쟁에서 패배 후 "유럽이 우리를 구하러 하루라도 빨리 오지 않으면 우리는 걷잡을 수 없이 방황할 것이다."라고 했던 보수당의 지도자 루카스 알라만의 절규는 당시 혼란스러운 상황을 잘 말해 주고 있다.

과달루페-이달고 조약(1848년) 이전의 미국·멕시코 국경과 현재의 국경. 스페인에서 독립한 지 불과 20년 만에 멕시코는 원래 영토의 절반을 미국에 빼앗기는 수모를 당했다.

원주민 대통령 – 베니토 후아레스

독립 이후 멕시코는 절반이나 되는 국토의 상실, 정부와 국민의 빈곤, 끝없는 정치적 혼란 등으로 인해서 무정부 상태에서 벗어나지 못했다. 이러한 상황 속에서 멕시코 지식인은 국가가 당면한 문제를 풀고자 서로 힘을 합치려 했으나, 막상 실천하는 과정에서는 보수주의자와 자유주의자 간의 분열로 큰 어려움을 겪었다. 보수당은 스페인 체제로의 복귀를 꿈꾸었고, 자유당은 보수주의자의 특권을 폐지하고 새로운 지도자, 새로운 정부 및 새로운 헌법을 토대로 식민체제로부터의 진정한 해방을 원했다. 이러한 분열과 혼란 속에 빠진 멕시코를 구할 수 있는 세력이나 인물이 필요했는데, 이때 등장한 인물이 바로 자유당의 베니토 후아레스였다.

그는 사포텍 원주민 출신으로 3세 때 고아가 되어 양치기를 하다가, 외삼촌에게 스페인어를 배우고 15세에 수도원에 들어가 라틴어 공부를 마친 뒤 법학을 공부했다. 그 후 오악사카 주 의회 의원과 주 대법원 판사를 지낸 뒤, 1847~1852년에 오악사카 주지사를 지내며 교육의 대중화, 도로 사업 등에 힘썼다. 그는 1855년, 자유주의자를 결집하여 산타안나에 대한 투쟁을 주도했던 후안 알바레스와 힘을 합쳐 멕시코시를 무혈점령했다. 혁명에 성공한 자유주의자들은 알바레스를 대통령으로, 후아레스를 법무부 장관으로 한 임시정부를 수립하여 본격적으로 개혁을 추진했다.

이들은 우선 '후아레스 법'을 제정하여 교회와 군인이 누리던 특권을 폐지하고 그들이 정치에 개입할 수 없도록 하는 등의 제도적 개혁을 실시했다. 그러나 이 법은 보수주의자의 반발을 야기했다. 그럼에도 불구하고 1856년에 또 다른 자유주의 성향의 '레르도법'을 제정했다. 이 법은 교회와 공공기관이 소유한 불필요한 토지를 조속히 매각하도록 하는 것이었다. 그러나 이 법은 토지의 재분배 문제를 간과함으로써 결과적으로 대지주들의 토지 소유를 더욱 확대하고 교회가 새로운 자본가 세력으로 등장하는 결과를 초래했다.

자유주의자들의 개혁조치는 1857년에 헌법이 새롭게 제정되면서 그 결실을 맺었다. 미국의 헌법을 모방한 이 헌법은 연방주의 원칙의 재확인, 종래의 교회, 군부, 대지주들의 대표들로 구성된 상원의 폐지, 단원제 의회제도의 시행, 대통령의 권한 축소 등 앞서 제정된 '후아레스 법'과 '레르도법'의 정신을 충실히 반영했다.

그 후 우여곡절 끝에 1858년에 후아레스가 대통령으로 추대되어 멕시코 사상 첫 원주민 출신의 대통령이 되었다. 그러나 1858년 당시 멕시코에는 보수주의자가 추대한 펠릭스 술로아가 대통령과 자유주의자의 대표인 후아레스 대통령, 2개의 정부와 2명의 대통령이 존재하는 파행적인 정치 상황이 전개되었다. 후아레스가 연방주의, 공화제, 민주제, 대의제, 교육, 상공업, 노동, 결사의 자유가 포함된 헌법을 공포하자, 자유주의자와 보수주의자 간의 내전이 시작되었다. 이 내전은 국민의 인기를 한 몸에 받는 후아레스가 1860년 12월 멕시코시에 입성하면서 자유주의자의 승리로 끝났다. 그러나 내전의 상처는 깊었고 국가의 재정은 고갈되었다. 이에 후아레스 정부는 1861년 외채 상환 및 이자 지불의 중단을 선언했다. 이는 주요 채권국인 스페인, 영국 및 프랑스에 큰 충격을 주었다.

막시밀리아노의 3년 천하

1861년 외채 상환의 일시적 정지에 대해서 프랑스, 영국, 스페인 등 유럽 3국은 멕시코에 대해 제재 조치를 취할 것을 결의하고, 1862년 3국의 연합군을 멕시코의 베라크루스에 상륙시켰다. 협상을 통해 영국과 스페인의 군대는 철수하고 프랑스군이 1863년 독자적으로 멕시코시티를 점령했다. 이에 후아레스 정부는 수도를 포기하고 텍사스 국경지대로 도피하여, 임시사령부를 설치하고 프랑스군에 대항했다. 멕시코시티를 장악한 프랑스군은 보수주의자들과 결탁하여 군주제를 도입하기로 결정했다.

나폴레옹 3세의 후원을 받은 멕시코의 보수주의자들은, 막시밀리아노 대공이 총독으로 근무하고 있었던 미라마르 성을 방문하여 막시밀리아노를 멕시코 황제로 맞고 싶다고 청원했다. 막시밀리아노는 오스트리아 황제 프란츠 요셉의 동생으로서 우유부단한 인물이었다. 그러나 야심 많고 정치적인 감각이 뛰어났던 그의 부인인 카르롤타 아말리아는, 황제직을 수락하라고 남편 막시밀리아노를 졸랐다. 당시 나폴레옹 3세는 빠른 속도로 발전하고 있는 미국에 대항해서 군주제로 된 라틴의 장벽을 쌓고 싶어 했다.

또한 멕시코의 보수주의자, 사제 및 왕정주의자들은 당시 오랫동안 후아레스의 자유주의 정부에 대해 반감을 갖고 있었다. 그뿐만 아니라, 자신의 잃어버린 특권을 찾기 위해 군주제의 부활이 필요하다고 생각했다. 이러한 국내외의 상황으로 인해서 막시밀리아노는 순조롭게 황제에 즉위했다. 막시밀리아노 황제는 후아레스에게 협력을 제안했으나 후아레스는 이를 거부했다. 반면에 군부, 교회 및 대지주 등의 보수주의자들은 막시밀리아노에 협력하면서 자신들의 특권을 회복하는 데 힘썼다.

멕시코 황제로서 멕시코인이 되려고 노력하던 막시밀리아노는, 어떤 특정 계층의 이익 보호에 앞장서지 않을 것을 분명히 하면서, 1865년 1월 '개혁' 정신을 옹호하는 선언을 하기도 했다. 그러나 1866년에 나폴레옹 3세는 프러시아와의 충돌을 구실로 프랑스군을 멕시코에서 철수시키면서 힘이 약화되었다. 또한 남북전쟁을 끝낸 미국은 막시밀리아노 황제의 퇴위와 멕시코에서의 출국을 요구하기 시작했다. 그러자 국내의 보수주의자도 막시밀리아노 황제를 지지하지 않았다. 그러나 막시밀리아노 황제는 멕시코에서의 출국을 단호히 거부했다. 결국 미국의 지원을 받은 자유주의자들의 군대가 그를 체포하여, 국내외의 반대 여론에도 불구하고 1867년 처형하였다. 이로써 멕시코 역사상 두 번째로 탄생했던 군주정은 붕괴되었다.

그 후, 후아레스는 1867년 선거에서 대통령에 다시 당선되었다. 후아레스가 공화정을 복구하면서 정치적인 안정을 찾으려 노력했지만, 끊임없이 계속되는 반란으로 인해서 어려움을 겪었다. 후아레스는 1871년 선거에서 포르피리오 디아스와 경쟁해서 또다시 당선되었다. 포르피리오 디아스는 부정 선거라고 주장하면서 반란을 일으켰지만 곧 진압되었다. 그러나 후아레스는 임기를 채우지 못하고 1872년에 사망했다. 그 후 막시밀리아노와의 투쟁에서 혁혁한 공을 세웠던 포르피리오 디아스가 반란을 일으켜 대통령직에 올랐다. 이로써 후아레스의 '개혁의 시대'는 종말을 맞고 디아스의 시대가 열리게 되었다.

쿠바의 김구:
호세 마르티

라파엘 마리아 데 멘디베 선생님

  '라틴아메리카 전통의 완성자', '확실한 탈출구를 제시해주고 있는 목소리의 주인공', '영웅이자 성자이며 현인이자 순교자', '아메리카 대륙이 배출한 최고의 천재', 쿠바의 독립 영웅 호세 마르티에 대한 평가들이다. 그는 오늘날에도 여전히 쿠바 민중에게 존경받고 있는 인물이다.

  1853년에 태어난 호세 마르티는 어려운 환경 속에서도 친척의 도움으로 중등학교에 진학하였다. 그는 그곳에서 민족주의적 색채가 강했던 라파엘 마리아 멘디베를 만났다. 호세 마르티는 그에게 조국 쿠바에 대한 사랑과 인간의 가치 등을 배웠다. 그는 멘디베 선생님과의 토론을 통해서 조국의 독립을 꿈꾸었고, 셰익스피어와 바이런을 읽으며 문학에 대한 사랑을 키워 나갔다. 호세 마르티가 어려운 가정환경 속에서도 희망을 잃지 않을 수 있었던 것은, 새로운 지식에 대한 갈망과 멘디베 선생님과의 만남 때문이었다. 훗날 호세 마르티는 멘디베 선생님에 대해서 "선생님은 나에게 진정한 인간이 될 수 있는 힘을 주신 분이셨다"고 술회할 정도로 그는 호세 마르티의 삶에 결정적인 영향을 끼친 인물이었다.

수형 생활과 유배

호세 마르티는 16세에 발표한 시〈절름발이 악마(Diablo Cojuelo)〉와 〈자유 조국(La Patría Libre)〉에서 쿠바 독립의 정당성을 표현했고, 서사시 〈압달라(Abdala)〉에서는 조국의 독립을 위해서라면 생명까지도 내놓을 수 있어야 한다고 주장한 혁명가이자, 천재성을 유감없이 발휘한 시인이었다. 이러한 그의 천재성은 혹독한 수형 생활을 통해 더욱 성숙해졌다. 호세 마르티는 1870년 필화 사건에 휘말려 6년 형을 선고받고 수형 생활을 시작했다. 그는 새벽 4시에 기상해 밤늦게까지 채석장에서 돌덩이를 나르는 중노동에 시달려야 했고, 정신적으로도 고통받아야 했다. 하지만 권력과는 무관하고 경제적, 육체적으로도 아무 능력이 없는 약자의 삶을 뼈저리게 경험하고, 조국의 독립에 대한 열정을 다시 한번 다질 수 있는 계기가 되었다.

1871년 친구의 도움으로 6개월 만에 수형 생활을 끝내고, 그는 스페인으로 유배길에 올랐다. 비록 스페인에서의 유배 생활(1871~1875년)은 고난의 연속이었지만, 그는 이를 배움의 기회로 활용하여 법학과 문학, 철학 등을 공부해 학위를 취득했다. 호세 마르티는 대학에서 19세기 당시 스페인 사회에 크게 영향을 미쳤던 크라우제의 기독교적 사회 윤리사상과 스페인의 전통적인 무정부주의 사상을 접했는데, 이는 그의 정치, 경제, 사회사상의 형성에 큰 영향을 끼쳤다.

한편, 1875년 호세 마르티는 가족이 살고 있던 멕시코로 이주했다. 멕시코에 체류하면서 호세 마르티는 인종문제와 토지문제 등 라틴아메리카의 민주적인 발전을 가로막고 있는 암울한 현실을 경험했다. 또한 소수의 카우디요의 횡포, 서구 제국주의자들과 연계된 소수 권력자의 착취, 이들로 인해서 삶의 주변부로 밀려난 수많은 원주민과 메스티소의 소외된 삶을 목도했다. 멕시코에 포르피리오 디아스 정권이 들어서자, 호세 마르티는 과테말라를 거쳐 쿠바로 1878년에 돌아왔다. 쿠바에 도착한 호세 마르티는 조국의 암울한 정치 현실을 강도 높게 비판했다. 결국 그는 스페인 식민 정부에 문제 인물로 낙인찍히게 되었다. 1879년에 산티아고 데 쿠바 부근에서 스페인에 대항하는 민중 봉기가 일어나자, 호세 마르티는 체포되어 1879년 스페인으로 또

다시 유배되었다. 호세 마르티는 그 후 쿠바에 공식적으로는 다시 돌아오지 못했다.

미국에서의 생활과 독립운동

두 번째 스페인에서의 유배 생활 중에 호세 마르티는 프랑스를 거쳐 미국으로 탈출했다. 그는 1880년 혁명위원회의 임시의장직을 맡아서 직접 독립운동에 뛰어들었다. 이때부터 1890년까지 10여 년 동안 각종 신문에 글을 기고하면서 조국 쿠바의 독립운동에 전념했다. 호세 마르티는 처음에는 미국에 대해 비교적 긍정적인 시각을 가지고 있었지만, 미국에서의 체류가 길어지면서 미국에 대해 회의를 품게 되었다. 그는 '미국의 물질문명같이 부도덕한 번영은 민중을 천하고 무감각하게 만들어 민중을 부패시키고 해체시킬 것'이며 '미국식 자본주의 체제는 그 탐욕스러움, 정도를 벗어난 번영, 비도덕적인 풍요로움으로 인해 멸망할 것'이라고 전망했다.

미국의 장래에 대해 비관적인 견해를 가지고 있는 호세 마르티는 쿠바를 미국과 합병시키자는 합병론자들을 신랄하게 비판했다. 미국과의 경제적인 합병은 곧 정치적인 합병을 의미하는 것이고, 이는 자신들의 경제적 기득권을 유지하려는 속셈일 뿐 진정으로 쿠바를 위한 것이 아니라고 생각했다. 호세 마르티는 그의 문학작품 중에서 최고로 손꼽히는 〈질박한 노래(Versos Sencillos)〉를 1891년 발표한 이후, 라틴아메리카에 적합한 새로운

쿠바 아바나의 혁명 광장 옆에 있는 기념탑과 호세 마르티 기념상. 쿠바의 독립을 위해 싸웠던 호세 마르티는 '증오를 지워버린 투사'라는 평을 들을 정도로 소외된 약자들에 대한 지고한 사랑만을 지닌 혁명가였다.

사회공동체 설립에 대한 자신의 구상을 현실화하기 위해 1892년 쿠바혁명 위원회를 발전적으로 해체시키고 쿠바혁명당을 결성했다. 그는 또한 기관지 《조국(La Nación)》을 창간하여 적극적인 선전과 함께 쿠바의 독립 혁명을 가시화하는 작업에 뛰어들었다. 1895년 진정한 쿠바의 독립을 위해서 쿠바 동부 해안에 잠입한 호세 마르티는, 제대로 싸워보지도 못한 채 스페인군의 기습을 받고 도스 리오스에서 생을 마감했다.

호세 마르티의 말, 말, 말

쿠바의 수도 아바나에 있는 호세 마르티 기념관에는 호세 마르티의 업적과 수많은 '말'들이 '전시'되어 있다. 그는 한마디로 사랑의 혁명가였다. 가브리엘라 미스트랄은 호세 마르티의 투쟁에 대해서 '지구상의 그 어떤 인간보다 순수한 인간' 혹은 '증오를 지워버린 투사'라고 평가했다. 즉, 호세 마르티의 투쟁의 저변에는 모든 인간에 대한, 특히 부와 권력으로부터 소외된 약자에 대한 지고한 사랑만이 깔려 있을 뿐, 미움과 증오의 마음이 끼어들 여지가 없다는 것이다.

* 대지의 불쌍한 사람들과 더불어 나의 운명을 던지고 싶네.

* 공화국이 팔을 벌려 모든 것을 감싼 뒤 함께 전진하지 않으면 그 공화국은 파멸하고 말 것이다.

* 죽고자 하는 국민은 오로지 한 사람만을 팔아넘기지만, 살려고 바동대는 자는 다수의 국민을 팔아버린다.

* 나를 고통스럽게 하는 것은 단순히 살아간다는 것이 아니라 선을 행하지 않고 하루하루를 보내는 것이다.

* 고통받는 것이 진정으로 삶을 향유하는 것일지 모른다. 그리고 고통받는 것이야말로 어리석고 굼뜬 삶에 종지부를 찍고 아름다운 삶, 즉 진정한 삶을 영위하는 방법일지도 모른다.

* 단 한 사람이라도 불행한 사람이 있다면 그 누구도 편안하게 잠을 잘 수 있는 권리를 누릴 수 없다.

* 압제자들은, 민중이야말로, 고통받는 인민 대중이야말로, 혁명의 진정한 지도자라는 사실을 애써 간과하고 있다.

* 독립의 문제는 단순한 형식의 변화가 아니라 영혼의 변화다.

* 자유로운 국가는 자유로운 국민의 결과다. 따라서 국가가 자유롭기 위해서는 먼저 국민이 자유로워야 한다.

* 다른 사람의 자유를 억압하려 들지 않는 사람만이 자유를 위해서 투쟁할 자격이 있다.

* 게으르지도 않고 그렇다고 성격이 고약한 것도 아닌데도 가난한 사람이 있다면 그곳은 불의가 있는 곳이다.

* 소수의 부자가 있는 나라가 아니라, 모든 사람이 조금씩이나마 부를 나누어 가지고 있는 곳이 진정으로 부강한 나라다.

* 억압받고 있는 국가의 시인이 되는 유일한 방법은 혁명 전사가 되는 것뿐이다.

달빛 아래의 피크닉:
미국과 스페인의 전쟁

스페인과 쿠바

쿠바는 빼어난 경관, 온화한 기후, 농사에 적당한 토질, 그리고 니켈, 망간, 크롬 등 풍부한 지하자원을 가진 섬이다. 1511년에 스페인의 정복자들은 쿠바를 강제로 점령하여 식민 지배의 전초기지로 삼았다. 그들은 농업에 종사하며 평화롭게 살고 있던 원주민들을 혹독하게 착취했다. 원주민들은 이에 대항해서 1528년에 반란을 일으켰으나 실패하여 대부분 처형당했다. 게다가 1530년, 유럽에서 들어온 전염병으로 인해 원주민이 거의 전멸했다.

노동력을 상실한 스페인의 정복자들은 궁여지책으로 아프리카에서 들여온 흑인 노예들을 사탕수수와 담배 재배에 투입했다. 흑인 노예들은 17, 18세기에 들어와서도 여러 차례 반란을 일으켰으나, 스페인 정복자들의 가혹한 탄압으로 노예해방의 꿈을 이루지 못했다. 그러던 중, 19세기 초 아메리카 대륙에서 일어난 독립전쟁의 영향이 이곳에도 파급되어 1812년에 대규모의 흑인 반란이 일어났다. 그 후 노예제도 폐지, 노동력의 착취 금지와 독립을 요구하는 목소리가 점점 커졌다. 1868년에 최초의 무장 반란이 일어나, 이후 1878년까지 쿠바의 독립전쟁은 10년간이나 계속되었다. 이처럼 쿠바 독립의 열기에 두려움을 느낀 스페인 정부는 '산후안 조약'을 체결, 공화제 헌법을 공포하고 정치, 경제의 개혁과 노예해방을 약속해 일단 전쟁을 종식시켰다. 그러나 독립전쟁의 열기가 식자, 스페인 정부는 '산후안 조약'의 약속을 헌신짝처럼 저버렸다.

1895년, 호세 마르티를 중심으로 쿠바에서 제2차 독립전쟁이 시작되었다. 쿠바혁명당을 결성한 그는 쿠바 민중에게 독립, 자유, 평등의 중요성을 널리 알렸다. 호세 마르티의 혁명 사상은 민중의 가슴속으로 파고들어 수많은 민중이 독립전쟁에 참여했다. 1895년 7월, 드디어 쿠바혁명군은 스페인으로부터 독립을 쟁취해냈고 쿠바 공화국을 수립했다. 그러나 혁명군을 이끌었던 호세 마르티는 스페인군의 총탄에 쓰러지고 말았다. 그가 죽고 나자 스페인은 쿠바인의 독립운동에 대대적인 탄압을 가했고, 수많은 쿠바인을 죽였다.

메인호의 폭발

1898년 초 해 질 무렵, 쿠바의 아바나항에 정박 중이던 미국의 6,000톤급 순양함 메인호에서 갑자기 천지를 뒤흔드는 폭음과 함께 불길이 치솟았다. 연달아서 또 한 차례 폭음이 울려 퍼졌고 거대한 메인호는 서서히 물속으로 가라앉고 말았다. 이로 인해 2명의 장교와 258명의 사병이 죽거나 다쳤다. 메인호는 쿠바에서 설탕 농장이나 담배 재배, 또는 큰 광산을 경영하는 미국인의 생명과 재산을 보호할 목적으로 미국 정부에서 파견한 전함戰艦이었다.

미국 정부는 즉각 사고 원인을 조사했으나, 이미 파괴되어 물속에 잠겨버린 선박을 조사하는 일은 쉽지 않아서 명확한 사고 원인을 밝혀낼 수 없었다. 그러나 미국 신문들은 그 사고가 스페인의 음모에 의한 것이라는 심증 기사를 발표하여 국민의 반反스페인 감정을 더욱 부추겼다.

달빛 아래의 피크닉 - 미국과 스페인의 전쟁

이로 인해서 미국인 사이에서는 스페인과 전쟁을 치러야 한다는 목소리가 점점 높아갔다. 그리고 그럴듯한 전쟁의 명분을 제시했다. 즉, 먼저 독립을 쟁취한 나라인 미국이 쿠바 공화국의 독립을 지원해야 한다는 것이었다. 한편으로는 쿠바를 미국의 영토에 아예 합병해야 한다는 노골적인 주장도 나왔다.

1898년 4월에 미국은 스페인에 최후통첩을 보냈다. 쿠바에서 군대를 철수할 것과 쿠바의 독립을 보장하라는 내용이었다. 이에 스페인은 미국에 선전포고를 했다. 미국은 기다렸다는 듯이 군대를 출동시켰다. 미국에게는 '달빛 아래의 피크닉'이었던 스페인과의 전쟁은 어른과 아이의 싸움처럼 미국의 압도적인 승리로 끝났다. 전쟁에서 패배한 스페인은 미

미국 선박 메인호의 폭발을 다룬 기사. 1898년 뉴욕 저널에 실린 '메인호의 폭발은 적의 소행이었다'라는 제목으로 미국 국민들의 반反스페인 감정을 부추겼다. 이를 빌미로 미국은 스페인과 전쟁을 벌여 쿠바와 푸에르토리코, 필리핀과 괌을 얻었다.

국의 일방적인 강압에 의해 쿠바에 대한 주권 포기, 미국에 푸에르토리코 양도, 마닐라의 미국 점령 인정 등의 내용을 받아들여야만 했다. 이러한 강화조건이 1898년 12월의 '파리평화조약'에서 그대로 추인되었다. 이로써 설탕 및 담배 원료의 공급지로서, 유망한 자본 투자 대상 지역으로서, 그리고 요긴한 군사기지로서 가치를 인정받고 있던 쿠바 섬에 대한 무려 400년에 걸친 스페인 통치는 막을 내렸다. 이와 함께 스페인은 태평양의 마지막 보루였던 필리핀과 괌도 상실했다.

1898년

1898년은 라틴아메리카 정복자로서의 스페인이 완전한 종말을 맞이한 역사적인 해였다. 신대륙 발견 이래 라틴아메리카 식민지는 스페인 국부의 원천이자 국가 발전의 기반이었다. 그런데 19세기 이후 식민지들은 스페인의 영향력에서 이탈해갔고, 마침내 1898년에는 스페인 제국이 미국과의 전쟁에서 패배하여 아메리카와 태평양의 마지막 식민지 보루로 지켜왔던 쿠바와

필리핀을 상실했다. 이들 양 식민지의 상실로 스페인은 국가 존립의 기반이 위태로워졌을 뿐 아니라 국민의 사기도 땅에 떨어졌다. 그러나 이러한 결과는 스페인의 국민 의식을 새롭게 재조명할 수 있는 계기가 되기도 했다.

제7장
20세기의
라틴아메리카

LATIN AMERICA

한국과 라틴아메리카와의 첫 만남:
멕시코와 쿠바

멕시코 이민 모집

북미 묵서가墨西哥(멕시코국)는 미합중국과 이웃한 문명 부강국이니, 수토가 아주 좋고 기후도 따뜻하며 나쁜 병질이 없다는 것은 세계가 다 아는 바이다. 그 나라에는 부자가 많고 가난한 사람이 적어 노동자를 구하기가 극히 어려우므로, 근년에 일, 청, 양국인이 단신 혹은 가족과 함께 건너가 이득을 본 자가 많으니, 한국인도 그곳에 가면 반드시 큰 이득을 볼 것이다.

위의 글은 1904년 12월 17일(음력 11월 11일)부터 1905년 1월 13일까지 일곱 차례에 걸쳐 〈황성신문〉에 게재된 멕시코 한인 이민자 모집 광고 내용의 일부다. 서울, 인천, 수원을 중심으로 한 대도시 거주자들을 겨냥해 멕시코에 가족 단위의 이주를 권고하고, 4년간의 계약노동 기간 동안에 높은 보수와 여러 가지 편의가 제공된다는 허위, 과장된 사실을 신문에 대대적으로 실었다. 여기에 1,031명의 조선인이 신청했는데, 이들은 주로 고향인 농촌을 벗어나 도시로 이주한 퇴역 군인, 전직 하급 관리, 소수의 양반계급, 내시, 무당, 기독교로 개종한 자, 건달, 걸인 등 다양한 계층의 사람들이었다.

멕시코 이민을 희망하는 이들은 경제적인 궁핍으로 인해 빠른 기간 내에 부자가 되고자, 더 나은 교육의 기회와 종교의 자유를 얻고자, 또는 일본의 통치하에 있는 조국의 해방을 이루고자, 하는 등의 다양한 목적으로 조국을 떠나 멕시코로 가려 했다.

멕시코 이민의 참상

한국에서 멕시코로 이민자를 보내는 과정에서 여러 난관에 부딪혔지만, 드디어 1905년 3월 초(혹은 4월 초) 1,031명의 한인 이민자들이 제물포항을 떠나 일본의 요코하마를 거쳐, 거의 40일이 넘는 항해 끝에 1905년 5월 15일 멕시코의 살리나 크루스항에 도착했다. 다음은 멕시코 한인 이민의 1.5세대인 임천택의 멕시코 도착에 대한 회상이다.

> 인천에서 출발한 지 30여 일 만에 지루한 항로를 건너 별 장애 없이 북국 '살리나 구르스'에 도착해 이민국 검사를 거쳐 다음 '유카탄 부로그래스'항에 상륙하니 때는 5월 15일(음력 4월 16일)이었습니다. '유카탄'도 수부 '메리다'에 도착하여 5~6일이 지나서 식민회사의 지시에 의해 어저귀 농장으로 몇십 명씩 각각 헤어져서 노예 생활을 하게 되었습니다.

그 후 이민자들은 22개의 헤네켄 농장으로 분산되어 4년간의 계약기간 (1905~1909년) 동안 유카탄의 살인적인 무더위 속에서 노예처럼 혹사당하면서 노동일에 종사했다. 고온 다습한 뙤약볕 아래에서 헤네켄 잎을 베어내는 일은 매우 힘든 노역이었다. 게다가 감독을 맡은 멕시코 십장들은 한인이 일을 제대로 하지 못하며 행동이 느리다고 채찍을 휘둘렀다.

"밭에서 일을 더디 하고 잘 못한다며 십장들이 소리 지르고 채찍으로 때리는 까닭에 몸이 피곤하여도 죽지 않는 한 쉴 도리가 없었고, 말을 모르니 십장의 소리만 들리면 잘한다는 것인지 못한다는 것인지 알지도 못하고 공연히 겁이 나서 남녀노소가 움직거리던 인간 지옥, 그곳에서 우마의 대우를 받던 것이 멕시코 이민의 정형이었다." 또는 "자기가 노예로 팔려온 것을 비로

헤네켄을 운반하는 한인들. 1905년 멕시코에 도착한 한인 이민자들은 계약 기간이 만료되어 쿠바의 사탕수수농장을 거쳐 헤네켄 농장으로 갔다. 그들은 그곳에서 일을 하면서 한인 집단촌을 형성하기 시작했다.

소 안 동포들은 목을 놓고 땅을 치며 이것이 국가의 죄냐, 사회의 죄냐, 또는 나의 죄냐, 그렇지 않으면 운명이냐 하고 울고불기를 마지아니했다. 울다가 자살한 동포도 십여 명에 달했으며, 또 운다고 농장 주인에게 매를 맞고 구류를 당하기는 매일 계속되는 일과였다."라고 목격자들은 멕시코 한인 이민자들의 참상을 이렇게 전하고 있다.

이러한 농장주의 만행과 힘든 노동을 피해 일부 한인 이주민은 탈출을 시도했지만, 낯선 지리와 언어 탓에 경찰이나 사설 경찰에게 붙잡혀 농장으로 돌아왔다.

한인 공동체 구성

메리다의 헤네켄 농장으로 분산된 한인 이민자들은 대한제국과 완전히 단절되어 멕시코에서 고립된 상태에 놓이게 되었다. 게다가 한인은 외부와 차단된 농장 내에서 생활해야만 했다. 농장주의 횡포와 노동력 착취가 다반사였던 농장에서의 생활은 거의 전근대적인 농노 생활이었다. 그러나 시간이 흐르면서 한인은 이러한 가혹한 환경과 노동 조건을 극복하고 독자적으로 생존하려는 움직임을 보였다. 그들은 우선 심리적인 안정감이나 언어적인 일체감, 그리고 문화적인 공동체 의식을 유지하고 외부에 대한 문화적인 충격을 완화시키기 위해 한인 공동체 사회를 형성했다.

그러나 계약기간 동안 한민족의 언어와 유교적 전통문화를 유지하려 했던 한인 1세들의 노력에도 불구하고, 대한제국이 일본에 의해 강점당하자 돌아갈 조국이 없어진 한인 이민자들은 유카탄반도를 중심으로 멕시코와 쿠바로 흩어졌다.

멕시코에서 쿠바로

그럭저럭 4년이라는 기한이 지났다. 그러나 처음 올 때의 희망은 몽상임을 발견했다. 우리는 헤네켄 농장에서 고통스러운 생활을 계속하지 않으면 입에 풀칠을 할 수 없게 되었다. 그것은 그동안 어느 한곳에 생활의 근거를 잡지 못한 까닭이었다. 그 후 우리 동포들은 이곳저곳으로 방황하는 생활을 하게 되었다. 묵국 전경 어느 곳에도 우리 형제들의 발자취가 가지 않은 곳이 없을 만큼 되었다. 그중 운이 좋은 사람들은 하와이, 미국 등지로 돌아가거나 극히 소수는 고국으로 돌아갈 수 있었다.

멕시코 한인 1.5세대인 임천택이 썼던 위의 글에서 볼 수 있듯이, 멕시코의 한인은 고국이 일본에 합병되고 하와이로의 이주 계획이 실패로 돌아가자 생존을 위한 다양한 시도를 했다. 마침 제1차 세계대전이 끝난 직후, 설탕 가격이 폭등하여 쿠바의 제당산업이 호황을 맞이했다. 이에 쿠바의 사탕수수 농장은 많은 외국인 노동자를 필요로 했다. 그러나 쿠바의 제당산업의 호황은 그리 오래가지 못했다. 정작 멕시코에서 290명의 한인이 도착했던 1921년 초의 쿠바는, 저임금에 실업자 증가라는 불황의 늪에 빠져들고 있었다.

이들은 처음에는 헤네켄 농장이 있던 마탄사스로 갔다. 마탄사스에서 일하고 있던 쿠바의 노동자들은 헤네켄 농장의 일을 능률적으로 해내지 못했다. 때문에 멕시코에서 이미 충분한 경험을 가지고 있었던 한인은 상당한 환영을 받았다. 이들이 바로 쿠바 내 한인 집단촌 형성의 출발점이었다.

그러나 헤네켄을 활용한 밧줄 산업이 1924년 이후 침체되어 사양길에 접어들자 한인 역시 어려움을 겪게 되었다. 게다가 대부분의 한인은 스페인어는 물론 자신들의 모국어를 읽고 쓸 능력조차 없어서 소외되고 차별받는 어려운 상황에 처하게 되었다.

특히 1933년 바티스타의 집권으로 직장이나 자산이 없는 외국인을 강제 추방하는 정책이 시행되었다. 자국의 노동자들에게 우선권을 주는 새로운 노동법을 제정함으로써, 쿠바 국적이 아니었던 한인은 헤네켄 농장에서 일을 할 수가 없었다. 따라서 일을 계속하려면 쿠바 국적을 취득해야 했다. 마침 1940년 새로 개정된 헌법에 따라 쿠바 태생이 아닌 외국인도 쿠바 국적의 취득이 가능해졌다. 이에 따라 쿠바에서 태어난 2세들은 쿠바 국적을 취득할 수 있었고, 현지 사회와의 동화가 쉽게 이루어졌다. 한인 1세대의 수효가 점차 줄어드는 반면에 2, 3세대의 숫자가 증가했는데, 이들 중 대부분은 부모 세대가 가졌던 조국에 대한 애착심과 한국 전통문화에 대한 유대감이 없었다. 그뿐만 아니라 우리말로 의사표시를 할 수도 없었다. 특히 1950년대부터 시작된 제4세대 한인부터 그러한 단절이 가속화되었다.

파나마운하:
파나마

파나마운하의 건설 배경

1851~1855년에 미국의 금융업자들이 콜롬비아 정부의 허가를 받아 파나마 지협을 횡단하는 철도를 건설했다. 그 과정에서 수많은 파나마인이 희생되었고, 미국의 횡포에 불만을 품은 파나마인이 1855년과 1856년에는 미국인 소유의 철도와 미국 선박을 공격했다. 그러자 미국은 8척의 군함과 400명의 미군을 파나마에 상륙시켰다. 이때부터 미국은 군사 및 경제적 필요성에 의해 대서양과 태평양을 연결하는 파나마운하의 건설이 필요하다는 인식을 갖게 되었다.

파나마운하는 원래 1878년 콜롬비아 정부가 수에즈운하를 건설했던 레셉스가 운영하는 프랑스 회사와 건설 계약을 체결하면서 시작되었다. 그런데 파나마운하 건설은 수에즈운하와는 달리 공사 구간의 중앙부가 높아 수평식 운하 건설이 적합지 못했다. 이러한 지형적인 조건과 황열병 및 말라리아의 창궐, 그리고 프랑스 회사의 재정난 등으로 계획의 절반 정도만을 시행한 후 1889년 공사가 중단되었다.

그러다가 미국은 두 가지 사실을 깨닫고는 파나마를 운하 건설 예정 지역

파나마운하의 건설. 남북 아메리카 사이에 있는 파나마 지협을 횡단하여 태평양과 대서양을 잇는 이 운하는, 복잡한 지형과 풍토병, 막대한 공사비 등으로 공사가 지연되었다가, 1914년 8월 25일 공사를 시작한 지 12년 만에 완공되었다.

으로 결정했다. 그 첫째는 1898년 쿠바에서 치렀던 스페인과의 전쟁에서, 전함 오리건호가 미국의 서부 해안에서 남미 끝 마젤란해협을 돌아서 쿠바에 도착하는 데 총 22만 마일의 거리를 68일에 걸쳐 항해한 사실이었다. 그 둘째는 만약 중미 지역에 운하를 건설하면 항해 기간을 3분의 1로 줄일 수 있다는 사실이었다. 미국은 1903년 1월 운하가 건설될 지역의 폭 10마일 내의 지역을 미국에 영구히 임대하는 내용의 헤이-에란 조약을 콜롬비아 정부와 체결했다. 이 조약은 99년 동안의 조차租借비와 운하지대 관리비로 1,000만 달러를 지불하고, 운하가 건설된 후에는 연간 25만 달러의 임대료를 지불하는 것을 주요 내용으로 했다. 그러나 콜롬비아 상원이 이 조약의 비준을 거부했다. 그러자 프랑스 운하 회사와 미국은, 콜롬비아 정부에 대한 파나마지역 주민들의 오랜 불만과 콜롬비아 내전에 따른 이들의 독립 열망을 이용하여 문제를 해결하려고 했다.

1903년 11월, 파나마 지협에서 미국과 프랑스 운하 건설회사가 배후 조종하여 독립운동을 일으켰다. 그러자 콜롬비아는 파나마의 독립을 차단하기 위해 군대를 파견했지만, 미국은 파나마 지협의 안전을 보장한다는 명분으로 전함 내슈빌호를 이용해 콜롬비아군의 파나마 상륙을 저지하고 파나마의 독립을 지지했다. 미국은 파나마의 독립 선언 직후, 파나마운하 지역을 미국이 영구 임대하는 내용의 조약을 체결했다. 이로써 1903년 파나마의 독립과 함께 파나마운하의 공사를 시작했다.

파나마운하

파나마운하는 1903년 파나마의 독립과 함께 공사가 시작되어 1914년 8월 15일에 완공되었다. 12년 동안 총 7만여 명에 공사비만 무려 4억 달러가 소요된 세계 최대의 토양 댐과 인공 호수, 콘크리트 구조물로 이루어진 엄청난 공사였다.

파나마운하는 총 길이가 82킬로미터고, 통과에 소요되는 시간만 8~10시간이며, 하루 평균 40척, 연평균 1만 3,000척의 배가 통과하고 있다. 운하 통과세가 연평균 5억 달러 정도인데, 이는 파나마 1년 수출의 15%에 해당하는 것으로 그 부가가치를 생각하면 엄청난 경제적 상품인 것이다. 이곳을 통과하는 대부분의 배는 화물선인데 미국은 주로 쌀, 옥수수, 사료 등 곡물을 아시아 국가에 보내고, 일본이나 한국 등 아시아 국가는 자동차 등을 파나마운하를 통해 미국 동부 해안으로 보내고 있다.

미국의 파나마 침공

파나마는 운하 지역 남북 10마일 범위의 땅에 대한 영구 임대권을 미국에 주고, 그 대가로 1,000만 달러와 매년 임대료로 25만 달러를 받기로 했다. 따라서 운하지대는 치외법권 지역으로서 사실상의 미국 식민지가 되었다.

이러한 미국의 영향력에 도전한 인물이 바로 아르눌포 아리아스였다. 그는 비록 미국 시카고 대학과 하버드 대학에서 학위를 받았지만 쿠데타를 통해 정권을 잡았다. 그러나 그때 그의 나이가 30세에 불과했기에 대통령직 대신 장관직을 맡으면서 막후 실력자로 파나마를 통치했다. 그리고 1940년에 정식으로 대통령에 당선되었다. 그는 집권 후 미국이 파나마를 정당하게 대우하지 않을 경우 다른 강대국과 협력해 나가겠다고 공개적으로 선언했다. 그는 또한 유럽 파시즘의 영향을 받아, 파나마운하 건설 때 대거 이민 온 중국인이 가지고 있던 각종 소유권을 강제로 몰수하고, 수천 명에 달하는 흑인의 시민권을 박탈하는 등, 인종차별적인 정책을 폈다.

한편 미국은 세계 제2차 세계대전이 발발하자 1941년 파나마운하의 보호를 위해 군사기지를 설치했고, 자국의 무장 선박을 파나마운하로 통과시키려 했다. 아리아스가 이를 거부하자 미국은 쿠데타 세력을 지원하여 아리아스를 권좌에서 물러나게 했다. 그 후 아리아스는 1949년과 1968년에 대통령에 다시 당선되었으나 자신의 임기를 마치지 못하고 물러났다.

1968년, 쿠데타에 의해 정권을 장악한 토리호스는 강력한 카리스마에 의한 독재정치를 실시했다. 현 집권당인 '민주혁명당'을 창당하고, 1977년에 미국의 카터 대통령과의 협상을 통해 파나마운하의 반환을 실현하면서 국민의 지지를 받았다. 그러나 1981년 지방 순찰 중 의문의 헬리콥터 사고로 사망했다.

그 후 몇 번의 정권교체를 거쳐 1983년부터 안토니오 노리에가 장군이 파나마를 실질적으로 장악했다. 국가 방위군 장교로 미국 중앙정보국에서 근무하기도 했던 노리에가는, 정권을 장악한 후 마약 밀매로 부를 축적했고 이를 토대로 권력을 강화했다. 그러나 1987년부터 노리에가 대통령을 반대하는 시위가 발생하여 파나마는 정치적 혼란에 빠졌다. 이에 미국은 정치 불안의 주역이자 점차 반미적인 성향을 보이는 그에게 퇴진 압력을 가했다. 하지만 그는 계속 콜롬비아의 마약 카르텔 및 대규모 판매업자들과 유대를 맺고 부를 축적했다.

그 후 미국은 노리에가에 대한 퇴진 압력을 계속했으나 실효를 거두지 못했다. 그러자 미국은 주권 파괴라는 세계 여론의 비난에도 불구하고, 1989년 2만 6,000명의 병력을 동원하여 파나마를 무력 침공했다. 무력으로 파나마를 장악한 미국은 1990년 노리에가를 마약 밀수 혐의로 체포하여 재판에 회부했다. 그는 1992년에 미국에서 종신형을 선고받았다.

파나마운하의 반환

1968년 쿠데타로 정권을 장악한 파나마의 토리호스 대통령이 1977년, 미국의 카터 대통령과 만났다. 1999년 12월 31일에 미국이 파나마로 파나마운하를 반환한다는 내용의 협정에 서명하기 위해서였다. 그리고 1979년, 20년간 운하의 점진적 이양과 유지, 보수 등 관리를 위해 한시적으로 운영될 미국 국방부 산하 기구 '파나마운하위원회'가 발족했다. 이로써 파나마운하가개통된 지 65년 만에 처음으로 파나마인이 운하의 운영에 직접 참여하게 되었다. 그리고 이후 모든 행정과 기술 인력을 파나마인으로 교체하기로 했다. 미국인이 퇴직하게 되면 파나마인을 채용하여 모든 인력이 파나마인으로 대체되는 것이다. 이렇게 해서 제국주의적 유산이라는 비판을 받았던 파나마운하에 대한 미국의 소유권이 1999년 12월 31일 정오를 기해 파나마로 반환되었다.

운하 건설 86년 만에 운하의 운영권을 물려받은 파나마는, 2001년부터 2006년까지 약 5년 동안 운하 확장 프로젝트의 타당성을 조사했다. 그리고 '운하 확장 프로젝트, 세 번째 갑문 설치'에 대한 국민투표를 2006년 10월 22일에 실시하여 통과시켰다. 이 파나마운하 확장 프로젝트는 현재 사용되고 있는 운하의 화물 적재량을 증가시키고 파나마에 재정수입을 확충해줄 것으로 전망되고 있다. 또한 운하 운영에 직접적으로 관련되지 않는 타 분야들도 반사 이익을 얻을 수 있으며, 고용창출로 인해 파나마 경제에 좋은 영향을 줄 수 있을 것이라는 전망이 나오고 있다. 2006년 파나마운하를 이용하고 있는 상위 5개국은 미국, 중국, 일본, 칠레, 한국 순이다.

파나마 최초의 여성대통령 미레야 모스코소

1999년 5월, 52세의 미레야 모스코소 후보가 집권 여당의 마르틴 토리호스 (1968년에 쿠데타로 정권을 잡고 1981년에 의문의 헬리콥터 사로로 사망한 토리호스 전 대통령의 아들) 후보를 물리치고 대통령에 당선되었다. 30년 만에 여야 간 정권 교체가 평화적으로 이루어진 것이다. 이 선거에서 승리한 미레야 모스코소는, 파나마의 대중적 지도자이며 세 번이나 대통령을 역임하고 1968년 토리 호스의 쿠데타로 권좌에 물러났던 아르눌포 아리아스 전 대통령의 배우자였다. 반면에 패배한 집권 여당의 후보였던 마르틴 토리호스는, 미국으로 부터 파나마운하를 돌려받는 데 결정적인 역할을 했던 토리호스 장군의 아들이었다. 그 후 30년의 세월이 흘러 전 대통령의 배우자와 또 다른 전 대통령의 아들이 선거에서 대결하게 된 것이었다.

35세의 마르틴 토리호스 후보는 아버지의 명령에 따라, 소모사 독재정권에 대항하여 싸우고 있던 니카라과의 산디니스타 혁명군에 합류하여 활동했다. 이후 미국의 텍사스 대학에서 경제학을 공부했으며 1992년 귀국 후 장관직을 역임했다. 한편 모스코소 후보는 아리아스 대통령 후보의 선거운동에 적극적으로 참여하면서 정치에 입문했다. 1968년에 아리아스는 대통령이 되었으나 곧이어 발생한 토리호스의 쿠데타로 미국에 망명해야 했다. 이때 22세였던 모스코소는 그와 함께 미국으로 갔다. 이후 미국에서 두 사람은 46세의 나이 차이에도 불구하고 1969년에 결혼했다. 1971년에 파나마로 귀국하려 했으나 노리에가 장군에게 체포되어 고문을 당하고 다시 미국으로 추방되었다. 1988년 남편이 사망한 후 파나마로 귀국하여 남편의 이름을 딴 아르눌포당(PA)을 창당했다. 그리고 당 총재를 역임하고 1994년대 통령 선거에 출마했으나 패배했다. 그 후 1998년에 다시 아르눌포당(PA)의 대통령 후보로 출마하여 대통령에 당선되었다.

석유의 나라:
베네수엘라

후안 비센테 고메스

'작은 베네치아' 베네수엘라는 19세기 초 남미 '해방자'로 불린 시몬 볼리바르에 의해 콜롬비아, 에콰도르와 함께 '그란 콜롬비아 연방공화국'이 되었다가 베네수엘라라는 이름으로 독립했다. 그 후 독재자들의 통치가 계속되었는데, 1908년 미국의 지원을 받아 쿠데타로 정권을 잡았던 고메스도 그중 하나였다. 안데스 산악 지방 타치라주의 목동 출신이었던 고메스는, 목축업을 기반으로 1899년 반란을 일으켜 정권을 잡았다. 그는 1908년 대통령이된 이후 1935년 사망할 때까지 27년간 베네수엘라를 통치했다.

그는 먼저 정치 안정과 사회질서 유지를 위해 군부를 최신 무기로 무장시켜 카우디요들의 반발을 잠재웠다. 자신의 권력 유지를 위해서는 군부뿐만아니라 경찰과 비밀 기관 등을 동원했고, 이에 반대하거나 저항하는 인사에대해서는 투옥과 무자비한 고문을 자행했다. 고메스의 이러한 반대 세력 제거 및 정권 유지의 비용은 석유 개발을 통한 이익에서 충당되었다.

이렇게 국내 정치를 안정시킨 고메스는, 석유 개발이 본격적으로 이루어지기 전에는 대농장주들의 불법을 구실로 해서 그들의 토지를 몰수하여 자

마라카이보호湖의 유전. 세계에서 다섯 번째 산유국인 베네수엘라에서 석유는 경제를 좌지우지하는 중요한 존재가 되었다.

신의 가족이나 심복들에게 나누어 주었다. 권력을 잡은 후에는 외국자본가에게 석유 개발권을 양도하고 그에 따른 수익의 대부분을 착복하여 부를 늘려갔다.

마라카이보의 석유

이렇게 고메스가 자신의 부를 확대시킴과 동시에 독재를 계속 유지할 수 있었던 까닭은, 전통적인 수출 산품이었던 커피 가격이 상승되고 1918년 마라카이보호湖에서 처음으로 석유가 생산되었기 때문이다. 석유 생산량은 경이적인 속도로 증가하여, 1928년 무렵에는 이미 세계 2위의 석유 생산국이자 세계 1위의 석유 수출국이 되었다. 소규모의 가난한 도시였던 마라카이보시는 인구가 급증하여 대도시가 되었고, 수도 카라카스는 영국과 미국의 석유 회사 본부나 은행이 들어와 일약 국제적인 도시로 발돋움을 했다. 그 후 석유는 마라카이보호湖 이외에 동부의 팔콘주나 남부의 아푸레주, 바리나스주에서도 생산되어, 세계 석유시장에서 차지하는 베네수엘라의 영향력은 점차 증대되었다. 베네수엘라는 세계 다섯 번째의 산유국이 되어 석유가 전체 수출의 80%를, 국가 재정수입의 42%를 차지하게 되었다.

그런 과정에서 1929년에 후안 바우티스타 페레스가 집권했다. 그러나 석유로 인한 경제성장과는 달리 정치 및 사회적 혼란이 가중되어 사임하고, 1931년 고메스가 다시 집권했다. 그러나 석유 생산 노동자들은 고메스 정권의 계속된 독재와 부패 등에 강하게 반발하면서 임금인상과 노동 조건의 개선을 요구하기 시작했다. 1935년 고메스가 79세로 사망하자 노동자들의 요구가 폭발하여, 석유산업 시설에 불을 지르고 외국인에게 위협을 가하는 등, 전국적인 폭동이 발생해 정국의 혼란이 극에 달했다. 특히 분노한 일부 군중은 오랜 기간 동안 베네수엘라의 부와 권력을 독차지했던 고메스 일가의 재산을 약탈하고 그의 추종자들을 살해하기까지 했다. 이에 고메스 일가는 카리브해의 섬으로 망명을 가야만 했다.

로물로 베탄쿠르

1935년에 고메스가 사망한 후, 당시의 국방장관이었던 엘레아사르 로페스 콘트레라스가 대통령이 되었다. 엘레아사르 로페스는 사회적 요구를 받아들여 정치범을 석방하고, 고메스 정부가 독재체제를 유지하기 위해 운영했던 모든 조직을 해체했다. 그러나 대중을 기반으로 한 정당이 활성화되고 야당의 좌익연합인 국민민주당(PDN)의 세력이 커지자, 엘레아사르 로페스 대통령은 '질서 수립'이라는 구실로 다시 진보적인 정치단체와 국민민주당을 불법화시켰다. 이때 좌익 진영에서 주도적으로 활동한 인물이 바로 로물로 베탄쿠르였다.

독재자 후안 고메스 비센테와 극명하게 대비되어 20세기 베네수엘라 역사에서 가장 중요한 인물로 평가받는 베탄쿠르는, 고메스의 독재가 시작된 1908년에 태어났다. 혹독했던 독재자의 치하에서 유년 시절을 보낸 베탄쿠르는 대학 시절 '28세대'라고 불린 고메스 정권에 반대하는 운동을 주도하여 투옥되었다. 이어 콜롬비아의 쿠라사오로 추방된 이후 1936년 말까지 도미니카 공화국, 코스타리카, 트리니다드 토바고, 푸에르토리코 등 여러 국가에서 정치적 망명 생활을 하면서 베탄쿠르는 새로운 배움과 경험의 기회를 가질 수 있었다.

로물로 베탄쿠르가 추방되었을 때 그는 칠레에서 사회당의 수뇌였던 살바도르 아옌데와 친교를 맺었다. 칠레에서 베네수엘라로 다시 돌아온 베탄쿠르는 1945년에 청년 장교들과 손을 잡고 쿠데타를 통해 집권했다. 청년 장교들은 무능하고 전문성이 부족한 타치라주 출신의 군 고위층이 계속 군부 내 세력을 장악하는 것에 불만을 품고 있었다. 이들은 베네수엘라의 첫 정당이 라고 할 수 있었던 민주행동당(AD)이 제시하는 민주적인 선거와 언론의 자유 등 개혁 정책을 지지했다. 1945년부터 1948년까지 3년간 베탄쿠르는 합법적으로 선출된 민주행동당의 대통령으로서 베네수엘라를 통치하면서 꾸준히 개혁 정책을 펴나갔다.

푼토피호 협약

민주행동당의 후보이자 베탄쿠르의 유년 시절 스승이었던 소설가 로물로 가예고스가 베탄쿠르의 뒤를 이어 대통령에 당선되었다. 로물로 가예고스는 고메스의 독재를 비판한 소설인 〈바르바라 부인(Doña Bárbara)〉을 쓴 작가이기도 했다. 그러나 1948년 가예고스는 군사 쿠데타에 의해 축출되고, 다시 1958년까지 군사독재 시대가 들어섰다. 쿠데타 이후 베탄쿠르는 1949년 쿠바 아바나로 망명한 이래 10년간 코스타리카, 미국, 푸에르토리코 등지에서 또다시 긴 망명 생활을 해야 했다.

그사이 국내 정치 상황이 변해서 1958년 민주행동당의 후보로 나선 베탄쿠르가 1959년에서 1964년까지 6년 임기의 대통령으로 당선되었다. 베탄쿠르의 당선 후 여당인 민주행동당은 야당인 민주공화동맹(URD), 기독교사회당(COPEI)과 '푼토피호Punto Fijo(고정) 협약'을 체결했다. 이는 베네수엘라의 민주주의를 수호하기 위해서 공산당을 배제하고, 선거 실시 이후에는 어느 정당의 후보가 당선되더라도 공동으로 지지하면서 연립정부를 수립하기로 합의한 것이었다. 이 협약의 주요 내용을 살펴보면, 첫째 헌법의 수호와 선거를 통한 통치, 둘째 야당의 정부 참여를 통한 거국내각의 구성, 셋째 최소한의 공동 정책 채택으로 선거 과정에서 정당 간의 협력 보장 등이다. 이로써 베네수엘라는 상대 당 정치 엘리트를 각료로 임명하는 등의 화합 정책을 통해서 정치적 안정을 기할 수 있었고, 특히 군부의 정치 개입과 독재자의 등장을 미리 방지할 수 있었다.

이러한 정치적 안정을 통해서 베탄쿠르는 1961년 헌법개정을 통해 시민의 자유권 보장, 양원제 채택, 대통령의 연임 금지와 재선의 입법화 등을 정착시켰다. 또한 베네수엘라 석유공사(CVP)를 설립하여 석유산업을 국유화했다. 그리고 농지개혁법을 시행하여 토지를 소유하지 못한 농민에게 토지를 분배했다. 이외에도 철강, 석유화학, 알루미늄 등과 같은 기초산업에 대한 정부의 참여를 강조하고, 교육, 산업, 보건위생에 대한 정책도 강화했다.

그러나 무엇보다도 베탄쿠르의 치적은 석유수출국기구(OPEC)의 설립에 주도적인 역할을 했다는 점이다. 그는 1960년 당시 세계 5대 석유생산 수출국이었던 이라크, 이란, 사우디아라비아, 쿠웨이트와 함께 석유의 생산 과잉을 통한 원유의 국제가격 하락을 방지하기 위해서 이 기구를 설립했다.

석유와 베네수엘라

베탄쿠르 이후 40년간 민주행동당(AD)과 기독민주당(COPEI)이 계속해서 평화적으로 정권을 교체해왔기 때문에 정치가 안정되었다. 특히 민주행동당은 석유 수출로 인한 부를 가지고 대중의 복지 향상에 힘을 쏟았다.

1973년 선거에서 당선된 카를로스 안드레스 페레스 대통령은, 국내 석유산업을 좌지우지했던 외국의 석유 회사들을 축출하고 석유산업을 국유화하면서 국영석유공사(PDVSA)를 설립했다. 이어 외국계 철강회사들도 국유화했다. 여기에 들어간 재원은 석유 가격 인상 덕분에 4배 늘어난 석유 수입으로 충당했다. 그는 대외 정책에도 적극적이어서 1970년대 중반 이후 중미 지역의 분쟁 해결을 위해 카리브해의 빈곤한 도서 국가들과 중미 국가들에 많은 자금을 지원했다. 또한 1975년에는 멕시코와 함께 라틴아메리카경제 기구(SELA)를 설립하기도 했다. 이밖에 쿠바와의 외교 재개, 소련 등 사회주의 국가들과의 유대 강화 등을 통해서 국제사회에서 베네수엘라의 위상을 높였다.

그의 뒤를 이어 기독교사회당과 민주행동당의 후보들이 차례로 대통령이 되어 베네수엘라를 통치했다. 하지만 부패의 만연, 석유 수출로 얻은 부의 불평등한 분배, 유가 하락에 따른 외채의 증가, 인플레이션 등으로 어려움을 겪었다.

1989년에 카를로스 안드레스 페레스가 국민의 압도적 지지로 다시 대통령이 되었다. 그는 경제 회복을 위해 석유의 소비자 가격과 교통 요금을 인상하고 임금을 삭감했으며, 일부 국영기업을 민영화하는 등 신자유주의 경제 정책을 도입했다. 이에 전국에서 소요 사태가 발생하여 수백 명이 사망하는 등 사회가 혼란에 빠졌다. 또한 베네수엘라 노동총동맹(CTV)은 총파업을 주도하여 정부의 정책에 반대하고 나섰다. 이는 페레스 정부의 전격적인 신자유주의 정책에 대한 반反신자유주의 민중 봉기였다. 또한 석유 가격의 하락으로 인해 베네수엘라 경제는 더 나빠졌다. 1991년 베네수엘라 노동총동맹의 임금인상 요구, 1992년의 두 번에 걸친 유혈 쿠데타 기도, 대통령 자신의 정부기금 남용에 따른 기소의 위기 등으로 카를로스 안드레스 페레스 대통령은 의회로부터 탄핵받아 임기도 채우지 못하고 1993년 물러나야만 했다.

1958년 이후 베네수엘라의 경제를 번영시켜 '경제 대통령'이라는 명성까지 얻었던 카를로스 안드레스 페레스 대통령은, 그의 경제적 업적 때문에 최초로 재선 대통령이 되었으나 탄핵을 받아 쫓겨났다. 결과적으로 그는 석유 가격 때문에 국민의 영웅이 되었다가 석유 가격 때문에 국가의 반역자가 되었던, '석유에 살고 석유에 죽었던' 대통령이었다.

베네수엘라에서 석유 생산으로 소득이 늘면서 소비 풍조가 만연해지고, 부가가치가 낮고 힘들고 어려운 농업은 뒷전으로 밀려났다. 그러면서 편의주의나 한탕주의가 만연했다. 정치인은 석유로 얻어진 재원을 국가 발전에 사용하기는커녕 자신들의 기득권 보호나 재산을 늘리는 데 몰두했다. 그러나 석유 가격이 하락하면서 베네수엘라의 경제는 수렁에 빠지게 되었고, 이에 대한 국민의 저항이 거세졌다. 이처럼 베네수엘라는 '석유'로 인해 경제적인 어려움에 봉착하는 아이러니를 겪는 나라였다.

보고타소와 라 비올렌시아:
콜롬비아

가이탄의 암살과 보고타소

천일전쟁이 끝난 후 자유주의자와 보수주의자 간의 타협으로 1930년까지는 보수주의자가, 1930년부터 1946년까지는 자유주의자가 집권하여 콜롬비아는 비교적 정치적인 안정을 구가했다.

1946년에 실시된 대통령 선거에서 자유당의 공식 후보인 가브리엘 투르바이와 사회개혁을 주장하던 민중주의자 가이탄이 동시에 출마함으로써, 보수당의 단일 후보인 마리아노 오스피나 페레스에게 패배했다. 그러나 16년 만에 다시 정권을 잡은 보수당의 마리아노 오스피나 정부는 의회의 다수가 자유당이었기에 통치하는 데 많은 어려움을 겪었다. 또한 자유주의 지도자 가이탄이 과두 지배적 정치 사회구조에 대한 개혁을 요구하면서 정부를 강하게 압박했다. 가이탄은 1929년 미국의 연합 청과회사의 파업 사태를 조사했고, 의회에서 노동자들에 대한 정부의 탄압을 고발함으로써 보수주의 정권에 타격을 입혀서 전국적인 명성을 떨친 인물이었다. 그는 특히 노동자와 농민들의 생활 조건 향상과 극심한 빈부 격차 해소를 위해 투쟁했다.

이에 오스피나 대통령은 1947년에 위수령을 선포하면서 의회를 해산시키

보고타소와 라 비올렌시아 **317**

고, 보수파의 반대에도 불구하고 각료에 자유주의파 인사들을 대거 임명했
다. 계속되는 정치 불안과 폭력 사태 속에서 1948년에 가이탄이 암살되었다.
이에 분노한 민중들이 가게를 약탈하고 감옥을 습격했으며, 보수당 내 강경
파들의 집, 교회, 공공건물들을 불태웠다. 이 사태가 바로 사상 최악의 도시
폭동이었던 이른바 '보고타소Bogotazo'다. 30시간 동안 보고타를 완전히 무정
부 상태로 만들었던 이 폭력 사태로 인해, 보고타시에 있는 대부분의 건물과
교회가 파괴되었으며 2,000명 이상의 사람들이 희생되었다.

라 비올렌시아

이 폭력 사태는 결국 전국으로 급속히 확산되어, 1960년대 초반까지 20만
명 이상의 희생자를 낸 이른바 '라 비올렌시아La Violencia(폭력)'라는 내전으
로 비화되었다. 라 비올렌시아는 보수주의 공권력, 특히 자유주의자에 대한
경찰의 공격과 또 이에 대응하는 자유주의 게릴라 세력의 보복으로 나타났
다. 여기에 보수당과 자유당이 각각 지원하는 무장 농민 단체까지 개입하여
사태는 더욱 복잡한 양상을 띠었다. 보수주의자가 강력한 독재를 통해 질서
를 회복하려고 노력했지만 농촌의 폭력은 수그러들지 않았다. 여기에 일부
지역에서는 공산당의 지도
하에 농민들이 자신들만의
독립된 국민정부를 만들기
까지 했다.

이러한 혼란 속에서
1953년에 구스타보 로하스
피니야 장군이 쿠데타를 일
으켜 정권을 잡았다. 그는
집권 후 모든 무장 집단에게
화해를 제안했다. 이 제안
을 공산주의자를 제외한 거
의 모든 집단이 수락하여 무

보고타 시내(2007년 1월). 군인들이 거리의 시민들을 대상으로
위문 공연을 하고 있다. 콜롬비아는 1902년에 천일전쟁이 끝난
후 정치적인 안정을 되찾았으나, 1948년 가이탄의 암살로 인해
서 사상 최악의 폭동이었던 '보고타소'가 일어나는 등, 또다시
혼란에 빠졌다.

력 행동은 많이 줄어들었다. 이로써 구스타보 로하스 피니야는 국민에게 크게 지지를 받았다. 또한 국제시장에서 커피 가격이 상승하면서 얻어진 재원을 바탕으로 많은 공공사업이 추진되었고, 서민 계층을 위한 국영기업을 설립하여 곡물과 생활필수품 등이 저렴한 가격으로 판매되었다.

그러나 구스타보 로하스 피니야는 자신의 지지를 기반으로 한 독립된 정치집단 결성과 별개의 노동조합 창설을 시도하려 했다. 자유당과 보수당의 지도자들은 이러한 시도가 군사 독재의 장기화를 위한 포석이라 생각하고 강력히 반발했다. 더욱이 커피 가격이 하락함에 따라 경제적 위기를 맞고, 1957년 전국적인 학생 시위와 기업주 및 양대 정당이 대대적인 파업을 하며, 자유, 보수 두 정당이 조직적인 반대 활동을 펴자, 구스타보 로하스 피니야는 대통령직을 사임했다.

'동등 배분'와 '교대' – 국민 전선

구스타보 로하스 피니야 정권의 붕괴 후 보수, 자유 양당은 군사평의회와의 협상을 통해, 국민전선 구축을 위한 개혁안에 대한 국민투표를 실시했다. 국민전선체제는 보수와 자유 양당이 동등하게 정권에 참여하는 것을 제도적으로 보장하는 것이었다. 즉, 이 체제는 16년 간 각료, 국회의원, 주지사 등 주요 공직을 득표와 관계없이 '동등하게 배분'하고, 보수당과 자유당이 4년마다 '교대'로 집권하는 것이었다. 또한 제3당이 선거에 참여할 수 없고, 법률안은 국회에서 3분의 2이상의 찬성으로 통과하며, 여성에게도 남자와 똑같이 참정권을 부여하는 것이었다. 양당의 지도자들은 국민전선체제가 콜롬비아에 만연해 있던 폭력을 종식시킬 수 있는 유일한 방안이라고 주장했으나, 급진자유혁명과 같은 반대파는 이 체제가 제한적 민주주의라고 비난했다. 이러한 반대에도 불구하고 1958년 의회의 비준으로 개정헌법이 확정되어, 10년 이상 지속된 장기적인 폭력 사태는 사라지는 듯했다. 1958년 자유당 정권을 시작으로 4년에 한 번씩 정권이 바뀌면서, 1970년의 보수당의 집권까지 16년간 국민전선 체제는 계속되었다.

이 기간 동안 쿠바혁명의 영향을 받은 콜롬비아 무장혁명군(FARC, Fuerzas

Armadas Revolucionarias de Colombia) 등 많은 게릴라 집단의 군사행동이 빈번해졌다. 특히 1970년 보수당 정권하에서 도시에서는 실업자가 증가하고, 농촌에서는 농민들이 대지주의 토지를 강점하는 사태가 발생했다. 특히 '4·19운동(M-19)'의 테러가 극성을 부렸다.

게릴라와 마약 테러 집단과의 전쟁

1974년의 선거에서는 신헌법에 따라 국민전선 체제가 종식되어 자유 및 보수당 이외에도 국민연합(UNO)과 대중민족동맹(ANAPO)이 참여했으나 자유당이 집권했다. 자유당 정부하에서는 국제시장에서 커피 가격의 인상에 따라 실업문제를 개선하는 데 큰 효과를 거두었으나, 인플레이션과 생필품 값의 상승으로 파업이 자주 일어났다. 한편 외교적인 면에서는 미국 일변도의 외교정책에서 벗어나 쿠바, 소련 및 동구권 국가들과의 경제적 유대를 강화하는 등 다변화 정책을 추구했다. 그러나 1979년 1월 M-19 게릴라 집단의 무기고 탈취, 보고타 주재 도미니카 대사관 습격, 마약 밀매 집단의 납치, 고문, 파괴 활동 등으로 인해 국내 정국이 혼란에 빠졌다. 더구나 1980년 중엽부터 국제시장에서 커피 가격이 하락함에 따라 외채가 증가하여 경제 사정이 악화되었다.

1982년 선거에서 당선된 보수당의 베탄쿠르 쿠아르다스는 게릴라 단체들과 화해를 시도하면서, 민족주의적 독자 외교 노선인 비동맹 정책을 추구했다. 베탄쿠르 쿠아르다스의 뒤를 이어 1986년 집권한 자유당의 비르힐리오 바르코 바르가스는 1990년 1월 전력, 광산, 석유산업 시설의 폭파 등의 행위를 했던 최대 국제 마약 밀매단인 메데인 카르텔의 소탕에 힘썼다. 이를 위해 미국의 협조를 얻어 마약과의 전쟁을 선포함으로써 게릴라 및 마약 테러 집단의 소탕에 힘을 기울였다.

34년간의 내전 종식

1994년에는 에르네스토 삼페르가 대통령에 당선되었다. 삼페르 대통령은 8년간 계속된 경제적 호황과 낮은 실업률을 유지한 전임 자유당 정권의 덕으로, 파스트라나 대통령에게 2만 표도 안 되는 근소한 표 차로 당선되었다. 그러나 선거 직후 파스트라나 후보는, 선거 기간 동안 삼페르 진영이 콜롬비아 최대의 마약 조직인 칼리 카르텔로부터 600만 달러의 자금을 제공받았다고 폭로했다. 하지만 1996년 삼페르 대통령은 무혐의 처분을 받았다.

그 후 1998년 선거에서는 전 보고타 시장이자 기자 출신인 44세의 파스트라나가 지난 1994년 대선에서의 패배 이후 재출마하여 12년 만에 정권교체를 이루며 당선되었다. 삼페르 정권의 부패에 염증을 느낀 국민에게 철저한 개혁과 경제성장, 그리고 좌익 반군과의 평화 협상을 공약으로 내세워, 집권 여당인 자유당의 세르파 후보를 누르고 당선되었다. 1998년 당시 재정적자가 국민총생산(GNP)의 4.8%에 달하고 실업률은 15.8%, 국민의 36%가 빈곤층에 속해 있는 등 콜롬비아의 경제 상황이 악화되어 있었다.

또한 콜롬비아 무장혁명군(FARC)이 1만 4,000명의 게릴라에 14대의 경비행기와 80척의 보트, 351개의 기업을 소유하면서 남부 아마존 지역을 중심으로 활동하고 있었고, 민족해방군(ELN)은 약 5,000명 정도의 게릴라에 242개의 기업을 보유하면서 북동부의 석유 생산지역을 중심으로 활동하는 등, 게릴라 단체의 존재는 콜롬비아에게 큰 골칫거리였다. 파스트라나 대통령은 악화된 경제를 해결하고 지난 34년간 지속된 내전을 종식시키기 위해서 좌익 반군 지도자와 회담하는 등 많은 노력을 기울였다.

라틴아메리카의 정체성:
1960년대 붐 소설

'붐 소설' 이전의 라틴아메리카 문학

19세기는 라틴아메리카의 거의 모든 나라가 스페인 식민 통치로부터 독립해 정치적 혼란기를 거쳐 점차 완전한 국가로서의 형태를 갖추어가는 시기였다. 이때의 라틴아메리카 작가들은 독립 초기 정치적 혼란기가 어느 정도 가라앉자, 유럽 작가들을 흉내 내면서 자신들이 살고 있는 자연을 서구 낭만주의의 틀 속에서 묘사하기 시작했다. 그러다가 이들은 각 지방의 어휘들을 과감하게 사용해서, 원주민과 메스티소를 작품의 주인공으로 삼고 라틴아메리카의 자연을 배경으로 하며 자신이 살고 있는 지역의 역사를 주제로 한 시나 소설을 썼다.

비록 작가들이 라틴아메리카의 정체성을 추구하고는 있었지만, 이러한 노력은 여전히 유럽의 틀 속에 라틴아메리카의 소재를 삽입한 것에 불과했다. 또한 유럽에서는 객관적 사실주의가 풍미하고 있었지만, 라틴아메리카에는 '문명과 야만'이라는 이분법적인 대결 구도를 지닌 낭만주의에서 벗어나지 못했다. 그 후 라틴아메리카 문학의 이러한 낭만주의는 유럽의 사실주의를 도입, 사실주의적인 관찰과 세부적인 묘사를 통해 국민의 생활상을 반영했다.

그 후 모더니즘의 출현으로 라틴아메리카 문학이 19세기 말에 라틴아메리카를 떠나 유럽에 소개되는 계기가 마련되었다. 이는 라틴아메리카가 스페인에 의해서 정복되고 정복자들의 언어인 스페인어를 쓰게 된 이래 처음으로 자신의 독창적인 목소리를 낸 사건이라 할 수 있다. 이것은 라틴아메리카 문학이 라틴아메리카에 존재하는 하나의 나라, 하나의 지역을 넘어서 유럽을 포함한 세계 속의 문학에 통합되는 동시에, 자신의 주체성을 획득하게 되었음을 의미했다.

이 모더니즘은 미국과 스페인의 전쟁과 멕시코혁명으로 인해서 1910년대에 쇠퇴하고, 대신 표현 형식이 간결하고 향토적인 것을 추구했던 후기 모더니즘으로 변모했다. 이 후기 모더니즘은 문학이 좀 더 지적知的으로 바뀌고 라틴아메리카의 제반 문제에 관심을 기울이는 지역주의 성향을 보였으며, 문체적인 요소는 상당 부분 무시되는 경향을 나타낸다는 점을 특징으로 하고 있다.

붐 소설

1940년대 이전에는 라틴아메리카에서는 농민이나 광부들의 반란, 그리고 그들이 자본주의 체제에 종속되어가는 과정을 연대기적인 서술 형태로 그린 사실주의 소설이 주류를 이루고 있었다. 그러나 1940년대 들어 이러한 사실주의 소설을 '원시적인 문학'이라고 비판했던 붐 작가들의 등장으로, 라틴아메리카 문학이 세계 문학과 어깨를 나란히 하게 되었다. 그리고 비로소 유럽 문학에 대한 열등감을 극복할 수 있었다.

'붐'이란 용어는 본래 '소비사회에서 일정한 상품 판매의 폭발적 신장'을 나타내는 미국의 마케팅 분야에서 사용되었던 어휘다. 붐 소설은 바로 제2차 세계대전 이후 비대해진 라틴아메리카의 몇몇 도시에 거주하는 독자층이, 책을 대량 소비의 대상으로 삼았다는 사실을 의미하고 있다. 이러한 현상은 1960년대 초반 이후 몇몇 출판사가, 제한된 지식 계층의 독자를 겨냥한 전문적인 출판물보다는 대중적 출판물에 주목하여 대중의 기호와 요구에 부응하면서 나타났다. 또한 스페인을 중심으로 한 외국 출판 자본들은 젊은 작가들의 작품을 많은 외국어로 번역해 세계 각국에 소개시킴으로써, 이들의 수준 높은 예술성을 전 세계에 알리기도 했다.

이러한 현상은 젊은 작가들이 라틴아메리카의 문제를 보편적 문제와 결합시키면서 자신만의 언어로 표현했기에 가능했다. 이들은 지역 언어의 사용을 지양하고, 오늘날 우리가 사용하는 다양한 어투의 일상어를 사용했다. 또한 이들은 작가 중심의 문학을 피하기 위해 다양한 서술 관점을 사용함으로써 독자의 참여를 유도하여, 텍스트를 독자의 소모품이 아닌 생산물로 만들었다. 그리고 이들은 현실과 환상을 구별하지 않았다. 이들에게 환상적이라고 하는 것은 현실과 구별되는 추상적인 것이 아니었고, 구체적인 사회, 역사, 정치 상황을 환상적 요소와의 결합을 통해 그려냈다. 1960년대 붐 소설의 작가들은 라틴아메리카의 현실을 총체적으로 파악하여 새로운 언어를 통해 '라틴아메리카'라는 정체성을 미적으로 형상화했다고 평가받는다.

붐 소설의 4인방으로는 가브리엘 가르시아 마르케스, 마리오 바르가스 요사, 카를로스 푸엔테스, 홀리오 코르타사르를 꼽는다.

마술적 사실주의

'붐 소설'은 라틴아메리카의 작가들을 지역적인 작가에서 국제적인 작가로 만든 계기가 되었다. 다분히 상업주의적인 냄새를 풍기는 '붐 소설'은, 출판업자들의 상업적인 전략과 라틴아메리카 작가들의 역량이 맞아떨어지면서, 라틴아메리카 소설을 20세기 후반의 세계 문학사의 최정상에 올려놓는 계기가 되었다. 그런데 작가들은 19세기 실증철학에 근거한 사실주의적 기법으로는 라틴아메리카의 역동적인 사회를 그려내는 데 한계가 있음을 느끼게 되었다. 이들은 사실주의, 지역주의 전통에서 벗어난 실험주의적인 글쓰기를 시도했다. 그 첫 수확이 바로 '마술적 사실주의'였다. 이는 사실주의를 부정하는 것이 아니라 오히려 라틴아메리카적인 진정한 사실주의를 추구하는 경향을 말한다.

가브리엘 가르시아 마르케스의 〈백 년 동안의 고독〉은 '마술적 사실주의'가

가장 완벽하게 형상화된 소설이다. 마르케스는 1982년에 노벨 문학상을 수상한 이 소설에서, 기존의 사실주의의 틀을 깨고 신화와 환상의 세계를 넘나들면서, 인간의 운명이 함축하고 있는 의미를 신화 속에 감추고 있다. 그는 묘사적인 사실주의에서 탈피하여 환상, 마술, 신화, 꿈, 신비 등의 요소가 가미된

〈백 년 동안의 고독〉을 머리에 쓰고 있는 가브리엘 가르시아 마르케스. '붐 소설'의 대표적인 작가 중의 하나이자, 1982년 노벨 문학상을 수상했던 그는, 라틴아메리카 문학의 최고봉으로 평가되고 있다.

초자연적인 문체를 구사하며 라틴아메리카의 역사를 역사서보다도 더 사실적으로 그려내고 있다.

'붐' 이후

1940년대에 시작되어 1960년대 꽃핀 붐 소설은 1970년대 들어오면서 '포스트 붐(붐 이후)'이라는 새로운 사조로 나타났다. 이는 1980년대에 전성기를 이루어 많은 작가들이 다양한 작품을 발표했다.

'붐 이후'의 작가들은 붐 작가들이 과도한 엘리트주의에 빠져 있어 독자가 작품을 쉽게 읽을 수 없다는 점과, 과도한 세계주의 성향으로 인해 라틴아메리카의 현실을 무시하고 있다는 점을 비판했다. 붐 작가들은 그동안 환상과 신화, 창조적 상상력에 절대적으로 의존해왔다. 하지만 1970년대 후반에 들어서면서 사람들에게 그들의 실험적 소설 기법이 진부하다고 인식된 것이다. 따라서 '붐 이후'의 작가들은 현실을 새로운 관점에서 수용하고 라틴아메리카 사회를 비판하면서 사회참여를 꾀했다. 그들은 아르헨티나의 비델라 정권, 칠레의 피노체트 정권, 니카라과의 소모사 독재체제 등을 겪으면서 '저항소설'을 쓰는 것이 자신들의 의무라고 주장했다. 이들은 또한 독자가 읽기 쉽도록 독자에게 익숙한 은유를 사용하며 그들에게 가까이 다가갈 수 있는

작품을 썼다. 또한 젊은이들의 문화와 팝 문화를 다루면서 붐 작가들에게 외면당했던 페미니즘, 유태인, 동성애, 노동자 계급들을 자신들의 주요 작품 소재로 삼았다.

제7-1장
민중을 향한 정치

LATIN AMERICA

미주인민혁명동맹, APRA:
페루

새로운 조국

페루는 1835년 칠레-아르헨티나와의 전쟁과 칠레와의 태평양전쟁에서 패했다. 이로 인해서 페루는 전쟁비용 충당에 따른 대외 부채의 증가, 핵심 수출품목인 초석의 상실과 주변국과의 군비경쟁에 따른 경제쇠퇴 등을 겪었다. 이러한 상황이 정치적인 불안과 겹치면서 혼란은 극에 달했다.

1919년, 페루는 아우구스토 베르나르도 레기아의 독재체제를 맞이했다.

1908년에 이어 1919년에 군부의 지원을 받아 쿠데타를 일으켜 정권을 잡은 레기아는, 다수의 반대파로 이루어진 의회를 해산한 후 입법회의를 구성하여 독재체제를 구축했다. 레기아는 '새로운 조국'건설을 앞세워 도시 중산층을 중심으로 자신의 권력을 강화했다. 또한 국제석유 회사(IPC)와 같은 외국기업을 유치했고, 라틴아메리카 국가 중에서는 최대 규모의 외자를 도입하여 도로와 철도, 항만, 관개수로 건설 등 대규모 공공사업을 추진했다. 그의 집권기에는 페루 최대의 노동조합(CORP)이 조직되어 이를 바탕으로 사회당과 노동당이 생기기도 했다. 11년간 페루를 통치한 레기아는 1930년에 일어난 군사 쿠데타로 사임하고 영국으로 망명을 시도했으나, 체포되어 투옥된 후 1932년 사망했다.

빅토르 라울 아야 데 라 토레의 APRA

1920년 레기아에 의해서 추방된 빅토르 라울 아야 데 라 토레는, 1924년 멕시코에서 미주인민혁명동맹(APRA)을 결성했다. 그는 라틴아메리카에서의 혁명은, 가난에 허덕이는 프롤레타리아보다는 투쟁 의식이 강한 지식인과 중산층에 의존해야 한다고 주장했다. 그는 또한 라틴아메리카의 후진성은 제국주의의 착취에 그 원인이 있다고 진단하고, 국가가 경제발전에 주도적으로 참여해서 서구 자본주의의 초기단계에서 나타났던 부작용을 극복해야 한다고 강조했다. 이를 위해서 원주민들의 집단주의 전통을 지키고, 그 위에 새로운 농업사회를 건설해야 한다고 주장했다.

이처럼 자본주의 체제의 개혁을 통한 반反제국주의와 민족주의 성향을 가졌던 그는 APRA를 결성하여, 원주민의 인권회복, 라틴아메리카의 정치적 통합, 반미 투쟁, 그리고 주요 생산분야의 국유화 등을 위해 투쟁했다. 또한 원주민을 사회에 동화시키고 라틴아메리카 대륙을 산업화 및 민주화시켜야만, 국제정치에서 라틴아메리카가 중대한 역할을 수행할 수 있다고 주장했다. 그 사이 자유주의 성향을 가진 중산층과 젊은 지식인층, 그리고 노동자들이 APRA의 사상을 추종함으로써, 빅토르 라울 아야 데 라 토레는 페루 정치의 핵심 인물로 부상했다.

그는 페루로 돌아와 1931년 APRA를 결성했다. 이는 1931년 대통령 선거에서 승리하기 위한 사전작업이었다. 그러나 산체스 세로의 부정선거로 집권이 좌절되고, 이어서 APRA는 탄압을 받기 시작했다. 그러자 APRA당은 1932년 트루히요에서 반란을 일으켰고, 1933년 APRA의 한 당원이 산체스 세로 대통령을 암살했다. 이후 정부군과 대립 상태가 되면서 APRA는 공산주의와 쿠바혁명에 대한 반대 표명과 소수 지배 세력과의 제휴 시도 등, 강경 노선을 온건 노선으로 바꾸고 마침내 반미혁명 노선을 포기하였다.

그 후 집권에 계속 실패하다가 1985년 APRA 출신 36세의 알란 가르시아가 집권에 성공했다. 1924년 APRA 창당 이후 최초로 집권에 성공한 것이었다.

벨라운데 대통령

레기아 정권이 1930년 군사 쿠데타에 의해 붕괴된 후 1962년에 군사 쿠데타가 발생할 때까지, 페루는 군부 반란, 대통령의 암살, 경제 악화 등 정치, 경제적으로 매우 혼란한 시기를 겪었다. 1960년대에 들어서도 80% 이상의 토지가 소수에게 집중되는 등 사회적 불평등이 극에 달했다. 그뿐만 아니라 석유 같은 국가의 주요한 자원은 대부분 외국의 다국적 기업의 수중에 있었으며, 여기에서 나오는 이익 역시 소수의 지배층에게 돌아갔다.

이러한 현실을 타파하려 했던 인물이 바로 1963년 대통령으로 당선된 벨라운데였다. 그는 APRA 정책의 많은 부분을 수용하여 저렴한 임대주택과 학교 신설, 사회보장제도의 확대, 도로 건설 등 많은 개혁 정책을 추진해나갔다. 특히 벨라운데 대통령은 1964년에 농지개혁법을 시행하여 많은 수의 농민이 혜택을 받도록 했다. 또한 국제석유 회사(IPC)의 문제를 해결하기 위해 많은 노력을 했으나, 페루 원유의 98%를 통제하고 있던 국제석유 회사의 강력한 저항으로 그의 노력은 물거품이 되었다. 이로써 국제석유 회사는 일방적으로 유리한 조건에서 석유사업을 계속할 수 있었다. 이는 군사 쿠데타 발생의 원인이 되어 벨라운데 대통령의 퇴진을 불러왔다.

그 후 군사정권이 이어지면서 대부분의 외국기업을 국유화시키고, 농지 개혁으로 수용된 토지와 사유 농장을 협동농장이나 소농들에게 분배하는 민족주의 성향의 혁명적인 개혁 정책이 추진되었다. 또한 독립된 외교 노

페루의 수도 리마 남쪽의 빈민촌. 페루는 독립 후 전쟁에서의 패배, 그에 따른 경제쇠퇴와 정치 불안 등을 겪었다. 21세기에 접어든 지금도 이러한 혼란한 상황은 그대로 이어져서, 페루에는 극심한 사회적 불평등을 극명하게 보여주는 이러한 빈민촌이 많이 존재한다.

선을 구사하여 쿠바의 카스트로 정권을 승인하고, 다른 사회주의 국가들과의 유대를 강화하기도 했다. 그러나 1979년에 APRA의 창시자인 빅토르 라울 아야 데 라 토레의 사망으로 사회가 혼란해졌고, 결국 1980년 선거에서 전직 대통령인 벨라운데가 다시 당선되어 12년간의 군부 통치가 종식되었다.

브라질의 삼바와 축구:
바르가스 대통령

1930년 혁명

브라질에서는 독립 이후 왕정 체제를 거쳐 1899년 공화정이 시작되었다. 그러나 제1공화정이 전통적 과두 지배자에 의해 좌우되었기 때문에, 비록 정치적으로 평온함을 유지했으나 브라질의 정치 구조와 사회구조는 변화되지 못했다. 이는 각 소외계층의 반란으로 이어졌고, 농촌지역에서뿐만 아니라 도시지역에서도 노동자들의 파업이 빈번히 일어났다. 여기에 유일하게 호황을 누리던 커피 산업마저 1929년의 대공황으로 인해 불황의 늪에 빠졌다. 이러한 상황 속에서 사회 전반의 변화와 요구를 수용할 수 있는 정치제체를 필요로 했는데, 1930년 혁명을 통해 등장한 바르가스가 이를 실현한 인물이었다. 바르가스는 주 하원에 이어 1928년 히우그란지두술의 주지사를 역임하면서, 30년 동안이나 계속되어온 히우그란지두술에서의 공화파와 연방파 간의 정치적 대립을 종식시켰다. 이러한 정치적 조정 능력으로, 그는 혼탁했던 브라질 정치에서 조정자로서의 이미지를 굳힐 수 있었다.

그런데 1930년 대통령 선거에서 워싱턴 루이스 상파울루주 출신 대통령이 차기 대통령 후보를 자신과 같은 주 출신을 지명했다. 이는 그동안 유지되어

온 '카페 콩 레이치('밀크 커피'라는 의미로, 상파울루주의 커피(Café)와 미나스제라이스주의 우유(Leite)라는 표현을 사용한 것으로써, 2개 주 출신의 대통령이 정치적 타협을 통해서 브라질을 번갈아 통치하는 것을 의미한다)'의 암묵적인 협약을 위반하는 것을 의미했다. 이로 인해서 부통령 후보가 암살되는 등 브라질은 정치적으로 매우 혼란한 상황이 되었다. 이러한 정치, 사회적 혼란을 틈타 1930년 소장 장교들이 반란을 일으켜서, 당시 히우그란지두술주의 주지사였던 바르가스를 임시정부의 대통령으로 추대했다.

바르가스의 '신新국가 체제'

바르가스가 집권했을 때 브라질은 세계대공황의 여파로 경제가 매우 어려운 상황에 처해 있었다. 그는 미나스제라이스주를 제외한 각 주지사를 해임하고, 그 자리에 1930년 혁명에 가담했던 군 소장파 장교들을 임명했다. 그리고 각 주정부의 군대를 연방군 소속하에 두어, 각 주로 분산되어 있던 권력을 중앙 정부로 집중시켰다. 이러한 과정에서 상파울루 등지에서 폭동이 발생했지만, 바르가스는 이를 진압하고 1934년에 삼권분립과 대통령 중심제를 골자로 한 헌법을 새로 제정했다. 이 헌법에 따라 간접선거를 통해 의원들이 선출되고 바르가스는 대통령에 당선되었다.

1937년에 바르가스는 자신의 권력을 유지하기 위해 상, 하원을 해산시키고 국가비상사태를 선포했다. 그리고 미리 준비해놓았던 신新헌법을 공포하여 신新국가(Estado Novo) 체제를 선언했다. 대부분의 브라질 중산층과 일반 국민의 지지(그러나 실제로 바르가스의 지지 기반은 관제 노조, 하층 민중, 주지사를 중심으로 한 지방행정기구, 지방의 대지주 등에 국한되어 있었다)를 받았던 바르가스의 신국가 체제는, 좌파 정치인의 활동을 제한하고 국가비상사태의 선포와 함께 대통령에 의한 강력한 중앙집권적 통치 체제를 확립했다. 한편 바르가스는 노동자에 대한 사회보장제도, 최저임금제도, 주 6일 노동 및 1일 8시간 근무제 등의 포퓰리즘적인 정책을 시행했다. 그러나 이러한 정책에도 불구하고 제2차 세계대전 이후 바르가스의 신국가 체제에 대한 반발이 사회 전반에 확산되었다. 두 번째 대통령 선거에도 바르가스가 입후보했으나, 반대 여론이 거세지자 1945년 후보 사퇴와 함께 대통령직도 사임하고 귀향했다. 그러나 바르가스는 상원의원을 시작으로 상파울루주와 히우그란지두술주의 전통적 지배계층과 유대를 맺으면서 자신의 정치적 기반을 유지했다.

이러한 기반을 토대로 해서 독재자의 이미지를 벗고 민주적인 정치인으로 거듭나려고 노력했던 바르가스는, 1950년 대통령 선거에서 전체 투표의 49%를 획득해 대통령에 다시 당선되었다. 바르가스는 빈민의 아버지, 노동자들의 지도자, 노동문제에 관심이 많은 정치 지도자로 불리길 원했다. 그러나 이것이 오히려 바르가스의 2차 집권기를 정치적 혼란에 빠지게 했다. 바르가스는 젊은 기술관료들을 중심으로 국가 경제발전의 계획을 세우고, 석유산업의 국유화 정책을 펴는 등 여러 가지 노력을 했다. 하지만 외국자본의 이탈과 신용도 하락으로 경제 정책의 실패를 맛보아야만 했다. 여기에 국제시장에서 원자재 가격이 하락해 수출이 감소하고 경상수지 적자가 늘어나며, 외환 위기의 가능성이 점차 커지게 되었다. 이러한 상황 속에서 노동자와 중산층의 시위도 격화되어, 결국 군부, 의회, 언론 등의 사임 요구로 바르가스는 곤경에 처했다. 결국 바르가스는 1954년 8월 24일 새벽 각료회의를 주도하던 도중에 회의장 밖에서 총으로 자살했다.

이로써 1930년 혁명부터 1954년 사망할 때까지(1945년에서 1950년까지의 기간 제외) 무려 19년간이나 지속되었던 바르가스 시대가 종식되었다.

삼바와 축구 – 바르가스의 문화정책

바르가스는 초중등 교육의 강화와 함께 연방정부 차원에서 전문인력 양성에 주력하여 1934년 상파울루 대학(USP)을 설립했다. 바르가스는 특히 브라질의 정체성 형성을 위한 문화정책에 많은 관심을 가졌다. 따라서 문화정책은 1930년 이후 바르가스가 꿈꾸었던 브라질의 통일성과 일체성을 형성할 수 있는 방향으로 추진되었다.

대표적인 것으로 삼바를 들 수 있는데, 바르가스는 삼바를 브라질을 대표할 수 있는 문화 아이콘으로 성장시켰다. 바르가스의 정책적인 지원과 라디오의 보급으로 삼바가 리우데자네이루 지역을 중심으로 유행하여, 오늘날

카니발의 대표적인 음악으로 자리 잡게 되었다. 또한 브라질의 각 지역에서 행해지던 카니발을 활성화하기 위해 최초로 삼바 학교를 지원했으며, 1935년 삼바 학교의 카니발 팀들이 처음 행진을 시작하면서 삼바 카니발이 브라질의 대표적인 공연 문화로 세계에 알려지게 되었다.

스포츠 부문에서도 많은 변화가 발생했다. 19세기 말 영국의 무역업자와 선원들을 통해 브라질에 들어온 축구는, 초기에는 백인이 클럽 운영을 통해 수익을 올리고 자신들만의 여가 공간을 확보하기

삼바 추는 여인. 제툴리우 바르가스 대통령은 축구와 삼바의 활성화를 자신의 독재체제를 유지하기 위한 수단으로 삼았다는 부정적인 평가를 받기도 한다.

위해 시작되었다. 하지만 바르가스의 집권기에 브라질의 국기國技로 자리 잡았다.

바르가스의 이러한 노력들이 브라질의 문화 발전에 큰 역할을 했다는 긍정적인 측면도 있지만, 한편으로는 자신의 독재체제를 유지하기 위한 수단으로 이용했다는 부정적인 측면도 지니고 있다.

인플레이션과 외채

바르가스의 자살 이후, 브라질의 대통령들은 경제발전에 총력을 기울였다. 그러나 인플레이션과 그로 인한 물가 상승, 파업의 확산 등으로 어려움을 겪었다. 결국 계속되는 사회적 혼란을 종식시키고자 1964년 군부가 쿠데타를 일으켜 정권을 잡았다. 군부의 지도자들은 헌법의 수호, 민주 선거, 의회와 정당의 활성화 그리고 언론의 자유 등을 약속했지만 제대로 실천하지 않았다. 경세 부문에 있어서도 '브라질의 기적'이라 할 정도로 상당한 발전을 이

룩했으나 엄청난 외채로 경제적 부담이 커졌고, 임금인상과 같은 노동자의 요구가 억제되면서 국민의 불만이 고조되었다. 이러한 경제적 불안과 국민의 불만은 군부독재의 정치적 위기를 불러왔다.

그 후 주제 사르네이와 페르난두 콜로르 지 멜루가 대통령에 당선되어 통화개혁, 물가 동결과 통제, 국영기업의 민영화, 외국자본에 대한 개방, 정부 예산의 삭감 등 초강력 반(反)인플레이션 정책을 시행했지만 실효를 거두지 못했다. 콜로르 대통령은 독직 사건으로 탄핵을 받아 사임하고, 그의 뒤를 이어 부통령이었던 이타마르 프랑쿠가 대통령이 되어 콜로르 대통령의 잔여 임기를 채웠다.

노동계급의 대변자:
페론과 에비타

경제대국의 위기

아르헨티나는 1870년부터 제1차 세계대전이 발발할 때까지 유럽에 많은 농축산물을 수출하여 비약적인 경제성장을 이루었다. 그러나 풍부한 자원에 비해 자본과 노동력이 부족했던 아르헨티나는 영국으로부터 자본을, 유럽으로부터 이민을 받아들였다. 1914년 제1차 세계대전으로 한동안 수출입이 줄고 소비재가 부족해지는 등 경제성장이 둔화되었지만, 1920년대 중반에 유럽 시장으로 곡물과 육류 수출이 재개되면서 아르헨티나의 경제는 정상 상태를 회복했다.

그러나 1929년부터 전 세계를 강타한 대공황은, 농축산물을 수출하고 공산품의 수입에 의존했던 아르헨티나에 심각한 타격을 주었다. 즉, 수출은 급격히 줄고 대외 부채와 자본 유출이 증가하여 심각한 재정 적자에 시달렸으며 실업률도 증가했다. 정부는 이러한 위기에 대처하고자 보호주의 정책을 폈지만 큰 효과를 얻지 못했다. 그 후 1930년 우리부루 장군의 쿠데타를 시작으로 아르헨티나는 지속적으로 군부의 정치 개입을 겪어야 했다.

노동계급의 대변자, 페론

1943년에 후안 도밍고 페론을 주축으로 한 청년 장교들이 쿠데타를 일으켜 정권을 잡았다. 페론은 임금인상, 주 60시간 노동, 동일 노동의 남녀 차별 폐지와 해고 노동자의 복직 등을 요구했던 육류 포장공들의 파업에서 노동자에게 유리한 결론을 이끌어냈다. 또한 당시 분열로 어려움을 겪던 노동자 조직의 대표 격인 노동총동맹(CFT)을 통합하는 등, 노동운동에 새로운 방향을 제시하는 데 큰 역할을 했다. 노동계의 파업과 분열을 해결한 페론은 노동부 장관직을 맡아 노동계급과 연대하여, 주변부에 머물고 있던 노동계급을 중심 세력으로 편입시켰다. 당시 노동계급은 수적으로 팽창했지만 대다수가 조직화되어 있지 않았고, 노동운동은 매우 관료화되어 노동자와 상당한 거리를 두고 있었다.

이런 상황에서 페론은 노동계급의 대변자로 자처하면서 노동자들의 작업장과 본부를 직접 방문했다. 그리고 지도부를 매일 만나고 그들의 집회에 참여했다. 연설을 통해서 사회정의와 노동자의 권리를 강조했고, 이에 노동자들은 페론에 많은 지지를 보냈다.

1944년, 페론은 부통령 및 노동복지부 장관까지 겸임했다. 페론의 급속한 지위 상승으로 군부 내에 반대파가 형성되었다. 여기에 미국도 강한 민족주의 성향을 지닌 페론을 달갑게 여기지 않았다. 결국 페론은 1945년 마르틴 가르시아 섬에 유배되었다. 그러자 '데스카미사도스Descamisados('셔츠를 입지 않은 자들'이란 뜻으로, 이들이 실제로 셔츠를 입지 않았던 것은 아니고, 부에노스아이레스의 분위기에 맞는 정장 상의를 걸치지 않았다는 의미를 내포하고 있으며, 보통 노동자나 빈민계층을 말한다)'라고 언론에게 조롱당했던 수많은 노동자가 부에노스아이레스 대로를 메우고 '페론 만세'를 외치는 등 광범위한 저항운동을 전개했다. 결국 정부는 이들의 반발에 굴복하여 페론을 석방했다. 석방 이듬해인 1946년 페론은 자신을 지지하는 노동계급의 지도자들을 주축으로 노동자당을 만들어 대통령에 당선되었다. 그뿐만 아니라 노동자당의 후보들은 공산주의자부터 보수파에 이르는 다양한 반대 세력의 도전에도 불구하고, 상원과 하원 두 곳을 제외한 주지사 선거까지 모두 휩쓸었다. 집권 초기 환율 인상으로 제조업 부문의 수출이 부진해지고 미국 자본이 침투하자, 여러 라틴 아메리카 국가와의 협정을 통해 제조업 수출을 도모하면서 제조업의 성장을 위해서 노력했다. 이와 함께 국제 정세도 페론에게 유리한 방향으로 전개되었다. 미국과의 불편한 관계도 해소되었고, 5개년 경제계획을 통해 국민 총생산이 29%가량 늘어남으로써 외환 보유고도 증대되었다.

한편, 페론의 집권과 함께 노동자의 시대가 열림으로써 많은 혜택이 노동자에게 돌아갔지만 역설적이게도 파업권은 인정되지 않았다. 때문에 노조가 정부의 허가 없이 파업에 돌입할 경우, 페론 정부는 파업의 주동자들을 가차 없이 처벌했다. 이처럼 노조는 많은 물질적 이득과 정치적 영향력을 얻었지만, 다른 한편으로는 자율성을 상실한 채 가부장적인 후견인의 보호 속에 안주했다.

페론과 에비타

한편 페론은 첫 번째 부인을 암으로 잃고 난 후, '에비타'로 알려진 여배우 출신 마리아 에바 두아르테와 1945년에 결혼했다. 두 번째 결혼이었다. 에비타는 시골뜨기 가출 소녀, 삼류 단역배우와 같은 밑바닥 삶을 전전하다가 자신보다 2배나 나이가 많은 페론과 결혼한 후, 페론 못지않은 카리스마와 열정으로 1949년까지 페론 정부의 2인자가 되었다. 에비타는 노동, 보건, 자선 분야의 일을 맡아 병원, 학교, 고아원, 양로원 건립을 주도해 노동자들에게 많은 인기를 끌었다. 그녀는 또한 자선단체 '에바 페론 재단'을 운영하면서 빈민구제에 힘썼으며, 여성에게도 참정권을 부여하는 등 여권신장 운동에도 앞장섰다.

그러나 '가난한 이들과 노동자들의 기수', '페론의 방패', '데스까미사도스의 전권대사', '페론과 대중을 이어주는 사랑의 교량' 등의 칭호를 들었던 에비타는 1952년 33세의 나이에 자궁암으로 사망했다. 그녀의 사망은 아르헨티나를 비탄 속에 빠트렸다. 그녀의 장례식은 국장으로 무려 한 달간이나 치러졌다. 사람들이 자기를 잊지 않도록 해달라는 에비타의 유언대로 에비타의 시신은 썩지 않게 처리하여 노동부 건물에 안치되었다.

대통령에 재선된 뒤(1952년) 국민들의 환호에 답하는 페론과 에비타. 노동계급의 대변자로 자처했던 페론정권은 결국 군부의 쿠데타 세력에 의해서 물러났지만 아르헨티나 노동자들의 그에 대한 숭배는 계속 이어졌다.

그러나 1955년 페론을 축출하고 정권을 잡은 군부는, 전시된 에비타의 시신이 노동자들의 봉기에 상징으로 이용될 것을 우려했다. 그만큼 에비타의 시신은 노동자들을 하나로 결집시킬 만큼 무서운 힘을 가지고 있었다. 이에 군부 정권은 치밀한 작전을 통해서 에비타의 시신을 이탈리아 밀라노 근처의 작은 공동묘지에 매장했다. 그 후 에비타의 시신은 우여곡절 끝에 1971년 스페인에 망명 중이던 페론에게 돌아갔고, 그녀가 죽은 지 24년 만인 1976년에 부에노스아이레스의 레콜레타 공동묘지에 묻히게 되었다.

페론의 재집권, 그리고 사망

아르헨티나에서는 페론의 축출 이후 1983년까지 15명의 대통령과 여덟 차례의 쿠데타가 발생하는 등 극도의 정치 혼란이 발생했다. 페론이 축출된 후에 정권을 잡은 대통령들은, 페론이 활성화시킨 노동자 조직의 통제를 위해 페론은 물론 그와 관련된 모든 정당의 정치활동을 철저히 금지했다. 그러나 페론파의 저항은 만만치 않았다. 여기에 망명 중이던 페론의 원격 조종도 한몫했다.

결국 페론에 대한 지지자들의 숭배가 끈질긴 생명력을 과시하여, 18년이나 지속된 페론파의 공백기에도 불구하고 1973년 대통령 선거에서 페론파의 엑토르 캄포라가 당선되었다. 그는 집권 후 곧바로 사임하여 망명지에서 귀국한 페론이 권좌에 복귀할 수 있도록 했다. 집권한 페론은 여러 세력 사이의 화해와 조정을 통해 국민 통합의 분위기를 조성하려 했지만, 석유파동에 따른 국제적인 경기침체는 국내 정치 상황에 악영향을 미쳤다. 더욱이 1974년, 페론은 당선된 지 8개월 만에 사망했다.

그의 뒤를 이어 부통령이던 아내 이사벨 페론이 뒤를 이었다. 무용수였던 이사벨은 1956년에 페론을 만난 뒤 페론의 개인 비서가 되어, 망명을 떠나는 그를 따라 마드리드로 가서 1961년 결혼한 페론의 세 번째 부인이었다. 이사벨 페론 정부는 물가앙등과 노동계의 불안, 정치 폭력을 유산으로 물려받은 채 출범했다. 그녀는 내각 각료들을 새로 임명하고 화폐를 발행해 외채를 상환하고자 했으며, 국가가 무정부 상태 직전까지 이르게 된 1974년 11월에는 계엄령을 선포함으로써 문제를 해결하고자 했다. 그러나 독직과 테러활동으로 인해 강제로 추방당한 이사벨 페론 정권의 사회복지장관 로페스 레가를 둘러싼 논쟁이 그녀를 불리하게 했다. 온건파 군 장교들은 그녀의 사임을 촉구했으나 이사벨 페론은 완강하게 거부했다. 그동안 정국이 혼란해지고 경제 침체가 가속화되었으며, 정치적 폭력의 수위는 높아졌다. 결국 1976년 군부가 쿠데타를 일으켜 비델라 장군이 1981년까지 집권했다.

제7-2장
혁명

LATIN AMERICA

그링고:
멕시코혁명

멕시코혁명

　1910년에 일어난 멕시코혁명은 30여 년간 지속되었던 포르피리오 디아스의 독재정치에 대항하여 시작되었다. 멕시코혁명은 쿠바혁명, 니카라과혁명과 함께 라틴아메리카의 3대 혁명 중 하나로 평가받는다. 이 혁명은 1910년에서 1913년 사이의 1차 혁명인 마데로혁명, 1913년에서 1920년 사이의 2차 혁명인 카란사혁명, 1920년에서 1940년 아빌라 카마초가 대통령에 취임하는 멕시코혁명의 제도화 등 대략 3기로 나눌 수 있다.

혁명의 불길과 디아스의 항복

　자유와 정의를 추구하는 인민이라면 때로는 위대한 희생을 치러야 할 역사적 순간을 갖게 된다. 지금이 바로 우리의 사랑하는 조국을 위해 그러한 희생을 치러야 할 때다. 우리 멕시코인이 독립을 쟁취한 뒤로 일찍이 겪어보지 못했던 이 독재는 이제 더는 참을 수 없는 수준에 이르고 있다. 만일 독재를 조건으로 우리에게 평화가 주어졌다면, 이 평화는 우리 멕시코 민족에게는 수치로 가득한 평화임이 틀림없다. 왜냐하면 이 평화는 법이 아니라 폭력에 기초하고 있기 때문이며, 이 독재의 목표는 국가의 번영이 아니라 소수집단의 번영이기 때문이다….

이렇게 시작하는 마데로의 '산 루이스 포토시 계획'을 기점으로 1910년 10월 멕시코 전역은 혁명의 소용돌이 속에 빠져들었다. 이 선언문에는 7월에 실시된 선거는 무효며, 따라서 디아스의 대통령직도 인정되지 않고, 대신

멕시코혁명 당시 정부군과의 협상 테이블에 앉아 있는 농민군 대표들. 판초 비야(선글라스를 쓴 사람)와 에밀리아노 사파타(비야의 오른쪽에 앉아 있는 사람)는 멕시코혁명을 통해서 농민들을 위한 토지개혁을 실현하고자 노력했다.

마데로를 멕시코의 임시 대통령으로 삼는다는 내용이 들어 있었다. 또한 모든 멕시코인은 조국을 위해, 자유를 위해 1910년 11월 20일 오후 6시를 기해 일제히 봉기할 것을 촉구한다는 등의 내용도 포함되어 있었다. 멕시코 각지에서도 마데로에 대한 지지를 선언하면서 봉기했다. 혁명군의 대부분은 삶의 터전을 상실한 농업 노동자로서, 혁명의 열정에 불타고 있던 이들의 공통점은 디아스에 대한 증오였다. 이들은 디아스야말로 멕시코를 망친 병의 근원이라고 믿었고, 이를 제거하기 위해 죽음을 무릅쓰고 봉기했다.

혁명군의 지도자 마데로는 후아레스시를 멕시코 혁명정부의 후보지로 생각, 이를 점령하여 디아스에게 사임을 강력히 요구했다. 이러한 요구에 병들고 지친 노老독재자 디아스는, 자신의 사임을 알리는 성명서를 남기고 30여 년간의 대통령직에서 물러나 유럽으로 망명했다.

마데로와 사파타

혁명 후 1911년 11월 대통령이 된 마데로는, 또 다른 혁명군의 지도자 사파타와 갈등을 일으켰다. 마데로는 멕시코 민중이 원하는 것은 빵보다는 자유라고 생각한 반면에, 사파타는 원주민으로부터 불법적으로 빼앗은 농토의 반환과 대농장 토지의 3분의 1을 농민들에게 불하하는 등의 토지개혁을 요구했다. 이러한 갈등 속에서 농장주들과 연방군으로부터 압력을 받은 마데로는, 사파타와 그들의 병사들에게 즉시 무기를 버리고 항복할 것과 모렐

로스를 떠날 것을 요구했다. 마데로의 배신에 할 말을 잃은 사파타는 마데로 정부에게 기대할 것이 없다고 생각했다. 이에 '토지개혁'과 '사회정의' 구현을 목표로 하는 '아얄라 계획'을 발표했다.

한편, 혁명 동지들에 의한 반란에 시달렸던 마데로는, 디아스 정권하에서 탁월하게 군사적 역량을 발휘하던 빅토리아노 우에르타를 진압군의 지휘관으로 선택했다. 그러나 우에르타는 본래부터 디아스의 충직한 심복으로서 구체제 인사들 사이에 인기가 있던 인물이었다. 결국 멕시코혁명의 선구자인 마데로는 자신이 중용한 우에르타의 지지 세력에 의해 1913년에 살해당했다.

혁명의 암살자 – 우에르타

마데로를 제거하고 정권을 잡은 우에르타는 먼저 사파타에게 공직을 제안하는 등 협상을 시도했다. 하지만 사파타는 우에르타를 '권력에 눈이 멀어 주인을 죽인 자'라고 생각하고 그에 대항한 투쟁 의지를 다졌다. 우에르타는 행정력을 지닌 각 주의 주지사들을 위협하여 자신의 집권을 인정하게 했다. 그러나 코아우일라 주지사였던 베누스티아노 카란사가 우에르타에게 반발했다. 베누스티아노 카란사는 공화국의 정통성을 이어받은 후계자로 자처했다. 그러면서 알바로 오브레곤 장군과 동북부와 서북부에서 각각 시민혁명군을 조직해 우에르타에 저항했다. 또한 멕시코 북부에서는 판초 비야가 강력한 군대를 조직하여 우에르타군과 싸워 계속 승리를 거두면서 멕시코시를 향해 남하했고, 멕시코에 인접한 남부 지역에서는 사파타가 투쟁했다.

이렇게 멕시코 각지에서 우에르타의 정부군에 맞선 혁명군의 기세에 눌린 우에르타는 대통령직을 사임했다. 1915년 8월 15일, 드디어 오브레곤 지휘하의 혁명군이 멕시코시에 입성했다.

오브레곤과 카란사의 승리

멕시코시를 장악한 카란사는 판초 비야-사파타 연합전선과 주도권 경쟁으로 갈등을 빚었다. 특히 토지개혁 문제에서는 카란사와 사파타와의 화해가 불가능했다. 1914년 10월 아구아스칼리엔테에서 혁명에 성공한 지도자들의 회의가 열렸다. 이 회의에서 토지개혁을 주장하는 판초 비야-사파타 연합전선의 '아얄라 계획'과 정치적 자유만을 주장하는 카란사의 '과달루페 계획'이 서로 대립했는데, 판초 비야-사파타 연합전선이 더 우세했다. 이에 카란사는 오브레곤을 자신의 편으로 끌어들여서 자신의 영향력 확대를 추구했으나, 판초 비야-사파타의 연합전선은 오브레곤을 멕시코시에서 몰아내는 데 성공했다. 그러나 사파타군과는 달리 멕시코시를 점령하고 있던 판초 비야군의 전횡이 갈수록 심해졌다. 한편 베라크루스로 쫓겨 갔던 오브레곤의 대반격에 의해 판초 비야군은 괴멸되었다.

그 후 케레타로에서 제헌의회가 소집되어, 1917년에 멕시코혁명 헌법을 제정하여 공포했다. 이 헌법에는 농지의 유상몰수와 유상분배, 모든 지하자원의 국가 소유, 외국인과 교회의 토지 소유 금지, 교회나 개인의 교육기관 운영 금지, 초등교육의 국가 운영, 8시간 노동과 7시간 야간 노동, 12세에서 16세까지의 아동은 6시간 노동, 여성과 임산부의 보호, 최저임금제 실시, 성 혹은 국적의 차별이 없는 임금 지급, 노동조합 구성권 및 노동쟁의권 부여 등의 개혁적인 내용이 담겨 있었다.

1917년에 카란사는 3월의 총선거에서 승리함으로써 당당히 멕시코 대통령에 취임했다. 그러나 1917년 새로 제정된 헌법에 따라 특권을 빼앗긴 교회 세력의 위협, 혁명군에게 압수되어 분배되었던 토지를 이전의 지주들에게 돌려준 반反혁명적인 정책 등으로 인해서 카란사는 곤경에 처했다. 여기에 사파타가 자신을 진정한 대통령으로 인정하지 않는다는 사실 또한 카란사를 늘 불안에 떨게 했다. 결국 1919년 카란사 측근의 음모로 사파타는 암살당했다.

사파타

사파타는 토지가 비옥하여 사탕수수 농업으로 유명한 모렐로스주에서 태어났다. 이 지역은 지주들에 의한 토지의 독점과 농민에 대한 수탈이 심해, 수 세기 전부터 멕시코의 농민문제를 전형적으로 보여주고 있는 지역이었다. 사파타는 이러한 농민문제를 해결하기 위해서 봉기했다. 이는 이상 속에 존재하는 정치권력을 위한 봉기가 아닌, 먹을 것과 자유를 주는 땅을 위한 봉기였다.

그러나 사파타는 1919년 카란사 정부의 사령관인 곤잘레스 장군의 음모로 살해되었다. '모렐로스의 돌멩이까지도 사파티스타다'라고 할 정도로 사파타에 대한 믿음이 절대적이었던 모렐로스 농민들에게, 사파타의 암살 소식은 청천벽력과 같았다.

판초 비야와 그링고

1916년 1월, 판초 비야의 부하들이 열차를 타고 가던 16명의 미국인 기술자를 살해했다. 그리고 3월에는 판초 비야군이 미국 뉴멕시코주의 콜럼버스시와 시 외곽에 주둔해 있던 미국의 기병대에게 살인과 약탈을 저지른 후 국경 지역으로 퇴각했다.

미국은 즉각 판초 비야를 추격했다. 존 퍼싱 장군이 이끄는 1만 2,000명의 미국 기병대가 멕시코 영토로 진입했다. 장장 10개월에 걸친 대추격전이 시작되었다. 카란사 정부의 항의에도 불구하고 퍼싱의 기병대는 멕시코 깊숙이 들어와 비행기까지 동원하여 판초 비야를 추격했다. 보통 국경 지역에서 양국 군대가 잠시 월경하는 일은 흔히 있었으나, 이처럼 깊숙이 침투하는 일은 명백히 멕시코의 주권을 침해하는 행위였다. 그러나 이에 대해서 카란사는 별다른 대책을 내놓지 못했다. 미국의 추격으로 판초 비야는 완전히 괴멸되었지만, 한편으로 미국을 증오하고 있던 멕시코인에게는 판초 비야가 완전한 영웅으로, 카란사는 주권침해에 아무런 대책도 내놓지 못하는 겁쟁이로 인식되는 계기가 되었다. 이때 '그링고Gringo'라는 말이 생겼는데, 이는 멕시코인이 푸른색 제복을 입고 있던 미국 기병대들에게 했던 "푸른색 제복을 입은 자들(Greens)은 집으로 가라(go home)!"는 의미에서 나왔다. 이 말은 그후 '미국인'을 가리키는 속어가 되었다.

판초 비야는 '멕시코판 임꺽정'이었다. 고아로 태어나 20여 년간을 도적질로 살아왔지만, 빼앗은 돈과 물건을 가난한 사람들에게 나눠줘 '가난한 사람들의 친구'라는 별명을 얻기도 했다. 그는 멕시코혁명이 일어났을 때 3,000여 명의 병사를 이끌고 마데로의 혁명군에 가담해 북부지방을 평정했다. 그는 스스로 북부군 사령관이 되어 농토를 농민들에게 나눠주고 많은 학교를 설립하는 등 농민을 위한 정책을 실시했다. 카란사와 결별하고 사파타와 동맹을 추진하기도 했으나, 실패한 후 카누티요로 돌아와 자신의 농장에 속한 농토 중에서 3분의 1을 자신을 호위하는 병사들에게 나눠주고 농사를 짓게 했다. 자신의 농장 안에 병원, 가게, 성당, 우체국, 학교 등을 짓고 함께 어울려 사는 공동체를 만들었다. 판초 비야는 "불쌍하고 무식한 멕시코, 아마 교육 수준이 높아질 때까지는 좋은 일을 보기 힘들 거요. 나도 스물다섯이 되어서야 내 이름을 쓸 수 있을 정도였으니까."라고 말하면서 멕시코혁명이 완성되는 길은 교육뿐임을 강조했다. 그러나 1923년 판초 비야는 암살당했다. 멕시코의 민심은 암살의 배후로 오브레곤의 후계자 카예스를 지목했다.

카란사의 죽음과 오브레곤의 집권

한편, 카란사가 혁명 후 보여준 비민주적 행태는 디아스의 시대와 조금도 다를 게 없었다. 카란사와 함께 우에르타에 대항해 싸웠던 오브레곤이 사파타 다음으로 카란사의 표적이 될 것이라는 사실은 삼척동자도 다 알 수 있었다. 오브레곤은 1919년에 대통령 선거 출마를 선언했다. 오브레곤은 전국을 순회 연설하면서 대중의 지지를 얻었다. 이에 대해서 카란사는 오브레곤에 대한 탄압의 강도를 높였지만, 각지에서 반란이 일어나면서 오히려 압박의 방향은 카란사에게로 향했다.

이에 카란사는 자신의 전용 열차에 다량의 금과 은을 싣고 베라크루스로 피신했으나, 1920년 5월 21일 새벽 4시 푸에블라의 산악 지대에서 살해당했다. 사파타가 카란사의 음모에 의해서 암살당한 지 약 1년이 지난 뒤였다.

이제 늙은 수염이 사라졌네

틀락스칼란톤고에서

머리 좋은 원숭이를 하나 데려오게나

사파타의 경우와는 달리 멕시코에서 카란사의 죽음을 애도하는 목소리는 찾기 어려웠다. 그 대신 이처럼 그의 죽음을 즐거워하는 노래가 인구에 회자되고 있었다.

1920년 12월 1일, 40세의 오브레곤은 멕시코 대통령에 취임했다. 오브레곤은 제한적이지만 1917년 헌법의 내용을 실천에 옮기기 시작했다. 먼저 자신이 집권하는 데 강력한 지지 세력이었던 노동자들을 위한 정책을 폈다. 오브레곤은 노동운동의 허용뿐 아니라 노조 회의에 참석하는 노조 대표자들을 위해 철도를 무료로 사용할 수 있는 승차권을 발부하는 등 여러 가지 지원책을 내놓았다.

오브레곤은 마데로나 카란사와 같이 대농장주 출신이 아니었기 때문에, 토지개혁은 반드시 성취되어야 한다고 생각하고 있었다. 하지만 대농장 체제의 해체와 자영농 혹은 에히도 중심의 집단농으로의 전환으로 인한 농업 생산성의 하락을 우려해서, 점진적이고 조심스러운 방식으로 토지개혁을 진행해나갔다.

그러나 무엇보다도 오브레곤의 혁명 완수에 대한 의지는, 호세 바스콘셀로스를 교육부 장관에 발탁해서 교육혁명을 실천한 것에 잘 나타났다. 바스콘셀로스는 원주민을 포함한 전 국민에게 기초 교육의 기회를 제공하기 위해, 농촌의 기초교육 시설의 확충을 최우선 과제로 채택했다. 그는 "나는 원주민들을 무언가 색다른 존재로 간주하여 여타 사람들과 분리되도록 가르치는 북아메리카 선교사들의 방법을 반대한다."라고 말하면서 원주민에 대한 교육을 강조했다. 바스콘셀로스는 또한 벽화운동에도 힘을 쏟았다. 그는 글을 읽고 쓸 수 없었던 민중들에게 벽화가 멕시코에 대한 자긍심을 줄 수 있는 호소력 있는 매체라고 생각했다. 이를 위해 많은 벽화가를 초대하여 각종 관공서 건물의 벽화를 제작하게 했다. 디에고 리베라, 호세 클레멘테 오로스코, 다비드 알파로 시케이로스 등이 바로 이 벽화운동을 통해 멕시코 예술을 세계에 알린 벽화가들이었다.

'타타' 카르데나스:
멕시코혁명의 완성

'최고 통치자' 카예스와 혁명의 제도화

오브레곤의 뒤를 이어 1924년 12월 1일 카예스가 대통령에 취임했다. 오브레곤이 가장 신임했던 혁명 동지인 카예스는 토지개혁을 대규모로 실시하여, 그의 집권기간 중에 750만 에이커의 토지가 1,200만 명의 농민에게 분배되었다. 카예스는 오브레곤과 달리 1917년 헌법에 담겨 있던 반反교회 조항을 그대로 실천하여 보수 세력 및 가톨릭교회와 불편한 관계를 유지했다.

당시 가톨릭교회 세력은 멕시코 사회의 발전을 가로막는 암적인 존재였다. 이 교회 세력의 제거야말로 멕시코혁명의 완수에 가장 필요한 일이었다. 후아레스 집권 때만 해도 약 1,600명에 불과하던 성직자의 수가 디아스 통치기에는 5,000명으로 불어났다. 이들은 수많은 교구와 신학교, 대학, 수도원을 거느리면서 정부에 필적할 만한 권력을 누렸다. 이들은 인권이나 사회 정의에는 관심을 두지 않았다.

카예스는 이제 더는 교회가 멕시코혁명을 배반하는 구심체가 되도록 허용하지 않을 생각이었다. 이에 교회 세력은 1917년, 헌법은 교회의 권리를 침해하므로 인정할 수 없다는 성명을 발표했다. 하지만 카예스는 이에 아랑곳하지 않고 모든 초등학교에서의 종교적 가르침이나 종교의 헌법에 대한 비방 금지, 공개적인 종교행사 금지, 종교 재산의 국가 귀속 등 헌법에 명시되어 있는 내용을 강력히 추진했다. 이에 대해서 교회 세력은 반발했다. 이 반발은 단순히 종교적인 것이 아니라, 디아스가 축출된 뒤에도 여전히 남아 있던 군대와 행정관료들, 방대한 토지를 차지한 대농장주들, 그리고 교회 세력과 같은 디아스의 마지막 남은 세력들의 발악이었다.

그러나 1927년 여름이 되자 가톨릭교회들은 카예스의 강력한 대응으로 점차 그 세력이 약화되었다. 카예스가 4년 임기의 대통령을 마치고 오브레곤을 후보로 지명했다. 드디어 1928년 대통령 선거에서 재출마한 오브레곤이 개정된 헌법에 따라 임기 6년의 대통령에 당선되었다. 그러나 당선 축하연에서 오브레곤은 가톨릭 신자인 호세 데 레온 토랄에게 살해당했다.

오브레곤이 암살되자 멕시코의 모든 권력은 아직은 현직 대통령이었던 카예스에게로 집중되었다. 카예스는 3명의 꼭두각시 대통령을 내세워 멕시코를 실질적으로 통치했다. 특히 카예스는 1928년 오브레곤이 살해된 후, 오늘날 멕시코 제1야당인 제도혁명당(PRI)의 전신인 민족혁명당(PNR)을 창당했다. 카예스는 멕시코 정치의 불안정이 개인을 중심으로 하는 카우디요주의 때문이라는 점을 잘 알고 있었다. 때문에 개인적 충성심에 의한 정치를 지양하고, 이 '민족혁명당'을 중심으로 멕시코혁명을 제도화하려 했다.

'타타' 카르데나스

1934년 대통령 선거에서 카예스는 민족혁명당의 후보로 미초아칸주의 주지사이던 카르데나스를 지명했다. 1895년 미초아칸주에서 태어난 카르데나스는 1913년 사파타군에서 게릴라로, 1914년에는 오브레곤군에서 야전 사령관을 지내면서 지도자로서의 경험을 두루 쌓았다. 1930년 카르데나스는 '민족혁명당(PNR)'의 총재로 선출되었다. 그 후 내무장관, 주지사, 국방장관 등의 임무를 수행하면서, 청렴한 이미지와 개혁적인 성향을 가진 인물로 인정받았다. 카르데나스는 또한 지극히 메스티소적이고 평범한 용모였기에 원주민들조차도 그를 친구로 생각했다. 원주민들은 그를 '아버지(Tata)'라고 부르기도 했다.

카르데나스는 선거에서 유효표의 98.19%를 얻어 대통령으로 당선되었다. 멕시코혁명 이전의 선거들이 국민의 마음이 아니라 카우디요들이 권력을 자랑하는 무대였다면, 카르데나스의 승리는 명실공히 멕시코혁명에 대한 국민의 신뢰 표시였다. 당선 후 카르데나

농민들을 만나기 위해서 강을 건너는 카르데나스. 원주민들에게 '타타(아버지)'로 불렸던 카르데나스 대통령은 멕시코혁명을 완성하는 데 큰 역할을 했다.

스는 정부에 대한 군부의 영향력을 일소하고, 그의 정치적 위상을 노동자와 농민 등 사회 하층계급을 바탕으로 정립하는 등, 카예스의 의도와는 전혀 다른 모습을 보여주었다.

카르데나스는 카우디요들에게 의존하기보다는 멕시코 국민을 전적으로 신뢰했고, 대농장의 개혁과 에히도를 중심으로 한 강력한 토지개혁 실시, 가톨릭교회의 광신주의를 극복할 근대적 보통교육 실시, 산업자본들의 횡포를 견제할 노동자들의 협동단체 육성 등, 바로 멕시코혁명의 목표를 달성하기 위한 정책들을 실시해나갔다.

정직과 솔선수범의 카르데나스

카르데나스는 멕시코혁명의 진정한 완수란 혁명의 주체세력이 정직하고 솔선수범하며, 국민과 대통령 사이에 활발한 대화의 기회를 갖는 것이라고 생각했다.

카르데나스 대통령은 모든 전신국에 매일 한 시간씩 무료 통신의 시간을 정하고, 누구나 전신국에 와서 대통령에게 무료로 전신을 보낼 수 있게 했다. 또한 대통령궁은 전국 각지에서 대통령을 면담하러 온 사람들로 늘 북적거렸다. "우리 국민들은 수백 년 동안 침묵을 강요당하면서 살아왔네. 내가 할

수 있는 최소한의 일은 이들이 말할 때 가만히 들어주는 거야."라는 말에서 카르데나스가 국민과의 대화를 얼마나 중요시했는가를 알 수 있다. 그는 또한 지배계층의 사치와 향락을 조장하는 멕시코시의 카지노를 폐쇄했고, 호화로움을 자랑하던 각종 클럽을 고아원이나 학교로 사용했다.

카르데나스는 토지개혁 또한 국민에게 겸손하고 솔선수범하는 마음가짐으로 추진했다. 토지개혁에 있어서 카예스와의 충돌은 불가피했지만, 노동자와 농민 조직들, 각종 시민 단체가 카르데나스 정부에 전폭적인 지지를 보여 카예스는 미국으로 망명을 떠나야 했다. 카예스를 비롯한 핵심 카우디요들의 제거로 인해 이제 멕시코에서 토지개혁의 길이 열리게 되었다. 그는 개인주의적 자영농 체제는 부적합하다고 판단하고 '에히도'라는 집단 부락 농장을 부활시켰다. 토지분배뿐만 아니라 농업 생산성을 증가시키기 위해서 '에히도 은행'을 설치하고 각종 학교와 병원을 확충했다.

이렇게 토지개혁이 성공하고 노동운동이 활성화되면서 혁명 정신의 목표가 어느 정도 달성되었지만, 멕시코는 독립 이후로도 끊임없는 외세의 간섭과 침략, 특히 '북쪽의 거인' 미국의 간섭에서 벗어날 수가 없었다. 특히 석유산업에 있어서 외세의 영향을 피할 수가 없었다.

멕시코혁명의 완결 – 석유의 국유화

디아스의 통치 기간에 멕시코만 연안에서 석유가 발견되자, 미국과 영국계 자본들이 들어와 멕시코는 단숨에 세계적인 석유생산대국이 되었다. 그러나 이러한 석유생산에서 나오는 이윤은 멕시코 국민의 몫이 아닌 거의 전부가 외국자본의 몫이었다. 그러나 카르데나스는 구태여 석유산업을 국유화하는 것이 해결책은 아니라고 생각했다. 누가 소유자든 노동자들에게 많은 임금을 주고 국가 재정에 기여하면 그것으로 충분하다고 생각했다. 멕시코의 석유산업에는 1만 3,000명이라는 노동자들이 있었으나, 많은 노동조합의 난립으로 집중적인 힘을 발휘하지 못했다. 이에 1936년 카르데나스 정부의 지원으로 결성된 '멕시코노동총연맹(CTM)'이 최저임금인상, 근로조건 개선 등 다양한 요구 조건을 내세웠으나 석유 회사들은 이를 거부했다.

이에 카르데나스는 초기의 석유산업의 국유화에 대한 부정적인 생각을 접고, 헌법을 근거로 해서 멕시코에 들어와 있는 외국계 석유 회사들을 국유화하여, 1917년 멕시코국영석유 회사(PEMEX)를 설립했다. 이에 영국이 석유 국유화를 비난하는 성명을 발표하자, 멕시코는 당장에 영국과 국교를 단절했다. 그런데 당시 독일과 일본 및 이탈리아가 중심이 된 주축국과의 전쟁을 앞두고 있었던 미국은 이에 대한 반응을 자제했다. 만약에 석유 문제로 멕시코를 강하게 압박한다면 멕시코는 불가피하게 주축국의 동맹으로 변할 수밖에 없을 것이라고 판단했기 때문이다. 석유 국유화가 선언되자 멕시코 국민뿐만 아니라 교회 세력도 전폭적인 지지를 보냈다. 일부 지역에서 반란이 일어났지만 찻잔 속의 태풍이었다. 이로써 멕시코혁명은 완결되었다.

멕시코에서 6년마다 죽는 신:
대통령주의

불쌍한 멕시코여!

"불쌍한 멕시코여, 신과는 그렇게도 멀면서 미국과는 어찌 그리 가까이 있는지!"

1976년에 멕시코 대통령에 취임했던 멕시코의 로페스 포르티요의 말이다. 이는 멕시코가 미국에게 역사적으로 온갖 수모를 당하고 경제적으로 종속되어온 것에 대한 서글픔의 표현이다. 이렇게 미국에게 수많은 간섭을 받아온 멕시코였지만, 1910년 멕시코혁명 이후 1940년 군 출신으로서는 마지막으로 대통령에 당선된 아빌라 카마초까지 여러 격변기를 거치면서 정치 질서가 안정되어갔다. 카마초 대통령이 정치권에서 군 출신 인사를 완전히 배제시킴으로써 이후 멕시코 정치에 군부가 개입하는 일은 일어나지 않았다.

제2차 세계대전이 끝나고 세계경제가 성장함에 따라, 멕시코 역시 공업화가 추진되고 외국자본이 들어오는 등 경제적으로 많은 발전을 이룩했다. 그러나 자본주의 체제 내에서의 경제성장에 멕시코혁명의 많은 원칙과 정신이 큰 걸림돌이 되었다. 따라서 혁명 정신의 포기나 재해석 등 혁명의 보수화가 불가피했다.

틀라텔롤코 광장 학살 사건

　멕시코는 활발한 경제성장을 바탕으로 1968년에 제3세계 국가로는 최초로 제19회 하계올림픽을 유치했다. 그러나 올림픽 개막을 며칠 앞두고 비극적인 사건이 발생했다.

　사건은 고교생들의 사소한 패싸움에서 시작되었다. 이의 진압을 위해 출동한 군경은 학생과 교사들을 사정없이 매질하며 과잉 진압을 펼쳤고 이 과정에서 학생 1명이 숨졌다. 이로 인해서 서로 원수지간이었던 학생들이 단합하여 과잉 진압에 항의하는 시위를 벌였다. 이날은 7월 26일이었는데, 쿠바의 카스트로가 15년 전인 1953년에 쿠바군의 제2의 기지였던 몬카다 병영을 공격하여 혁명의 기치를 높인 날이기도 했다. 기념일 행사를 펼치던 학생 행렬이 또다시 과잉 진압을 당해서 학생 4명이 죽고 수백 명이 부상당하고 체포되었다. 이에 학생들은 주말을 기해 학교 건물을 점거하고 바리케이드를 친 채 농성에 돌입했다. 정부는 폭동 진압을 위한 정예부대인 그라나데로스를 출동시켜 화염병으로 맞서는 학생들에게 바주카포를 퍼부어 수십 명의 학생이 희생되었다.

　사태가 커지자 고등학생들은 마침내 멕시코 국립자치대학교(UNAM) 내 좌익학생 단체들과 손을 잡고 수업 거부를 단행했다. 장래에 대한 보장이 없는 경제 현실에 불만을 가지고 있던 학생들, 특히 자부심이 강하고 평소에 엘리트층이 너무 두터워 비집고 들어갈 여지가 없다는 좌절감을 느끼고 있었던 국립자치대 학생들이 시위에 적극 참여했다. 이러한 학생들의 시위에 일반 국민 역시 동조하기 시작했다. 마침내 8월 27일, 대통령궁 앞 소칼로 광장에는 약 40~50만 명이 모여 '침묵시위'를 벌였다. 군경은 이튿날 새벽까지 남아 있던 일부 과격분자들을 강제 해산시켰다. 9월 19일 군경은 멕시코 국립자치대학교에 진입해 교내에서 농성 중이던 학생, 교직원과 학부모 등 수천 명을 체포했다.

　이렇게 학생운동이 탄압에 대한 항의를 넘어서 국가의 권위주의, 일당 독재, 부패를 성토하는 형태를 띠게 되자, 농민, 빈민촌 거주자, 노동자 등 하층민과 젊은 성직자까지도 이에 동조했다.

멕시코 국립자치대학 (UNAM)의 사무국 건물에 있는 대형 벽화. 이 벽화는 멕시코를 대표하는 화가 데이비드알파로 시케이로스의 작품이다. 이 대학교 캠퍼스에서는 매년 10월 2일에, 1968년 10월 2일에 일어났던 '틀라텔롤코 광장학살사건'을 기념하는 행진이 벌어진다.

올림픽이 시작되기 열흘 전인 10월 2일, 학생들은 멕시코시의 틀라텔롤코 광장(일명 삼문화三文化 광장 - 아스텍의 유적, 스페인 식민지 시대의 교회, 그리고 현대적인 외무부 건물 등 3개의 문화를 나타내는 것이 함께 있다고 해서 붙여진 이름이다)에서 대규모 군중집회를 연다고 발표했다. 주동자들은 정부가 강력한 경고로 맞서자 시위 계획을 포기했지만, 그때 행진을 벌인 일부 노동자, 농민 시위대가 광장에 도착할 무렵 광장을 포위하고 있던 군경이 발포한 총탄에 시위대에 있던 몇 명의 노동자, 농민들이 쓰러지면서 사태는 걷잡을 수 없는 지경에 이르렀다. 그 이후에 일어난 일은 공식적으로 기록되지 않았다. 다음 날 아침 광장에는 300구의 시체가 널려 있었다고 한다. 공식적으로 사망자가 49명, 부상자가 500명으로 발표되었지만 멕시코 언론은 정확한 사상자 숫자를 보도하지 않았다. 영국의 〈더 가디언The Guardian〉은 325명이 사망했다고 보도했다. 또 다른 비공식 통계가 500명 사망, 2,500명 부상 그리고 1,500명 체포로 전하기도 했다.

멕시코 정부가 이렇게 무력진압으로 나온 것은, 노동자, 농민 그리고 학생 간의 제휴가 급기야 계급투쟁으로 발전해 전국적인 반란으로 발전할 것을 우려했기 때문이다. 올림픽을 유치해 멕시코가 근대국가로 성장했음을 국제적으로 인정받고 싶어 했던 멕시코 정부는, 이른바 '도스 데 옥투브레Dos de Octubre(10월 2일) 학살 사건'으로 거의 50년간이나 유지되어왔던 정치적 안정에 커다란 타격을 입게 되었다. 당시 미국 언론은 이 사태를 '동맥경화증에 걸린 멕시코 정권이 과잉 반응을 나타낸 것'이라고 분석하기까지 했다.

멕시코에서 신神은 6년마다 죽는다

"멕시코에서 신神은 6년마다 죽는다." 이는 멕시코에서 대통령이 행정부의 모든 권한을 가지면서 사법부나 입법부의 견제를 받지 않음을 잘 나타낸 말이다. 실제로 1917년 멕시코혁명 정부가 제정한 헌법에는 '멕시코 행정부의 최고 권력은 멕시코 대통령 한 사람에게 부여된다'라고 규정되어 있다. 이는 대통령이 멕시코 정치의 정점에 있는 행정부의 수장일 뿐만 아니라 모든 제도의 실질적인 수장이라는 의미다.

그러나 동시에 헌법에는 '대통령 재선 불가 원칙'이 명시되어 있다. 이는 디아스 대통령의 부정선거에 항의해 '공정 선거와 재선 금지'를 슬로건으로 한 혁명 정신의 충실한 이행이기도 하다. 멕시코 대통령의 임기는 6년 단임인데, '육신肉身'은 물론 '정신적 연임'도 금기로 하고 있다. 그런데 이렇게 신적인 존재라 할 수 있는 대통령 후보의 선출은 이른바 '데다소dedazo(손가락으로 지명한다)' 또는 '데스타페destape(뚜껑을 열어봐야 안다)'라는 형식을 통해 이루어진다. 즉, 현직 대통령에 의한 낙점인 것이다.

이처럼 멕시코 정치의 성격은 한마디로 '대통령이 곧 국가'임을 뜻하는 '대통령주의'로 설명된다.

제도혁명당(PRI)의 장기 집권

카르데나스에 이어 1940년 카마초가 대통령에 취임한 이래 1970년 에체베리아가 집권하기까지, 멕시코는 공업화를 추진하면서 경제발전의 기반을 마련했으며, 미국의 투자가 활성화되어 양국 간의 교역량이 늘어나는 등 괄목할 만한 경제성장을 이룩했다. 외교 면에서도 미국과 상호방위조약을 체결함으로써 미국과의 관계가 개선되었으며, 제2차 세계대전에서 연합군 측에 가담하여 참전함으로써 오랜 국제적인 고립에서도 벗어날 수 있었다. 그러나 이러한 경제성장의 추진과정에서 오랫동안 소외되었던 노동자와 농민들이 불만을 표출해서 정치적 소요가 자주 발생했다. 특히 1970년 에체베리아 정권하에서 멕시코는 국제사회에서 지위가 한층 격상되어 제3세계의 주도국으로 부상되었으나, 국제 원유가의 하락과 수입 물량의 증가로 국제수지는 적자를 면치 못했고, 인플레이션이 심화되어 멕시코의 국내자본이 해외로 유출되는 등 경제 사정이 악화되었다. 이러한 현상은 후에 집권한 로페스 포르티요, 미겔 데 라 마드리드 대통령 집권 기간에도 계속되었다.

멕시코 국민은 이러한 경제 사정 악화의 주된 원인을 정부 및 집권 여당인 제도혁명당(PRI)의 실정失政으로 돌렸다. 1929년 이후 집권 여당으로 군림해 온 제도혁명당은 비록 6년마다 평화적 정권교체로 정치적인 안정을 확립할 수 있었지만, 일당 지배체제가 장기화되면서 부정부패의 온상이 되어 국가를 효율적으로 경영하는 능력을 상실했다. 아울러 인플레이션의 심화와 석유파동으로 경제 상황이 악화되자, 국민의 불만이 팽배해지고 좌익 정치가들과 학생운동 세력이 대규모로 정치적 소요를 일으키기 시작했다.

이러한 현상은 1980년대에 들어와 더욱 표면화되었다. 그 결과 1988년 유례없는 부정선거 속에서도 제도혁명당의 후보 살리나스 데 고르타리가 불과 50.47%라는 사상 최저의 득표율로 당선되기까지 했다. 이처럼 제도혁명당 자체의 부패와 경제 정책의 실패로 인해서, 국민은 집권 여당에 대한 기대를 접게 되었다.

또 다른 종속:
쿠바의 독립

쿠바의 독립

라틴아메리카 대륙의 거의 모든 지역이 경험했던 것과 같이, 쿠바에서도 19세기 중반 들어 스페인 본토 출신의 지배자들(페닌술라르)과 쿠바 태생의 스페인인(크리오요) 사이의 갈등이 커졌다. 이로 인해 1868~1878년 사이에 10년 전쟁이 발발했으며 1880년에도 독립전쟁이 일어났다. 1895년에는 쿠바 독립의 아버지로 불리는 호세 마르티의 투쟁을 통해 독립운동이 활발하게 전개되기도 했다. 그러나 독립의 결정적인 요인은 외부에서 왔다.

바로 1898년, 쿠바의 아바나항에 정박해 있던 미국 순양함 메인호의 폭발 사건이었다. 그 해 미국은 스페인에 선전포고를 했고, 이 전쟁에서 승리한 미국은 쿠바, 필리핀, 괌 및 푸에르토리코를 점령했다. 이로 인해서 쿠바는 비록 스페인으로부터 독립은 했으나, 미국의 또 다른 지배를 받게 되었다.

또 다른 종속

1898년 파리 조약으로 쿠바의 독립은 인정되었지만, 1899년 1월 1일부터 1902년까지 쿠바는 미국의 군정하에 놓였다. 미국은 군정 기간 중 쿠바 내

관타나모의 알 카에다 조직원. 쿠바의 동남쪽에 위치한 관타나모 미군기지에 수용된 알카에다 조직원들이 철조망으로 둘러싸인 곳에서 무릎을 꿇고 심문을 당하고 있다. 미국이 1898년 당시 쿠바를 점령하고 있던 스페인과의 전쟁에서 이긴 뒤 쿠바의 관타나모를 점령, 2000년까지 이 기지를 사용하기로 합의했지만 2000년이 지난 지금도 미국의 대對쿠바 전진기지로 이용하고 있다.

미국인의 생명과 재산 보호의 명목으로 쿠바의 주권을 제한했다. 이러한 내정간섭을 가능하게 한 것은 '플랫 수정안'이었는데, 이 수정안에는 '미국은 자국민의 생명과 재산을 보호하기 위해 쿠바의 내정에 개입할 수 있다', '쿠바 정부는 쿠바의 독립을 손상시킬 수 있는 국제관계에 참여할 수 없다', '미국은 쿠바에 해군기지를 보유한다', '미군정의 쿠바 내에서의 모든 활동과 권리들은 정당하며 보호되어야 한다' 등 여러 가지 불평등 조건이 포함되어 있었다.

미국은 이를 근거로 해서 연합청과물 회사(United Fruit Company)와 같은 대기업을 통해 쿠바의 경제를 점진적으로 지배해나갔다. 쿠바는 스페인으로부터 정치적인 독립을 달성했지만, 또다시 미국의 경제적인 식민지로 전락하게 되었다.

관타나모 기지

1930년대 들어서 라틴아메리카 국가에 대한 선린정책을 주장한 프랭클린 루스벨트 대통령에 의해 이 '플랫 수정안'은 무효화되었다. 그러나 미국은 쿠바의 동남쪽에 위치한 관타나모 기지를 2000년까지 할양해 사용할 수 있도록 계약을 체결했다. 쿠바혁명 이후 관타나모 기지는 미국의 대對쿠바 전진기지로 이용되고 있다.

지금도 3,500여 명의 미군이 주둔하고 있으며, 10만여 명에 가까운 아이티의 난민들이 이곳에 수용되어 있다. 지난 1994년 여름부터는 쿠바 난민들도 이곳에 수용되었다. 그리고 2001년 9 · 11 테러 이후 미국은 아프가니스탄에서 생포한 탈레반 전사들을 이곳에 분산 수용시켰다. 미국은 기지를 반환하기로 되어 있던 2000년이 지났음에도 불구하고 쿠바 정부에 기지를 순순히 돌려주지 않고 있다. 이는 관타나모 기지가 공산 쿠바와 직접 맞대고 있는 미국의 최일선 군사기지 때문이기도 하다.

헤라르도 마차도 이 모랄레스

미군정이 끝난 1902년부터는 외형상 쿠바인에 의한 통치가 시작되었다. 1924년과 1928년에 헤라르도 마차도 이 모랄레스가 연이어 집권에 성공했다. 그는 개헌을 실시해 대통령의 임기를 6년으로 연장했고, 정적을 제거하고 고문과 암살을 자행하는 등 라틴아메리카에서 가장 악명 높은 독재자로 군림했다. 마차도 정권의 전횡이 심해지자 1928년 이후부터 학생, 노동자들을 중심으로 한 반反마차도 세력의 저항이 일어났다. 이에 일부의 군부세력도 동조했다. 1933년에는 총파업이 단행되고 대학생이 주축이 된 학생운동 조직이 주도하는 시위가 연일 벌어졌다.

이에 마차도는 군부를 정권의 지지 세력으로 만드는 한편, 정치범 석방 등으로 사태를 해결하려고 시도했지만 양측의 갈등은 커져만 갔다. 여기에 1925년에 결성된 쿠바 공산당의 개입, 세계 공황의 여파에 따른 경제 상황 악화, 이로 인한 파업의 확대 등으로 혼란은 극에 달했다. 이러한 쿠바의 혼란에 대해서 미국은 마차도 정권이 존속하는 한 사태의 수습이 불가능하며, 이를 방치할 경우 쿠바뿐만 아니라 미국의 기업들도 피해를 보게 될 것이라 생각했다. 이에 따라 미국은 마차도의 사임을 강요했지만, 마차도는 자신의 정적政敵을 바다에 빠트려 상어의 먹이로 만들 정도로 권력에 집착했다.

그러나 결국 마차도는 사임하고 세스페데스를 수반으로 하는 과도정부가 수립되었으나, 출범한 지 불과 21일 만에 육군 참모부의 속기사로 일했던 풀헨시오 바티스타 등 하사관들이 주동이 된 반란군에 의해서 1933년에 축출 당했다.

하사관들의 혁명 – 풀헨시오 바티스타

쿠데타 이후 쿠바 내의 각 세력들의 분열로 인해서 쿠바는 1934년 초까지 매우 혼란한 상황이었다. 이때 풀헨시오 바티스타가 미국의 지원으로 받은 라몬 그라우 산 마르틴 정부를 붕괴시켰다.

1901년, 쿠바 동부 지역의 한 농장에서 태어난 바티스타는 사탕수수와 바나나 농장의 노동자, 식당 종업원 등 여러 직업을 거친 후 군에 입대했다. 그는 1933년 세스페데스 정부에 대해서 쿠데타를 일으켰다. 이때 그의 나이는 32세에 불과했다. 그는 쿠데타 성공 이후 1940년까지 쿠데타의 실세로서 정치 일선에는 등장하지 않고, 7년 동안 7명의 허수아비 대통령을 통해 배후에서 정치를 했다. 그는 군의 봉급 인상, 연금 조성, 중산층의 보호, 노조 인정, 노동자들의 임금인상과 노동 조건의 개선 등을 통해서 군부, 노조 및 관리들의 지지를 얻어 자신의 독재 기반을 넓혀갔다.

이렇게 군부의 지지와 공무원, 근로자 세력을 기반으로 바티스타는 서서히 정치 일선에 모습을 드러내 1940년 선거에 출마하여 대통령에 당선되었다. 바티스타의 집권기간 중 쿠바는 정치, 경제적인 성장을 이루었다. 범죄율이 낮아졌으며 공기업도 효율적으로 운영되었고, 교육 혜택도 확대되었다. 또 도로, 교량, 항만, 발전소 등 사회기반시설이 확충되었고, 이에 따라 노동자의 고용 역시 확대되었다. 특히 설탕 가격이 안정됨에 따라 경제 상황이 호전되었다.

그러나 이러한 표면적인 안정의 이면에는 개인적인 치부와 부패가 극에 달했으며, 쿠바는 미국의 향락가와 경제적 식민지로 전락되어가고 있었다. 1944년 바티스타는 정치 일선에서 물러나 옛 동료이자 경쟁자였던 라몬 그라우 산 마르틴에게 정권을 이양하고, 재임 기간 중 치부한 재산을 가지고 미국의 플로리다로 갔다.

그란마호를 타고:
쿠바혁명

바티스타의 재집권

바티스타에 이어 그라우와 프리오가 집권했지만 미국의 신뢰를 얻지 못해 경제 사정은 악화되었다. 미국에서 호화 생활을 즐기고 있던 바티스타는 1952년 대통령 선거에서 재선되는 것을 목표로 귀국하여 정치활동을 재개했다. 선거가 임박한 1951년에 차기 대통령으로 유력하게 거론되던 치바스가 갑작스럽게 자살을 했다. 이로 인해서 공산당의 협조를 얻고 있는 바티스타는 자신이 당선되리라 생각했지만, 공산당은 바티스타에 대한 지지를 철회했다. 선거로는 당선 가능성이 전혀 없다는 사실을 깨달은 바티스타는 1952년 3월 쿠데타를 통해 정권을 잡았다. 그는 언론을 통제하고 대학을 폐쇄했으며 반체제 인사들을 투옥했다. 그리고 의회를 해산하고 계엄령을 선포하여 장기독재를 위한 권력 기반을 확보하는 데 성공했다.

바티스타가 1934년부터 1944년까지의 집권기 동안에 사회, 경제 정책에 관심을 쏟았다면, 1952년 재집권을 한 후에는 오직 자신의 치부에만 힘썼다. 그는 대규모 도박 산업을 유치하면서 미국 기업으로부터 수억 달러를 제공받았다. 이로 인해서 아바나에 270여 개의 호텔과 1,000여 개가 넘는 바와 나이트클럽이 만들어져, 아바나는 미국인을 위한 향락 도시로 변모했다. 또한 권력기관을 이용한 국민에 대한 탄압이 쿠바 전 지역에 걸쳐 자행되었다. 이러한 부패와 폭정은 당연히 쿠바혁명의 싹을 키우게 했다.

피델 카스트로

1926년에 태어난 카스트로는 1945년에 아바나 대학 법대에 진학하면서 정치에 관심을 가졌다. 카스트로는 쿠바인민당의 창당식에 대학생으로는 유일하게 초청되었다. 쿠바인민당은 호세 마르티 이래 가장 청렴하고 존경받는 정치인이었던 치바스 상원의원이 만든 것이었다. 호세 마르티의 강령에 충실한 정통주의 정당을 표방한 이 쿠바인민당은, 카스트로에게 있어서 그의 정치활동의 방향을 설정하는 데 매우 중요한 좌표가 되었다.

그 후 카스트로는 반미주의를 기치로 내건 라틴아메리카 학생연대기구의 창설에 적극 참여하면서 정치적인 경험을 쌓았다. 그는 다른 쿠바 학생운동 지도자들과 함께 창설 집회를 위해 콜롬비아로 갔는데, 그곳에서 콜롬비아 자유주의 운동의 지도자 가이탄이 암살되는 바람에 회의가 무산되었다. 비록 카스트로는 자신의 정치력을 발휘할 수 없었지만, 이를 계기로 주목받는 정치인으로 성장했다.

카스트로는 반미 시위로 다시 한번 일반 대중들에게 자신의 존재를 인식시켰다. 1948년 미 해군들이 아바나 시내의 호세 마르티 동상에 방뇨하는 등 동상을 모욕한 사건이 발생하자, 카스트로가 이 반미 시위에 앞장을 섰던 것이다. 비록 이 시위는 쿠바 경찰에 의해 진압되었지만 카스트로는 쿠바의 자존심이 실추되었다는 자책감을 갖게 되었고, 반미 시위를 무자비하게 진압했던 경찰에게 강력한 비난을 퍼부었다.

이러한 사건 후, 1952년에 실시될 예정이었던 선거가 바티스타의 쿠데타로 취소되자 카스트로는 법적 투쟁에 나섰다. 그러나 아바나 재판소에서 '혁명은 쿠바 법의 원천'이라는 이유로 기각되었다. 이에 법과 대화에 의한 평화적인 방법으로는 문제를 해결할 수 없다는 사실을 깨달은 카스트로는 폭력에 의한 혁명을 꿈꾸게 되었다.

그란마호를 타고

카스트로는 먼저 쿠바 제2의 군기지였던 몬카다 병영의 습격을 시작으로 대정부 무력투쟁의 길로 들어섰다. 1953년 7월 26일 새벽, 카스트로와 123명의 동료들은 몬카다 병영을 습격, 소수의 혁명군이 병영 내로 진입하는 데는 성공했으나 곧 진압되었고, 다수는 시가전에서 희생당했다. 카스트로를 비롯하여 살아남은 많은 사람은 체포되어 고문당하고 처형되었다.

카스트로는 체포되었지만 처형되지는 않았다. 오히려 1953년 10월부터 시작된 특별재판에서 카스트로는 여러 가지 이의를 제기하면서 여론의 주목을 끌었다. "바티스타 이전의 공화국이 만족할 만한 체제라고 말할 수는 없다. 그러나 이 체제하에서는 자유가 있었다. 바티스타는 쿠데타를 통해 국민으로부터 이 자유를 박탈했다."라고 주장했다. 이 재판에서 카스트로는 15년형을 선고받고 카리브해에 있는 피노섬의 감옥에 수감되었다. 카스트로는 법정에서 "역사가 나를 사면하리라(La historia me absolverá)."라고 말하면서 농지개혁과 노동자 문제 등 일련의 혁명이념을 제시했다.

1954년 대통령에 당선된 바티스타는 카스트로와 그의 동료들을 석방했다. 투옥된 지 21개월 만이었다. 석방은 되었지만 카스트로는 좀 더 자유로운 활동을 위해 멕시코로 망명했다. 카스트로는 멕시코에서 쿠바 침공 계획을 세웠다. 그때 혁명의 의지를 불태우고 있던 체 게바라를 만나 1956년 12월 2일, 그와 함께 그란마호를 타고 쿠바 동남부 오리엔테주의 알레그리아 데피오 해변에 도달했다. 그란마호는 1934년에 제작된 목재 요트로써 소유주는 로버트 에릭슨이라는 미국인이었는데, 그는 1만 7,000달러에 그란마호를 혁명군에게 팔았다. 25명 정원의 그란마호에는 82명이 승선했고 엄청난 양의 무기와 탄약이 실려 있었다. 5일로 예상했던 항해는 7일이 넘게 걸렸고, 뱃멀미에 지친 혁명군들은 이미 전투 요원으로서의 능력을 상실했다. 그란마호는 암초에 부딪혀 좌초되고 혁명군들은 발각되어 사살되거나 체포되었다. 카스트로와 그의 동생 라울 그리고 부상당한 체 게바라를 포함한 16명만이 시에라 마에스트라로 피신하였다.

그 후 카스트로는 뉴욕타임스, CBS와의 인터뷰 등을 통해 국내외 여론의

그란마호가 보관되어 있는 기념관(Memorial Granma). 1956년 12월 2일 카스트로를 포함한 82명의 혁명전사들이 멕시코에서 그란마호를 타고 쿠바로 잠입하여 3년간의 투쟁 끝에 혁명에 성공하였다. 이 기념관은 쿠바 혁명정부의 가장 신성시되는 곳 중 하나다.

주목을 받으면서 바티스타 정권에 대한 미국의 지지도를 약화시켰다. 게릴라군은 16명에서 200명으로 증가했다. 카스트로는 게릴라 활동 지역을 해방구로 설정하여, 이곳이 바티스타 정부가 통제할 수 없는 지역이라는 사실을 국내외에 알렸다. 1958년에 들어서면서 각 공공부문의 노조에서 파업이 발생했고, 미국은 바티스타에게 사임과 총선거 실시에 대한 압력을 가했다. 이렇게 바티스타에게 불리한 상황이 전개되면서 1958년 7월, 카스트로는 시에라 마에스트라를 나와 바티스타에 대한 전면적인 공격을 개시했다. 카스트로의 혁명군은 북부와 동부 등으로 나뉘어 아바나로 향했다. 카스트로는 350명의 부대를 이끌고 산토도밍고에서 1,000여 명의 정부군을 항복시켰고, 결국 1958년 12월 31일에 바티스타는 도미니카로 망명했다. 하루 뒤인 1959년 1월 1일에 카스트로의 혁명군은 아바나에 입성하여 새로운 혁명 정부를 수립했다.

쿠바혁명

쿠바혁명은 20세기 라틴아메리카 역사에서 가장 드라마틱한 사건이었다. 1910년의 멕시코혁명, 1979년의 니카라과의 산디니스타 혁명과 함께 20세기 라틴아메리카 3대 혁명이라고 평가받는 쿠바혁명은, 진정한 의미의 사회주의 혁명이었고 세계 많은 나라에 큰 영향을 미쳤다. 특히 카리브의 작은 섬나라 쿠바가 거대한 미국과 맞붙어 혁명을 성공시키고, 또 이 혁명의 진정성을 지켜냈다는 자부심과 사회변혁에 대한 자신감을 라틴아메리카 사람들에게 심어주었을 정도로, 쿠바혁명이 라틴아메리카에 미친 영향은 실로 지대하다. 또한 쿠바혁명은 미국이 기존의 대라틴아메리카 정책을 획기적으로 바꾸는 데 중요한 전환점이 되기도 했다.

미국이 시행해온 기존의 대라틴아메리카 정책은, 기본적으로 1차 상품의 생산지로서 대토지 소유제를 유지하고, 정치적인 안정을 확보하기 위해 독재정권을 인정하는 것이었다. 그러나 쿠바혁명은 미국이 자신들에게 유리한 정책을 시행하는 데 장애물이었다. 케네디 대통령은 이러한 정책들을 시행하는 데 유리한 조건을 만들면서, 다른 라틴아메리카 국가들에 쿠바의 공산혁명의 침투를 저지하기 위해서 '라틴아메리카 마샬 플랜'이라고 불리는 '발전을 위한 동맹 정책'을 내놓았다. 즉, 쿠바를 제외한 모든 라틴아메리카 국가들에게 처음 10년간 약 200억 달러를 저이자 또는 무이자로 지원해서 이 지역의 생활수준을 향상시킴으로써, 궁극적으로 공산 세력의 준동을 막을 수 있다고 보았던 것이다. 그러나 이 정책은 미국의 정책을 적극적으로 따르는 국가만을 대상으로 한 것이었다. 미국은 이를 위해서 라틴아메리카의 모든 국가가 미주기구를 통해 쿠바와 외교관계를 포함한 모든 관계를 끊도록 종용했다. 이에 멕시코를 제외한 모든 국가가 동참했다. 그러나 이 '발전을 위한 동맹 정책'은 케네디가 암살된 후에는 유명무실해졌다. 이에 미국은 다시 군사독재 정권을 지원하는 방향으로 선회했다.

이처럼 쿠바혁명은 긍정적이든 부정적이든 라틴아메리카 현대사에 하나의 커다란 획을 그었던 사건이었다.

¡Hasta la Victoria Siempre!:
에르네스토 체 게바라

모터사이클 다이어리

2004년에 젊은이들의 우상 체 게바라의 '23세의 특별한 여행'을 그린 〈모터사이클 다이어리〉라는 영화가 개봉되었다. '영웅 없는 이 시대가 영웅의 요소를 갖춘 그를 불러오고 있다'라는 말처럼, 이 영화는 영웅이 부재한 시대에 영웅을 필요로 하는 젊은이들의 욕구와 맞물려서 제작되었다. 그리고 저항적이며 자유로운 청년문화를 상징하는 문화 아이콘으로 자리 잡은 체 게바라의 붐을 이루는 데 일조하기도 했다. 이 영화의 주인공인 체 게바라는 피델 카스트로와 함께 쿠바혁명을 이끈 인물이다.

우리가 일반적으로 부르는 '체 게바라'의 원래 이름은 '에르네스토 게바라데라 세르나'다. '체 게바라'의 '체'는 '어이! 친구' 정도의 뜻을 가진 말이다. 1928년 아르헨티나 로사리오에서 태어난 체 게바라는 암으로 할머니를 잃은 후, 암 정복의 야망을 가지고 부에노스아이레스 의대에 입학했다. 그는 대학 시절 아르헨티나를 자전거로 여행하면서, 군부독재정권과 대지주들이 한패가 되어 저지르는 온갖 비리와 부패가 만연한 아르헨티나의 어두운 현실을 목격했다. 1952년에는 동료 알베르토 그라나도와 함께 '포데로사

Poderosa(힘 있는, 강력한)'라 이름 붙인 오토바이를 타고 라틴아메리카를 여행했다. 이 여행에서도 역시 체 게바라는 단순히 한 젊은이의 낭만적인 경험을 넘어서, 라틴아메리카 대륙에서 소외당한 이들의 참담한 삶을 직접 체험했다. 특히 여행을 마치고 부에노스아이레스로 돌아오기 전에 들른 부와 환락의 도시 마이애미에서, 체 게바라는 가난한 이들을 착취해서 돈을 버는 미국 자본의 실상을 목격하고 크게 분노했다. 그리고 헐벗고 굶주린 자들의 편에 서서 싸울 것을 결심했다. 이미 두 번의 여행을 통해 혁명가의 꿈을 키우기 시작한 그에게 의사라는 직업은 더는 아무 의미가 없었다. 취직한 지 두 달 만에 병원을 그만두고 1953년 볼리비아로 갔다. 그러나 역사상 최초로 탄생한 볼리비아 혁명정부가 민중들의 삶에 희망을 주지 못하고 있음에 실망한 게바라는 그해 12월 과테말라로 갔다.

당시 과테말라는 하코보 아르벤스가 이끄는 과테말라 혁명정부가 들어서 있었다. 그러나 과테말라 혁명정부는 미중앙정보국(CIA)의 공작으로 붕괴되고 말았다. 체 게바라는 혁명정부의 붕괴를 보면서 "아홉 개를 가진 자가 하나를 가진 자를 공격해서 열 개를 채우는 모습을 좌시할 수가 없다"며 자신이 싸워야 할 적은 바로 다름 아닌 제국주의임을 확신했다. 그는 그 후 멕시코로 갔다. 당시 멕시코시티는 스페인 내전 후 망명한 스페인의 정치가, 지식인뿐만 아니라 트로츠키로 상징되는 많은 사회주의 정치인, 지식인의 활동 무대였다. 이곳에서 게바라는 마르크스와 레닌 사상을 탐독하며 본격적인 혁명가의 길을 준비했다.

피델 카스트로와의 만남, 그리고 혁명

당시 멕시코에는 피델 카스트로가 있었다. 그는 쿠바의 몬카다 병영 습격 실패로 투옥되었다가 사면되어 1955년에 멕시코로 들어와 새로운 무장투쟁을 준비하고 있었다. 체 게바라는 쿠바혁명을 준비하고 있던 피델 카스트로를 만나 '낭만주의 청년'에서 '총을 든 게릴라'로 변신했다. 체 게바라는 드디어 피델 카스트로와 함께 1956년 11월, 80여 명의 동지들과 함께 멕시코 해안에서 그란마호를 타고 쿠바에 상륙, 시에라 마에스트라산맥을 거점으로 한 게릴라 활동을 시작했다. 1959년 1월 독재자 바티스타를 축출하고, 체 게 바라는 피델 카스트로와 함께 당당하게 쿠바의 수도 아바나에 입성하여 쿠 바혁명의 꿈을 이루었다.

그 후 체 게바라는 쿠바 중앙은행 총재와 산업부흥상 등 경제 분야를 관장 하는 직책을 맡았다. 그는 '인간의 욕망이 물질로부터 자유롭고 노동이 즐거 운 놀이가 되는 경제 건설'을 꿈꾸었다. 그는 화폐나 기업, 국가라는 개념을 부정했고, 소련이 쿠바에게 제공하는 유상 차관을 비판했다. 체 게바라의 이 러한 태도는 소련의 비판을 불러왔고, 쿠바의 경제 정책을 시행하는 데 있어 서도 대내외적으로 많은 갈등을 유발했다. 이러한 비판에 직면한 체 게바라 는 소련, 중국, 동구권 및 북한을 순방하며 자신의 경제 정책에 대한 이론과 실천의 문제들을 알리고 그에 대한 이해를 구했다. 또한 유엔, 아프리카 등을 누비며 쿠바의 자립경제와 전 세계적인 반제국주의 투쟁을 위한 지원 등을 위해서 동분서주했다.

그러나 그의 이러한 노력은 큰 성과를 거두지 못했다. 단지 사회주의권 지 도자들의 혁명을 대하는 소극적인 태도와, 미국의 쿠바 봉쇄령과 같은 제국 주의의 횡포만을 경험했을 뿐이었다. 이에 체 게바라는 자신의 것들을 버리 고 1965년에 피델 카스트로에게 작별의 편지를 남긴 채, "제국주의가 있는 곳이면 어디든 가서 싸워야 한다"는 사명감을 가슴에 품고 아프리카의 콩고 로 떠났다.

그러나 9개월간 콩고에 체류하면서 게바라는 새로운 전장 콩고가 아직 혁 명을 받아들일 준비조차 되어 있지 않음을 깨달았다. 그는 1966년 11월 라틴 아메리카에서의 또 다른 혁명을 꿈꾸며 변장한 채 볼리비아로 잠입했다.

볼리비아 일기

당시 볼리비아에는 바리엔토스 군사독재정부가 집권하고 있었다. 체 게바 라는 볼리비아 공산당 지도자인 마리오 몽헤와 연합해, 라틴아메리카 대륙 에 새로운 사회주의 혁명정부의 건설을 계획했다. 이는 볼리비아가 남미의 한가운데에 위치해 있었기 때문이다. 볼리비아에서 혁명이 성공한다면, 주

변에 인접한 아르
헨티나 칠레, 브라
질 등 남미 여러
나라에 혁명의 불
길이 삽시간에 번
지게 하는 도화선
이 될 수 있다고
여겼다.

쿠바의 수도 아바나의 혁명광장에 있는 체 게바라의 모습. 체 게바라 밑에
¡Hasta la Victoria Siempre!(승리할 때까지 영원히!)라고 쓰여 있다.

그러나 볼리비
아는 쿠바의 상황
과는 또 달랐다. 볼리비아의 혁명 세력들은 농민들에게 위협적이거나 적대
적인 태도를 취하지 않았으나, 농민들은 이들에게 비협조적이었고 정부군에
이들의 정보를 제공하는 등 혁명 세력을 곤경에 몰아넣었다. 이는 게릴라전
에서 가장 중요한 우군인 농민의 지원 확보 실패라는 어려운 상황 속에서 투
쟁해야 함을 의미했다. 1966년 11월부터 1967년 10월까지 11개월간 체 게바
라가 볼리비아의 산악 지대에서 게릴라 거점을 확보하며 투쟁해나가는 과정
은, 그의 《볼리비아 일기(The Bolivian Diary of Ernesto Che Guevara)》에 자세히 기
록되어 있다.

이렇게 악화되어가는 주변 상황 속에서 어릴 때부터 그를 괴롭혀온 천식
발작도 더 심해지고 대원들의 식량난도 극심해져 갔다. 1967년 10월 8일 그
들의 은신처는 노출되었고, 게바라와 대원들은 빗발치는 총탄 속에서 미중
앙정보국(CIA)의 지원을 받은 볼리비아 정부군과 최후의 결전을 벌였다. 결
국 체 게바라는 총상을 입고 체포되었다. 이튿날 볼리비아 정부는 그를 사살
하고 양 손목을 자른 뒤, 그 손목을 쿠바로 보내 그의 죽음을 입증하기까지
했다.

¡Hasta La Victoria Siempre!

그 후 체 게바라의 시신이 어디에 있는지 전혀 알려지지 않다가, 1997년

볼리비아의 바예 그란데 지방에서 두 손목이 잘린 채 발견되었다. 체 게바라를 사살한 후 그의 죽음을 입증하기 위해 두 손목이 잘려진 바로 그 시신이었다. 체 게바라는 30년간의 침묵을 깨고 혁명의 조국인 쿠바로 돌아왔다. 수많은 추도객의 조문 속에 쿠바의 산타클라라에 안장되었다. 일주일간 계속된 장례식의 마지막 날 산타클라라에는 약 50만 명의 추도객이 몰려들었다.

> 나는 너를 사랑한다. 그것은 네가 별에서 왔기 때문이 아니다. 너는 나에게 '인간은 눈물과 고뇌를 가지고 있으며, 빛을 비추고 또 빛을 가려주는 문을 열고 닫기 위한 열쇠를 가지고 있다'라는 사실을 깨닫게 했기 때문이다.

그가 죽기 전에 쓴 이 메모에서 체 게바라가 인류에게 품은 애정이 얼마나 큰지를 가늠할 수 있다. "민중에 대한 사랑이나 인류에 대한 사랑, 정의감과 관대함이 없는 혁명가는 진정한 혁명가일 수 없다"는 그의 말에서 볼 수 있듯이, 체 게바라는 인간에 대한 애정을 혁명의 모티브로 삼아 투쟁한 뜨거운 가슴의 소유자였다. 사르트르는 체 게바라를 '금세기의 가장 완전한 인간'이라고 평했다. 이는 체 게바라의 내면적인 성숙과 함께, 이데올로기를 떠나 인간에 대한 진정한 사랑을 위한 투쟁에 자신의 모든 것을 바쳤음을 의미한다고 할 수 있다.

아스따 라 빅또리아 씨엠쁘레! ¡Hasta La Victoria Siempre!(승리할 때까지 영원히!) 이는 인간의 존엄성 회복을 위한 투쟁에서의 승리를 위해 항상 고뇌하고 이를 실천에 옮겼던 체 게바라를 상징하는 말이기도 하다.

"혁명 안에 모든 것이 있고…":
피델 카스트로

"혁명 안에 모든 것이 있고…"

카스트로는 혁명에 성공한 뒤, 과거 시에라 마에스트라 속에서 '라디오 레벨데Radio Rebelde'를 통해 국민에게 약속했던 전면적인 농지개혁과 산업의 국유화, 국민소득의 공정한 분배, 교육의 확충 등을 실천하려 했다. 이를 위해서 외국인, 특히 미국인의 손에 있던 토지와 산업시설들을 다시 찾아와야 했다. 카스트로는 석유법과 대기업 국유화법을 제정하여, 1960년 7월부터 쿠바에 있던 미국인 소유 기업과 은행들을 모두 국유화했다. 특히 석유 산업의 국유화는 미국과의 갈등을 일으켰다. 당시 쿠바의 석유정제 공장들은 베네수엘라산 석유를 정제하여 쿠바와 미국에 공급하고 있었다. 카스트로는 러시아산 석유가 훨씬 싸다는 것을 알고, 쿠바에 있는 석유정제 공장들이 러시아산 석유도 취급해야 한다고 선언했다. 영미계 석유 회사들이 이를 거부하자 카스트로는 석유산업의 몰수를 명령했다. 이에 미국은 즉각 쿠바산 설탕수입의 제한으로 응답했다. 카스트로는 이러한 미국의 조치에 미국의 전기회사와 전화 회사 그리고 주요 설탕 가공 공장들까지 몰수했다. 그 후 외국인 소유의 호텔과 카지노까지 국유화해 1961년 8월까지 쿠바 내 거의 전 산

1959년 쿠바혁명이 성공한 후의 피델 카스트로. 쿠바혁명 후 카스트로는 "혁명 안에 모든 것이 있고 혁명 밖에는 아무것도 없다"라고 역설하면서 쿠바의 모든 분야를 장악해나갔다.

업이 국유화되었다.

이러한 카스트로의 급진적인 개혁 정책에 미국은 경제제재를 가하기 시작했다. 하지만 쿠바는 소련으로부터 1억 달러의 차관을 제공받고, 소련은 5년간 500만 톤의 제당을 쿠바에서 수입하기로 했다. 이러한 소련과의 관계는, 미국의 경제적 압력에 직면해 달러 부족에 처한 쿠바에게 혁명을 유지할 수 있도록 하는 중요한 계기가 되었다. 또한 미국과의 관계 악화는 쿠바의 공산주의화를 가속시키는 요인으로 작용했다.

미국 기업들의 국유화와 함께 카스트로는 농지개혁을 실시하여 바티스타의 농장을 몰수했고, 대농장주의 토지를 수용하여 각 농가에 분배했다. 그래도 토지를 소유하지 못한 농민들은 농지개혁청(INRA)이 관리하는 협동농장에서 농사를 짓게 했다.

1961년 여름까지 정치, 경제적인 권력을 완전히 장악한 카스트로는 영화와 출판사업 등 문화산업 분야까지 장악했다. 할리우드적인 쇼는 극장에서 사라졌고 쿠바인민들의 전통적인 축제가 사라졌다. 카스트로는 "혁명 안에 모든 것이 있고 혁명 밖에는 아무것도 없다"고 선언했다. 이는 카스트로가 쿠바의 문화예술인에게 쿠바에서의 문화는 혁명을 옹호하는 것이어야 한다는 교시를 내린 것이었다.

피그만 사건과 미사일 위기

카스트로의 급진적인 정책에 대해 경제제재와 외교 단절을 선언했던 미국은, 더 나아가 1961년 4월 과테말라에서 훈련시킨 바티스타의 잔존 세력과 용병의 연합군 약 1,500명을 쿠바에 침투시켰다. 미중앙정보부가 제공한 각종 화기와 장비를 가지고 수도 아바나와 가까운 피그만에 상륙했다. 그러나 이들은 시기를 잘못 맞춰 상륙도 못 하고 쿠바군 비행기로부터 공습을 받았다. 치열한 전투 끝에 약 90명이 전사하고, 나머지 1,200명은 쿠바군에 이끌려 목에 팻말을 달고 아바나시를 행진해야 했다. 국제적 창피를 당한 미국은 6,200만 달러의 몸값을 제공한 후에야 그들을 미국으로 데려올 수 있었다. 이로 인해 쿠바와 미국과의 관계는 더욱 악화되었다.

이러한 미국과의 관계 악화는 1962년에 들어 카스트로를 더욱더 위기에 몰아넣었다. 쿠바 내에서 반군의 활동이 재개되었고 경제 상황 또한 매우 어려웠다. 카스트로는 미국이 자신을 제거하기 위해 다양한 공작을 벌이고 있다는 사실을 알고 있었다. 또한 멕시코를 제외한 다른 라틴아메리카 국가들이 쿠바와 국교를 단절했다. 이러한 상황 속에서 카스트로는 소련과 동맹관계를 맺어 미국의 침략에서 벗어나고자 했다. 카스트로는 또한 자신의 내각에 공산주의자들을 대거 등용시켜, 소련이 '쿠바가 마침내 사회주의를 건설하는 길에 접어들었다'는 믿음을 갖게 했다. 결국 그는 쿠바에 대한 미국의 압박 정책으로 인해서 소련을 위시한 사회주의 국가들에게 더욱 다가갔다.

쿠바와 군사조약을 체결한 소련은 라틴아메리카의 사회주의 국가를 보호한다는 명분으로, 미국의 코앞에 있는 쿠바에 미사일 기지를 건설하기 시작했다. 미국이 이 정보를 미리 확보하고 소련에게 미사일 기지를 쿠바에서 철수할 것을 강력히 요구했다. 이에 소련은 쿠바에 설치하는 미사일은 방어용이며 미국의 침략을 막기 위한 것이라는 이유로 거절했다. 이러한 소련의 대응에 대해서 미국은 1962년 10월, 미사일을 싣고 쿠바로 향하던 소련의 선박을 카리브 해역에서 봉쇄했다. 소련 선박들이 해상 봉쇄선을 넘을 경우 소련과의 핵전쟁도 불사하겠다는 최후통첩이 소련에 전달되었다. 이에 따라 세계는 제3차 세계대전이 터질 정도로 일촉즉발의 위기에 빠져들었다.

그러나 마침내 미국의 케네디 대통령과 소련의 후르시초프 서기장이 쿠바의 미사일 기지 건설 중단과 쿠바의 독립을 서로 보장함으로써 극적인 타결을 이루어냈고, 이로써 제3차 세계대전의 위기를 모면했다.

카스트로 체제

미사일 위기 이후 케네디 행정부는 1963년 2월 미국인의 쿠바 여행을 금지했고, 같은 해 7월에는 미국 내 쿠바 자산을 동결시켰으며, 1964년에는 미주기구(OAS)를 통한 다국적 제재안이 발동되었다. 그러나 카스트로 정부는 이러한 미국과 국제사회의 제재에도 불구하고 1963년 2차 농지개혁법을 단행하여, 국가 토지의 76%를 국영농장이 장악하게 했다. 그리고 1966~1970년 사이에 제당산업의 근대화에 주력했고, 1960~1975년 사이에는 소련으로부터 30억 달러에 달하는 군사비를 지원받았다. 1976년에는 신헌법을 제정하여 생산수단의 공유화를 토대로 경제체제를 수립했고, 지역과 주 단위의 선거를 실시하여 대의 체제를 확립했다.

1980년대에 들어 피델 카스트로가 쿠바의 공산당을 장악하여 자신의 통치 체제를 확고히 했지만, 쿠바의 경제 상황은 소련과 사회주의 국가들의 붕괴에 따른 교역 감소로 급속히 악화되었다. 이를 타개하기 위해서 카스트로는 과거 사회주의의 우월성을 과시하기 위해 폐지했던 주택, 선박, 농장 등에 세금을 부과하는 새 세금법을 개정했다. 또 부분적으로 자본주의 생산방식을 도입해 변화를 추구하기도 했다.

이러한 쿠바의 변화에도 불구하고 카스트로 정권을 붕괴해야 한다는 미국의 대전제에는 변함이 없었다. 또한 플로리다에 정착해 살고 있는 반反카스트로 성향의 쿠바계 미국인의 영향력을 무시할 수도 없었다. 1992년 5월 미 의회가 "쿠바 국민에게 민주주의를 가져다주겠다"는 명분을 내걸고 쿠바 봉쇄정책을 아예 입법화하기에 이르렀다. 이것이 바로 '토리첼리 법'이라 불리는 쿠바민주주의법(CDA)인데, 이 법의 골자는 미국 회사의 외국 지사가 쿠바와 무역을 할 수 없도록 봉쇄를 강화한 것이다. 그 이후 1996년 더욱 강화된 헬름스버튼 법이 제정되었는데, '쿠바의 자유 및 민주연대법'이라 이름붙인 이 법은 대쿠바 경제봉쇄를 모든 나라로 확산시킨 것이었다.

갈 사람은 언제든 가라!

카스트로는 1980년과 1994년 두 차례에 걸쳐 대규모의 국외 탈출을 허용했다. 1980년 4월 1일, 6명의 쿠바인이 버스를 몰고 페루 대사관으로 돌진하는 사태가 발생했다. 이에 카스트로는 "쿠바의 안전에 공조共助하지 않는 대사관들을 보호할 수 없다."라고 선언하며 경찰 수비대를 대사관 주위에서 철수시켰다. 그러나 카스트로의 속내는 불만에 찬 소수 쿠바인의 침입이 페루 대사관 직원들에게 큰 불편을 주기를 기대한 것이었다. 그 후 1만 명 이상 되는 사람들이 페루 대사관 구내로 밀려들었다. 예상보다 많은 숫자에 당황한 쿠바 정부는 이들을 범죄자, 약물 중독자, 인간쓰레기라고 매도했다. 그러나 이들은 단지 사회주의 체제하에서 더는 삶을 지탱할 수 없다고 결심한 평범한 시민일 뿐이었다. 카스트로는 이들을 모두 코스타리카로 보냈다. 이들 중 대부분은 다시 페루로 갔다.

카스트로는 여기에 그치지 않고 마이애미에 있는 망명 쿠바인에게 친척들을 미국으로 데려가도 좋다고 선언했다. "갈 사람은 언제든 가라!" 카스트로는 이들을 쿠바에 남은 마지막 벌레들이라고 생각했고, 그러한 벌레들은 가급적 쿠바를 떠나는 게 좋다고 또다시 선언한 것이다. 곧바로 쿠바의 마리엘 항을 통해 수백 척의 배가 몰려들어 망명객들을 가득 싣고 미국 플로리다로 갔다. 미국 카터 대통령은 이들을 모두 '열린 마음과 열린 두 팔'로 받아들인다고 했지만 이들의 행렬은 끝이 없었다. 같은 해 9월에 미국의 간청을 받아들여 카스트로가 해안선 봉쇄를 선언할 때까지 무려 12만 5,000명이 쿠바를 탈출했다.

그 후 또 한 번의 쿠바 탈출 사태가 일어났다. 1994년의 이 사건은 과거와 같은 정치적 난민이 아니라 단지 경제적인 어려움 때문에 일어났다. 쿠바의 아바나항에서, 또는 인근의 바닷가에서 나무 상자나 스티로폼으로 만든 조악한 뗏목을 타고 해류에 의지해 미국의 마이애미로 향했는데, 이들의 숫자가 약 3만 명에 달했다. 흥미롭게도 두 경우 모두 난처한 입장에 처한 쪽은 카스트로가 아니라 바로 미국이었다. 카스트로는 쿠바 사회가 수용할 수 없는 반체제 인사들을 돈을 받아가며 처분했고, 미국은 수십만의 골칫덩어리를 받아들인 셈이었다.

차코전쟁:
볼리비아와 파라과이

차코전쟁

차코Chaco는 브라질 서쪽, 그리고 아르헨티나 북쪽에 있는 넓은 저지대인 그란 차코Gran Chaco의 일부였다. 당시 볼리비아는 칠레와의 태평양전쟁에서 패해 태평양으로의 진출이 막힌 상태였기 때문에 또 다른 바다인 대서양으로의 진출이 절실했다. 또한 이곳에 석유가 매장되어 있다는 사실을 알게 되었다. 반면, 삼국동맹전쟁에서 아르헨티나와 브라질에게 상당한 면적의 국토를 빼앗긴 파라과이로서는 더는 국토 상실을 용납할 수 없었다.

이러한 상황 속에서 1928년 12월 차코 지역에서 볼리비아와 파라과이 양국의 소규모 충돌이 발생했다. 이의 해결을 위해 아르헨티나, 미국, 쿠바, 멕시코, 우루과이, 콜롬비아 대표들이 모여서 중재를 시도했으나 모두 실패하고, 결국 1932년에 차코전쟁이 일어났다. 차코의 보케론 지역에서 볼리비아군 1,200명에 대항하여 파라과이군 5,000명이 집결했다. 결국 1933년 파라과이는 볼리비아와 전쟁을 시작해서, 1935년에 차코의 분쟁지역 대부분을 점령하면서 전쟁을 끝냈다.

당시 인구, 병력, 무기 면에서 볼리비아군이 우세했으나 전쟁의 결과는 정

반대였다. 전투에서 파라과이 병사들은 국가 방위를 위해 적극적으로 싸웠지만, 볼리비아군은 강제로 징집된 원주민으로 구성되어 있었기 때문에 국가 의식이 결여된 상태였다. 또한 파라과이군은 전투지역의 지세와 기후에 익숙해 있었으나, 볼리비아군은 고산지대 출신들로서 열대 저지대인 차코 지역의 기후에 적응하지 못했다. 3년간의 전쟁 기간 중에 황열병, 말라리아, 이질 등으로

차코의 석유. 차코지역의 석유를 사이에 두고 미국(달러$)과 영국(파운드£)의 석유회사들의 이익 쟁탈전을 풍자하고 있다.

인해 볼리비아는 6만여 명, 파라과이는 4만여 명의 사상자를 냈다. 1938년 부에노스아이레스에서 볼리비아와 파라과이 양국은 평화조약을 체결하여 차코전쟁을 공식적으로 종결했다.

35년간의 통치

차코전쟁으로 파라과이는 차코 지역의 75%에 해당하는 방대한 영토를 확보했으나, 약 4만여 명에 이르는 사상자가 발생했고, 상당한 전비를 소모해서 국민의 생활은 더욱 피폐해졌다. 전쟁이 끝난 후, 파라과이에 많은 망명자가 귀국하고 내분상태에 있던 군부도 통합되었다. 그러나 3년간의 전쟁으로 인해 아직도 많은 갈등 요소가 남아 있었다. 파라과이는 차코전쟁이 일어나기 전인 1902년부터 1932년 사이에 21명의 대통령이 집권했을 정도로 정치상황이 매우 혼란했었는데, 차코전쟁이 끝나고도 여러 번 정권이 바뀌는 등 그 혼란은 여전했다.

이러한 혼란 속에서 1954년 대통령 선거에서 보수당 후보로 나선 알프레도 스트로에스네르 장군이 당선되었다. 그는 1989년 군사 쿠데타로 브라질에 망명할 때까지 여덟 차례에 걸쳐 35년간 파라과이를 통치했다. 독일 이민의 후예인 스트로에스네르 대통령은, 전前 정권이 아르헨티나와 경제 동맹체

를 결성한 것과는 달리 브라질과 경제동맹관계를 맺었다. 이로써 브라질의 최대 채권국이자 최대의 무역 상대국이 되었다.

스트로에스네르 대통령은 미국으로부터 1961~1967년 사이에 4억 4,100만 달러를 지원받아 반공 정책을 강화했고, 자신에게 반대하는 세력들을 탄압했다. 기존의 헌법으로 다시 출마할 수 없게 된 스트로에스네르는 헌법까지 개정, 재집권했다. 재집권 후 그는 비록 강압적인 수단을 사용했지만 국내 질서를 바로잡고 상·하수도 시설, 도로나 학교, 수력 발전소를 건설했으며, 내륙의 동북부와 볼리비아 국경지대를 개간하여 농민들에게 이를 분배하는 토지개혁도 단행했다. 그는 이러한 국내경제의 활성화에 힘입어 1988년의 선거에서도 89%라는 높은 지지율로 대통령에 당선되었다.

그러나 스트로에스네르는 1989년 안드레스 로드리게스 장군의 쿠데타로 축출되었다. 안드레스 로드리게스는 집권 후 경제발전과 정치 안정에 노력했으나 큰 성과를 거두지 못하고, 1993년 후안 카를로스 와스모시에게 정권을 넘겨주었다.

국민의 의사는 나의 약속보다 우위

1993년 파라과이 최초로 공정하게 치러졌던 대통령 선거에서, 육군 참모총장인 오비에도의 지원을 받은 와스모시 후보가 당선되었다. 와스모시 대통령은 민간 정부를 구성했으나 오비에도의 영향으로 국정 운영에 많은 어려움을 겪었다. 로드리게스 장군의 측근이었던 오비에도는, 쿠데타 과정에서 한 손에 수류탄을 들고 다른 손에는 권총을 든 채 지하 벙커에 숨어 저항하던 스트로에스네르를 체포한 공을 세운 인물이었다.

이후 오비에도는 군 사령관이 되었고 권력의 실세로 정치에 깊숙이 개입했다. 이에 와스모시 대통령은 오비에도에게 전역을 명령했으나, 오비에도는 이에 불복하고 자신의 병력을 앞세워 대통령의 사임을 촉구했다. 대통령은 쿠데타 위협을 느껴 오비에도 장군에게 국방장관직을 약속하고 사태를 수습했다. 그런데 파라과이 국민은 이러한 대통령의 조치에 불만을 품고 거세게 저항했다. 와스모시 대통령은 '국민의 의사가 나의 약속보다 우위에 설

것'이라며 장관의 임명을 번복했다.

국민의 저항에 일단 후퇴한 오비에도는 1998년 대통령 선거에 출마했다. 그러나 와스모시 대통령은 군부의 협조를 얻어 오비에도를 특별군법회의에 군사반란죄로 전격 기소하고, 10년 형을 언도하여 대통령 후보 자격을 박탈했다. 이에 부통령 후보였던 쿠바스가 53%의 득표로 당선되었다. 쿠바스 대통령은 오비에도 장군을 석방했으나, 대법원은 오비에도 장군을 다시 수감토록 했다. 그러나 쿠바스 대통령은 이를 무시했다. 이에 의회는 대통령의 탄핵을 결정했다. 교회도 이를 지지했다. 그런 와중에 대법원장, 외무장관을 역임하고 같은 콜로라다당 소속이면서도 대통령 탄핵을 주도했던 아르가냐 부통령이 암살되었다. 쿠바스 대통령과 오비에도 장군이 암살을 배후에서 조종했다는 의혹이 제기되었고, 수많은 시위대가 의사당을 에워싸고 대통령의 사임을 요구했다. 시위대에 대한 발포로 많은 사람이 죽고 다치는 등 사태는 걷잡을 수 없이 확산되었다.

이에 마치 상원 의장이 대통령직을 승계했다. 마치 대통령은 여야 모두가 참여하는 거국내각을 구성했다. 이는 50년 만에 야당이 정권에 참여하는 것으로써, 파라과이는 20세기가 끝나는 시점까지 마지막으로 남아 있던 군사독재의 잔재를 청산하는 나라가 되었다.

볼리비아 혁명

차코전쟁 이후, 볼리비아는 여러 정치, 사회적인 변화를 겪었다. 그러나 볼리비아의 진정한 변화는 1952년 볼리비아 혁명에서 시작되었다. 1952년, 볼리비아의 수도 라파스에서 노동자, 민병대, 학생, 시민 및 민족혁명운동(MNR) 세력들이 대대적으로 군부 쿠데타 세력에 저항해서 봉기했다. 무장한 광산 노동자들이 정부군을 물리침으로써 민족혁명운동은 좌익성향의 경제학 교수였던 빅토르 파스 에스텐소로를 대통령으로 추대했다. 미국도 그를 급진세력을 막을 수 있는 인물로 생각하고 승인했다.

빅토르 파스 에스텐소로 대통령은 21세 이상의 남녀 모두에게 선거권을 주었고, 대농장과 주요 광산지대 등의 인구밀집지역에 민족혁명운동 지부를 설치했다. 또 정규군을 해체하고 반혁명 세력의 준동을 막기 위해 민병대를 조직했다. 이어 외국인 소유의 3대 주석광산회사들을 국유화했고, 농지 개혁을 단행하여 원주민들에게 농지를 분배했다. 그러나 국유화된 광산은 높은 생산 비용과 외국인 주석업자들의 방해로 인해 적자를 보이기 시작했고, 농지개혁도 철저한 준비 없이 시작한 탓에 농업 생산성의 저하만 가져왔을 뿐 효과를 거둘 수 없었다. 빅토르 파스 에스텐소로의 뒤를 이어 에르난 실레스 수아소가 대통령이 되었으나, 대규모의 폭력적인 반미, 반정부 시위와 국제 시장에서의 주석 가격 하락으로 정국은 매우 혼란했다.

빅토르 파스 에스텐소로는 개헌을 통해서 1960년 다시 집권했다. 그는 국제통화기금의 계획에 따라 재정지출의 삭감, 임금동결 등을 실시했으나, 학생들의 시위와 노동자들의 파업이 계속되었다. 1964년 부통령이었던 레네 바리엔토스 오르투뇨가 쿠데타를 일으켜 자신이 대통령이 되었다. 이로써 12년간 지속된 볼리비아 혁명은 사실상 막을 내렸다. 이때가 바로 체 게바라가 볼리비아를 라틴아메리카 혁명의 중심으로 삼기 위해 볼리비아에서 투쟁했던 시기이기도 하다.

그 후 볼리비아에서 군부의 쿠데타가 계속 이어졌다. 특히 1978년부터 1982년 사이에 5년간 7명의 대통령이 볼리비아를 통치하는 등 혼란한 정국이 계속되면서 경제 또한 극심한 위기를 겪었다. 1985년에 빅토르 파스에 스텐소로가 다시 집권했다. 그는 국영기업의 축소, 시장 개방, 재정적자의 축소, 임금과 봉급 동결 등 신경제 정책을 실시했지만, 인플레이션이 12,000%가 되는 등 경제가 사상 최대의 위기를 맞았다. 그 후 평화적 선거를 통해서 민간 정부가 들어섰으나 경제 상황은 호전되지 않았다.

비바 칠레!:
살바도르 아옌데 대통령

선거를 통한 사회주의 정권의 탄생

1970년에 아옌데가 대통령이 되기 전까지, 보수 세력과 좌파 세력이 칠레를 번갈아 통치했다. 1950년대 정권을 잡은 보수정권들은 외국자본의 도입을 통해 경제발전을 모색하는 대외 의존적인 경제 정책을 폈다. 1958년에는 칠레에 대한 전체 외국투자 중 미국의 투자가 점하는 비율이 80%가 넘었다. 이는 칠레 경제에 대한 미국계 다국적 기업의 지배력이 더욱 강화되는 부정적 결과를 초래했으며, 이 과정에서 외채가 급증하면서 이의 상환을 위해 신규 차관을 또다시 도입해야 하는 악순환이 계속되었다. 그 후 이를 개혁하려는 정책이 시행되었으나, 1960년대 중반에는 칠레의 100개 기업 중 61개가 외국인 투자 참여 업체일 정도로 칠레 경제의 대외적 종속은 더욱 심화되었다. 여기에 보수 정부는 노동자들의 파업을 폭력적으로 대응하는 등 근본적인 개혁을 외면했다.

이러한 상황하에서 1970년 9월 대통령 선거에서, 공산당과 사회당의 좌파 정당들과 급진당의 온건중도당이 선거를 위해 결성한 선거연합체인 '인민연합'의 아옌데 후보가 대통령에 당선되었다.

칠레는 빈번한 군사 쿠데타에 시달린 다른 라틴아메리카 국가들과는 달리, 오랜 기간 동안 정치세력들 간의 타협과 협력의 정치 문화가 존재해왔고, 국민의 민주주의 역량이 강화되어 있었다. 때문에 여러 정파의 '인민 연합'이라는 선거연합 결성이 가능했고, 그 연장선상에서 아옌데 정권이 등장했다. 아옌데는 선거운동 과정에서 사회복지와 민주주의 정책을 규정하는 '민중연합정권이 추진할 40개 정책'을 역설하며 사회 하층계급으로부터 지지를 끌어내는 데 성공했다. 그리고 인민 연합을 통한 좌파정치세력들의 단결로 아옌데 지지층이 크게 확대되었던 반면, 중도파와 우파정치세력의 분열로 국민당과 기독민주당은 선거를 앞두고 선거연합 구축에 실패했다. 그 결과 인민 연합은 선거를 통한 사회주의 정권 창출을 할 수 있었다.

아옌데의 실험

1970년, 아옌데 정권은 인민 연합을 구성하고 있던 노동자, 농민을 비롯한 민중들의 적극적인 지지를 바탕으로 광업이나 국가기간산업, 금융업 등을 국유화했다. 특히 구리 산업의 국유화 조치는 실질적으로 보상이 아닌 몰수라는 혁명적 방법으로 진행되었다. 그리고 농지개혁을 추진하여 1,300여명의 대토지 소유자로부터 토지를 몰수해 농민들에게 이를 분배했고, 그 결과 농민들의 생활수준이 크게 향상되었다. 이와 함께 노동자의 임금인상을 통한 소득 재분배 정책도 적극 시행되었다. 또한 의료시설과 교육시설의 확충, 주택개선 등이 추진되었다.

아옌데 정권의 개혁 정책으로 연평균 국민총생산(GNP) 성장률은 7%였고, 물가인상률은 37%에서 18%로 떨어졌으며, 8.3%에 달했던 실업률도 4.8%로 낮아졌다. 이렇게 칠레 국민의 생활수준이 향상되면서, 인민 연합 집권 이후 처음 실시된 1971년 지방선거에서 칠레 국민은 좌파정부에 전폭적인 지지를 보냈다.

아옌데의 좌절

그러나 아옌데의 급격한 개혁 정책은 기득권 세력의 엄청난 반발을 불러왔다. 우선 미국이 소유했던 구리 광산의 국유화는 미국의 경제봉쇄를 초래했으며, 국제 구리 가격이 하락하면서 초기에 호조를 보이던 경제 상황이 악화되었다. 여기에 아옌데 정권의 사회주의적 정책 추진으로 위기감을 느끼고 있던 보수 야당들은, 반혁명적인 법률제정과 내각탄핵 등으로 아옌데 정부의 개혁을 좌절시키려 했다.

자본가 계급 역시 생산을 위한 자본을 투기 자본화하고 상품을 제한적으로 출하함으로써 경제적 혼란을 부추겼다. 한 예로 트럭운수업자들과 상점주 등을 중심으로 한 파업이 일어났다. 칠레는 산악 지대가 많아서 철도가 발달되지 않았다. 따라서 트럭운수업자들의 파업은, 식량과 자원의 유통이 불가능해져서 산업시설이 마비되고 생활필수품이 제대로 전달되지 못함을 의미했다. 여기에 중소규모 제조업자, 은행원, 의사, 엔지니어 등의 연대 파업과 버스업자들의 동조파업이 더해져 국내의 혼란은 극에 달했다.

그리고 구리광산 노동자들이 파업을 일으킴으로써 아옌데 정권의 정통성에 큰 손상을 입혔다. 이는 칠레 경제의 핵심 분야인 구리광산 노동자들의 파업이 아옌데 정권과 노동자들 간의 갈등을 나타냄과 동시에, 노동세력의 일부가 보수 야당의 입장에 동의한다는 것을 상징적으로 보여주는 것이었기 때문이다.

이렇게 다양한 계층의 반혁명 공세에 대해, 아옌데 정권은 공급과 가격위원회를 통해 부족한 물품을 공정가격으로 확보했다. 또한 생산 감시 위원회를 통해 자본가들의 투기와 생산거부 활동에 대한 감시 및 통제기능을 강화하려 했다. 그러나 공산당과 사회당 간의 분열과 의회 내 보수 야당들의 제동 등으로 인해 아옌데의 노력은 큰 효과를 거두지 못했다. 또한 군부의 이탈로 아옌데는 쿠데타를 방지할 수 있는 핵심적인 세력을 상실했다. 이러한 인민 연합 내부의 분열이 미국을 비롯한 외국의 정치, 경제적 압박 등과 결부되면서, 의회를 통한 아옌데의 사회주의 혁명은 좌절되었다.

비바 칠레!

1973년 3월 총선에서 보수 야당들과 자본가들은 대통령 탄핵이 가능한 의

칠레의 대통령 관저인 모네다 궁 앞의 '헌법광장'에 있는 살바도르 아옌데 대통령 동상. 동상 아래에는 "나는 칠레와 칠레의 운명에 대한 믿음을 가지고 있다. 1973년 9월 11일"이라고 쓰여 있다.

석 확보에 실패했다. 이들은 이에 군부에 의한 쿠데타가 아옌데 정권을 붕괴시킬 수 있는 유일한 수단이라고 생각했다. 이런 가운데 일부 퇴역 장교들이 아옌데 대통령에 서한을 보내, 계속 헌법을 위반한다면 군부가 독자적으로 행동하겠다고 협박했다. 마침내 1973년 6월 29일 대표적인 우파조직인 '조국과 자유'가 주도한 청년장교들을 중심으로 쿠데타가 일어났다. 우발적이었던 이 쿠데타는 전체 군부의 지지를 획득하는 데 실패하고 3시간 만에 진압되었다.

아옌데 정권은 점차 구체화되는 군부의 쿠데타 위협으로 위기에 처한 상태였다. 이에 아옌데 정권은, 최후의 정치적 해결책이라고 할 수 있는 제헌의회를 구성하기 위한 선거의 실시 여부를 국민투표에 부치기로 했다. 그리고 그 일정을 피노체트 장군을 비롯한 주요 육군 지휘관들에게 알렸다. 이는 국민의 지지 여부에 따라 아옌데 정권이 칠레 국민을 대표하고 있지 못하다는 우파의 주장이 무력화될 수 있거나, 아니면 그 반대로 3월 총선으로 남은 임기 3년을 법적으로 보장받은 아옌데 대통령이 조기 하야되는 상황을 맞이할 수도 있는 중요한 갈림길이었다.

피노체트를 비롯한 쿠데타 주모 세력들은 결과가 불확실한 국민투표를 사전에 봉쇄하기 위해, 애초 9월 14일로 계획했던 쿠데타 일정을 국민투표 실시 발표 직전인 9월 11일로 조정했다. 9월 11일 새벽, 해군을 중심으로 한 쿠데타군이 발파라이소를 점령했다. 3군 참모총장과 경찰국장은 마르크스주의 정권에 유린당한 조국을 구하기 위해 나섰다고 선언하면서, 아옌데 대통령은 24시간 이내에 대통령직에서 물러나라는 내용의 성명서를 발표했다. 그리고 9월 11일 아침 8시 직후, 쿠데타군의 항공기가 대통령 집무실이 있던 모네다Moneda궁 상공을 선회하면서 아옌데 대통령에게 외국으로 망명할 것을 요구했다.

아옌데 대통령은 라디오 방송을 통한 대국민 담화에서, 칠레노동자들이 사임을 요구하기 전에는 절대로 물러나지 않겠다고 밝히면서 '칠레 만세!(¡ Viva Chile!), 민중 만세!(¡ Viva el Pueblo!), 노동자 만세!(¡ Viva los Trabajadores!)'를 외쳤다.

> 지금 이 순간 폭격기가 머리 위를 날고 있습니다. 나는 조국을 위해 생명을 바칠 것입니다. 칠레 민중이 보여준 충성심에 죽음으로 보답하겠습니다. 나는 칠레 대통령으로서 명예로운 책임과 의무를 다할 것입니다. 나는 항상 여러분과 함께할 것입니다.
>
> 군부 쿠데타에 의해 사망하기 직전, 아옌데 대통령의 마지막 연설 중에서

곧이어 대통령궁을 향한 쿠데타군의 폭격이 가해졌고, 아옌데 대통령은 경호 부대를 대통령궁 밖으로 보내고 40여 명의 민간인과 함께 지하 벙커에서 최후를 맞았다.

썩은 사과 골라내기

1973년 9월 11일에 피노체트의 군사 쿠데타가 일어난 다음 날, 미국 국무성은 논평을 통해 "거듭 강조하거니와 미국 정부와 미국 정부 내 어떤 기관도 연루되지 않았다는 사실은 너무나 명백하다"고 발표했다. 그러나 최근 비밀 해제된 미중앙정보국(CIA)과 국무부, 국방부 등의 관련 극비 문서에 의하면, 미국의 아옌데 정부 전복 공작은 지난 1970년 아옌데가 대통령에 당선된 직후 닉슨 대통령의 지시로 시작됐음을 밝히고 있다. 백악관 안보 담당 보좌관 키신저의 지시를 CIA 칠레 지부에 전한 비밀 전문은, '아옌데가 쿠데타에

의해 전복되어야 한다는 것은 확고한 정책'임을 명백히 하고 있다.

그리고 이 비밀문서들에는 1973년을 전후해서 6년간 집중적으로 행해진 미 정보기관의 비밀공작의 실상이 낱낱이 적혀 있다. '뒷일을 걱정 말고 48시간 내에 끝낼 수 있는 쿠데타 계획을 세워라', '쿠데타 전문가를 총동원하라', '칠레 경제를 파탄에 빠뜨리고 공작금은 1,000만 달러로 하되 필요한 경우 더 사용해도 좋다'는 등의 충격적인 내용도 들어 있었다.

이처럼 미국은 자신의 국가 이익에 반하는 사회주의 경제 정책을 편 아옌데 정부를 전복시키는 데 다양한 공작을 폈다. 이러한 미국의 대응은 이웃의 모든 라틴아메리카 국가들 역시 칠레와 같은 길을 걷게 될 것이라는 사실을 보여주고 있다. 즉, 칠레의 아옌데 정권에 대한 공작은 사과 상자 속의 썩은 사과 하나 때문에 옆에 있는 다른 모든 사과도 썩게 된다는 '도미노 이론'처럼, 칠레로 인해 라틴아메리카 전체가 위험해질 것이라는 우려에 대한 미국의 '썩은 사과 골라내기'였다.

사랑의 시인:
파블로 네루다

정치인 파블로 네루다

1904년에 칠레 중부의 파랄에서 출생한 파블로 네루다는 1932년까지 버마, 스리랑카, 자바, 싱가포르, 부에노스아이레스, 스페인 등지에서 영사로 근무했다. 특히 스페인 내전이 한창이었을 때 스페인 주재 칠레 영사로 근무했던 네루다는, 외교관 신분임에도 불구하고 반反프랑코 성명서에 서명하고 반反파시스트 활동을 벌이다가 파면을 당하기도 했다.

그는 1945년 귀국 즉시 공산당에 가입하고, 이어 칠레 북부 탄광 지대의 노동자들의 지지로 상원의원에 당선되면서 정치인으로서의 삶을 시작했다. 당시 칠레의 경제는 동銅과 초석 수요의 급감으로 실업이 증가하고 파업이 확산되는 등 매우 어려운 상황에 처해 있었다. 이러한 상황에서 정의를 주장한 가브리엘 곤살레스 비델라는 네루다에게 희망의 빛이었다. 네루다는 그의 당선을 위해 선거운동에 동참했고, 결국 비델라는 국민의 대대적인 지지를 받아 대통령에 당선되었다. 그의 당선으로 1938년, 1942년에 이어 1946년에도 급진당(PR)과 좌파연합인 '인민전선'이 대통령 선거에서 승리했다.

그러나 네루다에게 희망의 빛줄기로 보였던 비델라 대통령은, 조직적으로 파업과 시위를 주도하는 공산당 지도자들에게 불만을 가졌다. 이에 공산당을 불법화시키고 네루다를 포함한 수많은 공산당원들을 탄압했다. 약 5만 명에 달하는 공산당원들이 이 박해를 피해 지하로 숨어야 했다. 이에 네루다는 1948년 상원에서 대통령을 탄핵하는 내용의 연설문 〈나는 고발한다〉를 발표했는데, 비델라 정부는 이를 빌미로 네루다에 대한 검거령을 내렸다.

이슬라 네그라로

1949년, 검거를 피해 칠레를 탈출한 네루다는 거의 3년간 아시아, 유럽, 미국을 돌며 정처 없는 망명 생활을 보내다가 1952년 다시 조국 땅을 밟았다. 귀국 후 이슬라 네그라Isla Negra('검은 섬'이라는 뜻을 가졌지만, 실제로 섬이 아니라 주변 바위가 검은색을 띠고 있는 데서 연유한 이름이다. 수도 산티아고에서 남서쪽으로 130킬로미터 떨어진 해안가에 위치한 조그만 마을이다)에서 활발한 작품 활동을 하기 시작했다.

그러나 1960년대 극단적인 좌우 이데올로기의 대립은 네루다를 다시 현실 정치의 장으로 불러들였다. 그는 1969년 공산당 대통령 후보의 지명을 수락했다. 하지만 1970년 좌파 후보 단일화를 위해서 후보를 사퇴하고 살바도르 아옌데 후보에게 양보했다. 결국 아옌데는 1970년 대통령에 당선되었다. 아옌데는 오랜 사상적 동반자이자 절친한 친구였던 네루다를 프랑스 대사직에 임명했다. 네루다는 이를 수락하여 아옌데 정부를 세계에 널리 알리는 역할을 하기도 했다.

그러나 네루다는 지병으로 1972년 이슬라 네그라로 다시 돌아와 자연을 벗 삼아 만년을 지냈다. 그러던 중 네루다는 인민 연합 내부의 분열, 미국을 비롯한 외국의 정치·경제적 압박, 그리고 우파인 보수 야당의 반발 등으로 곤경에 처했던 아옌데가 1973년 9월 11일 피노체트의 쿠데타군에 의해서 사망했다는 소식을 듣게 되었다. 이에 네루다는 그동안 앓고 있던 지병이 악화되어 9월 23일 마침내 세상을 떠나고 말았다.

이슬라 네그라의 바닷가 집에 묻히고 싶다던 네루다의 소원은 군부에 의해 무시되고, 유해는 산티아고 자택 근처의 공동묘지에 묻혔다. 시인의 사후 20주기에 즈음하여 피노체트가 물러난 후 민선정부는 시인의 유해를 생전의 소원대로 이슬라 네그라 집 앞으로 이장했다.

시인 파블로 네루다

파블로 네루다라는 이름은 네루다가 당시 존경했던 체코의 서정시인 '얀 네루다'의 이름을 차용, 16세 되던 해 지방 일간지에 이 이름으로 시를 발표하면서부터 그의 필명으로 굳어진 것이다. 그는 처녀 시집《황혼의 일기(Crepusculario)》를 1923년에 발표하고, 이듬해에는《스무 편의 사랑의 시와 한 편의 절망의 노래(Veinte poemas de amor y una canción desesperada)》를 발표했다. 특히 이 작품은 네루다에게 대중적인 인기를 가져다준 출세작으로, 약관 스무 살의 네루다를 이미 칠레 시단의 거인이었던 가브리엘라 미스트랄, 비센테 우이도브로와 함께 칠레 최고 시인의 반열에 올려놓았다.

이미 시인의 정상에 오른 네루다는 미얀마, 스리랑카, 자바, 싱가포르 주재 칠레 명예영사로 근무하면서, 자신이 공상 속에 그려왔던 신비롭고 경이로운 유토피아를 체험하고자 했다. 그러나 '불행한 인간 가족들'의 거처였던 그곳에는 식민지의 수탈, 질병, 빈곤과 굶주림 같은 비참한 삶의 모습만이 존재했다. 더구나 본국의 지원이 전혀 없는 명예영사의 신분이었기 때문에 궁핍한 생활을 피할 수 없었다. 더구나 외로움을 덜기 위해 결혼했던 네덜란드계 아내는 스페인어를 전혀 몰랐기에 깊은 대화의 상대가 될 수 없었다. 이러한 절대 고독의 시기에 동포와 모국어, 낯익은 풍경들과 단절된 이방인의 내면적 고통을 시집《지상의 거처(Residencia en la Tierra)》를 통해서 표출했다.

그 후 네루다는 스페인 주재 영사로 근무하면서 스페인 내전을 겪었는데, 내전 당시 스페인에서 그의 절친한 동료 시인 페데리코 가르시아 로르카가 희생되었다. 1936년 스페인에 몰아친 내전의 광기를 목격한 네루다는 낭만적 정서에 젖어 있는 이기적인 시인의 이미지를 벗어던지고, 문학을 위한 문학, 예술을 위한 예술이라는 허울을 벗어던지며 현실 속으로 뛰어들었다. 네루다에게 스페인 내전은 민중 시인으로 거듭나게 만든 계기가 되었다.

이슬라 네그라에 있는 네루다의 묘. 1973년 쿠데타가 일어난 날 아침, 이 집은 네루다가 라디오를 돌리며 사태의 추이에 비상한 관심을 기울인 곳이기도 하다. 그는 사망한 지 거의 20년 만에 자신의 소망대로 이곳에 묻혔다.

　스페인에서 칠레로 다시 돌아온 네루다는 비델라 정권의 박해를 피해 은신하면서 《총가요집(Canto General)》을 탈고했다. 이 작품은 1만 3,000시구에 달하는 역작으로, 1938년에 시작해서 1950년에 발표되기까지 무려 12년이 걸린 작품이다. 여기에는 네루다의 삶의 경험, 라틴아메리카의 자연, 민중들의 삶, 권력자들의 폭력에 대항한 저항의 목소리, 사회 불의에 대한 고발 등 다양한 주제를 담고 있다.

　네루다는 1954년 《소박한 것들에 바치는 송가(Odas elementales)》를 발표했다. 네루다는 이 시집에서 일상에서 만나는 보통 사람들, 사물들의 평범하고 소박한 모습, 주변에서 마주치는 동식물들, 매일 식탁에 오르는 채소와 과일, 심지어 돌멩이까지도 따사로운 정감으로 노래하고 있다. 네루다는 여기에서 서민들에게 좀 더 친숙하게 다가가 그들과의 진정한 연대감을 보여 주려 했다. 또한 역사적 · 정치적 흐름에서 벗어나지 않으면서도, 사회와 역사에 대한 시인의 약속과 의무를 시인의 개인적 자아의 영역과 조화롭게 화해시키고자 했다. 그 후 1956년 《소박한 것들에 바치는 새로운 송가》를 통해서 네루다는 삶의 냄새가 진하게 배어 있는 민중의 일상어 역시 시어가 될 수 있다는 사실을 보여주고 있다. 그 후 1964년 《이슬라 네그라의 추억(Memorial de Isla Negra)》을 발표한 네루다는 이 작품에서 자신의 예술적, 인간적 경험들을 토대로, 사랑의 주제부터 구체적인 사회 고발에 이르기까지 자신의 창작 주제로 삼아왔던 모든 주제를 다루었다.

그는 칠레의 외딴 마을에서 빈농의 아들로 태어나 1971년 노벨 문학상을 수상했다. '사랑의 시인', '자연의 시인', '민중 시인' 등 다양한 수식어가 따르는 파블로 네루다는 그의 삶이 바로 시였고, 그의 시가 바로 삶이었다.

새로운 노래 운동:
누에바 칸시온

음유시인 – 아타우알파 유팡키

1960~1970년대 라틴아메리카에서 일어난 '새로운 노래 운동(스페인어로 '누에바 칸시온Nueva Canción'이라고 한다)'은 라틴아메리카의 여러 음악인이 참여해 안데스 지역의 전통 민속음악을 발굴하고, 그것의 현대적인 재해석을 통해 착취받는 민중의 입장에서 제국주의의 문화침략에 저항하고 맞서 싸운 노래 운동을 말한다.

이 운동의 선구자는 아르헨티나의 음유시인 아타우알파 유팡키인데, 그는 이 작업을 이미 1940년대부터 시작했다. 이 이름은 잉카 제국 역사상 최대의 정복자인 제9대 왕 파차쿠티 잉카 유팡키와 잉카 제국 최후의 왕 아타우알파, 이 2개의 이름을 합친 것이다.

아타우알파 유팡키는 아르헨티나의 여러 지방을 돌아다니며 안데스 지역의 전통 민속음악을 채보했다. 그리고 칠레, 베네수엘라, 콜롬비아 등지를 다니며 얻은 경험과 자연과의 친화를 바탕으로, 도시보다는 자연을 노래했고 자연과 어우러져 사는 사람들을 노래했다. 그는 특히 파블로 네루다와 교류하면서 뛰어난 문학성과 풍부한 음악적 자산을 얻었다. 유팡키는 이처럼 자연과 인간의 조화, 팜파의 주인인 원주민들의 삶과 역사 등을 노래하면서, 미국문화의 영향을 받은 상업적 노래나 정치적 선동가요와 거리를 두었다.

하지만 유팡키는 조국의 정치 상황으로 인해 1932년, 1949년, 1967년 등 모두 세 차례에 걸쳐 파리로 망명을 떠나야만 했다. 그러나 그는 파리에서도 고향의 자연과 전통을 잊지 않으며 많은 노래를 만들었는데, 이것들이 바로 후대에 큰 영향을 미치게 되었다.

새로운 노래의 어머니 – 비올레타 파라

칠레의 비올레타 파라는 아르헨티나의 유팡키와 마찬가지로 천재적인 음악성과 문학성을 동시에 갖춘 음유시인이었다. 그녀는 라틴아메리카 시의 최고봉으로 꼽히는 니카노르 파리의 여동생이기도 했다.

비올레타 파라는 젊은 시절에 칠레의 민속음악을 수집하고 산티아고 대학의 박물관장을 맡는 등, 라틴아메리카의 전통문화에 깊은 관심을 가지고 있었다. 그녀는 채집한 민속음악을 바탕으로 자본주의의 상업성에 오염된 대중음악과 억압적인 정치현실에 대항하는 '새로운 노래'를 부르기 시작했다. 그녀는 또한 가톨릭의 정서에 바탕을 둔 휴머니즘 속에서 인간의 삶에 가해지는 사회적 굴레에 저항하는 노래를 불렀다. 그녀는 안데스 지역의 전통민요의 해석과 보급에 선구적인 역할을 했을 뿐만 아니라, 민중을 위한 노래를 불렀던 '새로운 노래(누에바 칸시온)의 어머니'였다. 이러한 그녀의 사회적 불평등과 정치적 탄압에 대한 비판과 저항의식은, 훗날 칠레의 빅토르 하라에게 큰 영향을 끼쳤다.

그녀는 "죽음이 올 때까지 기다리지 말고 스스로 죽음을 선택해야 한다"라는 평소의 입버릇대로 1967년에 권총 자살을 했다. 그녀의 두 남매인 앙헬 파라와 이사벨 파라가 그녀의 뒤를 이어 '칠레의 새로운 노래 운동'을 발전시켰다.

새로운 노래 운동

이 새로운 노래 운동은 1959년 쿠바혁명을 동력으로 해서 1970년 칠레의 아옌데 사회주의 정부의 출범을 전후로 본격적으로 시작되었다. 이는 라틴아메리카의 연대감을 형성하는 데 촉매 역할을 했는데, 특히 해방신학, 매판자본론, 종속이론 등 일련의 반反자본, 반反제국주의 이데올로기로부터 많은 영향을 받은 지식인과 예술가들을 한데 묶는 데 큰 역할을 했다. 새로운 노래 운동에 참여한 음악인은, 노래가 점점 대중과는 무관한 소비재 상품이 되고 미국과 유럽에서 들어온 유행음악이 방송매체를 통해 젊은 층의 관심을 끌게 되는 현실에 대한 반작용으로, 민족문화의 발굴과 보존의 중요성을 자각하게 되었다. 그리고 이러한 자각을 토대로 새로운 음악, 새로운 노래를 만들어서 기존의 대중음악과의 구분을 더욱 명확히 하고자 했다.

대부분의 나라에서 이 운동은 민속의 연구, 수집 작업에서 출발하여 민속 회복운동의 성격을 띠게 되었고, 더 나아가 국가와 민족의 장벽을 무시하고 라틴아메리카 전체의 동질성을 중시했다. 이 새로운 노래 운동은 칠레, 페루, 볼리비아, 아르헨티나 등 안데스 지역에 머물지 않고, 라틴아메리카 전역에서 동시에 일어났다. 특히 이는 쿠바에 진행 중이던 새로운 노래 운동인 '누에바 트로바Nueva Trova'에도 큰 영향을 끼쳤으며, 혁명의 무기로서 니카라과와 엘살바도르에 제공되기도 했다. 특히 새로운 노래 운동은 1970년에 대통령으로 당선된 칠레의 아옌데 정권을 지지하면서 그 절정기를 맞이했다.

아르헨티나의 새로운 노래 운동 – 메르세데스 소사

아르헨티나의 새로운 노래 운동은 1960년대 페론 정부의 민속음악 보존 정책 덕분에 빠르게 성장했다. 라디오 방송은 아르헨티나 작곡가의 음악이나 전통 민속음악을 50% 이상 내보내야 했고, 이에 따라 아르헨티나의 새로운 노래는 정통성을 인정받았을 뿐 아니라 대중적으로도 큰 인기를 모으며 성장했다. 하지만 페론의 시대가 막을 내리고 1970년대 군부독재시절을 거치면서 탄압을 받았던 아르헨티나의 새로운 노래 운동은 정치적 저항성을 담게 되었고, 군부에 억울하게 희생당하고 실종된 대다수 민중을 대변하는 노래로 변모하였다.

여기에 대표적인 가수로 아르헨티나 민속음악의 어머니 메르세데스 소사가 있다. 아르헨티나의 투쿠만에서 태어난 소사는 15세 때 방송국에서 개최한 아마추어 콘테스트에서 우승하며 가수의 길을 걷기 시작했다. 그녀는 비올레 파라와 아타우알파 유팡키로부터 영향을 받았다. 1966년 아르헨티나코스킨 페스티벌 우승에 이어 필립스 레코드와 계약하면서 지명도를 높인소사는, 군사정권시절의 독재와 폭력에 저항하고 인권과 민주주의를 옹호하는 노래로 아르헨티나 민중의 지지를 얻었다.

그러나 소사의 노래가 얻은 커다란 인기는 곧 군부에게 걸림돌이 되고, 소사는 요주의 인물이 되어 1975년에 체포되었다. 그 후 그녀는 죽음의 위협을피해 1979년에 아르헨티나를 떠나 프랑스 망명의 길에 올랐다. 그녀는 망명자로서 1979년부터 1982년까지 존 바에즈, 밥 딜런, 해리 벨라폰테 등의 가수들과 전쟁의 만행을 고발하는 콘서트를 열기도 했다. 1982년 군정 종식과더불어 고국에 돌아온 소사는, 인권을 위한 투쟁과 라틴아메리카의 독자적인 정체성에 대한 끊임없는 추구를 위해서 새로운 노래 운동에 적극 참여했다.

기타는 총, 노래는 총알 ─ 빅토르 하라

1970년 아옌데 집권 후 본격적으로 칠레의 새로운 노래 운동이 시작되었는데, 빅토르 하라와 함께 킬라파윤, 인티 이이마니, 야푸 등 그룹 3인방이바로 그 대표 주자들이다.

그중에서도 대표적인 인물이 바로 빅토르 하라였다. 빅토르 하라는 앙헬파라, 이사벨 파라, 킬 라파윤, 인티 이이마니와 함께 '인민 연합의 문화 사절'로 아옌데의 당선을 위해서 선거운동에 적극 참여했다. 아옌데 후보를 지지하는 콘서트를 개최하고 선거운동 과정에서 칠레민중의 열렬한 환호를 받으며 새로운 노래 운동의 장을 열었다. 빅토르 하라는 1971년부터 1973년쿠데타 전까지 텔레비전 방송의 음악 작업을 맡으면서 민족적 정서가 담긴곡들을 널리 알렸고, 라틴아메리카 순회 연주 여행을 하면서 새로운 노래의보급에 앞장섰다.

그러나 쿠데타로 아옌데 정부를 무너뜨린 피노체트는, 아옌데에게 협력했

세사르 올라가라이의 '계급투쟁'. 미국 자본의 침략에 대항해 싸우는 칠레 인민연합의 투쟁을 그린 것으로 '기타는 총, 노래는 총알'이라는 새로운 노래의 구호를 형상화한 그림이다.

거나 인민 연합과 관계된 사람들을 강제 추방하거나 구금, 고문, 사형 등 가혹한 탄압을 자행했다. 새로운 노래 운동에 참여한 음악인도 예외는 아니었다. 앙헬 파라는 쿠데타군에 붙잡혀 연행되었고, 킬라파윤의 창단 멤버는 수배를 피해 도망 다녀야 했다. 칠레 군부는 새로운 노래 운동과 연관된 모든 가수의 활동을 전면 금지했으며, 민속 악기의 사용은 반역 행위로 간주해 사용을 금지했다. 1973년 9월, 빅토르 하라는 다른 정치범들과 함께 체포된 뒤 국립 경기장에 끌려가서 잔혹한 고문을 받았다. 며칠 후, 그는 산티아고 교외에서 싸늘한 시체로 발견되었다.

산디니스타 민족해방전선:
니카라과 혁명

미국의 니카라과 통치

니카라과는 멕시코와 함께 1826년에 스페인으로부터의 독립을 선언하고 1826년에는 중앙아메리카 연방에 가입했으나, 1838년 탈퇴하고 독립국가가 되었다. 그 후 오랜 기간 동안 보수주의자와 자유주의자 간의 대립이 있었다.

1910년대 중반부터 니카라과는 미국의 지원을 받아 보수적인 친미주의자들이 집권했다. 1912년에는 친미주의자 아돌포 디아스가 권력을 잡았다. 그는 미국으로부터 차관을 제공받는 대신 세관, 국영 철도, 증기선 운행의 이권을 미국에 주었고, 자유주의자들의 반란을 진압하기 위해서 미국에 군사적 지원을 요청하기도 했다. 이는 중미의 중심부에 위치한 니카라과에서 정치는 안정적이고 집권세력은 친미적이어야 하며, 정치 불안은 필연적으로 경제 파탄을 야기하여 유럽의 개입을 유도할 것이라는 미국의 인식과 일치하는 것이었다. 니카라과는 1925년에서 1926년 사이 9개월을 제외하고 1910년대 중반부터 1933년까지 미 해병대의 장기 주둔이 시작되는 등, 미국의 직·간접적인 통치를 받았다.

혁명 전사 산디노의 등장

산디노는 미국의 이러한 니카라과에 대한 정치, 경제적인 통치에 맞서다 전사한 자유주의자 벤하민 셀레돈에게 깊은 감명을 받았다. 그 후 산디노는 코스타리카, 온두라스, 과테말라, 멕시코 등지에서 개혁적인 정치사상과 사회 혁명 등에 관한 지식을 습득했다. 산디노는 멕시코에서, 1926년 자유파와 보수파 간의 내란으로부터 자국민을 보호하고 평화를 지킨다는 명분을 내세워 미군이 다시 니카라과에 상륙했다는 소식을 들었다. 그는 조국 니카라과로 귀국했다. 산디노는 반미 투쟁에서 로마의 시저 황제처럼 용맹하고자 하는 일념으로 자신의 이름을 아우구스토 세사르 산디노로 바꿨다.

산디노는 1927년에 미군과 정부군에 대항해서 승리를 거두었다. 그러나 산디노와 함께 자유주의 헌정파였던 호세 마리아 몬카다와 후안 바우티스타 사카사가 산디노의 반대에도 불구하고, 미국 쿨리지 대통령의 중재를 받아들여 1927년에 미국과 평화협정을 체결했다. 이 협정으로 몬카다와 사카사는 차례로 대통령에 선출되었다.

그러나 산디노는 이 평화 협약을 반역으로 규정하고, 미 해병대가 철수할 때까지 계속적인 반미 투쟁을 선언했다.

산디노의 게릴라전

이에 미군은 전투기를 동원하여 산디노군에게 무차별적인 공격을 가하면서 공세를 한층 강화했다. 산디노는 엘 치포테 산악 지대에서 게릴라전을 전개하면서 독자적으로 미군에 저항할 것을 선언했다. 그러자 미군은 "영광스러운 애국자의 길을 택하든지 아니면 수치스런 죽음을 맞이하는 도적이 될 것인지를 택하라"는 최후통첩을 했다. 이에 산디노는 단호하게 "나는 항복하지 않을 것이며 여기서 너를 기다리겠다. 나는 자유로운 조국을 원한다. …나를 따르는 동지들은 열렬한 애국심으로 나를 지지하고 있다."라고 응수했다. 또한 산디노는 니카라과 정치에 깊숙이 개입하고 있었던 후버 대통령에게 "당신이 이전의 미국 대통령들의 정책을 계속 시행한다면, 당신은 계속해서 또 다른 산디노를 만나게 될 것이다."라고 경고했다. 1929년 대공황으로 인한 실업 및 기아의 증가로 인해서 산디노군에 합류하는 농민의 수가 크게 늘어나, 초기 2,000명 정도에서 1931년과 1932년에는 6,000명에 이르렀다. 산디노군은 니카라과 전역에서 광범위한 투쟁을 전개해서 미군과 정부군에 적지 않은 피해를 입혔다.

1945년 노벨문학상을 수상한 칠레의 가브리엘라 미스트랄은 이 산디노의 군대를 가리켜 '작고 어리석은 군대'라고 말했다. 그녀는 1928년 이 산디노의 군대가 승리할 가능성은 매우 적으나, 미국의 야만성을 알리는 데 매우 중요하기 때문에 이 '어리석고 작은 군대'를 지지해야 한다고 주장했다. 산디노 자신 역시 "처음부터 승리하기 힘들다는 것을 알았다. 그리고 결국 패할 것이란 것을 알았다."라고 인정하면서도 그는 무기의 힘보다는 모범과 희생으로 미군 철수를 위해 치열하게 투쟁했다.

미군은 사카사 대통령의 주둔 요청에도 불구하고 1933년에 철수했다. 당시 미국은 대공황으로 인한 경제 침체로 니카라과 개입에 대해 경제적인 부담을 느끼고 있었고, 국내외의 반대 여론에 직면해 있었다. 동시에 대통령에 당선되었던 루스벨트는 니카라과 개입에 반대했다. 이러한 미국 내의 정치 상황의 변화와 산디노의 치열한 반미 투쟁으로 니카라과에서 미군이 철수한 것이다. 미군 철수라는 소기의 목적을 달성한 산디노는 사카사 정부와 모든 적대적인 행위의 중단, 게릴라 사면, 산디노군의 부분적 무장해제 등의 협정을 맺었으나 이는 제대로 이행되지 않았다.

산디노의 죽음과 소모사 일가의 등장

1933년 미 해병대가 니카라과에서 철수한 후에 미국으로부터 훈련받은 국가방위대가 그 임무를 대신했다. 소모사가 사령관으로 있던 이 국가방위대는 산디노군을 수차례 공격하기도 했고, 정부군에 대항할 만한 힘도 가지고 있었다. 이에 1934년 사카사 대통령은 국가방위대의 활동이 불법임을 선언하고 이에 대한 수사를 명령했다. 이러한 상황 속에서 사카사와 회담을 마치고 대통령궁을 나오던 산디노가 국가방위대에 체포되어 처형당했다. 이 때 국가방위대 사령관은 아나스타시오 소모사 가르시아였는데, 산디노가 처형된 후 1936년에 쿠데타를 일으켜 사카사 대통령을 축출하고 단독으로 출마해 대통령에 당선되었다.

1936년에 정권을 잡은 소모사는 1956년에 암살될 때까지 20년간 니카라과를 통치했다. 소모사가 1956년 암살되자, 그의 장남인 루이스 소모사 데바일레가 대통령이 되었다. 1967년 루이스 소모사 데바일레가 사망하자 그의 뒤를 이어 동생 아나스타시오 소모사 데바일레가 집권했다. 이에 전국야당연합(UNO)은 강력히 대항했지만 그의 집권을 막을 수는 없었다.

산디니스타 민족해방전선과 소모사 일가 독재의 종식

1974년 대통령 선거에서 아나스타시오 소모사 데바일레가 다시 당선되자, 1961년에 산디노의 정신을 계승하여 결성된 산디니스타 민족해방전선(FSLN)을 중심으로 반정부 무장투쟁이 전개되었다. 여기에 1970년대 들어 교회, 군부, 지주 등 체제 내의 분열과 1972년 마나구아 지진으로 인한 산업 시설의 파괴, 인명 손실 등으로 인해서 아나스타시오 소모사 데바일레 체제는 위기를 맞이했다. 또한 1978년 니카라과의 유력 중앙지 〈라 프렌사〉의 사주이자 편집장인 페드루 호아킨 차모로가 살해되면서 지배체제 내에서조차 분열이 생겼다. 대외적으로도 미국 카터 행정부의 인권 외교정책으로 인해서 아나스타시오 소모사 데바일레 체제는 궁지에 몰리게 되었다. 결국 대통령직에서 물러나고 1979년 니카라과를 떠났다.

이로써 소모사 일가의 3대에 걸친 46년간의 세습 독재가 종식되었다.

니카라과 혁명

1979년에 아나스타시오 소모사 데바일레가 축출됨으로써 니카라과 혁명이 완성되었다. 그러나 혁명이 완성되고 니카라과에 남은 것은 절망과 빈곤뿐이었다. 니카라과의 경제 상황은 거의 회복 불능 상태였다. 산디니스타 혁명 정부는 국가경제의 재건을 위해 소모사 일가와 국가방위대의 고위 지휘관, 정부 고위 관리들의 재산을 몰수하고, 은행, 보험회사, 광물, 임업 자원을 국유화했다. 또한 1979년부터 1983년까지 토지개혁을 시행하여 약 7만 명의

농부들과 약 4,000개의 협동농장에 토지를 분배했다. 그리고 1980년에는 문맹률을 낮추기 위해서 '문맹퇴치 십자군'을 조직했고, 많은 의료시설을 설립했다. 이와 함께 산디니스타 혁명정부는 소모사 정권하에서 저질러진 고문과 무고한 죽음을 확인하고 그들의 명예를 회복하고자 노력했다. 그러나 혁명정부의 내무상 토마스 보르헤의 "나는 산디니스타의 모토를 기억한다. 싸울 때는 가차없이, 그러나 일단 승리하면 관대하라"는 내용의 연설을 통해서 국가방위대의 병사들에 대한 어떠한 보복행위도 금지했다.

미국은 니카라과 혁명을 지켜보면서 니카라과가 또 다른 쿠바가 되는 것을 사전에 막고자 7,500만 달러의 원조를 약속했다. 그러나 산디니스타 정부가 쿠바, 소련 등의 사회주의 국가와 가까워지는 등 혁명정부가 좌경화의 길로 들어서자 미국은 원조를 중단했고, 니카라과의 반혁명 세력인 콘트라(Contra)에 대한 지원을 시작했다. 미국은 니카라과의 좌경화를 라틴아메리카에서의 공산주의의 팽창으로 받아들인 것이다. 레이건 대통령은 1981년 이른바 '콘트라 반군'의 선발과 훈련을 위한 자금으로 약 2,000만 달러를 지원했다. 이는 미국의 적대국인 이란에 대한 비합법적인 무기 수출을 통해 마련한 재원이었다. 콘트라 반군은 이를 바탕으로 항만, 교량, 송전탑 등을 파괴했다. 이외에도 미국은 세계은행과 미주개발은행에 영향력을 행사하여 니카라과에 대한 경제 지원을 막았으며, 콘트라 반군의 병력도 1만 5,000명으로 증강시켰다. 이에 산디니스타 혁명정부도 군사력을 강화하여 반군 소탕작전을 강화했다.

니카라과 혁명정부의 실패

1985년 국제 감시단의 감시하에 치러진 선거에서 다니엘 오르테가 사아베드라가 당선되었으나, 니카라과는 미국의 경제봉쇄와 콘트라의 파괴활동, 계속된 내전 등으로 심각한 위기에 직면하게 되었다. 1989년의 국민소득은 1960년대의 수준으로 떨어지고 인플레이션이 치솟아 실질임금이 계속 하락했다. 미국의 금수 조치 이후 시작된 소련의 원조도 줄어들었다. 결국 산디니스타 혁명정부는 교육, 보건, 의료, 주택, 급식 예산에 대한 긴축정책을 시행했다. 일부 산업 분야의 사유화를 추진하는 한편, 공무원을 대량 감축했다. 특히 사회복지 예산의 축소로 혁명공약의 일부는 폐기되었다. 이로 인해 혁명에 대한 국민의 실망과 비판이 증가했다.

결국 1990년 국제연합과 미주기구 등에서 파견한 선거감시단의 입회하에 실시된 선거에서, 불과 7개월 전에 결성한 14개의 좌우익 정당 연합체인 니카라과 야당연합(UNO)의 비올레타 바리오스 차모로 후보가 승리하여 오르테카를 물리치고 당선되었다. 의회선거에서도 과반수의 의석을 획득했다. 이로써 12년간 지속되었던 산디니스타 좌파정부가 물러났다.

후지모리의 변화, Cambio 90:
페루

페루 경제의 파산

1980년 다시 정권을 잡은 벨라운데 대통령은, 100억 달러에 달하는 외채와 무역적자로 인한 예산부족 상태에서 벗어나고자 40억 달러의 외채를 더 도입해야 했다. 이로 인해 인플레이션은 벨라운데 대통령이 집권한 지 5년째 되던 해인 1985년에는 250%에 육박했다. 또한 국민소득도 1960년 수준으로 떨어졌다.

이런 상황 속에서 1985년 미주인민혁명당동맹(APRA)의 알란 가르시아 페레스가 집권했다. 35세의 젊고 패기만만한 가르시아는 '모든 페루인의 대통령'이라는 대중적 구호를 가지고, 정열적이고 선동적인 연설로 유권자들을 매료시키며 남미 역사상 가장 젊은 대통령이 되었다. 이는 1924년 창당이 후 최초로 APRA가 집권에 성공한 것이었다. 가르시아는 국제통화기금(IMF)의 정책을 '제국주의적 정책'이라고 비난하고 외채 지불 중단을 선언했다. 그러나 이는 페루경제를 국제금융으로부터 고립시키는 결과를 초래하여, 국제금융으로부터 더는 자금을 구할 수 없게 되었다. 연간 1,000%가 넘는 초인플레이션 역시 페루경제를 더욱 혼란에 빠트렸다.

아비마엘 구스만 레이노소와 센데로 루미노소

이렇게 심각한 경제위기는 그동안 위축된 페루의 게릴라들이 활동하는 데 좋은 조건을 제공했다. 그중에서 아비마엘 구스만 레이노소가 만든 '센데로 루미노소Sendero Luminoso(빛나는 길)'가 가장 대표적인 게릴라 단체였다.

아비마엘 구스만 레이노소는 1934년 아레키파에서 태어나 고등학교 시절인 1950년에 군부통치에 대항한 민중폭동을 아레키파에서 직접 목격했다. 이때의 경험으로 구스만은 "민중의 힘이야말로 사회를 변혁시킬 수 있다"는 믿음으로 1959년에 페루 공산당에 가입했다. 1962년 아야쿠초에 있는 산 크리스토발 대학의 철학교수가 된 구스만은, 페루 공산당 지방위원회의 핵심 리더로 부상했다. 구스만은 두 차례 중국 여행을 하면서 마리아테기와 모택동의 사상이 결합된 새로운 사상을 구상해 이를 페루에 적용하려 했다. 이는 무장투쟁을 통해 농촌을 시작으로 도시를 포위하는 모택동의 전략이 페루와 같은 봉건 및 식민지 사회에도 적합하다고 생각했기 때문이었다. 이러한 생각을 바탕으로 구스만은 1970년 '센데로 루미노소'를 창설했다. 이 센데로 루미노소의 정식 명칭은 '마리아테기의 빛나는 길을 위한 공산당(Partido Comunista por el Sendero Luminoso de Mariátegui)'인데, 이 '빛나는 길'이라는 이름은 "마르크시즘과 레닌이즘이 혁명에의 '빛나는 길'을 열 것이다"라는 마리아테기의 말을 인용한 것이다.

'센데로 루미노소'를 창설한 구스만은 페루의 선구적인 지식인인 곤잘레스, 아야 데 라 토레, 마리아테기의 원주민주의를 마르크스, 레닌, 모택동의 사상과 결합시켜 자신만의 독특한 사상으로 체계화했다. 특히 구스만에게 결정적인 영향을 제공한 것은 모택동주의(마오이즘)였다. 구스만의 센데로 루미노소가 무장투쟁을 하게 된 배경에는 바로 "권력은 총구로부터 나온다"는 모택동의 주장이 있었다. 따라서 센데로 루미노소의 사상적 기원은 원주민주의와 모택동주의라고 할 수 있다. 이러한 사상적 기반을 바탕으로 센데로 루미노소는 백인과 메스티소를 배제한 순수한 원주민 중심의 사회주의 국가 건설이라는 정치적 목표를 세웠다. 그가 주장한 원주민 중심의 사회주의 국가의 기본 모델은, 마리아테기가 이상적이라고 생각한 잉카 제국의 '아이유Ayllu'제도를 모방한 국가형태였다. 다만 위계 사회였던 잉카 제국과는 달리 모든 원주민이 평등한 국가의 형태를 추구했을 뿐이었다. 구스만은 그의 추종자들에게 원주민 언어인 케추아어를 배우게 했다. 그는 원주민들을 정치화시킬 목적으로 그의 제자들을 교사나 영농조직자 등으로 파견했다. 구스만은 벨라스코 군사정권시절인 1974년에 밀림으로 들어가 무장투쟁을 위한 준비를 시작했다. 1980년에 실시된 대통령 선거일에 구스만이 이끄는 페루 공산당 중앙위원회는, 안데스 고원에 위치한 조그만 마을인 추스치에서 무장 폭력투쟁을 선언했다. 이를 계기로 페루의 폭력 사태는 전국으로 확산되었다. 이러한 상황에서 수천 페센트에 달하는 인플레이션과 기본적인 생필품의 부족으로 인해 국내의 정치 상황은 더욱 혼란에 빠져들었다. 1985년에 집권한 알란 가르시아가 이러한 혼란을 수습하지 못하면서 집권 여당인 APRA에 대한 국민의 신임은 땅에 떨어졌다.

당연히 1990년의 대통령 선거에서 바르가스 요사의 당선이 명확해졌다. 페루의 대표적인 소설가이기도 했던 바르가스 요사는, 알란 가르시아 정부 시절 시중은행과 금융보험사들을 국유화하려는 정책에 반발하여 반反국유화 대중시위에 나서면서 유명한 정치인으로 부상했다. 오랫동안 지속된 경제 침체 속에서 알란 가르시아 정부의 무능과 좌파의 끝없는 분열, 대안 부재에 염증을 느낀 대중은 당연히 이 신참 정치가인 바르가스 요사에게 열렬한 호응을 보냈다. 이때 그동안 전혀 알려지지 않았던 일본인 2세 알베르토 후지모리가 나타났다. 후지모리는 거창한 정책 프로그램보다는 '노동, 정직, 기술'이라는 세 단어를 슬로건으로 내걸고 가난한 자의 혁명을 외치며 백인 중심의 기득권 세력에 도전했다. 그는 또한 국민의 생활안정을 우선적으로 고려하는 전략으로 선거에 임했다. 그의 이러한 전략은 가난한 자들을 자신의 지지표로 탈바꿈시키는 데 성공, 2차 투표에서 안데스 지방의 농민층, 리마 시의 노동자 세력, 빈민계층의 압도적 지지를 받아서 57%로 역전 당선되었다. 이는 페루국민이 '부자'를 대변하는 정치인으로 인식된 바르가스 요사에 지지를 보내지 않았던 것이다.

대통령에 당선된 후지모리는 '센데로 루미노소'와 '투팍아마루' 등 반정부 게릴라들에게 전쟁을 선포했다. 1992년 9월 센데로 루미노소의 창설자이자 최고 지도자인 구스만과 3명의 중앙위원, 그리고 1999년 구스만의 계승자인 라미레즈가 체포됨으로써 센데로 루미노소는 거의 괴멸되었다.

변화 90당과 후지 쇼크

알베르토 후지모리는 '변화(Cambio) 90'당을 만들어 페루 정치와 경제의 변화를 주장했다. 후지모리는 대통령에 취임하자 경제개방과 구조개편을 통해 페루경제를 국제경제에 복귀시키려 했다. 이는 바르가스 요사가 주장했던 신자유주의 경제 정책이었다. '후지 쇼크'로 불리는 이 급진적인 신자유주의 경제 정책으로 인해서 페루는 다시 세계 금융시장의 신뢰를 얻었다. 광범위한 민영화 정책과 완전한 시장개방, 국가보조금 지급의 금지, 시장에서의 국가의 역할 축소 등의 정책을 통해서 외국자본의 투자가 늘고 인플레이션이 하락했으며, 이로 인해서 경제는 다시 성장 국면으로 돌아섰다.

그러나 물가는 뛰고 실업자가 늘어났으며, 노동자의 임금이 떨어져 대다수 국민의 생활은 크게 나아지지 않았다. 여기에 집권 여당인 '변화 90당'은 의회 내에서 제3당으로 '여소야대' 의회였다. 따라서 후지모리는 야당과의 타협보다는 대통령령에 의존해서 정책을 추진했고, 반면에 야당이 지배하는 의회는 후지모리의 이러한 독단적인 정책에 번번이 제동을 걸었다.

후지모리의 '쿠데타'

의회와의 이러한 갈등으로 인해서 후지모리는 부패하고 비협조적인 의회와 사법부의 무능을 신랄 하게 공격하며 의회를 해산하고 헌법기능을 정지시켰다. 일종의 '쿠데타'였다. 수많은 인명 손실을 가져온 반정부 게릴라와의 투쟁을 일부 부패한 정치인과 법조인이 방해하고 있다는 것이 그 명분이었다. '쿠데타' 후, 후지모리는 민주주의 제도를 무시한 독단적인 정책을 폈다. 그는 "정당들에 의한 민주주의는 끝났다"고 선언했다. 그는 또한 1992년 9월 '센데로 루미노소'의 지도자 아비마엘 구스만과 3명의 중앙위원들을 체포함으로써 게릴라와의 전쟁에서 결정적 승리를 거두어 국민의 높은 지지를 얻

자전거를 탄 후지모리. 일본계 이민 2세 후지모리 대통령은 1990년 '정직, 근면, 기술'를 내세우며 페루 유권자들에게 "당신과 같은 대통령이 되길 원한다"라고 호소하며 대통령에 당선되었다.

었다. 1992년 11월 실시된 총선거에서 후지모리는 의회에서 손쉽게 과반수를 얻었다. 후지모리가 게릴라와의 전쟁에서 결정적인 승리를 거둔 후 반정부 게릴라들의 힘이 현저히 약화되었고 국내의 치안도 안정되었기 때문에, 국민은 후지모리 대통령의 권위적이고 강압적인 통치에도 불구하고 그에게 지지를 보냈던 것이다.

　1995년에 실시된 대통령 선거는 대통령의 연임을 보장하는 새 헌법이 제정된 후의 첫 선거였다. 후지모리는 이 선거에서 64%의 지지로 재선되었다. 의회에서도 집권 여당인 '변화 90'당이 과반수를 얻음으로써 안정적으로 정국을 운영할 수 있었다. 그러나 1996년부터 1999년까지 지속된 경제 침체로 인해 반대 세력이 늘어났고, 지방 정부 역시 자치와 자율권을 완전히 없애버린 후지모리 대통령의 강력한 중앙집권통치에 염증이 나서 분권화와 '지방 정부의 자율'을 요구했다. 이처럼 후지모리에 대한 국민의 반감은 커져만 갔다. 그럼에도 불구하고 1999년 후지모리는 자신의 집권 연장을 위한 3선 출마를 위헌이라고 선언한 헌법재판소 판사들을 파면시키고, 군부 및 정보기관의 인권유린을 폭로한 TV 방송사 사장의 경영권을 박탈하는 등, 자신의 정권 연장 야욕을 합법화하기 위해 온 힘을 쏟았다. 후지모리는 우여곡절 끝에 대통령에 당선되었지만 국민의 거센 저항에 직면했다.

축구 전쟁:
엘살바도르와 온두라스

대규모 농민봉기

19세기에 일어난 농민들의 대규모 유혈봉기 후, 엘살바도르의 대지주들을 비롯한 보수적 지배계층은 소위 '14가문'을 형성해서 국가의 정치, 경제적 권력을 거의 독점하다시피 했다. 이들은 자신들의 토지를 보호하고 토지 없는 농민들을 통제하기 위해서 사병私兵을 육성했다. 그 후 1913~1927년 사이 한 지주 가문인 멜렌데스 가문이 엘살바도르를 13년간 폐쇄적인 방식으로 통치했다.

1925년에 엘살바도르 공산당이 창당되어 노조운동이 급진화되었고, 1930년에는 노동자, 농민들이 임금인상과 생활 조건의 개선을 요구하면서 시위를 벌였다. 1931년 대통령 선거에서 당선된 아라우호가 학생, 노동자 및 농민의 지지로 당선되어 공산당의 정치 참여를 허용하는 정책을 폈다. 그러나 농민과 노동자들의 과격한 시위에 제대로 대처하지 못하여, 군부와 보수 세력을 중심으로 한 쿠데타에 의해서 물러났다. 그의 뒤를 이어 부통령이었던 에르난데스 마르티네스가 대통령으로 추대되었다.

'악마' 막시밀리아노 에르난데스 마르티네스 대통령

쿠데타로 정권을 잡은 에르난데스는 1944년까지 13년간 철권통치를 휘둘렀다. 그는 사람의 목숨을 일개 곤충의 목숨보다 더 가볍게 여겨, 1932년대규모의 농민봉기를 무력으로 진압해 약 2만 명 이상의 사람들을 무자비하게 살해했다. 이때 봉기를 주도한 지도자들 중에서 파라분도 마르티가 있었다. 그는 1920년에 추방되어 1925년 과테말라에서 중미 사회당을 창당한 후 입국하여, 지역노조동맹에 활동하다 다시 추방되었다. 그는 후에 석방되어 니카라과에서 산디노군과 합류하여 1929년 산디노와 같이 멕시코로 망명했지만, 산디노와의 이념적 차이로 결별했다. 그는 1932년 국내에서 봉기를 시도하다 체포되어 살해되었다.

1935년에 재선된 에르난데스는 노동조합, 공산당, 농민집단의 결사체를 모두 금지했다. '악마'라고 불리기도 했던 에르난데스 대통령은 1944년 학생과 노동자, 군인이 주축이 된 총파업으로 인해서 사임했다.

로메로 대주교

1944년 에르난데스 마르티네스가 사임한 후 군사정부의 통치는 계속되었다. 1960년대에 들어서 민족화해당(PCN)을 기반으로 한 군사정부가 다른 정당들의 자유로운 활동을 허용했다. 이로 인해 기독민주당(PDC)의 지도자였던 두아르테가 군사정부의 강력한 도전자로 부상했으나, 부정선거로 인해 1972년 대통령 선거에서 민족화해당의 몰리나 후보에게 패했다.

몰리나는 집권 후 자신의 지위를 강화하기 위해 반공을 기치로 법과 질서를 강요했다. 이에 기독민주당의 지도자 두아르테가 반란을 일으켰으나 곧바로 진압되고 투옥되어 기독민주당은 거의 와해되었다. 이 사건 이후 좌익 성격의 대중적인 조직체가 결성되어 군사정부에 지속적으로 대항했다. 그러자 1975년부터 우익의 테러 집단 역시 활동을 시작하여 정치적인 혼란만 계속되었다. 1980년 군부는 부정선거로 당선된 카를로스 움베르토 로메로 장군을 축출하고 중도파 개혁주의자 두아르테를 새로 조직된 혁명위원회의 의장으로 임명했다. 두아르테는 민주적 해결을 요구하는 미국의 압력을 받아 엘살바도르에서 새로운 헌법의 제정을 위한 선거를 실시했다.

이때 군부에 반발했던 산살바도르의 대주교 아르눌포 로메로가 극우파에 의해 암살되었다. 이 사건으로 엘살바도르에서 정부군과 게릴라 사이에 치열한 공방이 재개되는 등 극심한 혼란이 일어났다. 로메로 대주교는 원래 보수주의자였으나, 군부의 잔혹한 철권통치에 맞서기 시작하면서 진보 성향을 띄기 시작했다. 그는 전국에 라디오 중계된 미사강론을 통해, 독점적 경제구조와 인권침해에 대한 자국의 문제점을 신랄하게 비판했다. 이에 대해서 엘살바도르 군부는 "신부를 죽여 애국자가 되자"라는 살벌한 구호를 외치기도 했다.

이러한 분위기 속에서 "평화적 수단이 고갈되면 결국 반란만이 길이다"라는 주장을 폈던 로메로 신부는, 1980년 시내의 한 성당에서 강론 중 군부의 지령을 받은 암살단이 쏜 총에 맞아 사망했다. 로메로 대주교의 암살로 인해서 엘살바도르의 정국은 또다시 혼란에 빠졌다. 다음은 로메로 대주교의 강론 중 일부분이다.

> "우리가 직면하고 있는 모든 문제의 시발점은 과두제입니다. 단 몇 명의 사람들만이 나머지 민중들의 싼 노동력을 착취해가며 배를 불리고 있습니다. 주님의 이름으로 핍박받는 모든 사람의 이름으로 간청합니다. 요구합니다. 그리고 명령합니다. 제발 탄압하지 마시오!"

온두라스와의 축구전쟁

1970년에 멕시코 월드컵 본선 진출권을 놓고 중앙아메리카 6개국이 예선전을 치렀다. 1969년 6월 온두라스에서 벌어진 예선 1차전은 온두라스가 엘살바도르를 1대 0으로 승리했다. 그러나 1주일 후 엘살바도르에서 벌어진 2차전에서는 엘살바도르가 3대 0으로 이겼다. 승부가 다시 원점으로 돌아간 것이다. 그런데 이 경기장에서 흥분한 양국 관중들이 난투극을 벌였고, 수많은 온두라스 응원단이 구타를 당하고 쫓겨났다. 이 소식을 접한 온두라스 국민은 흥분하여 당시 온두라스에 살고 있던 엘살바도르인에게 살인, 약탈 등의 보복을 가하고 그들을 국경 밖으로 내쫓았다.

당시 엘살바도르는 국토에 비해 인구가 많아, 처음에는 온두라스 국경 지역에서 많은 엘살바도르인이 정착해 살다가 그 수가 점차 늘어 30만 명의 엘살바도르인이 온두라스로 이주하여 이 지역의 상권을 장악하거나 소농으로 성공해

'나는 축구한다. 고로 존재한다' 라틴아메리카에서 축구는 엘살바도르와 온두라스의 전쟁에서 볼 수 있듯이 국가와 종교 이상의 존재다.

서 살아가고 있었다. 평소에도 이들 엘살바도르인을 탐탁지 않게 생각했던 온두라스 정부는, 이를 빌미로 이들에게 30일 이내에 온두라스에서 떠나라고 명령하고 이민정책을 폐지하면서 국경을 봉쇄했다.

이에 엘살바도르는 1969년 7월 선전포고를 하고 온두라스의 테구시갈파를 점령했다. 전쟁은 엘살바도르의 일방적인 우세로 전개되었으나 '미주기구(OAS)'의 개입과 중재로 5일 만에 끝났다. 이 과정에서 5일 동안 수천 명의 사람들이 사망하고 2,000만 달러에 달하는 재산피해가 발생했다. 온두라스는 엘살바도르의 상품수입을 금지하기까지 했다. 그러자 엘살바도르는 온두라스와 단교를 선언하고 세계인권위원회에 온두라스의 만행을 규탄하고 제소하기도 했다.

이 전쟁으로 직업이나 농지를 소유하지 않은 엘살바도르인은 그다음 해부터 온두라스로 이민을 갈 수 없었다. 이는 농지는 적고 인구가 많은 엘살바도르에게 큰 부담이 되었다. 또 양국 간의 전쟁으로 중미 5개국에 의해 1962년 출범된 '중미공동시장(CACM, Central American Common Market)'이 침체되었다. 중미공동시장은 유럽공동시장의 성공을 모델로 하여 이 지역 경제 발전을 위해 만들어진 경제 공동체였다. 이 공동체의 결성은 19세기 초 '중앙아메리카 연방'이라는 이름으로 독립을 달성한 후 지금의 5개국으로 나뉘진 뒤, 다시 하나의 국가로 합쳐질 수 있는 기회이기도 했다. 하지만 이 전쟁

으로 인해서 통합의 꿈은 무산되었다.

마지막 승부를 가릴 3차전은 예정대로 제3국인 멕시코시에서 삼엄한 경비 아래 열려 엘살바도르가 이겼다.

파라분도 마르티 민족해방전선

1980년 11월에 좌익세력, 기독민주당원 등이 주축이 되어 조직된 파라분도 마르티 민족해방전선(FMLN, Frente Farabundo Martí para la Liberación Nacional)은, 군사평의회가 헌법을 정지시키고 비상계엄으로 통치하는 것에 반발, 1981년 1월부터 총공세를 시작했다. 이들은 1983년에는 전 국토의 3분의 1을 장악했다.

그 후 파라분도 마르티 민족해방전선은 무장투쟁과 평화 협상을 병행하면서 계속 세력을 확대해나갔다. 1989년 선거에서 당선된 국민공화동맹(ARENA)의 알프레도 크리스티아니는 파라분도 마르티 민족해방전선과 평화 협상을 재개했으나 실패했다. 그 후 1990년 4월 파라분도 마르티 민족해방전선은 자신들의 정치세력을 인정하고 군부가 개편되어야 한다는 내용을 골자로 해서, 내전의 평화적 해결방안을 정부와 협의하기 시작했다. 그리고 1992년, 12년간 지속된 내전의 종식을 위한 평화협정을 체결했다.

차베스의 등장:
베네수엘라

신자유주의의 확대와 심화

베네수엘라는 1958년에 기독사회당(COPEI)과 민주행동당(AD) 간에 맺은 푼토피호(Punto Fijo) 협약에 의해 다른 정치세력의 참여를 배제하고, 이 두 당이 중앙정치를 교대로 독점하는 특이한 정치형태를 보였다. 비록 정치적인 안정은 유지되었지만, 미국이나 영국의 견제와 균형에 의한 양당제 민주주의와는 달리 이러한 정치세력 간의 협약은 부정부패의 온상이 되었다.

1974년에 이어 1989년에 두 번째 집권한 페레스 대통령은 자유화와 민영화, 공공부문 축소 프로그램에 따라 국내시장 가격통제제도를 폐지하는 등, 강력한 경제구조 조정정책을 폈다. 그러나 이는 국내 유가와 대중 교통비의 상승 등 물가폭등을 야기했고, 결과적으로 전국 각지에서 유혈폭동 사태를 불러왔다. 특히 좌절한 빈민들이 카라카스 일대를 중심으로 봉기에 나섰다. 이는 지난 30여 년간 베네수엘라 정치를 지배해온 양당 체제와 기성 정치세력에 대한 빈민들의 불신과 분노가 폭발한 것이었다. 이 같은 민중들의 불만을 간파한 공수부대 중령 출신 차베스는 반미와 반反신자유주의를 내걸고 1992년 쿠데타를 일으켰으나 실패하여 2년간 감옥에 갇히게 되었다. 그러나 기존 정치 엘리트 집단 밖에 있었던 차베스는 자신의 반부패 투쟁과 이를 통해 서민층의 절대적인 지지를 끌어내면서, 기존 정치인의 부패에 염증을 냈던 베네수엘라 서민들의 정치적 희망으로 새로이 부상하기 시작했다.

1993년 페레스에 이어 집권한 칼데라 대통령은 비록 '신자유주의 반대-국가의 경제 개입'을 주장했지만, 결국 2년 만에 가격과 환율 자유화, 자본 자유화, 국영기업 민영화 등의 신자유주의 정책을 시행했다. 이처럼 페레스 대통령에서 칼데라 대통령에 이르기까지(1989~1998년) 10년 동안 베네수엘라에서 신자유주의는 계속 심화되었고, 그 결과 1988년 53.5% (절대빈곤 22%) 수준이던 빈곤율이 1997년 64.2% (절대빈곤 31.4%)로 더 심각해지고 사회 양극화가 확대되었다.

차베스의 대통령 당선

2년간의 옥고를 치르고 1994년 출감한 차베스는 서민들이 중심이 된 지지자들을 모아, '남미의 해방자'인 시몬 볼리바르가 세웠던 제3공화국의 정치적 이념을 계승하는 '제5공화국 운동(MVR, Movimiento Quinta República)'이라는 당을 만들었다. 그리고 자신과 정치적 이념을 같이 하는 다른 8개 군소 정당들과 함께 '애국전선'을 구성하여, 기존 정치세력과 부정부패의 척결을 주장하고 '신자유주의'에 반대했다. 집권 여당과 제1야당은 자신들에게 '저승사자'와 같은 차베스의 당선을 저지하기 위해 온 힘을 다했다. 차베스는 선거기간 동안 절대 다수

"차베스는 떠나지 않는다!" 차베스의 소환투표를 앞두고 베네수엘라의 수도 보고타에서 차베스를 지지하는 민중들의 소환투표 반대시위가 일어났다.

의 서민층들을 자신의 지지기반으로 만들어 자유시장 경제체제를 강력히 비판하며, 과감한 정치, 경제개혁을 약속했다. 그는 반체제, 반부패 정책을 적극 주장하면서, 대통령에 당선되면 국회를 해산하고 서민을 보호하는 헌법을 제정하며 부패한 의원들을 감옥에 보내겠다고 공언했다. 또한 가난에 허덕이는 국민을 위해 외채상환의 중단과 토지의 국유화, 물가통제 등 사회주의적 경제 정책을 공약으로 내세웠다. 1998년 12월 실시된 대통령 선거에서 44세의 차베스가 56.2%라는 압도적인 지지로 대통령에 당선되었다. 당선 직후 차베스는 "나는 민중의 한 사람으로 민중을 위해 싸울 것이며, 나의 정부는 민중의 정부가 될 것이다."라고 연설했다. 대통령이 된 차베스는, 페레스 전 대통령의 부정부패를 파헤쳐 정권교체의 도화선에 불을 붙였던 언론인 호세 비센테 랑헬을 차기 외무 장관에 발탁했다. 이는 차베스 정부의 부정부패에 대한 개혁의지를 잘 보여주는 것이었다.

차베스의 등장은 베네수엘라 역사상 처음으로 '민중' 대통령의 탄생을 의미하는 사건이었다. 이는 지난 40년간 지속된 베네수엘라의 정치체제가 대다수 국민을 위한 것이 아니라, 일인 독재체제에서 과두체제로의 이전에 불과한 소수의 정치인을 위한 것이었기 때문이다.

헌법의 개정과 차베스의 재당선

차베스가 대통령 선거유세 시 국제통화기금(IMF)의 권고하에 진행되던 정책의 시행을 거부하여, 국제 금융계 및 재계에 불안감을 주었다. 더욱 이 외국 투자가들의 투자 기피와 외화 도피의 증가로, 1998년 베네수엘라의 하반기 경기는 더욱 위축되었다.

이에 차베스는 대통령 당선 후 미국, 유럽 및 라틴아메리카 국가들을 순방하여 자신의 부정적 이미지 쇄신을 위해서 노력했다. 취임 후에도 차베스 대통령은 국제금융기관과의 협력을 밝혀 국가 신인도 제고를 통한 사회 및 경제 안정을 추구하려 했다. 아울러 그는 국회해산, 제헌의회 구성, 헌법개정, 사법부의 개혁 작업 등 과거 40년 동안 지속되어온 기존의 정치체제를 허무는 일부터 시작했다. 헌법을 새로 개정하여 양원제를 단원제로 축소시키고,

임기를 종전 5년 단임에서 6년 중임으로 바꿨다.

차베스는 개헌 후, 2000년 7월에 실시된 대통령 선거에서 57%의 득표로 6년 임기의 대통령에 재당선되었다. 또한 동시에 실시된 의회선거에서 차베스가 이끄는 제5공화국 운동(MVR)과 기타 여당 성향의 소수 정당을 합해 70%의 의석을 차지한 반면에, 지난 40년간 정권을 교대로 장악해왔던 민주행동당과 기독교 사회당은 30%의 의석만 차지했다.

제7-3장
과거사 청산
LATIN AMERICA

《과테말라, 침묵의 기억들》:
과테말라 내전

원주민의 국가

면적이 한반도의 2분의 1인 과테말라는 멕시코와 국경을 접하고 있으며 인구는 중미에서 가장 많다. 과테말라는 마야 문명의 발상지로서 전체 인구 중 55%가 원주민으로 구성되어 있어서, 페루와 함께 라틴아메리카에서 원주민의 비중이 가장 높은 나라다. 독재정권, 쿠데타와 반정부 투쟁, 미국의 개입, 커피와 바나나의 재배 및 수출에 크게 의존하는 단일경작 등 과테말라의 정치, 경제적 후진성은 다른 중미 국가들과 크게 다를 바가 없다.

1931년에 호르헤 우비코 정권이 등장하여 강력한 통치력을 발휘했다. 그는 도로, 병원 등의 건설로 낙후된 경제 하부구조 및 위생환경 개선에 주력하는 한편 1936년 미국과 호혜통상조약을 체결했고, 엘살바도르 및 온두라스와는 국경 문제를 해결하여 국경선을 확정지었다. 제2차 세계대전 기간 중에는 연합국 측에 참여하여 과테말라 내에 미 공군기지를 설치할 수 있도록 했다. 또한 그는 국립경찰을 창설하여 여러 정치세력을 감시하도록 했으며, 모든 정치적 소요 사태의 발생을 철저히 봉쇄했다. 그러나 선거 조작을 통해 장기집권의 기반을 구축했던 우비코 대통령은, 1944년 장기 집권과 정치적 부패에 반대하는 군과 학생들이 주도한 반정부 투쟁으로 집권 14년 만에 축출되었다.

민주주의의 붕괴

독립 이후 100여 년 동안 과테말라 정부는 일부 대지주, 군인 및 외세 등의 정치적 도구로 전락되어 있었다. 그러나 1944년, 85%의 전폭적인 지지로 대통령에 당선된 아레발로 베르메호는 집권 후 노조의 결성과 파업권을 인정하는 노동법을 제정하고, 노동자, 농민, 중소기업인을 위한 새로운 정책을 수립하는 등의 개혁을 펼치면서 국민의 적극적인 지지를 받았다.

그 후 1950년, 하코보 아르벤스가 공산주의 세력의 절대적인 지지를 바탕으로 대통령에 당선되었다. 그는 정치적 자유는 물론, 언론, 출판 및 결사의 자유까지 보장했다. 하코보 아르벤스는 먼저 토지개혁을 단행했다. 대토지 소유주의 농지를 유상 몰수하여 땅이 없는 농민들에게 나눠주었다. 이는 당시 과테말라 경제권을 장악하고 있던 미국의 다국적 기업인 연합청과회사(United Fruit Company)의 대규모 바나나 농장을 직접 겨냥한 것이었다. 이처럼 미국인 소유의 많은 토지와 자본이 과테말라 정부에 의해 몰수당하고 공산주의자들이 개혁노선에 적극 개입하는 양상이 나타나자, 미국은 과테말라의 개혁 정책에 제동을 걸기 시작했다.

미국은 먼저 1954년, 베네수엘라의 카라카스에서 열린 미주회의에서 다른 라틴아메리카 국가들의 지지를 받아 과테말라의 사회주의적인 개혁 정책을 종식시킬 것을 결의했다. 이는 미국이 과테말라 문제를 외교적으로 해결하려는 시도였다. 그러나 이러한 방식의 문제해결에 한계를 느낀 미국은 과테말라에 대한 직접적인 무력 침공을 감행했다. 미국은 1954년, 소련제 무기가 아르벤스 정부에 제공되고 있다는 정보를 입수하고, 미중앙정보국(CIA)과 미 해병대의 직접적인 지원을 받은 반군을 앞세워 과테말라를 침공했다. 그리고 같은 해 과테말라시티를 전폭기로 공격해 아르벤스 정권을 붕괴했다. 이로써 지난 1945년부터 10년간 지속되었던 과테말라의 '민주주의'는 사라지고 말았다.

과테말라 내전

미국의 개입으로 아르벤스 정권이 붕괴된 후 대통령에 취임한 카를로스 카스티요 아르마스는, 공산주의자들과 급진적인 민족주의 세력들을 제거했다. 이 과정에서 9,000여 명이 희생되고 1만여 명이 망명했다. 그리고 아르벤스 정부가 수용했던 토지를 미국인 소유의 회사들에게 환원했다. 또 1956년에 헌법을 새로 제정하여 모든 좌익정당들을 해산시키고, 반정부 세력을 더욱 심하게 억압하기 시작했다. 이러한 억압적이고 반동적인 정치체제를 다시 구축하는 과정에서 아르마스는 1957년에 암살당했다. 이로써 과테말라 정국은 다시 혼란에 빠지게 되었다.

아르마스가 암살된 후, 과테말라에서는 군사정권과 게릴라 집단 간의 대결이 계속되었다. 미국의 보호하에 등장한 군사정권은 사회주의 세력의 일소는 물론, 노동운동과 야권의 정치활동까지도 탄압했다. 이에 사회주의 및 노동운동 세력들은 게릴라 단체를 결성하여 미국대사와 독일대사를 암살하는 등 반정부 투쟁을 계속해나갔다.

1970년대 들어서 게릴라 세력이 줄어들고 온건한 개혁노선을 지향하는 여러 정당세력이 부상했다. 그러나 1979년 니카라과에서 사회주의 혁명이 성공함으로써 과테말라에서는 또다시 게릴라의 반정부 투쟁이 격화되었고, 이에 대한 정부의 진압도 강경해졌다. 1981년에는 게릴라와 정부군 간의 격전으로 약 1만 1,000명이 사망하였다.

과테말라 내전으로 인해 경제는 여전히 낙후되어 있었다. 전체 국민의 반 이상이 1차 산업에 종사하고, 그중에서도 농업부문이 국내 총생산의 25%, 수출과 수입의 60% 이상을 차지하고 있는 실정이었다. 2차 산업 부문은 중미 전역에서 가장 큰 규모였음에도 불구하고, 제조업이 국내 총생산에 기여하는 비율은 15.7% 정도에 불과했다. 따라서 1980년대 이후 과테말라가 해결해야 했던 가장 큰 문제는, 경제성장에 따른 부의 분배와 반정부 게릴라 단체인 과테말라 민족혁명연합(URNG)과의 협상이었다.

《과테말라, 침묵의 기억들》

과테말라는 지난 1960년부터 1996년까지 36년 동안 20여만 명이 죽거나 실종되는 내전의 고통을 겪었다. 이 기간 동안 100만 명이 외국으로 탈출했다. 1996년 대통령에 당선된 중도 우파의 아르주 이리고옌 대통령은 좌익 반군 대표와 직접 만나는 등 반군과의 평화 협상을 위해 많은 노력을 했고, 인권유린과 부정부패가 줄어들도록 많은 조치를 취했다. 이러한 노력의 결과로 과테말라 정부는 좌익 반군 '과테말라 민족혁명연합(URNG)'과 평화협정을 체결하여, 36년간에 걸친 내전을 끝내기로 합의했다. 이를 위해 과테말라 정부는 군 병력을 줄이며 사회개혁 프로그램을 새롭게 시행하고, 인권유린에 대한 조사위원회를 설치하기로 했다. 또한 원주민에 대한 과거의 인권유린 사실을 시인하고, 마야 원주민의 종교, 언어, 관습 등을 존중할 것을 약속했다. '진실위원회'라 불리는 '유엔 역사규명위원회'는 과테말라 정부군과 좌익 반군 사이에 맺어진 평화협정의 일환으로써, 내전 당사자인 정부군과 좌익 반군의 만행을 조사하기 위해 구성된 것이다. 이 위원회는 2년 동안의 조사를 마치고 《과테말라, 침묵의 기억들(Guatemala: Memoria del Silencio)》이라는 방대한 양의 보고서를 제출했다. 이 보고서는 "1960년부터 1996년 평화협정 체결까지 36년간 마야 원주민 등 20만 명의 민간인이 희생되었고, 이 중 15만 명은 살해되고 5만 명이 실종되었으며 사망자의 93%가 정부군에 의해 살해되었다"고 말하고 있다. '유엔역사규명위원회' 위원장은 "정부군의 만

노벨 평화상 수상자 리고베르타 멘추. 노벨상 위원회는 마야 원주민의 인권보호에 앞장서 온 마야 원주민 출신의 인권운동가 멘추에게 1992년 노벨 평화상을 수상했다.

행은 분명히 민간인에 대한 대량 학살이며 계획적인 전략이었다. 정부군은 반군을 추격하면서 마야 원주민 사회를 철저히 없앴으며 주거지와 가축, 농작물을 파괴했다. 정부군은 마야 원주민들이 '내부의 적'이며 게릴라들의 '실제적이거나 잠재적인 지지 기반'이라 간주하고, 마야 원주민들을 최대한 많이 죽이는 것이 목적이었다."라고 말했다. 그는 또한 정부군이 미국이 제공하는 돈과 군사훈련을 받았다고 지적했다. 1992년 노벨상 위원회는 인권운동가인 마야 원주민 출신의 리고베르타 멘추에게 노벨평화상을 수여함으로써, 과테말라 정부군의 인권유린을 국제사회에 널리 알리는 계기를 만들었다.

> 우리는 민중 봉기의 우려에 너무 집착하는 나머지 우리의 양심을 억누르고 있다.
> 살인이건 고문이건 행하는 주체가 우리고 대상이 빨갱이라면 괜찮다는 식이다….
> 과테말라 군부가 그런 짓들을 저지르도록 우리가 부추기지 않았느냐, 라는 역사의
> 질문에 우리는 뭐라고 대답할 것인가.

이는 1968년 피터 바키 과테말라 주재 미국 공사가 이임하면서 미 국무부에 보낸 메모의 일부다. 미국이 과테말라 군부의 인권유린과 양민 학살에 깊숙이 개입했음을 잘 보여주고 있다.

더러운 전쟁:
아르헨티나의 군부독재

더러운 전쟁

　아르헨티나는 1975년, 석유파동의 여파로 수출이 감소하고 외환위기에 직면했다. 이로 인한 경제 파탄과 사회불안은 좌우익 테러와 전국적인 파업, 더나아가서 군부 쿠데타를 불러왔다. 1976년에 군부는 국가비상사태를 선포하여 의회를 해산시키고 페론 정권을 붕괴시켰다. 아르헨티나 국민은 이 군부 쿠데타가 지난 20년간 혼란에 빠져 있던 아르헨티나를 안정시킬 수 있다고 생각했다. 이렇게 아르헨티나 국민과 대다수 정당 지도자들의 지지를 받은 군사정권은, 국민의 생존권을 위협했던 페론 시대의 경제적 혼란과 정치적 폭력을 종식시키고 만성적인 정치적 위기와 '아르헨티나 병'이라고까지불린 만성적인 경제 침체를 종식시킬 것이라고 공언했다.

　그러나 대통령이 된 호르헤 라파엘 비델라 장군은, 고문이나 살인과 같은행위들을 '공산주의, 체 게바라주의, 비非기독교적 생활양식으로부터 아르헨티나를 보호하기 위한 필수 조치'로 정당화했다. 또한 군대, 경찰, 정보기관,아르헨티나 반공동맹과 같은 준準군사조직들이 좌익 게릴라를 소탕하는 데앞장섰고, 페론파를 비롯한 반정부단체에 대해서는 폭력적인 탄압을 자행했

'실종자들을 산 채로 돌려달라!'. 1981년 군부독재에 의해서 실종된 사람들의 가족들이 대책을 요구하며 아르헨티나의 부에노스아이레스에서 시위를 벌이고 있다.

다. 소위 '더러운 전쟁(Guerra Sucia)'이라 불리는 비델라 군사정권의 탄압으로 3,000명에 달하는 사람들이 재판 없이 사형에 처해졌고, 수만 명의 시민이 실종되거나 국가보안군에 의해 비밀리에 살해되었다.

이 '더러운 전쟁'으로 말미암아 군부에 대한 국민의 인식이 바뀌었다. 아르헨티나의 중산층들은 군사정권을 사회적 혼란에 대처할 수 있는 집단으로 생각했지만, 그들에 의해 행해지고 있는 전제적이고 강압적인 행위에 대한 거부감을 가지게 되었다. 군사정권은 이러한 국민의 거부감이 엄존함에도 불구하고, 경제회복을 위해 국영기업의 축소 및 민영화, 긴축 재정, 자율적인 가격제도 등을 시행했다. 그러나 이러한 과정에서 해외 금융자본이 엄청나게 유입되었고, 제조업 부문의 수출이 감소되어 무역수지가 악화되었다. 1978년에는 월드컵 대회를 개최하면서 새로운 스타디움 건설과 도시개발사업으로 경제를 활성화하려 했지만, 1980년이 되면서 경상수지가 적자로 돌아섰고 외채도 급증했다.

괴이하고 불필요한 전쟁 - 포클랜드 전쟁

군사정권의 강압 정치와 '더러운 전쟁'으로 이어지는 인권탄압, 그리고 악화되는 경제 상황 속에서 1980년에 비델라에 이어 비올라가 대통령이 되었다. 그러나 계속되는 경제 상황의 악화와 정권 내부의 분열로 인해서 1981년

12월, 비올라는 그의 정적이었던 레오폴도 갈티에리 장군에게 대통령직을 물려주었다. 하지만 레오폴도 갈티에리 역시 집권 후 군부의 분열을 극복하지 못했다. 경제 상황에 있어서도 450억 달러의 외채, 1000%에 달하는 인플레이션, 15%의 실업률이라는 총체적인 경제 난국을 해결하지 못해 국민의 지지를 얻지 못했다. 레오폴도 갈티에리 정권은 이를 극복하기 위해서 국민의 관심을 외부로 돌리려 했다. 이것이 바로 아르헨티나의 오랜 숙원이던 '영국령 포클랜드Falkland(아르헨티나인은 말비나스Malvinas라고 부른다)의 탈환'이었다.

포클랜드는 아르헨티나 남쪽 끝에서 동쪽으로 약 400킬로미터, 영국에서 1만 4,000킬로미터 떨어진 섬이다. 지리적으로 아르헨티나에서 비행기로 1시간이 채 안 되는 거리에 있는 반면에, 영국으로부터는 무려 20시간 이상 비행기를 타야 갈 수 있는 섬이다. 이 섬은 1600년 네덜란드인 세발드가 발견한 후 프랑스군이 점령했다. 그러나 1765년 영국이 원정대를 파견하여 국왕 조지 3세의 소유라고 주장했다. 그러자 프랑스는 영유권을 스페인에 양도했다. 스페인은 1770년, 이 섬에 사는 영국인을 축출했다. 그 후 영국과 스페인은 이 섬을 서로 자신의 소유라며 주장해왔다. 1828년 아르헨티나는 말비나스 섬에 정착촌을 건설하여 자신의 영토권을 주장하는 법적 근거로 삼았고, 1833년에 아르헨티나군이 말비나스를 점령하자 영국 원정군이 아르헨티나를 축출하여 영국이 현재까지 점령해왔다. 비록 아르헨티나가 제2차 세계대전 이후 소유권 문제를 제기하여 영국과 협상을 계속했지만, 섬에 거주하는 영국인의 반대로 협상이 지지부진한 상태에 놓여 있었다.

이러한 상황에서 1982년 4월 2일에 아르헨티나 군부는 말비나스 섬을 기습 공격해 소수의 영국 왕실 경비대원들을 쉽게 물리쳤다. 이 공격은 영국인을 경악시켰고 아르헨티나 국민의 폭넓은 지지를 받았다. 이에 대해서 당시 경제문제로 어려움에 처해 있었던 영국의 마가렛 대처 정부는, 석유 자원을 개발하기 위한 영역을 확보하고 국토를 방어할 수 있다는 자신감을 국민에게 보여주고자 아르헨티나에 대한 공격에 단호한 의지를 보이면서 반격에 나섰다. 이 전쟁은 영국군도 250여 명이 전사하는 등의 피해를 입었지만,

2,000여 명의 사상자를 낸 아르헨티나가 영국에 항복하면서 개전 75일 만에 끝났다.

이 포클랜드 전쟁으로 인해서 아르헨티나는 약 20억 달러의 전비 지출과 이로 인한 경제 악화는 물론 외채 문제가 더욱 심각해졌고, 국민의 원성은 높아만 갔다. 정치적으로도 군부 내의 분열은 갈수록 더 커졌다.

알폰신 대통령

레오폴도 갈티에리 대통령은 말비나스 전쟁의 패배로 불명예 퇴진하고, 레이날도 비그노네 장군이 그의 뒤를 이었다. 그리고 1983년 선거에서 급진 시민연맹(UCR)의 알폰신이 세력이 약해진 페론당을 물리치고 대통령에 당선되었다. 군사정권으로부터 460억 달러의 외채와 600%의 인플레이션 등을 이어받은 알폰신 정부는, 인플레이션을 억제하기 위해 아우스트랄(Austral) 계획을 발표했다. 이는 민간부문의 가격, 임금, 공공요금률, 환율의 동결, 강제저축을 통한 세수의 증대, 새로운 화폐 아우스트랄 도입 등을 골자로 하는 경제 정책이었다. 하지만 초기에 약간의 효과만 있었을 뿐 이익집단들의 강력한 반발에 부딪혔다.

이에 알폰신 대통령은 기업과 노동자들 모두에게 뼈를 깎는 희생을 요구했으나 노조는 총파업으로 대응했다. 알폰신 집권 내내 노조는 정부와 대결하기 위해 자본가 단체들과 손잡는 어처구니없는 일까지 벌이기도 했다. 이는 노조와 기업이 경제구조의 개혁과정에서 고통은 분담하지 않으면서 개혁에 무임승차하려 했기 때문이다. 이러한 한계를 갖고 시작한 알폰신 정부는 결국 1987년 선거에서 야당인 페론당에 패했다. 1988년에 아르헨티나의 외채는 600억 달러에 달했고, 1989년에는 인플레이션이 5,000%에 육박할 정도였다.

이러한 경제 정책의 실패와는 반대로 알폰신 대통령은 대통령 직속으로 작가 에르네스토 사바토를 위원장으로 한 '실종자 진상 조사 국가 위원회 (CONADEP, Comisión Nacional Sobre la Desaparición)'를 설치하여, 실종자 문제에 대한 진상규명을 실시하게 했다. '실종자 진상 조사 국가 위원회'는 아르헨티나 주요 지방 도시에 지부를 두어 진상 조사에 나섰을 뿐만 아니라, 멕시코시티, 카라카스, 뉴욕, 파리, 마드리드 등지에서도 증언을 채록했다. 이 위원회는 증언자들의 진술을 바탕으로 비밀 수용소가 있다고 알려진 경찰서나 군사시설들을 조사했고, 비밀 공동묘지를 방문하기도 했다.

　이러한 사법적 청산 작업은 엄청난 음모를 자행한 자들로부터 수많은 협박을 받았다. 그럼에도 불구하고 약 5만여 쪽에 달하는 최종 보고서를 대통령에게 제출했고,《눈카 마스Nunca Más(더 이상은 안 돼)》라는 제목의 단행본으로 출간되었다.

아르헨티나의 《눈카 마스》:
과거사 청산 1

《눈카 마스》

　알폰신 대통령이 설치한 '실종자 진상 조사 국가 위원회'가 1984년 9월에 펴낸 보고서 《눈카 마스》에는, 16세부터 65세가량의 실종자 8,960명의 명단과 비밀 수용소 약 340곳의 위치 및 특성이 수록되었고, 불법적인 탄압에 가담한 군인의 수는 1만 5,000명 이상으로 파악되었다. 또한 이 보고서에는 누가 어떤 방식으로 납치되었는지, 수감자들에게 어떻게 고문이 자행되었는지, 육·해·공군과 경찰 관할의 비밀 수용소가 어떻게 운영되었는지를 밝히고 있다.

　《눈카 마스》가 확인한 실종자 9,000여 명 가운데 86%가 35세 이하의 청년층이었고, 30%가량이 여성이었으며 그 중 10%가 임신 중이었다. 실종자 가운데는 노조 활동가들뿐만 아니라 변호사, 지역상공회의소 의장, 지방 판사 등도 포함되어 있었다. 이 보고서는 군부 통치자들이, 사회혁명을 원했던 불순분자, 단순히 임금인상을 요구한 노조 지도자, 신부, 목사, 가톨릭 신자는 물론, 평화주의자와 인권 단체 활동가들까지도 '마르크스 레닌주의자'나 '기독교와 서구 문명의 적'으로 규정하여 모두 없애려 했음을 밝히고 있다.

《눈카 마스》는 또한 게릴라 조직과 관련이 없는 임산부와 아이들까지 고문당했다는 사실을 밝혔을 뿐만 아니라, 수감된 임산부가 출산한 영아나 납치된 부부의 어린아이들을 강제로 입양시키는 엽기적인 범죄의 유형도 밝혀냈다. 이러한 강제 입양은 "나쁜 환경으로 인해서 불순한 저항자가 생겼다"라는 잘못된 확신을 가진 군사정권이 '좌익 사범'을 양성하는 불온한 가정환경으로부터 영, 유아들을 분리시키고자 한 만행이었다.

이처럼 《눈카 마스》는 군부독재의 무차별적인 납치와 수감, 고문과 살인 등의 실상을 낱낱이 폭로하면서 당시에 국가 폭력이 어떠했는지를 잘 보여주고 있다.

가해자 처벌과 '카라 핀타다'의 반란

그러나 《눈카 마스》에서 밝힌 가해자들의 만행에 대한 처벌과 판결은 '실종자 진상 조사 국가 위원회'의 권한 밖이었다. 이 위원회는 단지 그들이 자행한 탄압의 유형이 어떠했고 피해자의 규모가 어느 정도였는지에 대해서만 조사하고 후속 재판의 필요성을 권고하는 기관일 뿐이었다.

1985년 부에노스아이레스 연방항소 법원은, 비델라 장군을 비롯한 9명의 군사통치위원회 지도부에게 종신형부터 징역 3년 9개월까지 중형을 선고했다. 이에 대법원은 1986년 12월 이 결정을 최종 승인했다. 이에 따라 2,000명가량의 중, 하급 장교들은 자신들에 대한 처벌을 걱정해서 동요하기 시작했다. 특히 향후 60일 이내에 모든 기소절차를 마무리해야 하는 일종의 제한규정이었던 '기소종결법(Punto final)'이 1986년에 통과된 후, 300여 명에 이르는 장교들이 기소되었다. 그러나 이 법은 수많은 사건들을 처리하기에는 기간이 매우 짧아서, 상당수의 납치와 학살의 책임자들은 이 법으로 인해서 오히려 처벌받지 않았다.

그러나 실제 고문과 억압 행위를 자행한 명령계통의 말단에 있었던 장교들에게 인권유린의 책임이 전가되는 분위기가 감돌자, 일부 장교는 크게 반발했다. 이들의 반발은 특전부대인 카라 핀타다(Cara Pintada, '색칠된 얼굴'이라는 의미로 '특전부대 요원들의 위장된 모습'을 말한다)의 반란으로 표면화됐다. 이들의 반란으로 1987년 의회에서 '강제 명령에 따른 복종법(Obediencia debida)'이 통과되었다. 이로써 상관의 명령에 복종해 '더러운 전쟁'을 수행한 중, 하급 장교의 대다수가 처벌을 면할 수 있었다. 이렇게 군부의 위협 앞에서 원칙을 못 세우고 크게 흔들린 알폰신 정부는, 임기를 6개월 앞두고 조기 퇴진했다.

내 자녀들은 어디에 있는가? - 오월 광장 어머니회

군부독재의 서슬이 시퍼렇던 1977년 4월 30일, 부에노스아이레스의 오월 광장에 14명의 어머니가 비델라 대통령에게 아이들의 행방을 묻는 서신을 전달하고자 모였다. 경찰들의 해산 요구에 아무도 물러서지 않았다. 오래전부터 경찰서, 내무부, 사법부 등 관계되는 모든 기관의 문을 두드려 보았지만 만족할 만한 답변을 들을 수 없었다. 이들은 '오월 광장의 미치광이들'이라고 조롱받기도 했고, 이들의 행동은 '반反애국적 캠페인'으로 여겨졌다. 그러나 이러한 조롱에도 불구하고 이들은 머리에 흰 손수건을 두르고 목에는 실종자 아이들의 사진을 담은 패를 걸어, 침묵하는 권력에 저항하려 했다. 이렇게 실종자의 어머니들은 대다수의 무관심 속에 '오월 광장 어머니회(AMPM, Asociación Madres de Plaza de Mayo)'를 결성해 매주 목요일 오후 3시 30분에 오월 광장에 모였다.

그 후 말비나스 전쟁의 패배로 군사정권이 퇴진하고 1983년 12월에 알폰신 정부가 들어서자, '오월 광장 어머니회'는 민주화의 상징으로 우뚝 솟았다. 이들은 1986년 군사정권의 인권탄압에 책임 있는 상당수의 지휘관에게 책임을 면해주는 '기소종결법'과 '강제 명령에 따른 복종법' 폐지를 위한 투쟁을 시작했다. 또한 '오월 광장 어머니회'는 알폰신 정권과 메넴 정권의 정치적 타협을 수용하지 않고, 실종자 문제에 대한 철저한 진상 규명을 끈질기게 요구했다.

죽음의 비행

알폰신 대통령에 이어 등장한 메넴 대통령은 화합을 언급하며 기소 중이거나 복역 중인 군인을 특사로 풀어주었다. 메넴은 어두운 과거는 덮어두자

며 국민에게 망각을 호소했다. 그
는 신자유주의 개혁으로 선진국에
진입하겠다는 황당한 슬로건으로
국민을 호도하는 한편, 1991년 비
델라 장군까지 특사로 풀어주었다.
또한 비밀 구금, 고문과 살인으로
4,000명이 희생된 해군 기술학교를
추모와 국민화합 기념 공원으로 개
조하려 했다. 이에 '오월 광장 어머
니회'를 비롯한 많은 인권 단체가
강하게 항의했다. 이들은 이곳을

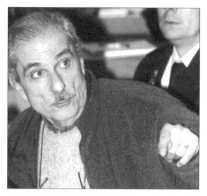

'죽음의 비행'의 증언자 아돌포 실링고. 2005년 3월,
스페인 검찰은 아르헨티나 전직 해군 대위 실링고에
게 군부독재 시절 저지른 반인륜 범죄혐의로 9,138년
의 형량을 구형했고, 그 해 4월 스페인 법원은 640년
의 징역형을 선고했다.

군부의 만행을 고발하는 일종의 박물관으로 보존할 것을 주장해 결국 정부
의 계획은 무산되었다. 대신에 라플라타 강둑을 기념 공원 및 조형물 예정지
로 선정했는데, 이곳은 '죽음의 비행'이라고 알려진 사체 유기의 현장이었다.
1995년 한 전직 해군 대위는, 해군 기술학교 수용소에 근무하면서 살해되거
나 의식을 잃은 수감자를 한 번에 15~20명씩 비행기에 태워 바다에 던지는
끔찍한 임무를 맡았다고 털어놓은 바 있다. 이런 식으로 그가 처리한 사람의
수는 1,750명에 이르렀다고 한다.

이렇게 '오월 광장 어머니회'의 끊임없는 문제 제기와 항의, 반발이 여러
가지 긍정적인 변화를 가져왔음에도 불구하고, 세월이 흐르면서 알폰신과
메넴 정권하에서 진상규명과 처벌에 대한 관심과 의지는 점점 약해졌다. 그
러나 2000년대 들어 새로운 입법 활동이 뒤따르면서 '더러운 전쟁'에 대한
청산논의는 더 뜨겁게 달아올랐다. 2003년 아르헨티나 의회는 알폰신과 메
넴 정부의 사면법 폐기를 결의해 또다시 사법적 판결에 대한 가능성을 열어
두었다.

칠레의 아우구스토 피노체트:
과거사 청산 2

3W와 3F의 나라

칠레는 좋은 날씨(Weather), 아름다운 여성(Woman), 질 좋은 포도주(Wine)가 유명해 3W의 나라, 또는 생선(Fish), 꽃(Flower), 과일(Fruit)의 생산이 많아 3F의 나라로 불리기도 한다.

칠레는 지리적으로 남미대륙에 속해 있으면서도 북부는 사막, 동부는 안데스산맥, 남서부는 바다로 이루어져 있다. 이러한 고립된 지리적 조건 때문에 칠레는 다른 남미국가들과 공통적 성격을 보여주면서도, 다른 한편으로는 다른 남미국가들과 상이한 모습을 보이고 있다. 칠레는 또한 라틴아메리카 출신 5명의 노벨문학상 수상자 중 가브리엘라 미스트랄과 파블로 네루다를 배출한 나라로, 문학에 대한 자긍심이 대단한 나라이기도 하다.

그러나 칠레는 무엇보다도 유구한 민주주의 전통을 가지고 있는 나라다. 19세기 초반 스페인으로부터 독립을 달성한 후, 라틴아메리카 대부분의 국가는 군부의 정치 개입 등으로 엄청난 정치적 혼란을 겪고 민주주의를 제대로 정착시키지 못했다. 반면에 칠레는 1930년 이래 지주와 기업가, 온건 중도 계급, 사회주의 노동자의 세 집단이 민주적인 절차를 통해 서로 견제하고 경쟁하면서 민주주의의 뿌리를 내렸다. 이러한 민주적인 토대 아래 1970년 칠레에서 세계 최초로 선거에 의한 사회주의 정권이 탄생했다.

피노체트 정권의 만행

그러나 피노체트는 1973년 9월 11일에 쿠데타를 일으켜 아옌데 정권을 붕괴시켰다. 그는 정권을 잡은 후 "이 나라에서 나뭇잎 하나라도 내 명령 없이는 움직이지 못한다."라고 할 만큼 칠레를 철저하게 통제했다. 피노체트는 1973년 12월까지 쿠데타 직후 3개월 동안 1,800여 명을 처형했다. 공산당원을 포함한 좌익계 인사들을 체포하여 공설 운동장에서 사살하는 바람에, 옆에 흐르는 마포초강이 피로 붉게 물들었을 정도였다. 의회 내 좌파 세력을 척결하는 차원에서 이루어진 이 조치는, 정당정치의 활성화라는 칠레 정치 고유의 특성과 배치되는 것이었다.

피노체트는 대통령 직속으로 악명 높은 비밀경찰인 '국가정보국(DINA)'을 창설하여, 이후 3년여 동안 자신에 반대하는 반정부 조직을 철저히 소탕했다. 피노체트의 범죄행위를 기록한 기소장에는 피노체트가 칠레, 스페인, 아르헨티나, 파라과이, 볼리비아, 우루과이, 미국, 이탈리아, 프랑스, 포르투갈 등지에서 4,000여 명을 살해하는 데 관여했으며, 강간, 손발톱 뽑기, 불로 지지기, 썩은 음식과 죽은 동료들의 인육 먹이기 등의 조직적인 고문 등에도 관여했음을 보여주고 있다.

또 피노체트는 자신에 반대하는 자들을 외국까지 쫓아가 암살했는데, 이를 위해 비밀경찰들뿐만 아니라 아르헨티나, 볼리비아, 브라질, 우루과이, 파라과이의 군부독재자들과 일종의 '국제 협력 군경 테러조직'을 창설했다. 또한 좌익분자를 척결한다는 명분으로 이들 국가 간에 반정부 인사에 대한 정보를 교환하고 합동작전을 주도하기도 했다.

시카고 보이스

피노체트는 국가 기간산업의 국유화 등 아옌데가 추진했던 경제 정책이 극심한 인플레이션을 유발하면서 경제를 파탄 상태로 몰아넣었다고 판단했

'아디오스 헤네랄!'
(Adiós! General!, 장군이여 안 녕!) 1988년 국민투표에 앞서 아우구스토 피노체트의 퇴진을 요구하는 벽보가 칠레의 산티아고 시내에 붙어 있다.

다. 이에 미국 시카고 대학에서 훈련받은 자유시장 경제주의자들(일명 '시카고 보이스Chicago Boys')을 영입하여 시장경제에 의한 자원배분과 경쟁의 논리를 도입했다. 이와 함께 재정적자를 줄이기 위해 공무원의 감원, 공공부문에 대한 투자의 축소 등을 통해 긴축재정을 시도했고, 세율을 조정하여 세입을 늘렸다. 또한 금융부문에서도 인플레이션 해소를 위해 통화량을 억제하고 금리 자율화 등 규제완화를 단행했다. 관세 인하와 수입절차의 간소화 등 무역 자유화 정책도 도입하여 경제 안정에 주력했다. 피노체트 군사정권은 아옌데 정권이 붕괴되었을 때 500개에 달하던 국영기업의 절반 이상을 원소유주들에게 반환했고, 나머지는 공개입찰을 통해서 국내기업이나 해외기업들에게 매각했다. 또한 그동안 몰수, 접수되었던 토지를 본래의 지주에게 반환시켜, 아옌데 정권에 의해 시행되었던 국유화와 토지개혁을 파기하고 원상태로 회복시켰다.

이러한 시카고 보이스의 경제 정책은 효과를 보이기 시작하여, 쿠데타가 발생했던 1973년 9월에 500% 이상으로 뛰었던 물가가 1976년에 180%로 내렸고, 1982년까지 10%대로 진정되었다. 또한 경제성장률은 1976~1981년의 기간 동안 7%대를 유지했다. 농업에 대한 집중 투자가 이루어지면서 그동안 방치되어 있던 땅들이 연어 양식과 꽃, 과일 재배지로 변모했다. 수출 증가와 농업 생산의 향상에 중점을 두었던 피노체트의 경제 정책이 그 빛을 발휘하기 시작했다.

그런데 이러한 피노체트의 경제 정책은, 시장경제의 보이지 않는 손이 아니라 역설적으로 정부의 강력한 개입 정책에 의해 이루어졌다. '시카고 보이스' 자신들도 "민주주의 체제하에서는 꿈도 꾸지 못했을 경제개혁이 가능했던 것은, 오직 피노체트의 무자비한 철권통치에 힘입었기 때문이다."라고 고백하기까지 했다. 이러한 경제 정책은 후에 실업 급증이라는 부작용을 낳았을 뿐만 아니라, 중산층이 몰락하고 빈부격차가 심화되는 결과를 초래했다.

피노체트 정권의 몰락

  피노체트 군부 정권에 대항하여 1983년 기독민주당을 중심으로 한 민주연합(AD)이 결성되었다. 피노체트는 1984년 6월, 점점 거세지는 반정부 투쟁에 대처하기 위해서 위수령을 발동했다. 그러나 이러한 피노체트의 강압 조치에도 불구하고 반정부세력의 민주화 요구는 더욱 커져만 갔다. 1985년에 11개 이상의 보수 야당들이 완전한 민주화를 요구하는 국민 합의서를 발표했고, 1986년 4월에는 200여 개의 사회단체가 '시민회의'를 결성했다. 이러한 야당과 시민 단체들에 의한 저항에 직면한 피노체트는 1988년 10월, 자신의 집권 연장을 묻는 국민투표를 실시하겠다고 발표했다. 이에 중도와 좌파 성향 정당들이 '아니오를 위한 정당 연합(Concertación de Partidos por el 'No')'을 결성하여 국민을 상대로 피노체트의 집권 연장에 반대하는 운동을 펴서, 54%의 국민이 이에 지지를 보냈다.

  피노체트는 비록 국민투표에서 패했지만 1998년 3월까지 군 통수권자로서 역할을 인정받았고, 그 이후에는 종신제 상원의원으로서 면책권도 부여받았다. 그리고 군부가 국정에 다양하게 개입할 수 있도록 국가안전보장회의를 존속시켰으며, 더 나아가 상원의원 47명 중 9명의 상원의원을 자신이 임명할 수 있게 했다. 또한 피노체트는 1973년부터 1978년 동안 군부가 저지른 인권침해에 면죄부를 주는 것을 골자로 하는 사면법을 제정하여, 자신과 추종자들에게 형사소추를 할 수 없게 했고, 자신들의 정치적 입장을 보호해줄 인물들을 대법관에 임명했다. 이처럼 칠레의 민주주의는 피노체트에 의해 감시받고 보호받는 민주주의에 불과했다.

이런 상황하에 1989년 12월 피노체트와 공산당을 배제한 대통령 선거에서 기독민주당의 아일원 후보가 당선되었다. 17개 재야 정당 연합의 단일후보로 출마한 '민주주의를 위한 정당 연합'의 아일원 후보가 1차 투표에서 55.2%를 획득하여 대통령에 당선되었다. 아일원은 집권하자마자 400명의 정치범 가운데 43명을 특별사면 조치했으며, 1973년 이후 단절되었던 소련, 동독, 체코 등과 외교관계를 재개했다. 그는 또한 멕시코와의 관세장벽 제거와 임금인상, 전신, 철도 및 송유관 건설사업 등을 통해서 1992년에 칠레의 경제성장률을 라틴아메리카 국가들 중 가장 높은 9.7%로 끌어올리는 데 공헌을 했다.

레틱 보고서

한편, 아일원 대통령은 1990년 9개월 동안, 1973년부터 1990년까지 쿠데타와 17년간의 군부독재 기간에 벌어진 인권유린 사례에 대한 조사를 담당할 '진실과 화해를 위한 국가 위원회'를 만들었다. 위원장의 이름을 따서 '레틱(Rettig) 위원회'라고 불린 이 위원회는 〈레틱 보고서〉를 발간하여 4,000건이 넘는 인권침해 사례를 수집, 공개했다. 그러나 이 보고서는 진실 규명보다는 과거의 상처에 대한 화해만을 강조하여, 가해자들이나 인권침해에 개입했던 국가기관과 그 책임자들의 책임 문제에 대한 구체적인 언급은 하지 않았다. 또 사망이나 실종 사례만 조사했을 뿐, 체포, 구금, 고문, 추방 등 그 이상의 인권침해 사례를 다루지 않아, 피해 관련자들과 인권 단체가 주장한 과거사 청산 요구의 기대에는 미치지 못했다.

이에 아일원 대통령은 대국민 연설에서, 희생자와 그 유가족에게 국민의 이름으로 사죄하고 범죄를 저지른 군 관계자가 사과한다면 이를 바탕으로 대화를 추진해나갈 것이라고 천명했다. 그러나 피노체트는 아일원 대통령의 요구를 한마디로 거절했다. 피노체트는 "군인 중 단 한 사람이라도 다치는 일이 생기면 그날로 헌법 질서는 끝날 것이다."라고 위협했다. 이처럼 레틱 위원회의 활동은 과거사 청산을 미완성 과제로 남겨 놓고 실패로 끝나고 말았다.

피노체트 체포

'진실과 화해를 위한 국가 위원회'를 통한 과거청산이 피해자들의 동의를 얻는 데 실패함에 따라, 인권 단체와 피해자들은 법적 수단을 통해서 과거사 문제를 해결하고자 했다. 그러나 1978년 피노체트 정권이 정한 사면법은 많은 제약을 낳았다. 1998년 8월, 레틱 위원회 이후 정부와 군, 민간 인사 등으로 구성된 대화 위원회가 소집되어 활동했다. 하지만 여기에는 피해자 가족들의 목소리가 배제되어 있었고 군의 입장이 강하게 반영될 수 있는 인적 구조로 구성되어 있었다.

이러한 상황 속에서 1998년 10월, 신병 치료차 런던의 한 병원에 머물고 있던 칠레의 독재자 피노체트가 전격 체포되었다. 스페인의 가르손 판사가 영국과 스페인이 체결한 범죄인 인도 협정과 유럽 테러 협약에 의거, 피노체트를 과거 집권 때 스페인 시민 등 94명을 살해한 혐의로 기소하고 신병을 인도해줄 것을 요구한 것이었다. 이는 칠레에서 피노체트를 보호하고 있었던 다양한 보호막이 무용지물이 되었음을 의미했다.

피노체트가 체포된 후 아일윈 정부에 이어 집권한 프레이 정부는, 피노체트가 스페인에서 사법 처리 되는 것을 반대하고 본국으로 귀환을 추진하려 했다. 프레이 정부는 외교관의 면책특권을 내세워 영국 정부에 강력히 항의했다. 하지만 토니 블레어 영국 총리는 스페인의 요구가 법적인 하자가 없음을 확인했고, 또 영국의 상원 5인 재판부 역시 피노체트가 면책특권을 갖지 않는다고 판결했다. 그러나 피노체트는 영국 상원의 판결에 이의를 제기했다. 이에 상원 재판부는 피노체트의 이의를 받아들여 종래의 5인 재판부에서 인원을 늘려 7인 재판부를 구성, 심리한 끝에 건강상의 이유를 들어 피노체트의 귀국을 허용했다.

1999년 집권한 라고스 대통령은 과거사 문제에 적극적인 입장을 보였다. 그는 피해자들에 대한 피해보상을 강구함과 동시에 피노체트가 임명한 대법관 상당수를 교체했다. 2000년 3월, 칠레 대법원은 영국에서 칠레로 돌아온 피노체트의 면책권을 박탈해 피노체트에 대한 사법 처리 가능성을 열었으나, 치매라는 건강상의 이유로 재판을 종결시켰다. 그러나 칠레 사법 당국은 남미 지역에서 반체제 인사 9명을 납치해 그중 1명을 살해한 혐의로 피노체트를 재판에 회부하여, 피노체트의 면책권을 박탈하고 가택 연금시켰다. 이에 피노체트는 3,500달러의 보석금으로 가석방되었다.

잃어버린 10년:
라틴아메리카의 경제통합

1차 산품 위주의 수출

19세기 후반 들어 세계경제는 유럽, 특히 영국을 중심으로 재편되었는데 이는 라틴아메리카에도 영향을 미쳤다. 유럽의 선진 공업국의 공산품들이 수입되고 라틴아메리카의 1차 산품들이 수출되는 교역 구조가 형성되어갔다. 또한 영국과 미국, 프랑스의 자본들이 라틴아메리카 주요국들에 집중 투자되면서, 라틴아메리카는 1차 산품의 생산 및 수출 체제를 갖추게 되었다. 또한 이러한 자본의 유입과 함께 유럽으로부터의 이민이 증가해서 눈부신 경제성장을 이루게 되었다.

아르헨티나는 유럽의 대규모 이민 유입과 철도 건설에 힘입어 곡물과 쇠고기가 유럽으로 대거 수출되어, 1차 산품 수출의 증가로 경제가 비약적으로 성장했다. 멕시코는 광산 개발, 석유산업 등을 중심으로 성장해 나갔으며, 브라질과 콜롬비아는 커피, 칠레는 초석, 페루는 설탕과 면화, 쿠바 및 카리브해 지역은 설탕과 바나나 등을 각각 성장의 원동력으로 삼았다.

그러나 1차 산품에 의존하는 경제구조는 수출입 동향에 따라 수출품 가격의 변동 폭이 커지고 국내 투자가 좌우되는 등의 취약점을 보였다. 이러한 경제구조는 고용을 창출하는 데 한계를 드러냈고, 1차 세계대전으로 세계경제가 쇠퇴하고 보호주의 경향이 나타나기 시작하면서 수출의 감소를 초래했다. 이는 역시 외환 보유의 감소로 이어져 신규 차관의 도입마저 어렵게 했다.

수입대체산업화와 '잃어버린 10년'

라틴아메리카는 대공황과 2차 세계대전을 거치면서 더 어려워진 경제를 되살리기 위해서 새로운 경제 정책이 필요했다. 이는 2차 세계대전 중에 라틴아메리카의 주요 수입 대상국들이 군수산업에 치중함으로써, 그들로부터의 공산품 수입이 어려워졌기 때문이다. 1945년 이후 라틴아메리카 국가들은 이러한 난국을 극복하기 위해, 1차 산품 수출 일변도에서 벗어나 중간재나 자본재를 수입함으로써 국가의 공업화를 도모하는 '수입대체산업화(ISI, Import Substitution Industrialization)'를 도입했다. 이는 수입에 의존해 오던 공산품을 국내 산업화를 통해 자체적으로 대체 생산하고자 한 전략이다. 초기에는 식료품, 담배, 음료, 섬유산업 같은 비내구성 경소비재 산업 등에 집중하여, 몇몇 소비재 수입의 감소와 기계공업의 육성으로 성공을 거두었다.

그러나 1955년 이후 이 수입대체산업화 정책은 큰 전환점을 맞이하게 되었다. 1955년까지 라틴아메리카의 연평균 1인당 국내총생산(GDP) 성장률이 2.2% 수준을 기록하다가 그 이후에는 격감하기 시작했는데, 이는 이 전력에 많은 문제점이 있음을 보여주는 것이었다. 우선 정부가 각종 보조금 및 배타적인 관세 정책을 통해 국내 산업을 보호, 육성함으로써 국내 공산품들의 국제 경쟁력이 취약해진 점이었다. 또한 국내시장이 포화 상태에 이르러 이들 제품을 해외에 수출해야 했지만, 품질이 매우 낮아서 수출을 통한 외화 획득이 불가능했다. 이는 결국 만성적인 무역적자를 초래하여, 이 무역적자를 메우기 위해 지속적으로 외채를 들여와야만 하는 악순환이 되풀이되었다. 통화 증발 현상에 따른 심각한 인플레이션 현상, 기술과 자본의 높은 대외 의존도 등도 이 정책의 큰 문제점으로 나타났다.

이러한 비효율적인 수입대체산업화 정책으로 인해 발생한 국가의 재정적자 보전을 위해서, 1960~1970년대에 외국자본이 대규모로 도입되었다. 이는 1980년대 외채위기 발생의 직접적인 원인이 되었다. 당시에 대부분의 경제지표가 마이너스를 기록했고, 라틴아메리카의 경제적 지위는 중위권에서 하위권으로 밀려났다. 높은 실업률과 인플레이션, 더욱 심해진 빈부격차 등으로 인해서 1980년대에 라틴아메리카는 '잃어버린 10년'을 맞이할 수밖에 없었다.

외채위기

라틴아메리카 외채위기 원인은, 수입대체산업화 정책에 이어 본격적인 산업화를 시행하기 위해 들여온 대규모의 해외자본이었다. 1979년과 1982년의 오일쇼크로 고유가 시대를 맞이한 산유국들은, 석유 수출로 벌어들인 막대한 외화를 산업부문에 투자하지 않고 미국 및 유럽 등지의 은행에 예치시켰다. 그러나 산유국들은 이 넘쳐나는 오일달러를 당시 외화가 절대적으로 필요했던 라틴아메리카를 포함한 제3세계에 저금리로 빌려주었고, 또 이들은 값싼 오일달러를 무차별적으로 받아들였다. 그 결과 대부분의 라틴아메리카 국가는 기존 외채의 원리금 상환을 위해 신규 외채에 의존해야 하는 악순환에 빠지게 되었다. 또한 국제 금리의 급속한 상승으로 인해 라틴아메리카 외채 총액은 눈덩이처럼 불어났다. 설상가상으로 고율의 이자를 좇아서, 혹은 라틴아메리카 경제에 대한 불신감으로 인해 라틴아메리카로부터의 외화 유출 현상이 일어났다. 또한 고금리 때문에 세계경제가 침체되고 이로 인

시시각각 바뀌는 아이스크림값. 아르헨티나의 부에노스아이레스 시내 금융가에서 아이스크림을 팔고 있는 한 행상이, 1980년대 외채위기로 인해서 폭등하는 물가를 뒤쫓아 20여 분 간격으로 가격표를 바꿔 써 붙이고 있다.

해서 국제 원자재 가격이 하락됨에 따라, 주로 원자재 수출에 의존했던 라틴 아메리카 국가들의 수출 소득이 감소되었다.

이러한 사태에 직면한 서방의 채권 은행들은 라틴아메리카에 대한 신규 차관을 중지했고, 라틴아메리카는 기존 외채의 원리금 상환을 위해 필수적 이었던 자금을 확보할 수 없었다. 이런 상황 속에서 라틴아메리카에 외채위 기가 일어난 것은 당연한 일이었다.

신자유주의 개혁과 불평등의 심화와 확대

이러한 외채위기 속에서 라틴아메리카 대다수의 나라에 민주주의 정권이 들어섰다. 이들이 가장 먼저 해결해야 할 부분이 외채위기였다. 라틴아메리 카 국가들은 국제통화기금(IMF)과 세계은행과의 외채협상 과정에서, 외채의 탕감이나 신규 차관을 얻기 위해 IMF가 부과하는 조건을 받아들여야 했다. 이것이 바로 신자유주의에 입각한 경제체제의 개혁이었다. IMF가 라틴아메 리카에 요구한 조건은 긴축을 통한 재정적자 감소, 경상수지 개선, 민영화를 통한 공공부문 축소, 기업의 국제 경쟁력 강화, 개방화, 탈규제화를 통한 투 자환경 개선, 인플레이션 억제 등이었다.

1980년대 말과 1990년대 초에 이르러 대부분의 라틴아메리카 국가는, 이 러한 신자유주의 경제 정책을 통해 무역수지 개선, 재정적자 축소, 기업의 효 율성과 국제 경쟁력 향상, 외국자본의 유입을 위한 투자 환경 개선, 인플레이 션의 극복과 같은 긍정적인 효과를 볼 수 있었다. 그 결과 어느 정도 외채 위 기에서 벗어날 수 있었다.

그러나 구조조정을 통해 경쟁력 있는 산업을 육성하기도 전에 많은 전략 산업이 다국적 기업의 소유가 되었고, 내수산업은 홍수처럼 밀려오는 외국 상품의 파도 속에 묻혀버렸다. 라틴아메리카의 1인당 국내총생산(GDP)이 감 소되어 마이너스 성장이 되었고, 외채에 대한 이자 지불 및 외국기업의 이익 금 송금으로 인해서 국내 총생산의 4%에 해당하는 외화가 유출되었다. 그야 말로 '물건 팔아서 빚을 갚아야 하는' 상황에 처하게 되었다. 또한 실업률이 급증 했고 대다수 임금 노동자의 실질임금과 구매력이 급속히 하락했다. 이는 극심한 빈익빈 부익부 현상을 초래하여, 역사적으로 극심한 소득분배의 구조적 불평등을 겪어온 라틴아메리카에 불평등 구조를 더욱 심화, 확대시켰다.

경제통합

수입대체산업화 정책으로 인해서 라틴아메리카 각국은 국내시장의 포화 상태 문제를 극복하기 위해 역내 국가들끼리의 경제통합을 시작했다. 이에 따라 1950년대 후반과 1960년대 초반에 라틴아메리카 자유무역연합(LAFTA, Latin American Free Trade Association, 또는 ALALC, Asociación Latioamericana de Libre Comercio)이 출범함으로써 경제통합의 역사가 시작되었다. 역시 중미 지역에서 1963년에는 중미공동시장(CACM, Central American Common Market)이 정식으로 출범했고, 1969년에는 안데스 국가들이 LAFTA의 법적 테두리 안에서 무역 공조 체제를 만들어 갔다. 이 시기의 경제통합은 수입대체산업화를 강화하면서 이를 지역 수준까지 높일 것을 목적으로 한 보호주의적 성격을 지닌 지역 공동체였다. 그러나 1960년대 이후의 이러한 경제통합은 일단 지역 경제의 발전을 도모하면서 라틴아메리카 제국의 연대를 확인했다는 점에는 부분적인 성과를 얻었다. 하지만 내부적으로 취약한 경쟁력 때문에 점차 퇴조했다. 1960년대 말에는 '안데스 공동체(CAN, Comunidad Andina)'와 '카리브 공동시장(Caricom, Caribbean Common Market)'이 설립되었다. 1969년에 LAFTA의 틀 속에 설립된 '안데스 협정(Andean Pact)'이 안데스 공동체(CAN)의 전신이며, '카리브 공동시장(Caricom)'과 더불어 안데스 공동체(CAN)는 라틴아메리카 통합의 주축이 되었다.

그 후 라틴아메리카 국가들은 LAFTA에 대체할 새로운 통합기구를 모색하게 되었고, 1980년에 LAFTA는 라틴아메리카 통합기구(LAIA, Latin American Integration Association, 또는 ALADI, Asiociación Latinoamericana de Integración)로 개편되었다. LAIA는 회원국 간의 경제발전 수준의 격차를 등한시했던 LAFTA의 경직되고 비효율적인 운영체제를 수정, 보완하고자 했다. 이에 회원국들의 정치적, 경제적 다양성을 수용하는 다원주의, 다자간 협의 체제 원칙을 수용하기로 했다. 이처럼 1980년대 들어서면서 LAIA의 발족을 시작으로 역내 경제통합을 다시 시도했지만, 1982년의 외채위기로 이러한 경제통합이 어려워지게 되었다. 그러나 1980년대 말부터 1990년대 초에 이르러 대부분의 라틴아메리카 국가들이 외채위기에서 벗어나게 되고, 베를린 장벽의 붕괴, 사회주의 체제의 와해 등 국제 환경이 변화하면서 새로운 경제통합 논의가 활발해지기 시작했다. 이중에는 안데스 그룹이 있는데, 1989년 11월에 안데스 협정 당사국인 볼리비아, 콜롬비아, 에콰도르, 페루, 베네수엘라 5개국이 통합을 가속화하고 자유무역지대를 창설하기 위하여 공동 노력을 경주할 것을 합의했다. 이를 통해서 안데스 5개국은 시장에 의한 자원배분, 대외 개방을 통한 경쟁력과 생산성 증대 등을 추진하고 있으나, 회원국 내부의 무역 불균형과 페루의 잠정 탈퇴 등으로 인해서 여러 가지 문제점이 나타나고 있다.

1995년 1월 1일 자로 '남미공동시장(메르코수르Mercosur, Mercado Común del Cono Sur)'이 탄생했다. 메르코수르는 지역 내 관세 철폐와 무역 자유화를 목적으로 하여, 1991년에 아르헨티나 · 브라질 · 파라과이 · 우루과이의 4개국의 관세동맹으로 회원국가 간의 관세를 철폐하고, 회원국가 이외의 국가와의 무역에 있어서도 공통의 관세율을 적용한다. 장기적으로는 유럽연합(EU)과 같은 공동시장을 지향하고 있으며, 역내 인구 2억 명, 국내총생산(GDP) 1조 달러 규모로 미주 지역에서는 NAFTA 다음가는 규모다. 메르코수르는 라틴아메리카 최대의 경제 협력체이자 관세동맹으로서 세계의 유력 시장으로 성장할 잠재력을 지녔고, 회원국 간의 상호 의존도가 점점 높아지고 있다. 메르코수르는 회원국 가운데 경제 규모가 가장 큰 브라질과 아르헨티나의 양국 간의 교역이 전체 교역량의 90% 이상을 차지하고 있다. 메르코수르는 회원국들이 가지고 있는 사회문제나 사회적 불균등 문제를 해결하기 위한 실질적 합의가 전혀 없는 문제점을 내포하고 있지만, 2006년에 베네수엘라가 회원국이 되면서 메르코수르는 라틴아메리카 전체 총생산의 54%에서 73.8%(약 1조 달러)를 차지하게 되었고, 시장규모도 2억 5,000만 명으로 확대되었다. 이로써 메르코수르는 단순한 경제 협력체만이 아닌 정치적인 측면에서 중요한 역할을 하는 경제 공동체가 되었다.

사파타의 부활:
북미자유무역협정(NAFTA)

살리나스트로이카

외채와 인플레이션에 시달리던 멕시코 경제는 1988년 살리나스가 집권한 이후로 안정세로 돌아섰다. 이는 살리나스 대통령이 경제위기의 극복을 위해 내린 긴축 경제와 경제구조 개편이라는 처방 덕분이었다. 멕시코는 국제 경쟁력의 회복을 목적으로, 자본재부터 시작해 중간재, 소비재까지 수입자유화 정책을 확대했다. 이와 함께 수출 상품의 다양화와 수출 시장의 다변화를 추구했다. 특히 일종의 보세 가공 산업인 마킬라도라를 통해서 멕시코 제조업 부흥의 바탕을 마련했다.

그러나 멕시코 경제가 이렇게 성장하고 시장이 개방되면서 무역수지 적자와 이에 따른 만성적인 재정 적자가 발생했다. 살리나스 대통령은 세수입의 증대와 지출 억제, 국영기업의 민영화, 투자의 안정성 보장, 시중 은행의 민영화와 같은 금융 자율화, 집단농장 에히도에 민간자본의 참여 등을 통해서 경제적인 어려움을 극복해나가려 했다. 이러한 살리나스 대통령의 경제 개혁을 옛 소련 고르바초프 대통령의 '페레스트로이카(구조개혁)'에 빗대어 '살리나스트로이카Salinastroika'라고 말하기도 했다.

살리나스 대통령의 경제 정책은 성공을 거두어 멕시코 경제가 성장세로 돌아섰다. 이로 인해서 살리나스 대통령은 '조용한 혁명을 일궈낸 세계적인 지도자'라는 칭송을 들으며 세계무역기구(WTO) 초대 사무총장 후보까지 올랐지만, 형 라울 살리나스의 부정부패와 제도혁명당의 개혁파 마르시 우 사무총장 암살 사주로 인해서 부인 및 3명의 자녀와 함께 야밤에 미국으로 도피하고 말았다.

북미자유무역협정의 발효

개방정책을 표방했던 살리나스 데 고르타리 대통령은 1992년, 북미자유무역협정(NAFTA, North American Free Trade Assóciation, 또는 TLCAN, Tratado de Libre Comercio de América del Norte)에 캐나다를 포함하기로 미국과 합의했다. 그 후 1994년 1월 1일을 기해서 멕시코, 미국, 캐나다 3개국 간의 NAFTA가 공식적으로 발효되었다. NAFTA는 캐나다, 미국 그리고 멕시코 세 나라에서 자원과 자본, 상품과 서비스의 흐름이 자유롭도록 모든 장벽을 허물어뜨리는 협정이다. NAFTA는 지금까지의 3국 역내외 교역 형태를 근본적으로 바꿔 놓았을 뿐 아니라, 선진국과 개발도상국이 혼합된 형태이기 때문에 역내외에 미치는 영향은 매우 컸다. 미국이 멕시코와 자유무역을 추진한 이면에는 다른 목표가 있었다. 그것은 저급한 생산 활동은 멕시코로 보내고 대신 상위직들을 국내에 머물게 함으로써, 생산 비용을 줄여 다른 외국 경쟁국들에 대한 우위를 확보한다는 것이었다. 또한 미국은 멕시코 시장 자체보다 라틴아메리카의 천연자원과 값싼 노동력, 기술 이전, 투자 및 서비스 시장, 더 나아가 잠재력이 많은 내수시장에의 접근을 모색하기 위함이었다.

페소화 위기와 테킬라 효과

1982년 국유화되었던 18개 은행이 1988년 살리나스 집권 이후 3년 사이에 모두 민영화되었다. 그 사이에 점진적으로 금리의 자유화가 이루어졌고 NAFTA가 발효되었다. '금융그룹'으로 변신한 민간은행들은 주식시장의 붐과 금융자산의 투기 열풍에 힘입어 금융 저축을 증가시켰다. 은행으로 모인

이 돈은 다시 대기업이나 서비스 부문, 그리고 소비자 신용 부문에 대출되었고, 자동차 같은 내구 소비재, 부동산 그리고 여타 소비 부문은 반짝 경기를 맞이했다. 그러나 이러한 거품은 오래가지 않았다. 달러에 대비된 페소화의 가격 차이가 커지면서, 생산성 향상과 국제경쟁력의 강화는 거의 불가능했다. 1994년 12월에 있었던 페소화의 평가절하 조치는 외국투자자들의 신뢰도를 붕괴시켜 내외 자본의 투자심리를 극도로 위축시켰고, 그 결과 페소화 폭락으로 귀결되었다. 100%가 넘는 평가절하를 경험한 멕시코는 미국 재무성과 국제통화기금(IMF)이 강요하는 긴축 안정화 정책 프로그램을 실행해야 했다.

그 결과 대부분의 금융기관이 부실화되었고, 실업이 늘면서 개인과 기업의 파산이 증가했다. 미국은 이러한 페소 위기가 미국과 세계경제에 미칠 효과(테킬라 효과)를 두려워하여 멕시코를 적극적으로 지원했다. 멕시코는 새로운 안정화와 구조조정 프로그램을 실행할 수 있었고, 크게 평가절하된 페소화 덕분에 대미 무역수지는 흑자로 돌아섰으며, 국내총생산의 증가, 인플레이션의 진정, 임금 하락 폭의 감소, 정부의 재정수지 균형 등의 효과를 얻었다. 그러나 곧이어 닥친 아시아의 금융위기와 석유 가격의 하락으로 멕시코 경제는 다시 침체에 빠져들었다.

사파티스타 민족해방군

사파티스타 민족해방군은 NAFTA가 발효되는 1994년 1월 1일을 기해 정부군에 대해 선전포고를 하고, 치아파스주의 7개 도시를 전격적으로 점령했다. 치아파스주는 풍부한 천연자원과 넓은 면적을 차지하고 있음에도 불구하고 멕시코에서 가장 가난하고 소외된 지방으로서, 멕시코, 더 나아가 라틴 아메리카 전역의 정치, 경제적 모순이 집약되어 있는 곳이다. 이곳은 전체 주민의 30% 이상이 원주민으로 구성되어 있는데, 이들은 극심한 빈곤과 인권 유린에 시달리고 있으며 또한 그들의 반 이상이 영양실조에 걸려 있다. 또한 이 지역의 문맹률은 전국 수준의 3배가 넘는 43%였다.

이렇게 경제적으로 열악하고 사회적으로 차별받는 현실을 타파하기 위해,

사파티스타 민족해방군이 멕시코 정부에 선전포고를 한 것이었다. 사파티스타 민족해방군에 소속된 군인은 대부분 토지가 없는 임금 노동자, 이 지역에 거주하고 있는 마야 원주민들, 그리고 멕시코 중·북부에서 온 이주민 출신이었다.

그런데 멕시코 정부는 1994년 초 1만 5,000명의 군대를, 1995년 초에는 5만이 넘는 군대를 보내서 이 봉기를 무력 진압했다. 특히 1997년, 정부군이 사파티스타 민족해방군의 근거지인 치아파스주에서 농민 45명을 살해했다. 이 사실이 국제사회에 알려짐으로써 멕시코 정부는 국제사회로부터 비난받았다.

에밀리아노 사파타의 부활 – 마르코스

이러한 사파티스타 민족해방군을 이끈 사람은 바로 마르코스였다. '토지는 경작하는 사람들의 것'이라고 주장하며 멕시코혁명의 선봉에 서서 가난한 농민들을 위해 투쟁했던 혁명가 에밀리아노 사파타가 죽은 지 75년이 지난 1994년 1월 1일, 멕시코 남부 치아파스주에 다시 나타난 것이다.

> 우리는 가장 기초적인 물품에도 접근할 수 없었다. 그래서 그들은 우리를 대폿밥으로 사용할 수 있었고, 우리나라의 부를 약탈할 수 있었다. 그들은 우리가 아무것도, 전혀 아무것도, 우리의 머리를 덮을 지붕 하나조차도, 어떠한 토지도, 어떠한 일도, 어떠한 의료도, 어떠한 식량도, 어떠한 교육도 갖고 있지 못하다는 것에 아랑곳하지 않았다. 우리는 또 우리의 정치적 대표를 자유롭고 민주적으로 선출할 수도 없었다. 외국인으로부터의 독립도 없었으며, 우리 자신과 우리 아이들을 위한 평화도 정의도 없었다.
>
> - 라칸돈 정글의 제1차 선언문 중에서

이 선언문에는 스페인의 식민 통치 400여 년 동안 끊임없이 농민이 억압당하고 착취당해 왔던 라틴아메리카의 암울한 모습이 담겨 있다. 사파티스타들은 이 악순환의 고리를 끊어버리려 했던 사파타 정신을 계승하여, 70여

년간 계속 집권해온 제도혁명당 (PRI)의 일당독재와 멕시코를 세계 자본주의 체제에 종속시키려는 신자유주의의 음모에 대항했다.

이 사파티스타 민족해방군을 이끈 마르코스는 스키 마스크를 쓰고 항상 노트북 컴퓨터를 가지고 다니면서, 전장을 누비며 전 세계에 지지를 호소했다. 제2의 사파타 혹은 제2의 체 게바라로 불리는 마르코스는, 그 출신은 물론 이름마저도 베일에 싸인 신비의 인물이었다. 그는 중산층 가정에서 태어나 멕시코 국립자치대학(UNAM)을 졸업하

사파티스타 민족해방군의 지도자 마르코스. 그는 치아파스 정글에서 원주민 반군을 이끌면서 원주민들에게 토지를 돌려줄 것을 멕시코 정부에 요구하고 원주민들의 존엄성을 주장했다.

고 프랑스의 소르본 대학에서도 공부한 것으로 알려졌다. 그는 졸업 후 멕시코에서 가장 가난한 치아파스주 라칸돈 정글의 빈민촌에서 사회봉사 활동을 하면서, 이 지역과 인연을 맺은 것으로 밝혀졌다. 또한 1980년 니카라과 소모사 정권이 축출된 직후, 니카라과에 머물며 농민조합을 조직하는 등, 산디니스타 혁명에 참여하기도 했다.

그는 사파티스타 민족해방군의 부사령관이자 대변인으로 활동하면서, 민주주의, 자유, 그리고 정의를 최고의 가치로 내세우며 치아파스 원주민의 비참한 현실을 전 세계에 널리 알렸다. 전 세계를 향한 이러한 마르코스의 홍보 전략은 멕시코 정부에 대한 교묘한 압력이 되었다. 이러한 탁월한 언론 플레이 덕분에 멕시코 정부는, 마르코스와 정부 관계자들과의 회담 이후 정부군이 점령하고 있던 지역에서 군대를 철수시켰고, 사파티스타 민족해방군은 휴전을 선언했다.

제8장
21세기의
라틴아메리카

LATIN AMERICA

쓰러진 공룡,
71년 만의 정권교체:
멕시코

쓰러진 공룡

1994년 NAFTA의 발효일인 1월 1일을 기해 남부 치아파스주에서 사파티스타 혁명군의 무장반란이 일어났다. 이에 치아파스주의 4개 도시가 이들의 수중에 들어갔다. 이러한 혼란 속에서 같은 해 3월 집권 여당인 제도혁명당(PRI)의 대통령 후보인 콜로시오가 유세 도중 암살당했다. 콜로시오의 암살로 인해서 멕시코의 정치적 혼란은 사파티스타의 봉기와 더불어 더욱 악화되었다. 이에 살리나스는 제도혁명당의 선거대책본부장이자 경제관료 출신이었던 세디요를 새로운 대통령 후보로 지명했다.

예일대학에서 경제학 박사 학위를 받은 세디요는, 기획예산장관과 교육부장관을 거쳐 콜로시오 대통령 후보의 선거대책본부장으로 임명되었다. 그후 콜로시오의 죽음으로 인해 대통령 후보가 되어, 1994년 선거에서 과반에도 못 미치는 48.7%의 득표로 대통령에 당선되었다.

1994년 12월 1일 대통령에 취임한 세디요는 지난 70여 년간 이어진 '제도혁명당'의 장기 집권으로 인한 뿌리 깊은 부정과 부패, 그리고 이에 따른 경제적 불안을 극복해야 했다. 당시 외국인은 멕시코의 경제를 불안하게 생각해서 대량의 주식을 투매하고 자본을 회수했다. 이에 따라 물가가 오르고 수 많은 기업이 도산했으며, 수백만 명의 실업자가 생겼다. 세디요는 이러한 경 제위기를 헤쳐 나가기 위해 국민에게 허리띠를 졸라맬 것을 호소했고, 미국 과 IMF의 지원을 바탕으로 외환위기에서 어느 정도 벗어날 수 있었다.

이와 함께 세디요는 선거제도 개혁, 공정한 법 집행과 제도화, 차기 선거 과정의 투명성 보장, 선거법의 존중 등 그동안 여당이 누려온 기득권을 포기 하겠다는 정치적 협약을 주요 4개 정당과 체결했다. 또한 그동안 여당이 독 차지해온 선거자금을 야당도 공평하게 분배받을 수 있도록 했다. 이밖에도 국회에 국정조사권을 부여했으며 사법부 개혁을 시행했다. 이처럼 세디요 대통령은 경제위기의 극복이라는 이름 아래 정치개혁을 감행했고, 야당과 시민단체는 기득권을 포기하면서까지 정치개혁을 추진하는 대통령에게 적 극적인 협조를 했다.

그러나 이러한 정치개혁과 경제위기 극복에도 불구하고, 1997년 7월 선거 에서 '제도혁명당'은 38.86%의 득표를 함으로써 70년 만에 처음으로 하원에 서 과반의석 확보에 실패했다. 제도혁명당(PRI)에서 이탈한 카르데나스를 중 심으로 한 좌파가 만든 '민주혁명당(PDR)', 그리고 전통 야당이었던 보수 우 파 '국민행동당(PAN)'으로 의회는 3당 체제가 되었고, 결국 2000년 대통령 선 거에서 제도혁명당이라는 '거대한 공룡'을 71년 만에 쓰러뜨렸다.

베를린 장벽 붕괴 이후 최대의 사건

2000년 7월, 국민행동당(PAN)의 폭스 후보가 집권 여당인 '제도혁명당 (PRI)'의 라바스티다 후보를 물리치고 대통령에 당선되었다. 71년 만의 정권 교체였다. 1929년 제도혁명당이 창당된 이래 처음으로 정권이 바뀐 것이다. 이는 '베를린 장벽 붕괴 이후 최대의 사건'이라 할 정도로 역사적인 사건이 었다.

2000년 대통령 선거는 멕시코 역사상 처음으로 누가 당선자가 될지 모 르는, 그 어떤 선서보다도 가장 치열한 선거였다. 카터 전 미국 대통령을 비 롯한 미국, 캐나다, 유럽, 일본 등에서 온 외국인 860명을 포함하여 약 8만

5,000여 명 등 가장 많은 선거 참관인이 참여한 선거였다. 세디요 정부는 보기에 따라서는 내정간섭으로 비칠 수 있는 외국의 선거 참관인단의 입국과 자유로운 활동을 보장했다.

이렇듯 공정한 관리로 치러진 선거에서 폭스 후보는 당선 직후 수천 명의 지지자들에게 "오늘부터 새로운 역사가 시작되었다."라고 선언했다. 71년 동안의 장기 집권에 지친 유권자들이 변화를 갈구하며 대거 선거에 참여해 역사의 흐름을 바꿔버린 것이다. 멕시코인이 장기 집권과 부정부패, 그리고 지키지 않을 수많은 공약을 남발한 '공룡'을 쓰러뜨린 것이었다.

멕시코 정치의 '존 웨인'

193센티미터의 거구에 청색 와이셔츠를 입고 부츠를 신은 카우보이 복장의 폭스는, 선거 당일에도 긴장감을 풀기 위해 측근들과 4시간 동안이나 말을 몰았다. 그는 서부극에 나오는 존 웨인과 일치되는 이미지를 보여주었다.

대학 졸업 후 멕시코의 코카콜라 회사에 입사한 폭스는, 3년간 배달 트럭을 타고 거리를 누비는 판매 사원으로 일했다. 그는 이러한 성실함으로 32세의 나이에 코카콜라 멕시코-중미 지역 담당 사장에 임명되었다. 코카콜라 회사의 최연소 사장이었다. 그 후 1979년 15년간의 코카콜라 회사 생활을 청산하고 과나후아토의 목장으로 다시 돌아왔다. 그는 목장 생활을 하면서 낙농업과 가죽 부츠를 수출하는 기업을 키워나갔다. 10년 동안 사업에만 열중한 폭스는 1988년 보수 우익의 국민행동당(PAN)에 입당해 정치인으로 변신했다. 멕시코에서는 야당의 정치인이 멕시코의 정치를 바꾸려 하는 것은 '달나라에 가는 것보다 어려운 일'로 생각될 정도로 거의 불가능한 일이었다.

연방 하원의원에 당선된 폭스는 1991년 과나후아토 주지사 선거에 출마했으나, 집권 여당의 노골적인 선거부정으로 인해서 선거에서 패배하고 말았다. 폭스는 제도혁명당의 700여 가지가 넘는 선거부정 사례를 폭로하고 시민 저항운동을 시작했다. 예상치 않은 폭스의 강력한 저항에 당황한 살리나스 정부는, 국민행동당과 정치적 타협을 통해 당선된 집권당의 후보를 자진 사퇴시키고, 폭스가 아닌 다른 국민행동당 정치인에게 주지사직을 넘겨주었다. 이로써 폭스는 선거에서 패배하고도 승리했고, 투쟁을 통해 주지사직을 넘겨받고도 자신은 실제로 주지사직에 오르지 못했던 것이다.

1994년의 대통령 선거에서 폭스는 출마조차 할 수 없었다. 폭스는 스페인의 이민 2세였기 때문이다. 당시 멕시코 선거법은 대통령 자격을 이민 3세 이후로 정하고 있었다. 그러나 의회는 살리나스 정부와의 협상을 통해 대통령 피선거권을 외국인 2세까지 완화하는 법을 통과시켰다. 국민행동당은 이 법을 '폭스법'이라고 불렀다. 부정선거 때문에 주지사 선거에서 패배한 4년 후인 1995년, 폭스는 과나후아토 주지사에 재도전해 쉽게 당선되었다. 그는 주지사로서 주행정에 기업 마인드를 도입하고, 외자 유치

'피노키오' 비센테 폭스 멕시코 대통령. 그는 71년 동안의 제도혁명당(PRI) 집권에 종지부를 찍은 대통령이지만, 집권 후 1년 동안 자신의 선거공약을 제대로 이행하지 못했다. 이 그림은 그의 무능을 비꼰 '거짓말쟁이' 폭스를 묘사하고 있다.

와 과감한 경제개혁을 추진했다. 이로써 가장 가난했던 과나후아토주를 멕시코 31개 주 가운데 5번째로 부유한 주로 만들었다. 이러한 폭스가 1999년 대통령 선거에 나서기 위해 주지사직을 사임, 대통령 선거에 출마하여 71년 만에 정권 교체를 이루어낸 것이다.

"모두의 행복을, 무엇보다 가난한 사람들을 생각해야 한다"

2006년 7월, 멕시코 대통령 선거에서 분배적 정의 실현을 주장한 민주혁명당(PRD)의 오브라도르는 치열한 경합 끝에, 친미·친기업 우파 성향의 국민행동당(PAN) 펠리페 칼데론 후보에게 0.58% 차이로 패배했다. 그러나 오브라도르 진영은 부정선거였다는 이유로 선거 결과에 불복, 전면 재검표를 요구하면서 장기 농성 및 대규모 군중을 동원했다. 급기야는 스스로 대안정부까지 구성함으로써 칼데론 신정부에 큰 정치적 부담을 주었다.

오브라도르 후보는 멕시코 시장 재직 시 새벽 6시부터 발로 뛰면서 시정을 돌보았고, 각종 복지정책을 확대하여 호평을 얻었으며, 북미자유무역협정이 약속과 달리 고용 정체와 저임금 체제를 고착시키자 이에 불만을 품은 계층으로부터 많은 인기를 얻었다. "모두의 행복을, 무엇보다 가난한 사람들을 생각해야 한다."라고 외치면서, 중소 농민들을 고려하지 않았던 NAFTA의 농업 조항을 재협상할 것을 주장했다. 실업을 줄이는 공공사업과 40%가 넘는 빈곤층에 대한 복지 확충도 강조했다. "좌파 후보는 차베스나 카스트로와 다를 바 없다. 미래는 한 편의 공포영화가 될 것이다."라고 여당후보 칼데론이 위협했지만, 대다수의 전문가나 미국 행정부는 오브라도르의 당선을 크게 걱정하지 않았다. 여소 야대 의회로 인해 그의 개혁 정책들에 제동이 걸릴 것이라고 생각했기 때문이다. 그러나 재력과 조직력, 미디어를 총동원한 우파 세력의 네거티브 선거전이 주효하여 오브라도르 후보가 패배하였다.

대통령 선거에서 당선된 칼데론 대통령은 선거에서 36% 미만의 지지를 받았고, 상 · 하원 내 과반수 의석이 미달되었다. 또한 오브라도르 진영의 정치적인 도전과 지역 간, 계층 간 양극화 등에 직면하면서 정치 기반의 취약성과 정통성 시비를 극복해야 한다는 난제를 안고 출범하였다. 임기 6년의 신임 대통령으로 2006년 12월 1일에 취임한 칼데론 대통령은, 마약과의 전쟁, 치안 확보와 범죄 퇴치, 빈곤 퇴치, 고용 창출, 국가경쟁력 제고, 선거법 개혁, 조세개혁, 기회가 균등한 사회 구현 등을 추진했지만 여러 가지 어려움을 겪었다.

삼류 드라마와 원주민 대통령:
페루

부정선거

2000년 4월, 페루의 대통령 선거는 후지모리의 3선 연임이 주요 정치 이슈였다. 선거를 앞두고 야당 후보는 9명으로 난립했다. 그중에서도 안드라데 리마 시장과 카스타네다 후보가 강력한 야당 후보로 떠올랐다. 톨레도 후보는 여론 조사 결과 겨우 6%의 지지만 받았을 뿐이었다. 이 2명의 후보는 후지모리와 정보부장이었던 몬테시노스의 무차별적인 인신공격으로 인해 지지도가 급속히 하락했다. 이와 반대로 1차 선거를 불과 3개월 앞둔 시점의 여론조사에서 6%의 지지밖에 얻지 못했던 톨레도 후보의 지지는 급상승했다. 두 야당 후보에 대한 지지가 톨레도에게 집중된 것이었다.

1차 투표 결과, 후지모리는 49.8%, 톨레도는 40.2%를 득표했다. 과반수 확보에 실패한 후지모리 후보는 결선투표를 해야만 했다. 6개의 모든 방송사와 주요 언론을 모두 장악한 후지모리는, 선거 기간 동안 원주민 출신의 톨레도 후보를 무차별적으로 공격했다. 또한 관권과 금권에 의한 부정선거가 자행되었다. 이에 톨레도 후보는 결선투표 참가를 거부했으며, 미주기구와 유럽연합은 선거 감시단을 철수시켰다. 세계 각국도 후지모리의 재선은 정통성이 결여되어 있다며 이를 인정하지 않겠다고 선언했다.

톨레도 후보가 불참한 가운데 실시된 결선투표에서 후지모리는 74.6%의 득표를 했고, 출마를 거부한 톨레도 후보는 25.4%를 얻었다. 1차 투표에서 2.3%에 지나지 않았던 무효표가 무려 31.4%에 달했다. 이는 페루 선거법에서 투표에 불참할 경우 월 최저 생계비의 3분의 1에 해당하는 벌금을 내도록 되어 있기 때문에, 억지로 투표장에 간 국민이 투표용지에 '부정선거'라고 썼던 것이다.

'후지티보' 후지모리

당선된 후지모리 대통령의 취임식을 앞두고, 톨레도가 이끄는 반反후지모리 데모대의 시위는 리마뿐만 아니라 지방 도시에도 확산되어 페루는 그야말로 통치 불능상태가 되었다. 후지모리는 선거 과정에서 드러난 수많은 의혹과 혼란, 그리고 취임 뒤에도 계속되었던 반대 시위에 개의치 않고 야당 성향의 후보를 국무총리로 임명했다. 또한 17명의 야당 의원을 여당에 합류시켜 '여대 야소'로 바꾸었다. 이로써 페루 정국은 서서히 안정되어갔다.

이렇게 정국이 안정되어가는 과정 속에서, 집권 여당의 2인자였던 몬테시노스가 의회를 여대 야소로 만들기 위해 야당 의원에게 달러 뭉치를 건네며 여당으로 당적을 옮기라고 강요하는 장면이 2000년 9월 14일 저녁, TV에 적나라하게 공개되었다. 몰래카메라에 찍힌 비디오테이프의 공개로 인해서 정국은 급변했다. 더구나 이 비디오가 몬테시노스 정보부장의 명령으로 찍힌 것이고, 다른 정치인, 언론인, 사업가들의 약점을 잡은 협박용 테이프가 2,500개나 더 있다는 사실에 페루 국민은 경악을 금치 못했다.

이에 후지모리 대통령은 2000년 9월 자신이 출마하지 않는 새로운 선거를 조속한 시일 내에 실시할 것을 선언했다. 그리고 같은 해 10월 브루나이에서 열린 아시아, 태평양 경제협력체(APEC) 정상회담을 마치고 일본을 방문해 그대로 눌러앉은 것이다. '후지티보fugitive(이는 스페인어로 '도망자'란 뜻이다)'는 바로 철권통치를 휘두르던 일국의 대통령이 국민을 속이고 국제회의에 참석한다고 출국한 뒤, 외국으로 줄행랑을 쳐 팩스로 달랑 대통령 사임서를 보내온

몬테시노스의 처벌을 요구하는 페루 국민들. 후지모리의 오른팔이었던 정보부장 몬테시노스가 야당의원을 매수하는 장면이 찍힌 비디오가 공개되자, 후지모리 대통령은 해외 순방 중 대통령직에서 물러났다.

'후지모리'를 두고 하는 말이다.

후지모리 전 대통령의 도주와 몬테시노스 전 정보부장에 대한 수사가 진행 중인 가운데 2001년 대통령 선거가 실시되었다. 1차 투표에서 톨레도가 36.51%, 가르시아 후보가 25.78%, 플로레스 후보가 24.3%의 득표를 기록했다. 1위와 2위를 한 톨레도와 가르시아가 다시 결선투표를 치러서, 톨레도 후보가 53.08%의 득표로 가르시아 후보를 누르고 대통령에 당선되었다.

구두닦이 출신의 원주민 대통령

안데스 산골의 16형제 중 한 명으로 태어났던 톨레도는, 아버지를 도와 8세 때부터 구두닦이, 주유소 점원, 아이 돌보기 등을 했다. 톨레도는 고등학교를 졸업하기 직전 미국 유학 장학금의 기회를 얻어, 미국 스탠퍼드 대학교에서 경제학(석·박사)을 공부할 수 있었다. 그는 하버드 대학 연구원을 거쳐 유엔, 세계은행, 미주개발은행, 경제협력개발기구(OECD) 같은 국제기구에서 일했고, 또 하버드 대학 교환교수, 일본 와세다 대학 방문 교수로 재직했으며, 페루의 대학원 등지에서 교수로 근무했다.

그는 1995년 대통령 선거에 처음 나와 겨우 3.2%의 표를 얻어 3위에 그쳤다. 톨레도는 20년 가까이 미국에서 생활한 탓에 스페인어가 매우 서툴렀다. 또한 5세 때 산골 안데스를 떠나 생활해서 인디오의 언어인 케추아어를 말하지도, 이해하지도 못했다. 톨레도는 이로 인해서 2000년 선거에서도 지지도가 바닥이었다. 그러던 중 계속되는 후지모리 대통령 진영의 불법, 탈법적 선거운동에 대한 국민의 불만이 커진 데다, 마땅한 야당 후보가 존재하지 않아서 그의 지지도는 단기간에 상승했다. 여기에 케추아어를 비롯해서 9개 국어에 능통한 벨기에 출신의 부인 엘리안 카프가 톨레도의 단점을 보완해주었다. 스탠퍼드 재학 시절 만나 결혼한 카프는 중남미 원주민 문화를 전공해 페루의 역사와 전통에 해박한 지식을 가지고 있었다.

톨레도 후보는 자유시장경제와 가난한 자를 우대하는 정책을 혼합한 중도 노선으로 '인간의 얼굴을 가진 자본주의'라는 슬로건을 내세웠다. 그리고 새로운 직업의 창출, 권력의 분권화와 지방 정부의 활성화, 가난 극복, 의료 확대, 교육 기회의 확충, 여성의 권익 향상, 문화예술의 장려, 농업 장려, 부패 척결 등 10가지 선거공약으로 원주민과 도시 빈민, 농민들의 지지를 받았다.

대통령에 당선된 톨레도는 1823년 독립 이래 최초 원주민 출신의 대통령이 되었다. 또한 톨레도는 미주기구 선거감시위원장이 '자유롭고 공정하고 투명한 선거'였다는 평가를 내릴 정도로 페루 선거 사상 가장 공정한 선거에서 당선된 대통령이기도 했다.

잉카 제국 전성기의 영광 재현

11세기경 티티카카 호수 주변에서 발원한 잉카족은, 쿠스코를 수도로 정하고 인접 부족국가들을 정복하기 시작했다. 그리하여 15세기 전성기 시절에는 북으로 오늘날의 에콰도르와 콜롬비아까지, 남으로는 칠레 중부와 아르헨티나 북부까지를 포함하는 중앙집권제국을 건설했다. 잉카 제국의 수도 쿠스코는 금과 은으로 치장한 신전, 왕궁 등 웅장한 석조건물이 즐비한 풍요로운 대도시로 '지구의 배꼽'이었다. 2001년 6월 대통령 선거에서 승리한 최초의 원주민 출신 톨레도 대통령은, 같은 해 7월 28일 취임식을 가진 후 다음 날에 마추픽추에서 그 옛날 '잉카('태양의 아들'이라는 뜻으로 잉카 제국 왕의 호칭)' 대관식처럼 상징적인 취임식을 가졌다. 그리고 잉카 제국의 전성기 시절의 영광을 재현하겠다는 의지를 표현했다.

톨레도 대통령은 '오늘의 잔치는 내일의 부채'라고 국민에게 선포하면서,

인기 없는 긴축 재정, 공기업의 민영화, 세원의 발굴, 공공부문의 구조 조정 등의 정책을 제시했다. 또한 '가난한 자들에 뿌리를 둔, 가난한 자들을 위한 정부가 될 것'임을 강조했다. 톨레도 대통령은 또한 후지모리 전임 대통령이 강력히 추진했던 신자유주의 경제 정책을 지양하고 '인간의 얼굴을 한 자본주의'를 강조하면서, 외채와 실업문제 해결, 전임 정권의 부패 척결, 사법부의 판결에 대한 불간섭 등을 약속했다.

그러나 이러한 약속에도 불구하고 취임 당시 60%에 이르렀던 톨레도의 지지도는 1년 만에 20%대로 떨어졌다. 그 이유로는 예산의 불법 전용, 친인척의 정부 요직 기용 등 톨레도 정부 자체의 문제점과, 후지모리 지지 세력의 정부 개혁 정책의 방해, 선거기간 동안 남발했던 포퓰리스트적인 공약 이행의 어려움, 고용 창출과 경기회복의 저조 등을 들 수 있다.

최선 대신 차악 – 알란 가르시아

2006년 6월 4일에 치러진 대통령 선거 결선투표에서, 중도 좌파 성향의 미주인민혁명동맹(APRA) 소속의 알란 가르시아 후보가 상대 후보인 민족주의 좌파 오얀타 우말라 후보를 제치고 당선되었다. 가르시아는 1985~1990년에 페루 대통령을 지낸 인물로, 35세 때에 이어 정확히 21년 만에 다시 대통령에 당선되었다. 첫 집권 동안 그는 3,000%가 넘는 살인적 인플레이션에 심각한 식량난, 좌파 게릴라들의 무장 활동, 만연한 부패 등의 정치, 경제적 위기와 외환위기를 초래한 '실패한 대통령'으로 통했다. 이러한 가르시아 대통령을 페루 국민이 선택한 것은 페루 국민에게 '최선 대신 차악'의 선택이었다.

대통령에 당선된 가르시아는 페루가 세계와 통합되도록 하고, 수백만 빈민들의 삶을 향상시키며, 공무원의 낭비적 임금체계를 개혁하겠다고 약속했다. 또한 과거 집권 기간의 살인적 인플레이션 등 경제 실정으로 공격받았던 가르시아 대통령 당선자는, 좌파 계열이지만 지난 4년간 연평균 5.5%의 고성장을 유지해온 자유시장주의 경제 정책 기조를 계속 유지할 것이라고 다짐했다. 특히, 그는 페루와 미국 간 자유무역협정(FTA) 체결을 파기할 것을 요구한 차베스 대통령을 강력 비난함으로써, 차베스를 중심으로 한, 이른바

'중남미 좌파 대열'과는 일정한 선을 그었다.

지난 7년 동안의 경제호황에도 불구하고, 2008년에 들어 가르시아 대통령의 지지도는 26%까지 급락했다. 이에 그는 "괄목할 만한 성장의 혜택이 빈곤층에 돌아가도록 재분배를 강화할 것"이라며 "이제는 빈곤층을 가장 우선적으로 고려해야 할 때가 됐다", "우리 정부의 목적은 빈곤층에 대한 지원 확대와 함께 인플레이션을 잡고 일자리를 창출하는 것이다."라고 선언했다. 과거 좌파 정치인으로 분류되기도 했던 가르시아 대통령은, 이제 자유 시장 정책의 열렬한 신봉자로 변신하여 외국자본 유치에 힘쓰고 있다. 페루는 미국과 FTA를 체결한 데 이어, 중국과 멕시코와도 무역협정을 체결했다.

3전 4기의 신화 창조,
룰라 대통령:
브라질

종속이론의 대표 학자 카르도주

이타마르 프랑쿠 대통령 시절 재무장관이었던 페르난도 엥히키 카르도주
는, 1994년 7월 1일부로 기존의 화폐를 헤알Real로 바꾸면서 대對미화 환율
을 1:1로 하는 화폐개혁을 주 골자로 하는 일명 '헤알 계획'을 단행했다. 이로
써 월 1~3%의 낮은 물가 인상률을 유지하는 데 성공함으로써, 1994년 10월
선거에서 대통령에 당선되었다.

종속 이론가로 세계적 명성을 얻은 카르도주 대통령은, 정치를 시작하면
서 자신이 학자로서 한 말은 모두 잊어 달라고 주문했다. 이는 이론과 현실
의 차이를 명확히 한 것이었다. 카르도주는 8년의 재임 기간 동안 노동시장
의 유연성, 시장 개방, 민영화 등 미국이 주도하는 신자유주의 경제 정책을
충실히 실천했다. 이를 바탕으로 카르도주 대통령은 집권 초기 침체에 빠져
있던 경제를 활성화시키고, 수백 퍼센트에 이르는 인플레이션을 극복할 수
있었다. 그는 이러한 경제 정책의 성공을 바탕으로 헌법을 개정하여 재선에
성공했다.

그러나 경제 개방과 고정된 금리정책으로 인해 경제가 점차 위축되어갔

다. 해외자본을 유치하기 위해 연평균 20%가 넘는 고율의 이자를 지불해야 했다. 이와 같은 과다한 이자 지불과 과대평가된 헤알화로 인해서 무역수지가 악화되어, 1999년에는 외환위기를 겪게 되었다. 이는 카르도주 대통령의 신자유주의 경제 정책의 실패를 의미했다. 카르도주 대통령의 뒤를 이어 2002년에 신자유주의에 반대하는 노동자당의 룰라가 정권을 잡았다.

금속 노동자 룰라

세계 인구의 절반은 배고픔을 겪고 있는 반면, 나머지 절반은 다이어트를 하고 있다.

룰라

루이스 이나시우 룰라 다 실바는 1945년 브라질의 북동부 지방인 페르남부쿠주에서 농부의 아들로 태어났다. 룰라는 "신께서는 제게 매우 관대하셨다고 생각합니다. 저의 어릴 때와 같은 환경에서는, 한 어린이가 생존한다는 것 자체가 이를 증명합니다."라고 말한 적이 있다. 1940년대 브라질의 북동부에서 태어난 어린이 5명 가운데 1명은 1년도 채우지 못하고 사망할 정도로 삶이 매우 힘겨웠다. 당시 페르남부쿠 주민들의 수명은 평균 33세도 채 되지 않을 정도였다.

그는 10세 때 어머니를 따라 상파울루 근교로 이사했으며, 어릴 때부터 구두닦이를 하며 집안 살림을 도왔다. 룰라는 12세 때 초등학교를 마쳤다. 당시 브라질 사람들 가운데 초등교육을 마친 사람은 극소수였다. 게다가 18세가 되던 1963년에 국립 직업훈련소에서 수도공 직업훈련 과정을 마쳤는데, 룰라는 그때가 인생의 전환점이었으며 가장 행복한 시기였다고 회상한다.

룰라는 14세 때 나사와 볼트를 생산하는 공장에서 정식 노동자로 첫 직장 생활을 시작했다. 그러나 19세 때 졸고 있던 동료가 압착기를 잘못 조작하는 바람에 룰라는 새끼손가락이 절단되는 사고를 당했다. 6개월간의 실직 후에 금속공장에 다시 취직한 룰라는 같은 공장노동자였던 마리아 루르지스 다 실바와 결혼했다. 그런데 그녀는 임신 8개월째에 제대로 치료 한 번 받지 못하고 간염으로 아이와 함께 세상을 떠났다. 형의 권유로 노조운동을 시작했던 룰라는, 부인의 사망을 계기로 노조운동과 정치활동에 더 적극적으로 가담하게 되었다.

노조위원장 룰라

부인의 죽음 이후 본격적인 노조활동을 시작한 룰라는, 드디어 1975년 브라질 노조 사상 전대미문의 92%라는 찬성 득표율로 노조활동을 시작한 지 불과 6년 만에 노조위원장이 되었다. 학벌도, 경험도 없던 그가 경험이 풍부한 수만 명의 노동자들 사이에서 두각을 나타낸 것은, 바로 그의 뛰어난 적응력과 지도력 때문이었다. 1978년에도 역시 룰라는 노조의 98% 찬성이라는 지지표를 얻으며 노조위원장에 재선되었다. 이는 브라질 노조 역사상 전무후무한 사건이었다.

룰라는 노조 지도자로서 노동자 계층의 실질적인 권익을 위해 투쟁하면서, 브라질 노동자의 진정한 대표이자 상징이 되었다. 1979년, 약 8,000명의 금속노조원이 파업을 결정했다. 그러자 정부가 개입했고 노조 지도부는 직위를 박탈당했다. 비록 정부의 무력 앞에 굴복한 노동자들이 별다른 이익 없이 약간의 임금인상에 만족하고 일터로 복귀했지만, 룰라는 이 파업의 영웅이 되어 다시 노조위원장에 복귀했다. 그 후 수차례의 파업 투쟁을 성공으로 이끌어 전국적인 지도자로 부상한 룰라는, 군부독재정권에 의해 구속되었으나 대법원에서 무죄로 석방되었다.

노동자당과 3전 4기의 신화 창조

1980년 2월 10일, 룰라는 철강노조를 비롯한 노조연맹 산하의 18개 단위노조 소속의 대표들과 좌파 지식인을 규합해서 노동자당(PT)을 창설했다. 그후 1984년에 권위주의와 군부의 중앙집권주의, 자유 제한, 고문, 비효율, 독직 거래 등으로 상징된 간접선거를 직접선거로 바꾸자는 '지레타스 자Diretas já(지금 당장 직접선거를)'를 주도했다. 1986년 노조활동으로 승승장구하던 룰라는 브라질에서 가장 많은 득표율을 달성하면서 연방하원의원에 당선되었

연설하고 있는 '노동자 대통령' 룰라. 굶주림에 허덕이는 가정에 음식 바구니를 제공한다는 룰라 대통령의 '기아 제로' 운동은 그의 집권 1년이 지난 2003년에 들어서 실패한 정책으로 평가되었다

다. 그 후 그는 1989년 30년 만에 처음으로 실시된 대통령 직접선거에 노동자당 후보로 출마해 자유당의 콜로르와 함께 결선 투표에 진출했지만, 53%의 표를 얻은 콜로르 후보에게 아깝게 패했다. 그리고 1994년, 1998년 대통령 선거에도 출마했지만 역시 카르도주 대통령에게 연거푸 패배했다.

대통령 선거에서 세 번이나 낙선한 룰라는, 자신의 급진적인 좌파와 강경 노조 지도자의 이미지에서 중도 좌파로 '부드러운' 변신을 했다. 이를 두고 사람들은 룰라를 '다이어트 콜라'에서 이름을 딴 '다이어트 룰라'라고 불렀다. 룰라는 이러한 변신으로 보수 기득권 세력의 한계를 극복하고, 2002년 10월에 노동자당 후보로 나서서 브라질 역사상 최초의 좌파 출신 대통령이 되었다. 이는 1889년 브라질이 공화국으로 바뀐 이후 113년 만에 처음으로 빈민촌 출신의 한 노동자가 3전 4기의 신화를 창조하며 대통령에 당선된 것이었다.

1980년에 룰라가 창설한 노동자당은 노동자를 주축으로 해서 동성애 인권 옹호자들과 환경보호주의자, 해방신학자 등 다양한 집단의 사람들로 구성되어 있으며, 정치, 경제, 사회 등 모든 부문에서 민주주의가 함께 이루어지는 나라를 지향해왔다. 즉, 노동자당은 노동자 대중의 지지를 바탕으로 빈부격차가 극심한 브라질에서 사회정의를 실현시키는 데 그 목적을 두고 성장해왔다. 1억 7,000만 브라질 국민은 이러한 비전을 제시한 노동자당의 '미래'를 선택했다. 일부 정치인에 의한 나눠 먹기식 정치와 우파 정치에만 길들여져 있던 브라질 국민이 미래에 대한 불확실과 변화에 대한 두려움을 극복한 것이라고 할 수 있다.

기아 제로

룰라가 대통령으로 당선된 후, 좌파 대통령의 출현으로 국제사회는 브라질의 급격한 경제 정책의 변화에 대해서 우려했다. 그러나 룰라는 시장친화적인 경제 정책을 펴서 국제사회의 우려를 불식시켰다. 2005년에는 IMF 외채의 일부를 조기에 상환했으며, 비록 경제성장률은 부진했으나 빈곤층을 위한 사회 전반적인 프로그램을 실시했다. 이로써 2002년 전체 인구의 26.72%였던 빈곤층이 2002년 룰라 집권 이후 3년간 추진된 사회구호 정책으로 2005년에는 22.77%까지 떨어졌다. 특히 룰라는 심각한 빈부격차 해소와 빈곤층 구제 방안의 하나로 '기아 제로(Fome Zero)'로 대표되는 사회 구호 정책을 실시해 적지 않은 성과를 거두었다. 이는 1,500만 빈곤층 가구에 한 달에 14달러를 직접 생활비로 지급하는 프로그램으로써, 룰라 대통령은 이를 위해 7억 6,000만 달러의 전투기 구입 예산을 빈민을 위한 사업으로 전용했다. 동시에 빈부 격차를 줄이기 위해 부자들이 세금을 더 많이 내도록 하는 세제 개혁도 추진했다. 그리고 최저임금을 지속적으로 인상하면서 서민, 노동자 계층의 호응을 얻었다.

룰라의 재선과 경제성장

2006년 10월 1일에 실시된 대통령 선거에서 현 대통령인 룰라 후보가 과반수 이상의 표를 얻지 못해 10월 29일, 2위를 기록한 알키민 후보와 함께 결선투표를 치렀다. 그 결과 룰라 후보가 승리하여 재선에 성공했다. 브릭스(BRICs) 국가의 하나로서 유력한 신흥시장인 브라질의 경상수지는 2002년 76억 달러 적자에서 2003년 42억 달러 흑자로 전환됐고, 2004년부터 2007년까지 100억 달러 이상의 흑자를 기록하고 있다. 이러한 경제성장은 풍부한 자원과 농산물, 그리고 국제 원자잿값의 상승과 농산물 가격의 폭등에도 그 원인을 찾을 수 있겠지만, 그 주역은 단연 룰라 대통령이다.

노동운동가 출신인 룰라 대통령이 2003년 취임할 당시, 국제사회는 대부분 브라질 경제가 좌파정책으로 위기에 빠질 것이라고 우려했지만 이는 기우였다. 룰라 대통령은 국제사회의 예상과는 달리 시장친화주의 정책을 추진했다. 경제 규제를 대폭 풀면서 외국자본에 우호적인 환경을 조성했다. 이에 따라 1990년대 썰물처럼 빠져나갔던 외국인 투자자들이 주식과 채권시장에 몰려들었다. 수출이 증가되고 무역수지 흑자도 늘었다. 룰라 대통령은 또 방만한 정부 재정을 축소하고, 세제와 공무원 연금제도도 대폭 개혁했다. 당시 공무원들은 일반 노동자 평균 임금의 50배가 넘는 연금을 받았다. 룰라는 주요 전략 산업부문에 대해서는 강한 공기업 형태를 유지하면서 일부 부문에 효율적 민영화를 적극 추진하는 방식을 통해 경쟁력을 강화시켰다. 이와 함께 서민들을 위해 내수시장의 활성화와 물가안정에 총력을 기울였다. 그뿐만 아니라 빈부의 양극화를 줄이기 위해 의무교육을 강화하였다. 이처럼 룰라의 실용주의 정책이 경제성장의 원동력이 되었고, 이로써 그는 성장과 분배라는 두 마리 토끼를 모두 잡는 데 성공한 셈이 되었다.

국제사회에서의 영향력 확대

브라질은 인구 1억 8,933만 명에 면적 870만 제곱킬로미터의 대국이다. 인구는 남미 전체(3억 9,240만 명)의 절반이고 우리나라의 4배다. 국토 면적은 남미 전체 대륙 면적의 47%를 차지하고 있고, 우리나라의 85배나 된다. 세계은행에 따르면 브라질은 2007년 국내총생산(GDP) 1조 3,135억 달러로 세계 10위다. 경제 규모로 러시아(11위), 인도(12위), 한국(13위)을 모두 제쳤다. 브릭스 국가들 중 중국만이 브라질에 앞서 있다. 브라질은 남미경제의 '맹주'다. 브라질의 GDP 규모는 남미 전체 GDP의 40%를 차지하고 있다.

그럼에도 불구하고 브라질은 국제사회에서 그에 걸맞은 대접을 받지 못하고 있다. 이는 브라질의 정치, 외교적인 위상이 그리 높지 않기 때문이다. 따라서 브라질 정부는 이러한 경제력을 바탕으로 앞으로 국제사회에서 영향력을 확대하기 위한 전략을 모색하고 있다. 우선적으로 브라질 정부는 유엔 안보리 상임이사국에 진출하기 위해 외교적 노력을 기울이고 있다. 이에 대해서 미국을 포함한 다른 나라들의 반응도 호의적이다. 또 브라질이 인도와 남아공 및 개도국 그룹인 G20 국가들과 추진하는 '남남南南협력' 외교가 국제사회에서 새로운 힘을 형성하고 있다. 전문가들은 브라질 정부가 2008년 5월 23일에 출범한 남미국가연합(UNASUR)에서도 주도적 역할을 맡으리라 예상하고 있다. 룰라 대통령은 "브라질은 UNASUR의 창설을 계기로 앞으로 남미 지역의 통합중앙은행과 단일통화 체제를 적극 추진할 것이다."라고 밝혔다. 브라질은 또한 그동안 옵서버의 자격으로 참석해왔던 G8(선진 8개국)의 회원국이 되는 것을 또 다른 목표로 삼고 있다.

마이너리그에서 메이저리그로:
아르헨티나

메넴 대통령

1989년 당시 아르헨티나에서는 우스갯소리로 식료품 가게에서 제일 먼저 사는 사람과 뒤에 사는 사람의 빵 가격에 차이가 있다는 말이 있을 정도로, 5,000%가 넘는 초超인플레이션의 경제 사정이었다. 이로 인해서 알폰신 대통령이 임기 만료보다 6개월 앞서 사임하고, 그의 뒤를 이어 메넴이 대통령이 되었다. 그는 자신을 뽑아준 페론당의 지지기반과 관계없이 국영기업의 민영화, 관세율 인하, 시장개방 등 신자유주의 정책을 전격적으로 시행했다. 그는 또한 1991년에 초인플레이션을 잠재우기 위해서 페소와 달러를 1 대 1로 묶고 태환을 법률로 보장하는 태환법을 실시했다.

이처럼 대외 개방, 태환법, 민영화를 바탕으로 아르헨티나의 경제성장률은 8% 선을 웃돌았고 통화가치도 크게 안정되었다. 국제금융권은 이전보다 낮은 금리로 아르헨티나에 돈을 빌려주었다. 이러한 경제 안정을 바탕으로 메넴 대통령은 1994년 여야 합의로 대통령의 임기를 6년 단임에서 4년 중임으로, 선거인단에 의한 간접선거가 아닌 국민에 의한 직접선거로 개정하여, 1995년 선거에서 국민의 압도적인 지지로 재선에 성공했다.

아르헨티나의 대통령 관저인 카사 로사다Casa Rosada. 이는 '분홍색 집(장밋빛 집)'이란 의미로, 스페인 로코코 양식으로 1873년부터 짓기 시작해서 무려 94년 만에 완공되었다. 이 건물 앞에는 아르헨티나 민주주의의 상징이 된 오월광장이 있다.

그러나 메넴 대통령이 추진한 석유 시추, 철도, 항만, 도로, 상수도, TV, 라디오 등의 분야에서 이루어진 민영화 사업은, 정치권과의 거래를 통해 졸속으로 진행되어 부정부패 스캔들이 꼬리에 꼬리를 물었고, 민영화로 인한 혜택은 국민이 아닌 소수의 기업에게 돌아갔다. 태환4법 체제도 무역적자나 재정적자를 외부 저축으로 메우게 하여, 대외 금융에의 종속을 고착화시키는 계기가 되었다. 그리고 1994년 멕시코의 페소화 위기로 인한 위기감이 확산되면서 1995년에는 자본이 해외로 유출되는 사태가 발생했고, 이에 따른 자본 부족은 IMF의 구제금융으로 충당해야 했다. 이로 인해서 직장인은 일자리를 잃기 시작해서 실업률이 줄곧 15~17%의 선을 맴돌았다.

이처럼 국제금리와 외자 유입과 같은 외적인 요인에 지나치게 의존한 결과, 아르헨티나의 경제는 예측불가능한 상황이 되었다.

프란시스코 데 라 루아 대통령

이러한 경제위기 속에서 치러진 1999년 12월 대통령 선거에서, 급진시민연합(UCR)-연대국가전선(Frepaso)의 중도 · 중도좌파 연합(Alianza) 후보인 프란시스코 데 라 루아 부에노스아이레스 시장이 집권 여당인 페론당의 두알데 후보를 물리치고 대통령에 당선되었다. 데 라 루아 후보는 '부패 청산, 깨끗한 정치'를 슬로건으로 내걸었다. 메넴 정권의 신자유주의 정책 10년이 남긴 실업, 빈곤, 부패에 염증을 느꼈던 아르헨티나 국민은 데 라 루아 후보에게 지지를 보냈다.

1937년에 코르도바에서 태어난 데 라 루아는 1983년 당내 대통령 후보 경선에서 알폰신 전 대통령에게 패배한 후, 부에노스아이레스에서 상원의원을 거쳐 1996년에는 부에노스아이레스의 첫 민선 시장에 당선되었다. 그 후 6억 달러에 이르는 재정 적자를 해소하고, 부정부패 척결기구를 설치하여 부정부패와 연루된 공무원들을 파면하며, 투명한 시정을 펼치는 등 탁월한 행정 능력을 보여주었다. 그 후 1997년 야당 연합의 경선에서 대통령 후보가 되어 1999년 대통령에 당선되었다. 그는 '위대한 변화'라는 정책 프로그램을 통해 경쟁력과 생산성 증진을 강조했다.

그러나 전임 정권으로부터 1,500억 달러의 외채를 물려받았던 데 라 루아 정부는, 결국 2001년에 과도한 외채와 누적된 재정적자로 실업자가 증가하고 경제 상황이 나빠졌다. 이에 따라 디폴트(채무불이행)를 선언하기에 이르렀다. 그러던 중 26명의 사망자를 낸 전국적인 소요 사태로 인해서 임기를 2년이나 남겨 놓은 채 대통령직을 사임했다.

마이너리그에서 메이저리그로

데 라 루아 대통령의 사임에 따라 라몬 푸에르타 상원 의장, 로드리게스 사아 주지사, 그리고 다시 라몬 푸에르타 등 3명이 한 달 동안에 번갈아 대통령이 되는 등, 아르헨티나의 정국은 혼란 속에 빠져 있었다. 2년 전인 1999년에 선거에서 패한 '페론당'의 에두아르도 두알데 상원의원이 대통령이 되었다. 두알데 상원의원이 대통령이 되면서 정치가 안정되었고, 4년 동안 침체되어 있던 경제가 서서히 기지개를 펴기 시작했다.

두알데 대통령에 이어 치러진 대통령 선거에는 18명의 후보가 출마했으나, 결선투표를 앞두고 1차 투표에서 1위를 한 메넴 후보가 사퇴함으로써 2위를 한 페론당의 네스토르 키르치네르 후보가 대통령에 당선되었다. '메넴은 안 된다'라는 국민의 여론을 받아들여 메넴이 중도 사퇴한 것이다. 아르헨티나의 변방이자 인구 20만의 '마이너리그'인 산타크루스에서 3선의 주지사를 지낸 키르치네르가, 거의 4,000만 명의 인구를 가진 '메이저리그'인 아르헨티나의 대통령이 된 것이다.

대통령이 되기 전 키르치네르는 산타크루스 주지사를 세 번씩이나 역임했다. 당시 그는 풍부한 석유 자원을 이용해 주민들에게 많은 일자리를 제공하고 의료복지 혜택을 확대했으며, 실업률을 3.55%로 낮추었다. 이러한 경험을 가지고 대통령이 된 키르치네르는 취임사에서 "아르헨티나 국민의 빈곤을 무시하면서까지 외채를 지불하지 않겠다"고 강조하면서, IMF의 외채 상환 요구를 무리하게 수용하지 않을 것이라고 천명했다. 그는 또한 부패와의 전쟁을 선포하고 이른바 '더러운 전쟁'으로 얼룩진 군부를 대폭 혁신하겠다고 역설했다.

네스토르 키르치네르 대통령은 2001~2002년의 혹독한 경제위기를 딛고 2003년 이후 GDP 연평균 성장률 9%대를 달성한 일등 공신이었다. 이는 키르치네르 대통령이 자신의 집권 기간인 2003~2007년 사이에 야권을 철저하게 무력화시키면서, 정부와 집권당 내에 막강한 영향력을 구축하여 자신만의 정치적 공간을 넓혀왔기 때문이다.

'여왕' 크리스티나

2007년 12월 10일 취임한 크리스티나 페르난데스 대통령은, 바로 아르헨티나의 경제성장의 일등 공신이었던 네스토르 키르치네르 전 대통령의 부인이다. 남편의 후광을 업은 그녀는 아르헨티나 사상 최초의 선출직 여성 대통령이자, 전임자인 남편에 이은 첫 '부부 대통령'이 되었다. 아르헨티나 국민은 페르난데스 대통령에 대해 '남편의 정책을 충실히 유지하면서 고도성장을 통해 아르헨티나의 영광을 회복해줄 것'이라는 기대감을 감추지 않았다.

그러나 페르난데스 대통령은 집권한 지 얼마 되지 않아 인플레이션 상승과 에너지 위기에 직면했다. 한 여론조사에서 10명 중 6명이 "현재의 월수입으로 한 달 생활이 어렵다"고 답할 정도로 서민들이 느끼는 인플레이션 압박이 매우 심한 상태였다. 에너지 위기 또한 페르난데스 대통령에게 앞으로 닥칠 또 다른 시련이다. 남부 지역에서 31일간 일어난 에너지 부문 파업으로 천연가스 생산량이 줄어들면서, 수천 개의 산업시설에 대해 천연가스와 전력공급이 제대로 이루어지지 못했다. 특히 2007년 정부가 대선을 의식해 산업시설에 에너지 제한 공급을 실시하면서 가정 난방용 에너지 공급을 우선했으나, 2008년 들어 일반 가정도 제한 공급을 피할 수 없어서 국민의 불만이 더욱 고조되었다.

그럼에도 불구하고 2008년 당시, 페르난데스 대통령은 천연가스, 석유, 전력 등 에너지 부족 사태를 해결할 수 있는 실질적인 대책을 전혀 내놓지 못했다. 인플레이션 및 에너지 위기를 넘기기 위한 단기처방으로 일관하면서, 정부 지출 증가, 빈곤층 증가, 대외 신인도 하락, 외국 투자가들의 불신 고조 등과 같은 부정적인 현상이 나타났다. 이로써 아르헨티나가 2001~2002년의 상황으로 되돌아갈 것이라는 우려까지 나왔다. 여기에 2008년 초부터 타협점을 찾지 못한 채 농업부문 파업이 계속되었다.

이러한 상황이 계속되자 페르난데스 대통령의 국정운영 능력에 대해 근본적인 의문이 제기되었다. 이로써 지지율은 추락해서 2008년 1월 56%에서 6개월이 지난 7월에는 절반에 미치지 못하는 26%까지 떨어졌다. 이런 상황에서 한 일간지가 "페르난데스 대통령의 공식 업무 가운데 15%는 안토니오 반데라스 등 유명 배우와 가수, 음악인을 만나는 데 할애되고 있다"고 보도하면서 아르헨티나 국민의 분노를 자극했다. 또한 "아르헨티나에는 대통령이 2명 있다"면서 페르난데스 대통령을 '파트타임 대통령', 외모에만 신경 쓰는 '보톡스의 여인', '여왕 크리스티나'라고 부르며 비꼬았다.

한국과의 자유무역협정 체결:
칠레

27년 만의 사회주의 정권

2000년 1월 대통령 선거에서 사회당의 라고스 후보가 피노체트를 지지하는 보수우익연합의 라빈 후보를 물리치고 당선되었다. 이는 1970년에 기독민주당의 프레이 대통령이 사회당의 아옌데에게 정권을 넘겨준 지 27년 만의 사회주의 정권의 탄생이었다. 사회당의 라고스 후보에게 정권을 넘겨준 대통령은 바로 다름 아닌 기독민주당의 에두아르도 프레이 루이스 타글레 대통령이다. 그는 1964년부터 1970년까지 대통령이었고 아옌데에게 정권을 넘겨주었던 프레이 대통령의 넷째 아들이었다.

라고스의 당선은 지난 10년간 진행되어왔던 칠레 민주화의 결과였다. 이는 1989년 민주화 이후 지속되고 있었던 좌파와 중도파 정당의 연합인 '민주주의를 위한 정당 연합'의 승리이기도 했다.

라고스 대통령

1938년에 태어난 라고스는 칠레 대학교를 졸업하고 미국 듀크 대학에서 경제학 박사학위를 취득한 뒤 귀국했다. 대학에서 강의하던 그는, 세계 최초

칠레의 수도 산티아고에 있는 대통령 관저 모네다 궁(2005년). 이 궁은 1973년 쿠데타를 일으킨 피노체트에 의해 파괴되었다가 그 후 복구되었다. 2006년부터 2010년까지는 남편의 후광 없이 직접선거를 통해 당선된 '싱글 맘' 대통령 미첼 바첼레트가 그 주인이었다.

로 선거를 통해 집권한 사회당 정권인 아옌데 정부하에서 소련 대사로 임명되었다. 하지만 피노체트의 쿠데타로 소련에 가지도 못했다. 마르크스 레닌주의자였던 라고스는 1970년대에 쿠바 혁명과 살바도르 아옌데 정권의 국유화 정책을 열렬히 지지했다. 결국 그는 아르헨티나를 거쳐 미국으로 망명해 듀크 대학교의 교수로 활동했다. 1978년에 귀국한 라고스는 과거 자신이 몸담았던 사회당과 전통적으로 라이벌 관계에 있던 기독민주당에 몸을 담았다. 피노체트의 독재를 종식시키기 위해 야당이 힘을 합쳐야 된다는 생각 때문이었다.

라고스는 1987년 모든 재야 세력의 힘을 합쳐 피노체트의 집권 연장에 반대하는 운동에 앞장섰다. 그는 1988년 시사 토론 프로그램에 출현해서 검지로 피노체트를 가리키며, 10월에 있을 국민투표를 통해 영구 집권을 획책한다고 비난했다. 그때 피노체트를 가리켰던 '라고스의 손가락'은 유명한 정치적 사건이 되었다.

1989년 대통령 선거에서 라고스는 야당 후보의 단일화를 위해서 아일윈 기독민주당 후보에게 후보직을 양보했다. 아일윈 정권하에서 교육부 장관을 역임한 그는, 1993년에 '민주주의를 위한 정당 연합'의 대통령 후보를 선출하는 당내 예비선거에서 프레이 후보에게 패함으로써 또다시 대통령의 꿈을 접어야 했다. 라고스는 다시 대통령 후보 선출에 도전하여 마침내 '민주주의를 위한 정당 연합'의 대통령 후보로 선출되었다. 1999년 12월 대통령 선거에서 예상 밖의 부진을 보여 보수 우익 연합 후보인 라빈에게 겨우 근소한 차이(0.4%)로 앞섰지만, 과반수를 얻지 못했다. 라고스는 2000년 1월 치러진 결선투표에서 51.32%를 얻어 세 번의 도전 끝에 근소한 차이로 당선되었다.

라고스의 승리 요인으로는 수도 산티아고 지역의 유권자와 전국적인 여성 유권자들의 지지, 피노체트에 대항한 민주화 운동에 라고스가 적극 참여한 점, 피노체트의 칠레로의 귀환을 요구한 점, 선거자금의 투명성 확보를 약속한 점, 대통령이 지명하는 대부분의 공직을 공모제로 전환한 점 등을 들 수 있다.

그러나 라고스 정권은 우익의 지지가 50%에 육박했다. 때문에 자신의 정책을 제대로 실현시키기 위해서는 우익뿐만 아니라 수적으로 훨씬 많은 기독민주당과의 공조가 필요했다. 또한 민영화와 해외자본의 국내 유치, 구조조정을 통한 경쟁력 향상 등을 최우선으로 하는 신자유주의 정책에 대한 국민의 반발을 의식하면서 자신의 정책을 추진해야 했다.

한국과의 자유무역협정 체결

칠레는 2004년 4월 1일 한국과 자유무역협정(FTA)을 체결했다. 이는 한국이 외국과 맺은 최초의 자유무역협정이었다. 협정을 맺기 전 1년은 칠레에 대한 수출 증가율이 9.6%에 불과했지만, 협정 발효 후 1년 차에는 58.2%, 2년차에는 52.6%로 그 증가율이 매우 컸다. 칠레 수입 시장에서의 한국산 제품 점유율도 2003년 3.0%에서 2005년 3.6%로 상승했다. 특히 자동차, 휴대전화, 캠코더, PDP 등 첨단 제품이 칠레로 수출되고 있다. 반면 칠레로부터의 수입은 주로 포도와 돼지고기 등, 농·축산물을 중심으로 크게 늘어났다. 2008년 당시 양국의 교역관계는 FTA 이후 2배 이상의 양적 성장을 이룩했으며, 주요 수출 품목을 중심으로 양국시장에서 인지도와 이미지 향상이라는 무형의 성과도 거두었다. 그러나 2006년과 2007년 칠레는 중국, 일본과 각각 FTA를 체결하였다. 이에 따라 칠레에서 향후 한·중·일 3국 간의 경쟁이 더욱 치열해질 것으로 예상된다.

미첼 바첼레트 대통령 당선

2006년 1월 15일 미첼 바첼레트는 대통령 선거에서 54%의 득표율로 당선되었다. 사회주의자, 소아과 의사, '싱글맘'이며, 정치범이자 망명자였던 바첼레트는, 남편의 후광 없이 직접선거를 통해 선출된 라틴아메리카 사상 첫 여성 대통령이다.

바첼레트는 1970년 칠레 대학교 의학부에 입학한 뒤 1973년 이전까지 아옌데 정권 시기에 학생회장을 지냈으며, 사회주의 청년단에서 활동한 바 있다. 아옌데 정권기의 정부 요직을 맡았던 그의 부친은, 피노체트 쿠데타 이후 '국가반역죄'로 체포되어 고문으로 사망했다. 그녀는 학생 신분으로 사회당에서 활동했으며, 정치적 수배자들을 돕는 등 정치적인 활동으로 인해 국외로 추방당해 호주와 독일 등을 전전하다 1979년에 귀국했다. 그 후 바첼레트는, 칠레 민주주의가 자리 잡는 과정에서 민·군 관계의 완전한 정상화에 많은 어려움이 있다고 판단하여, 국립 정치·전략 연구 아카데미와 미국 워싱턴의 미주 안보 학교에서 연구하고 수학했다. 이러한 경력은 후에 2002년부터 2004년까지 그녀를 최초의 민간인 여성 국방장관으로 만들었다. 그녀는 국방장관에 취임함으로써, 군사 잔재 청산과 민·군 관계 개선이 최대 정치적 쟁점이던 시기에 국민화합의 상징적인 인물이 되었다. 그녀는 취임 선서 뒤 라 모네다 대통령궁에서 가진 첫 대국민 연설을 통해, "나는 결코 권력을 얻겠다는 야망을 품지 않았으며 단지 봉사하겠다는 마음뿐이다"라며 "오늘 내가 얻은 직책은 여러분이 내게 부여한 것으로 이에 따르는 책임을 느낀다"고 덧붙였다.

미첼 바첼레트 대통령의 집권 후, 칠레의 1인당 소득이 크게 높아지고 빈곤층과 문맹자 비율은 낮아지는 등 여러 가지 변화가 있었다. 이에 칠레는 라틴아메리카 국가 중에서 가장 유럽의 수준에 다가선 국가로 평가받았다. 그러나 이러한 괄목할 만한 경제성장에도 불구하고, 바첼레트 대통령에 대한 중산층 지지자들의 이탈 현상은 계속되었다. 이는 경제성장에 따른 혜택이 골고루 분배되지 못하고 있는 사회구조에 그 원인이 있다는 분석이 지배적이다. 한 조사 자료에 따르면, 칠레의 상위 20% 부유층 소득은 하위 20% 빈곤층 소득의 13배를 넘는 것으로 나타났다.

히스패닉 없으면 패닉:
미국에서의 히스패닉

미국에서의 히스패닉

　미국에서 히스패닉hispanic의 정치적 파워가 급속도로 커지고 있다. '라티노latino'라고도 불리는 이들은 '스페인어를 사용하는 중남미 출신 이민자나 그 후손'을 가리킨다. 이들은 멕시코, 쿠바, 푸에르토리코, 엘살바도르 등 다양한 국가 출신으로 구성되어 있지만 모두 스페인어를 사용하고, 종교와 문화 등에서도 동질성을 갖고 있다. 미국 내에서 '히스패닉'이라는 용어는 1970년 닉슨 대통령 당시 인구조사를 위해 편의적으로 사용하기 시작하다가, 1980년 인구조사 때 정부 공식 용어로 정착했다. '히스패닉'이라는 말이 다소 경멸적인 느낌을 주기도 해서 어떤 사람들은 '라티노'라 불리는 것을 선호하기도 한다.

　2007년 7월 기준으로 한 미국의 인구분포를 보면, 총 인구 3억 160만 명 중 백인이 1억 9,910만 명(66%)이고 소수민족이 1억 250만 명(34%)을 차지했다. 소수민족 중에서 히스패닉이 4,550만 명(15.1%)을 차지했다. 히스패닉의 인구가 백인 다음으로 높은 비율을 차지하고 있는 것이다. 2003년에 흑인을 추월한 이후 최대의 소수민족이 됐으며, 2007년 한 해 동안 140만 명이 증가해서 미국 내 소수민족 가운데 최대의 증가 폭을 기록했다. 이는 대부분의 히스패닉들의 종교가 가톨릭이고, 종교적 특성상 출생률이 높은 데다가, 인근 라틴아메리카에서의 유입 인구가 늘어났기 때문이다. 히스패닉 인구가 50만 명을 넘는 주는 16곳으로써, 캘리포니아가 1,320만 명으로 가장 많고 텍사스 860만 명, 플로리다 380만 명의 분포를 보였다. 흑인 인구는 같은 기간에 54만 명이 증가하는 데 그쳐 전체 4,070만 명, 비율로는 13.4%에 이르렀다.

히스패닉 없으면 패닉

이들 히스패닉 중에서 멕시코 출신이 전체 히스패닉의 60% 이상을 차지하고 있다. 이들은 1848년 미국과 멕시코 전쟁에서 미국으로 편입된 지역인 텍사스, 캘리포니아, 뉴멕시코, 애리조나 등지에 살던 사람들의 후손과, 제2차 세계대전 이후 멕시코와 접경지대인 미국 남부 지역으로 이민 온 사람들로 구성되어 있다. 이들을 치카노chicano라고 부르기도 한다.

멕시코 출신 다음으로 많은 수를 차지하는 푸에르토리코 출신들은 주로 뉴욕과 그 인근에 거주하고 있다. 이들은 1898년 미국과 스페인 전쟁의 결과 푸에르토리코가 미국의 식민지가 되자 미국 뉴욕으로 이주했다. 제2차 세계대전 이후에도 수십만 명이 미국으로 건너와서 1988년에는 약 250만 명 이상의 푸에르토리코인이 미국으로 이주해왔다.

또 다른 주요 히스패닉으로는 쿠바 출신이 있다. 이들은 1959년 쿠바 혁명 이후 미국의 마이애미로 이주했는데, 이들 쿠바 이민자들은 중산층 이상으로 높은 교육 수준을 지니고 있으며 많은 재산을 가지고 미국으로 건너왔다. 특히 마이애미의 경우에는 지난 1950년대 초반까지만 해도 전체 인구의 80%가 백인이었지만, 2006년에는 백인 비율이 18.5%로 떨어졌다. 더구나 오는 2015년에는 백인 비율이 14%로 더 떨어질 것이라는 전망까지 나오고 있다. 마이애미의 리틀 하바나의 경우에는 히스패닉의 비율이 전체 인구의 94%에 이르고 있다. 이러한 현상은 갈수록 더 심해지고 있는데, 가장 큰 이유는 영어만 구사해서는 이곳에서 살 수 없기 때문이다. 텔레비전과 라디오를 통해 스페인어 방송을 보고 들을 수 있고, 스페인어 신문은 물론 학교와 관공서, 은행, 식당 등 마이애미 대부분의 지역에서 스페인어 서비스가 제공되고 있기도 하다.

이밖에도 1970~1980년대에 엘살바도르나 니카라과와 같은 중앙아메리카 사람들과 남아메리카의 콜롬비아인이 자기 나라의 정치, 사회적 분쟁으로 인해서 미국으로 대거 이주했는데, 그 수가 1988년에 약 220만 명에 달했다.

이들 히스패닉들은 대부분 미국인이 꺼리는 일을 도맡아서 하기 때문에 주로 경제적으로 하층계급을 구성하고 있다. 하지만 이들이 없으면 경제가 제대로 돌아가지 않을 정도로 히스패닉의 역할은 매우 중요하다고 할 수 있다. 이들은 미국 문화에 완전히 동화한 흑인과 달리, 자신들 고유의 문화와 언어를 간직하며 생활하고 있다. "미국 사람들은 개인이 중심이 되지만 히스패닉은 가족이 중심이다"라는 옥타비오 파스의 지적처럼, 이들은 가족을 중심으로 자신들의 문화를 지켜가고 있다. 이들의 급격한 인구 증가로 인해 이들의 정치적 영향력 또한 무시 못 할 정도로 커지고 있다. 2000년대 부시 행정부 아래에 있던 알베르토 곤살레스 법무장관, 카를로스 구티에레스 상무장관, 엑토르 바레토 중소기업청장, 그리고 LA시장을 지냈던 안토니오 비야라이고사 등이 모두 히스패닉이었다.

이처럼 미국에서 히스패닉의 영향력뿐만 아니라 미국인의 히스패닉에 대한 의존도도 갈수록 커지고 있어서, '히스패닉hispanic이 없으면 패닉panic(공황)'이라는 말이 나올 정도다.

반反이민법

토르티야tortilla는 옥수수 가루를 둥그렇게 반죽해서 만든 멕시코인의 주식인데, 멕시코와 미국 사이의 국경에는 철책, 도랑, 장벽, 철조망 등으로 이루어진 소위 '토르티야 장막'이 존재하고 있다. 이 장막에는 현대 첨단기술을 이용해서 미국으로의 불법 입국을 막으려는 미국 국경 순찰대가 있다. 멕시코를 위시해서 중앙아메리카나 콜롬비아, 카리브 지역 출신의 히스패닉들이 이들의 눈을 피해 미국으로 불법 입국하고 있는데, 대부분은 경제적인 이유

우리도 미국인. 이민을 제한하는 내용의 법안 심의로 논란이 뜨거운 가운데 미국 내 곳곳에서 항의시위가 벌어졌다.

때문이다. 이들 중 많은 사람은 체포되거나 때로는 목숨을 잃기도 한다. 또한 어쩌다 미국 입국에 성공했을지라도 악덕 변호사나 고용주들의 희생자가 되는 경우가 많다.

2005년 12월, 미 하원은 불법체류자를 중범죄자로 처벌하는 것을 골자로 하는 반反이민법을 통과시켰다. '국경안보강화, 반反테러리즘 및 불법 이민 규제 법안'이라는 명칭의 이 법안은, 미국 내 거주하는 불법체류자들의 생업을 원천 봉쇄하는 법안이다. 이는 불법체류자를 고용하는 업주를 형사 처벌하고, 불법체류자를 지원하는 의사나 교사, 기업주, 단체 등도 함께 처벌할 수 있도록 하는 법안이다. 특히 불법체류 자체를 범죄시하고 있어, 경찰은 이 법에 의해서 불법체류 단속을 할 수 있다. 이 법안은 또 미국과 멕시코 국경의 전 구간 중 3분의 1에 걸쳐 새로운 담장을 설치해, 불법체류자들이 미국으로 들어오는 것을 막는 등의 내용을 담고 있다. 이는 불법 이민자 수가 1986년 400만 명에 비해 2000년에 1,200만 명으로 20년 동안 3배나 증가하면서, 미국 내 실업문제 등에 악영향을 미치고 있다는 판단에 따른 것이다.

이 법안에 대해서 공화당과 보수 진영 측에서는, 이 법이 통과될 경우 국경 보안은 물론 이민 사기나 인신매매와 같은 범죄도 크게 줄어들 것이라며 적극 찬성하고 있다. 반면 이민, 종교, 인권단체들은 이 법안이 비인간적인 법이라 주장하며 미국 내 주요 도시에서 대대적인 항의시위를 벌였다. 특히 2006년 3월 25일에는 로스앤젤레스 시청 앞에서 노동자, 종교, 시민단체 등 50만 명의 사람들이 거리로 쏟아져 나와 시위에 참여했다. 시위자들은 "저들

은 우리가 범죄자라고 말하지만, 우리는 범죄자가 아니다."라고 외치며 반反
이민법을 비판했다.

게스트 노동자

조지 부시 대통령은 새로운 법이 이민자들에게 주는 거부감을 줄이고 재
계의 요구를 수용하기 위해, '게스트 노동자(Guest Worker, 일시 이주노동자)' 확
대안을 법안에 포함시키려 노력했다. '게스트 노동자'란 '외국인으로 정식 체
류 허가증을 발급받지 못한 채 최장 6년간 미국에 머무르며 닭 농장, 건설 현
장 등지에서 미국인이 맡기 꺼리는 일만 하는 노동자'를 의미한다. 부시 대
통령이 제시한 이 확대안은, 불법체류자들이 5년 이내에 본국으로 돌아갔다
가 다시 일시 이주노동자 또는 영주 희망자로 신청토록 하자는 것이다. 이에
대해서 공화당 내에서도 의견이 첨예하게 갈렸다.

이러한 의견 대립 속에서 상원 법사위는 비교적 온건한 내용의 '포괄적인
이민 법안'을 채택하여 상원 본회의에 넘겼다. 법사위는 이 법안에서 불법체
류자의 미국 체류를 돕는 것을 형사처분 대상으로 삼는 조항을 없앴고, 시민
권 신청을 위해서 일단 미국 밖으로 나갔다가 다시 입국해야 하는 절차도 생
략했다. 이 법안에는 불법체류자에게 합법적인 체류 자격을 주는 '게스트 노
동자' 방안이 포함되었으며, 농업노동자로 입국을 희망하는 외국인 150만 명
에게 임시 노동허가증을 발급하는 방안도 담고 있다. 이와 함께 국경 경비를
강화하기 위해 1만 1,300명인 국경순찰요원을 2011년까지 2배로 늘리기로
했다.

사실상 미국의 경제를 떠받치고 있는 1,200만 불법체류자들을 구제하기
위한 이 새 이민법은, 결국 2007년 6월에 상원을 통과하지 못했다. 부시 대통
령이 이 법 제정을 적극 추진하고 공화 · 민주 양당 지도부가 전격 합의하면
서 미국 내 이민자들에게 서광이 비치는 듯했지만, 100명의 상원의원 중 찬
성이 46표에 그쳐(반대 53표) 법안 통과가 무산되었다. 이 법안의 골자는 당시
미국에 있는 불법체류자들의 존재를 인정하고 이들에게 합법적인 체류 자
격을 부여하되, 향후 불법체류자 증가를 막기 위해 국경 경비와 불법체류자

고용 단속을 강화하는 것이었다. 하지만 '이는 법을 어긴 불법체류자들을 사면하는 조치로, 법치국가 미국에서는 있을 수 없는 일'이라며 반대한 공화당의 보수성향 의원들의 벽을 넘지 못했다. 공화당 의원들은 법치주의를 들먹였지만, 실질적으로는 불법체류자를 포함한 외국 이민자들을 잠재적인 범죄자, 탈세자, 복지기금 무료 수혜자 등으로 인식하는 미국 지도자들의 정서가 반영된 것으로 분석되고 있다.

혁명의 역사를 다시 쓴 차베스:
베네수엘라

베네수엘라 볼리바르 공화국

베네수엘라는 한반도의 4배가 넘는 국토를 가졌으며, 세계 5위의 산유국이다. 그러나 석유 외의 다른 산업은 균형적으로 발전되지 못했으며, 석유에서 나오는 막대한 부는 해외자본과 국내 일부 자본 그리고 관료들의 몫이었다. 오일 달러로 생필품과 농산물을 해외로부터 수입해 쓰면서 제조업은 경쟁력을 잃었고, 농업은 등한시되었다. 농민들이 먹고살 것을 찾아 도시로 몰려들어 인구 90%가 도시로 집중되었다. 이들 대다수는 빈민가를 형성하고, 노점상과 비정규직 일로 연명하며 살아갔다.

이와 같은 절망적인 상황에서 차베스는 1998년에 이어 2000년 7월의 대통령 선거에서 민중의 절대적인 지지를 받아 당선되었다. 6년 임기의 대통령에 다시 당선된 차베스는 토지개혁, 노조 개혁, 공기업의 구조조정 등 사회경제 분야의 개혁을 추진했다. 대외관계에 있어서도 좌파적 입장을 분명히 했다. 그는 세계석유수출국기구(OPEC) 회원국 내에서 주도적인 역할을 하기 위해 이라크의 후세인 대통령을 방문하고, 중미와 카리브의 10개 역내 국가들에게 원유를 특혜 공급하는 '카라카스 에너지 협정'을 체결하는 등, 미국의 정

베네수엘라 국기(왼쪽)와 문장紋章(오른쪽). 위로부터 노란색은 부富·사랑·권력·고귀함을, 중간의 파란색은 스페인으로부터의 분리를 의미하는 카리브해海와 충성·정의를, 아래 빨간색은 독립을 위해 흘린 피와 명예·용기·힘·위대함을, 8개의 별은 독립선언에 서명했던 7개 주州와 남미의 독립영웅 시몬 볼리바르를 나타낸다. 문장에서 왼쪽으로 달리는 말은 자유를 상징하는데, 1811년 제정하였던 것을 1930년과 2006년에 일부 수정했다. 차베스는 2006년 3월, "오른쪽으로 달리는 말은 제국주의의 말"이라고 비판하면서 말의 방향을 왼쪽으로 바꾸었다.

책에 반하는 독자적인 외교 행보를 계속했다. 그뿐만 아니라 자신이 숭배하는 시몬 볼리바르의 이름을 넣어 국호를 '베네수엘라 볼리바르 공화국'으로 바꿨다.

개혁과 반발, 그리고 3일 천하

차베스가 추진했던 개혁 정책은, 기업인 집단, 노동력의 12%를 노조원으로 거느리고 있는 노조총동맹(CTV)의 부패한 노조 관료들, 교회의 보수세력, 그리고 언론 재벌들로 구성된 기득권 세력의 쿠데타를 불러왔다. 2002년 4월, 미국의 지원으로 일부 군 장교들이 정국 혼란을 틈타 쿠데타를 일으켰다. 미국이 이들을 지원한 이유는, 자신의 안마당으로 간주되는 라틴아메리카에서 자신의 정책에 순응하지 않고 독자적인 입장을 고수하려는 차베스 정권에 제동을 가하고자 했기 때문이다. 쿠데타군이 차베스를 군 기지에 감금하고 사퇴 요구를 한 그 시각에, 보수언론은 차베스가 대통령직을 사임했다는 방송을 내보냈다. 이들의 쿠데타는 성공한 것처럼 여겨졌다. 쿠데타 세력은 서둘러 카르모나 상공회의소 회장을 과도정부 대통령에 임명하고, 국명을 '베네수엘라 공화국'으로 바꿨다. 그리고 2001년 11월에 통과되었던 49개의 개혁법안을 모두 무효화시켰다. 이에 미국정부도 "쿠데타로 볼 만한 것은 아무것도 없다'라면서 새 정부에 대한 지지를 서둘러 발표했다. 그러나 대부분의 라틴아메리카 국가는 미국과는 달리 이 사건을 '헌정 중단'과 '쿠데타'로 규정했다. 미국의 전문가들과 인권단체들도 이번 쿠데타가 1973년 피노체트의 쿠데타와 유사하다면서 부시 행정부에 비판적인 시각을 나타냈다. 이러한 상황 속에서 군부는 헌법에 대한 충성을 맹세하고 새 정부 관리들을 체포했다. 카라카스의 주요 거리는 물론 차베스가 감금되었던 군 기지가 거대한 민중의 물결로 넘쳤다. 30만 시민들이 대통령 관저를 에워쌌다. 그리고 마침내 베네수엘라 국민은 자신들이 선출하고 자신들과 함께 혁명을 추진해온 차베스를 대통령직에 복귀시켰다. 이로써 새 정부는 싱겁게도 3일 만에 무너졌다.

리콜된 대통령 차베스

기득권세력의 쿠데타 실패로 차베스는 다시 권력을 잡았다. 그는 '하나님의 것은 하나님에게, 가이사의 것은 가이사에게, 그리고 민중의 것은 민중에게'라는 말로 베네수엘라 민중의 지지에 무한한 감사를 표했다. 차베스는 복권되었지만 그가 집권한 이후 3년 동안 계층 간에 수많은 갈등이 일어나면서 차베스의 개혁은 어려움에 봉착했다. 기득권층은 2002년 말부터 64일간의 대규모 파업을 일으켜서 베네수엘라 경제의 핵심인 석유산업을 마비시켰다.

이들 기득권층은, 임기 절반이 지나면 유권자 20%의 청원으로 대통령의 소환을 요구할 수 있는 베네수엘라 헌법을 들어, 2003년 초부터 대통령 소환투표를 요구하는 유권자 운동을 전개했다. 반反차베스 세력은 유권자 320만 명의 서명을 받아 대법원에 전달했다. 세계 선거사에 처음으로 대통령 소환투표(리콜)가 시행된 것이다.

2004년 8월 15일에 실시된 소환투표는 80%의 투표율을 기록했는데, 투표결과는 반대가 약 580만 명(58%), 찬성이 약 389만 9,000명(42%)으로 차베스가 승리를 거두었다. 이는 5년간 차베스가 집권하면서 치렀던 여덟 번째 선거였다. 소환투표에서 승리한 차베스는 "오늘의 승리는 볼리바르 헌법의 승리다."라고 말했다. 이로써 차베스는 다시금 국민으로부터 신임을 얻어 대통령직을 수행할 수 있었다. 뒤이어 치러진 10월의 주지사 선거에서 23개 주 가운데 20개 주, 12월의 국회의원 총선거에서는 차베스 지지자 전원 당선으로, 그의 정치적인 장악력에 어떤 문제도 없음을 보여주었다.

차베스의 지역 통합 노력

라틴아메리카의 지역 통합은 약 200년 전 이미 "라틴아메리카의 통합 없이 라틴아메리카의 미래는 없다"고 주장한 시몬 볼리바르의 꿈이며, 또한 미국으로부터의 독립을 지향한 피델 카스트로와 체 게바라 등의 지도자들이 지난 반세기 동안 제기한 슬로건이기도 하다. 그러나 어느 역대 지도자들도 이 뜻을 이루지 못했다. 세기가 바뀌어 차베스 대통령은 시몬 볼리바르의 지역 통합 이념을 보다 구체화하고 있다.

2006년 4월 9일, 차베스 대통령은 안데스 공동체(CAN, La Comunidad Andina de Naciones)를 탈퇴했다. 이는 안데스 공동체의 회원국인 콜롬비아와 페루가 미국과 FTA협정을 체결함으로써, 안데스 공동체가 중남미 국가를 위한 지역 공동체로서 그 역할을 하지 못하고 '사망'했다는 이유였다. 또한 차베스 대통령은 2006년 5월 22일에 G3협정 탈퇴를 선언했다. G3협정은 1995년 멕시코, 콜롬비아, 베네수엘라 3국이 모여 모든 상품 및 서비스 분야에 대한 무역자유화, 투자 교류의 확대, 지적재산권의 보호 등을 목적으로 체결된 것이었다. 그가 G3협정을 탈퇴한 주요 이유는 안데스 공동체에서 탈퇴한 이유와 마찬가지로, G3협정이 이제 라틴아메리카 국가를 위한 협정이 아니라 미국의 이익을 대변하고 있기 때문이다. 즉, 멕시코와 콜롬비아가 각각 미국과 북미자유무역협정(NAFTA)과 자유무역협정(FTA)을 체결함으로써 미국 상품이 저렴하게 유입되는 창구 역할을 했으며, 이는 신자유주의를 가속화하여 라틴아메리카 국가들의 통합에 걸림돌이 된다고 생각했기 때문이다.

안데스 공동체와 G3협정의 연속 탈퇴 후, 베네수엘라는 2006년 7월 4일 메르코수르에 다섯 번째 정회원국이 되었다. 차베스 대통령은 안데스 공동체나 G3처럼 미국에 종속되는 경향을 보이지 않고 있는 메르코수르에서 '라틴아메리카를 위한 라틴아메리카 건설'을 위해 많은 역할을 할 것으로 국민에게 발표했다. 베네수엘라의 가입으로 메르코수르는 3강(브라질, 아르헨티나, 베네수엘라) 2약(파라과이, 우루과이) 구도로 재편되었다. 기존 메르코수르 회원국은 라틴아메리카 전체 경제규모의 54%에 해당했으나, 연 120억 달러 생산 규모인 베네수엘라의 가입으로 메르코수르는 라틴아메리카 전체 78%의 경제규모(GDP)를 차지하는 최대 경제통합체가 되었다. 차베스 대통령은 회원국이 된 후 2006년 7월 제30회 메르코수르 정상회담에서 "메르코수르는 이제 새 단계에 진입하고 있다. 남미는 세계열강이 돼야 한다."라고 역설하면서, 미국과의 관계에 있어서 "우리는 미국에 많은 투자를 하고 있고, 미국 또한 우리와의 관계를 파괴하길 원치 않는다. 우리는 다만 자유를 원할 뿐이고 그래서 여기에 모였다"고 주장했다.

신헌법 부결

2007년 8월 15일에 발표된 베네수엘라 헌법은 총 350조로 되어 있으며, 자본주의를 근간으로 하고 있는 헌법 체계를 사회주의 체계로 바꾸는 것을 주요 골자로 하고 있다. 헌법에는 '기초 지자제(Municipio) 산하에 조직을 확장하여 코뮌(Comuna)을 설치하는데, 코뮌은 영토 내 최소 결사체며 공동체(Comunidad)를 조직한다. 코뮌은 베네수엘라 사회주의 국가(Estado Socialista Venezolano)의 기초적이고 보이지 않는 핵심 요소로 육성한다', '사적 영역은 존중하며 개인과 기업의 영리 추구는 보장받는다. 이와 동시에 사회적인 생산, 분배를 담당하고 있는 기업이나 경제단위는 사회주의 경제 건설을 위해 조건을 개선시킬 수 있다', '국가 법률은 사회주의 경제 원칙하에서 경제 활동의 실현 및 촉진, 기업의 창업 활동 등의 제반 조건을 제정한다', '대통령의 임기는 7년으로 하며 연임을 계속할 수 있다' 등의 내용이 들어 있다. 그 내용에는 비록 '사회주의(Socialismo)'라는 단어의 사용을 신중히 하고 있으나, 곳곳에 국가의 사적 영역 개입을 정당화하는 표현들이 사용되고 있다.

이러한 21세기 역사적인 신사회주의 헌법이 2007년 12월 2일 국민투표에 의해 근소한 표 차로 부결되었다. 국민투표의 부결은 최근의 급속한 사회주의 정책으로 인해 국민에게 필요한 식료품과 생활용품의 공급이 부족해, 차베스 정부 정책에 상당수가 등을 돌린 결과로 분석되고 있다. 차베스 대통령은 이 결과를 겸허히 수용하겠다고 말했으나 재추진할 것임을 강력히 시사해, 2008년에 사회주의 국가로 지향하는 정부와 이에 반대하는 시민, 기업 간의 갈등이 고조될 것으로 예상되었다.

아디오스, 피델!:
쿠바

아디오스Adiós, 피델!

> "경고한다. 나 한 사람은 그저 시작일 뿐이다. 당신들의 심장에 조국에 대한 사랑이
> 조금이라도 남아 있다면, 인간과 정의에 대한 애정이 조금이라도 남아 있다면,
> 귀담아 들어라. …바티스타 정권이 모든 수단을 동원해 진실을 억압할 것임을 나는
> 잘 알고 있다. 나를 망각 속에 묻어버리려 할 것이란 점도 잘 알고 있다. 하지만 내
> 목소리는 쉽게 사그라지지 않을 것이다. …나를 저주하라. 전혀 개의치 않는다.
> 역사가 나를 사면하리라."

이는 피델 카스트로가 1953년 7월 26일 새벽 자신의 동료 123명과 함께 쿠바의 제2의 군 기지였던 몬카다 병영을 습격한 후, 체포되어 법정에서 했던 말이다. 그 후 카스트로는 1959년 아바나에 입성한 뒤, 아이젠하워에서 조지 부시까지 미국의 백악관 주인이 10번 바뀌면서 미국의 숱한 압력을 받았지만 이를 견뎌냈다. 피델 카스트로는 이러한 대내외적인 어려움을 극복하고 쿠바에 많은 발전을 가져왔다. 혁명을 완수하기 전에는 문맹률이 30%를 넘었지만 21세기인 지금은 문맹률이 거의 0%이고, 무엇보다 인구의

"만세!(Viva!) 쿠바,
자유!(Libre!) 쿠바"
쿠바 아바나시 혁명 박물관
근처의 담에 쓰여진 표어.

100%가 12년간 무상 의무교육을 받고 있으며, 또 무상 의료서비스 덕분에 혁명 전 60%를 넘어섰던 유아 사망률이 지금은 5.5%로 현저하게 낮아지는 등, 피델 카스트로는 혁명을 통해 수많은 성과를 거두었다.

그러나 이러한 성과에도 불구하고 1990년대 초 구소련과 동구권이 몰락하자, 쿠바 경제는 극심한 침체를 경험했다. 구소련 및 동구권과의 교역이 총무역의 90%에 육박했던 쿠바에게 사회주의권의 몰락은, 대외교역의 감소와 그에 따른 외화 유입 감소, 그리고 연료, 식량, 의류 등 모든 부문의 물자 부족으로 이어졌다. 이처럼 국민의 생활이 위협받는 수준에 이르자, 1993년 쿠바의 정치권은 자본주의의 수용에 대한 논의를 벌이기도 했다.

그 후 외화 유입의 증대, 상품과 서비스 공급의 확대, 관광산업을 위시한 특정 부문의 적극적인 육성, 재정지출의 축소, 외국인 투자의 적극적인 유치 등과 같은 자본주의의 제한적 수용을 골자로 하는 쿠바의 신경제 정책이 1990년대부터 추진되었다. 특히 경제 위기의 타파를 위한 가장 기본적이고 시급한 사안인 외화 유입의 증대를 위해, 정부는 전 국민의 달러 소지를 자유화하여 해외로부터의 송금을 유도했다. 또한 비교적 물자가 풍부한 국영 달러 상점을 설치하여 달러가 있는 사람이라면 내국인이라도 누구나 이용할 수 있게 했다. 이러한 자본주의적인 요소를 도입한 쿠바는 1994년에 이르러 개혁 정책이 자리를 잡아 효과를 발휘하기 시작했고, 1995년부터 경제가 꾸준히 성장하게 되었다.

한편, 피델 카스트로는 1959년 집권한 이후 수많은 암살 위협을 겪었다. 파비안 에스칼란테 전 쿠바 정보국장은 카스트로 암살 시도 횟수가 638번이나 된다고 폭로했다. 카스트로 암살 시도 가운데 가장 잘 알려진 것은 담배 폭탄인데, CIA가 1960년대에 카스트로 암살을 위해 시도한 방법으로서 카스트로가 좋아하는 시가에 독을 넣는 것이다. 카스트로는 1985년 금연을 선언했다. 또 다른 방법은 카스트로가 스쿠버 다이빙 등 해저 활동을 즐긴다는 데서 착안했다. 커다란 조개 안에 폭발물을 설치한 뒤 붉고 밝은 색을 칠해 카스트로의 관심을 끈다는 발상인데, 이 역시 실행에 옮겨지지 못했다. 그밖에 카스트로가 입을 다이빙복에 피부병을 감염시키는 세균을 넣어 카스트로를 서서히 쇠약하게 만든다는 것이나, 박테리아 독약을 카스트로의 손수건, 또는 마시는 차와 커피 속에 넣어 암살한다는 등 기상천외한 방법의 암살 시도가 있었다. 당시 카스트로는 "만약 '암살 위협에서 살아남기'란 올림픽 종목이 있었다면, 단연 내가 금메달을 땄을 것이다."라고 말하기도 했다.

이렇게 1959년 혁명의 완성 이후 숱한 어려움을 극복하면서 쿠바를 이끌어 온 피델 카스트로가 2008년 2월 19일, "참으로 오랜 세월 국가평의회 의장이라는 영예로운 직분을 맡아왔습니다. 마지막 숨을 다하는 날까지 제 의무를 다하고 싶었습니다. …친애하는 동지 여러분, 저는 이제 국가평의회 의장직과 군 최고사령관직을 맡지 않을 생각입니다."라고 말하며 권좌를 77세의 '실용파' 동생 라울에게 넘긴 것이다. 피델 카스트로는 약 18년 동안 (1959년 2월~1976년 1월) 수상을 지냈고, 1976년 12월 2일부터 2006년 7월 31일까지 국가평의회 의장직을 수행했다. 피델 카스트로는 "쿠바 인민들이 저의 심리적, 정치적 부재에 대비할 수 있도록 하는 것 또한 제게 부여된 중요한 과제입니다."라고 말했다. 그리고 "동지들께 작별을 고하는 건 아닙니다. 사상의 투사로서 싸움을 멈추지 않을 것입니다."라는 고별사를 남겼다.

라울 카스트로의 승계

49년 동안 권좌에 있던 피델 카스트로가 공식적으로 은퇴를 발표하자마자, 마치 이미 모든 준비가 완료돼 있었던 것처럼 합법적인 권력 이양 절차가 빠르게 진행됐다. 은퇴 발표 이후 불과 닷새 만인 2008년 2월 24일, 쿠바 인민 의회는 피델 카스트로의 동생인 라울 카스트로를 새 국가평의회 의장으로 선출하였다. 인민 의원 614명 가운데 609명이 참석한 이날 선거에서 라울 카스트로는 참석 인민 의원 100%의 지지를 받았다.

라울 카스트로는 1953년 7월 26일 피델 카스트로가 주도했던 몬카다 병영을 습격했을 때부터, 습격 계획과 실행, 이후의 투옥과 망명 등 모든 일을 함께했던 인물이다. 그리고 피델 카스트로가 1956년 그란마호를 타고 쿠바로 건너와 시에라 마에스트라에서 2년 동안 게릴라 활동을 할 때, 라울도 자기 부대를 지휘하면서 함께 혁명에 참여했다. 1959년 쿠바 혁명 이후에는 '이너 서클'의 핵심 멤버로 주요 정책 결정에 중요한 역할을 했으며, 새로 조직된 쿠바 혁명군(FAR)을 지휘했다. 이 쿠바 혁명군은 수십 년 동안 효과적으로 국토를 방위하고 아프리카 동맹국을 도와 남아프리카 공화국의 인종차별주의자들을 격퇴하는 전공을 세웠으며, 경제적으로 매우 효율적이고 부패가 없다는 평판을 얻었다. 또한 혁명이 성공한 뒤부터 거의 50년간 국방장관을 지내 '세계 최장수 국방장관'이라는 기록을 갖고 있다. 비록 이 쿠바 혁명군의 충성으로 인해서 대외적으로는 강경파의 이미지를 갖고 있기도 하다.

라울 카스트로의 정책

라울 카스트로는 국가수반 수락 연설에서, 정부기관의 통폐합을 통한 정부 기능의 집중화, 규제완화, 농업 생산성 증대, 이중 화폐 문제 해결, 배급 및 급여 제도 개선 등을 언급했으며, 이러한 모든 정책은 먼저 피델과의 협의를 통해서 시행될 것이라고 말했다. 라울이 2008년 2월 24일 국가평의회 의장으로 정식 취임한 이후, 본격적으로 개혁의 색깔을 드러낸 것은 경제 부문이었다. 일반 국민에게 휴대폰이나 컴퓨터 등과 같은 가전제품의 판매를 허용한 것을 시작으로, 사설 택시 면허 허가와 외국인 전용 호텔의 내국인 개방까지 다양한 경제 개방 조치가 잇따라 나왔다. 또한 쿠바식 사회주의의 양대 축인 토지와 임금제도에까지 관심을 가지고, 임대 형식이긴 하지만 개인의 농지 소유를 허용키로 했다. 그뿐만 아니라 직업에 관계없이 모든 국민이 원칙적으로 19.5달러의 월급을 받는다는 급여 상한 제한을 철폐하고 인센티브 제도를 도입하는 정책을 검토하고 있다.

이와 함께 라울 카스트로는 우선 쿠바 페소화(CUP · 내국민용)와 외국환 페소화(CUC · 외국인용)로 나누어 운용하던 이중 화폐 제도를 단일화할 뜻을 밝혔다. 관광산업을 가장 중요한 수입원으로 삼고 있는 쿠바 정부는, 사회주의적 경제 제도를 보호하면서 외화벌이를 하는 방법으로 이중 화폐 제도를 운용해 왔는데, 이러한 이중 구조는 쿠바 경제를 부패시키면서 지하경제를 양산하는 부작용을 낳았고, 특히 빈부격차를 키우는 주범으로 지목돼왔기 때문이다.

또 하나 경제의 중요한 변화는 라울 카스트로가 쿠바 국민의 삶을 지탱해온 '배급 카드 제도'를 폐지할 뜻을 내비쳤다는 점이다. 배급 카드는 쿠바인이면 누구나 소지하는 것으로써, 이를 제시하면 국영 시장에서 생필품을 거의 무료로 배급받을 수 있다. 가격 자유화의 전 단계로 볼 수 있는 배급 카드 철폐는, 이중 화폐 제도 폐지와 맞물리면서 쿠바 경제 제도의 근간을 뒤바꾸는 개혁을 불러올 가능성이 높다. 이 두 정책이 폐지된다면 쿠바도 중국이나 베트남처럼 '사회주의적 시장 제도' 도입으로 이어지며, 쿠바 경제가 개혁과 개방으로 나아갈 것으로 예상할 수 있기 때문이다.

이러한 일련의 경제개혁 조치들을 내놓으면서 라울 카스트로는 "우리 국민이 경제적으로 생존 경쟁력을 갖추도록 하는 실천 가능하고 현실적인 공산주의를 준비해야 한다"면서 "평등을 위한다는 명목으로 지출되는 과도한 국가 보조를 없애야 한다"고 말했다. 그러면서 그는 "사회주의가 사회적 정의와 평등을 의미하지만, 이는 권리와 기회의 평등이지 소득의 평등이 아니다"고 강조했다.

미국에 맞서는 '선의 축':
라틴아메리카에서의 좌파 돌풍

"que se vayan todos(모두 떠나라)"

라틴아메리카 국가들에는 식민지 시대부터 대토지 소유제와 부의 집중이 계속되어왔는데, 21세기에 들어서도 신자유주의 개혁 아래에서 그 정도가 더 심화되었다. 예를 들어, 브라질은 상위 3%가 전체 농경지의 60%를 소유하고 있고, 전체 국민의 44%가 하루 2달러 이하의 저소득층을 이루고 있다. 이러한 빈곤의 악순환으로 이어진 불평등한 사회구조는 먼로주의와 2차 세계대전을 거치면서 더 고착화되었고, 미국 역시 라틴아메리카의 경제뿐만 아니라 정치적으로도 심한 간섭을 해왔다. 이런 과정 속에서 라틴아메리카는 빈부 격차가 더욱 심해졌고, 산업구조는 미국의 의도대로 바나나 커피와 같은 단일작물만을 생산하는 등 매우 단순화되었다. 특히 1982년 외채 위기로 인한 상환 불능의 사태에 제대로 대처하지 못했던 군부 정권들은, 거세지는 민주화 요구에 의해 권력을 민간 정부에 넘겼다. 민간 정부는 이른바 '워싱턴 컨센서스', 즉 정부의 간섭을 배제하는 탈규제화를 비롯해 무역 자유화, 자본 자유화, 민영화를 주요 골자로 하고 있는 정책에 모든 경제 프로그램을 맡겼다. 그 결과, 1980년대 후반부터 라틴아메리카에서 미국의 주도하에 신자유주의 정책이 진행되었다. 그러나 이는 1995년 멕시코의 페소화 위기에서 시작되어 2002년 아르헨티나의 외환위기까지 라틴아메리카의 경제위기를 초래했다. 이는 이 프로그램을 주도한 미국과 신자유주의에 대한 거센 저항을 불러왔다.

이러한 배경하에서 라틴아메리카에서 좌파 정권들이 돌풍을 일으키며 등장했다. 라틴아메리카에서의 좌파 바람의 첫 출발은 1998년 베네수엘라의 우고 차베스의 등장이었다. 그 후 2003년 5월 아르헨티나의 네스토르 키르치네르, 같은 해 10월 브라질의 룰라 등 라틴아메리카에는 좌파 정권이 연이어 탄생했다. 그러나 이 시기의 좌파 바람은 '찻잔 속의 태풍'으로 치부되었다. 왜냐하면 이들은 차베스를 제외하고는 미국이 주도하는 라틴아메리카의 지정학을 바꿀 정치적 의도나 능력이 사실상 없었기 때문이다.

그러나 2005년 12월, 볼리비아에서 원주민 출신의 에보 모랄레스 후보가 54.3%의 지지를 받아 집권하면서 상황이 달라졌다. 모랄레스는 2002년 코카 재배 농민운동의 지도자이자 새로운 좌파 정당 '사회주의를 향한 운동(MAS)'의 지도자였다. 대선에 출마할 당시 미국대사의 정치적 협박("만약 모랄레스가 승리한다면, 미국은 볼리비아에 대한 경제 지원을 중단할 것이다")으로 일약 정치적 스타로 떠올라, 당시 대선에서 당선된 산체스 로사다를 불과 약 1.5% 차이로 추격했던 인물이다. 대통령에 당선된 에보 모랄레스는 석유 자원의 국유화를 전격적으로 선언하여 좌파 바람의 새로운 상징이 되었다. 이로써 쿠바와 베네수엘라, 볼리비아를 잇는 좌파 블록이 더욱 선명하게 가시화되었다. 뒤이어 2006년 1월에 칠레에서 중도 좌파 연합의 여성 후보 미첼 바첼레트 후보가, 10월에는 브라질의 룰라가, 11월에는 니카라과의 산디니스타 민족해방전선(FSLN)의 다니엘 오르테가가 대통령에 당선되면서 좌파 바람을 이어갔다. 비록 대선에서는 패배했지만, 2006년 4월의 페루의 오얀타 우말라 후보와, 같은 해 11월 멕시코의 오브라도르 후보의 선전善戰 역시 라틴아메리카에서의 좌파 돌풍을 여실히 증명했다.

2001년 12월, 아르헨티나 봉기에서 가장 대중적으로 외쳐진 구호는 바로 "께 세 바얀 또도스que se vayan todos"였다. 문자 그대로 '모두 다 떠나라'였다.

신자유주의와 기존 부르주아 제도 정치에 대한 대중적인 불신이 집약된 구호였다. 2006년에 들어서도 불고 있는 '좌파 돌풍'은 이 구호가 여전히 유효하다는 사실을 입증하고 있다.

미국에 맞서는 '선의 축'

2006년 5월, 볼리비아의 대통령 에보 모랄레스가 당선된 후 처음으로 베네수엘라를 방문했다. 모랄레스 대통령을 만난 차베스 베네수엘라 대통령은 그 자리에서 베네수엘라, 쿠바, 볼리비아 세 나라를 '선의 축(Axis of Good)'으로 정의 내렸는데, 이는 미국의 조지 부시 대통령이 2002년 1월 29일 연설에서 "테러를 지원하는 정권"인 이라크, 이란, 북한을 가리키는 표현인 '악의 축(Axis of Evil)'을 빗댄 말이다.

이 세 나라는 정치적, 경제적, 이념적인 협력관계를 매우 공고히 하기로 했다. 베네수엘라는 쿠바에 하루 9만 배럴의 석유를 제공하는 대신, 쿠바로부

'우리 아메리카는 영원히 변화해왔다'. 라틴아메리카의 새로운 바람을 주도하고 있는 쿠바의 피델 카스트로와 베네수엘라의 우고 차베스가 서로 만나서 우의를 다지고 있다.

터 3만 명의 의사와 전문직 노동력, 그리고 농업 생산품을 제공받기로 했다. 쿠바는 또 볼리비아에 빈곤층을 위한 의료진과 문맹퇴치를 위한 교사들을 파견하고, 베네수엘라는 볼리비아에 석유와 함께 1억 달러의 개발기금과 3,000만 달러의 사회발전기금을 제공하기로 약속했다. 또 쿠바와 베네수엘라는, 콜롬비아와 미국의 자유무역협정 체결로 인해서 판로를 잃은 볼리비아의 콩을 전량 구매해주기로 했다.

이러한 세 나라의 협력관계에 미국은 큰 우려를 표명했는데, 이는 북미자유무역지대(NAFTA)에 이어 미국이

의욕적으로 추진하고 있는 미주자유무역지대(FTAA)가 라틴아메리카 국가들의 저조한 참여로 성사가 불투명한 상태에 머물고 있기 때문이다. 이는 또한 라틴아메리카 역내의 국가들이 서로 협력관계를 공고히 하는 데 대한 미국의 우려이기도 하다.

'우파의 희망' 우리베 콜롬비아 대통령

이렇게 좌파 돌풍의 주역, 특히 쿠바, 베네수엘라, 볼리비아, 세 나라의 관계가 돈독해지는 가운데, 콜롬비아에서는 남미 '우파의 희망' 알바로 우리베 대통령이 2006년 5월 28일, 재선에 성공했다. 1892년 라파엘 누녜스 대통령에 이어 110여 년 만에 콜롬비아에서 연임에 성공한 대통령이 되었다. 우리베 대통령이 62%의 득표율로 압승을 거둔 것은, 그가 집권 기간 이룬 업적에 대한 유권자들의 적극적인 지지 때문이었다. 그는 최대의 반군 세력인 '콜롬비아 무장 혁명군(FARC)'을 포함해 좌익 게릴라와 우익 민병대 등이 난무하는 가운데, 지난 4년간 군 병력과 경찰의 거리 배치 인원수를 2배 늘려 폭력과 범죄율을 획기적으로 줄였다. 또한 그는 40억 달러 '플랜 콜롬비아'의 지원에 힘입어 국방비 지출을 거의 2배로 늘렸다. 또한 2002년 이후 약 3만 명에 달하는 우익 민병대 콜롬비아 연합자위군(AUC)의 무기 반납 및 사회 복귀를 이뤄냈다.

친미 강경 보수 우파이자 콜롬비아에서 연임하게 된 첫 현직 대통령인 우리베 대통령은, 중남미의 좌편향에 어느 정도 제동을 걸면서 미국의 대對라틴아메리카 외교에 크게 힘을 실어줄 것으로 평가되었다.

하나 된 라틴아메리카:
남미국가연합(UNASUR)의 출범

미주자유무역지대(FTAA)

1994년 1월 1일, 북미자유무역지대(NAFTA)가 출범했다. 그 후, 멕시코 페소화 붕괴 사태가 터진 1994년 12월에 마이애미에서 열린 미주 정상회담에서, 클린턴 대통령은 미주자유무역지대(FTAA, Free Trade Area of the Americas 또는 ALCA, Área de Libre Comerico de las Américas)안을 라틴아메리카 34개국 정상들에게 제시했다. 그리고 2001년 캐나다 퀘벡에서 열린 미주 정상회담에서 2005년 1월 발효하기로 합의했다. FTAA는 미주 각국 간의 무역 투자 장벽을 제거하고, 쿠바를 제외한 미주 전 지역을 하나의 자유무역지대로 통합하는 구상이다. 이는 알래스카에서 칠레까지 전체 인구 8억 5,000만 명, 국민총생산 14조 달러를 가진 무역지대로서, 유럽연합(EU)의 인구 3억 2,000만 명, 국민총생산 6조 180억 달러를 훨씬 능가하는 세계 최대의 단일시장의 출현과 NAFTA가 중남미까지 확대됨을 의미하는 것이다. 이 FTAA의 창설에는 세계 경제질서에서 자국 영향권에 있는 시장의 확대를 필요로 하는 미국과, 미국이라는 거대한 소비시장이 자국의 경제성장을 위해 필요하다고 생각하는 라틴아메리카 국가들의 이해관계가 그 이면에 깔려 있다.

그러나 2003년 브라질 룰라 정권의 탄생 후, 미국과 브라질의 대립이 심화되면서 협상이 암초에 부딪혔다. 또한 무차별적 신자유주의 공세에 따른 빈곤과 사회적 양극화가 심화됨에 따라, 라틴아메리카 민중들은 FTAA의 창설을 반대했다. 2005년 11월, 아르헨티나의 마르 데 라플라타에서 개최된 제4차 미주 정상회담에서 FTAA 구상과 그 협상에 대한 논의가 전개되었다. 그러나 메르코수르 가맹국인 아르헨티나, 브라질, 우루과이, 파라과이와 베네수엘라가 이 회담에서 FTAA 협상의 재개를 반대했다. 또한 회의장 밖에서는 FTAA 반대, 신자유주의 반대, 제국주의 반대 등을 외치며 수만 명의 남미 지역 노동자들의 항의시위가 벌어졌다. 미국의 FTAA 구상이 이러한 반대에 부딪히면서, 라틴아메리카에는 미국의 FTAA 구상을 지지하는 세력과 이에 반대하는 세력의 충돌이 벌어졌다.

미국은 이러한 상황 속에서 라틴아메리카에서 자국의 이해를 관철시키기 위해 멕시코(1994년), 칠레(2003년), 페루(2005년)와 각각 FTA를, 엘살바도르, 과테말라, 온두라스, 니카라과, 코스타리카 등 중미 5개국과 '중미자유 무역협정(CAFTA, Central America Free Trade Agreement)'을 체결하면서 각개격파 전술을 구사했다.

ALBA - 새벽

이러한 미국의 전술에 대항해서 2006년 4월에 'FTAA와 자유무역 반대 투쟁을 위한 제5차 미주대륙회의'가 쿠바의 아바나에서 개최되었다. 이 회합에서 '라틴아메리카와 카리브해 지역을 위한 볼리바르 대안(ALBA, Alternativa Bolivariana para Amiérca Latina y el Caribe)'이 구체화되었다. 그 후, ALBA 1주년 기념식에 볼리비아 대통령 에보 모랄레스가 참석해 세 번째 회원국으로 가입했다. 피델 카스트로는 볼리비아의 가입에 대해서 "오늘은 우리 3명이지만, 언젠가는 라틴아메리카의 모든 나라가 함께할 것이다."라고 말했다.

ALBA('alba'는 '새벽'이라는 뜻도 가지고 있다)는 베네수엘라의 차베스와 쿠바의 피델 카스트로가 주도해 미국 중심의 자유무역협정에 반대하면서, 라틴아메리카 국가 간의 정치, 경제, 사회, 문화적 교류와 협력, 분배 구조의 개혁 등

칠레의 콘셉시온에서 산티아고 가는 길에서 바라본 눈 덮인 안데스산맥. 남북으로 약 7,000킬로미터에 이르는 안데스산맥은 평균 고도 약 4,000미터이며, 남미국가연합(UNASUR) 회원국 중 대다수 국가가 이 산맥을 지나고 있다.

을 달성하기 위한 대안적인 지역통합 구상이다. ALBA는 무관세의 자유무역을 위주로 한 경제협정만이 아니라, 미국의 경제적 지배와 신자유주의 및 세계화 흐름에 맞설 것을 천명하고 있다. 즉, 시장만능주의와 국가의 역할 축소를 거부하고, 국내 산업진흥과 국내시장의 민감한 영역의 보호를 중요시하며, 사회적 공공 서비스의 국가 개입을 중시한다. 또한 가격을 중요시하는 시장 거래 대신, 독특한 연대 거래를 실시한다. 예를 들어, 베네수엘라가 석유를 제공하는 대신, 협정을 맺은 다른 회원국은 상품이나 서비스를 베네수엘라에 제공하는 방식이다.

ALBA 구상의 핵심이 라틴아메리카 국가들의 연대와 통합에 있다고 할 때, 이를 구체화하기 위한 실천의 중심에 석유와 천연가스 등의 에너지 협력 프로젝트가 있다. 베네수엘라는 세계 5위의 산유국이자, 미국에 석유를 가장 많이 수출하는 나라다. 차베스는 이러한 석유와 천연가스를 도구로 한 외교 정책을 ALBA 구상의 축으로 삼았다. 베네수엘라, 브라질, 페루, 볼리비아, 콜롬비아, 우루과이, 아르헨티나, 칠레를 잇는 약 1만 킬로미터에 이르는 대형 가스관 공사인 남미 대형 가스관 건설 프로젝트(Gran Gasoducto del Sur)와, 석유, 가스 등 자국의 에너지 자원을 기반으로 한 단일 에너지 회사인 페트로아메리카Petroamerica의 창설이 바로 그것이다.

ALBA는 각국의 문화적 정체성과 차별성을 인정하면서도 공동의 문화 프로젝트를 발전시키려 하고 있다. 이 프로젝트는 2005년 7월, 베네수엘라의 수도 카라카스에서 첫 방송을 시작한 남미판 알 자지라 방송 '텔레수르(Televisión del Sur 또는 Telesur)'에서 구체화되었다. 텔레수르는 그동안 라틴아메리카 국가들의 뉴스를 독점해온 미국과 유럽의 국제 뉴스 방송에 맞서 지역의 목소리를 독자적인 시각으로 알리는 것을 목적으로 삼고 있다. 즉, 라틴아메리카의 현실을 자기 스스로의 눈으로 보고 해석하고 전달하게 하자는 것이다. ALBA는 이처럼 경제나 문화 분야 이외에도 교육이나 의료 분야의 협력에도 주력하고 있다.

남미판 유럽연합(EU) – 남미국가연합(UNASUR)

2008년 5월 23일, 남미 12개국 정상들은 브라질의 수도 브라질리아에서 정상회담을 갖고 남미국가연합(USAN, The Union of South American Nations 또는 UNASUR, Unión de Naciones Suramericanas)의 창설에 서명했다. 이는 남미판 유럽연합(EU)이라 할 수 있다. 남미대륙의 12개국이 모두 회원국으로 참여하는 단일기구가 등장한 것은 UNASUR가 처음이다. 남미공동시장(Mercosur)과 안데스공동체(CAN)로 갈라져 있던 남미 지역이 비로소 UNASUR라는 하나의 기구 아래 모인 것이다. 특히 최근 전 세계적으로 에너지 및 식량 위기가 고조되고 있는 시점에 맞춰 등장한 UNASUR가 풍부한 자원과 농업 생산성을 갖춘 남미 지역의 공동 이익을 대변하는 창구가 되면서, 국제사회에서 남미의 입지를 강화하는 역할을 할 것으로 전망된다. UNASUR 12개 회원국(아르헨티나, 볼리비아, 브라질, 칠레, 콜롬비아, 에콰도르, 가이아나, 파라과이, 페루, 수리남, 우루과이, 베네수엘라)의 인구는 약 4억 명이며, 전체 국내총생산(GDP)은 2007년에 3조 7000억 달러 수준인데, 이는 NAFTA의 16조 달러나 EU의 15조 달러의 약 4분의 1 규모다.

UNASUR의 기본 원칙은 자유무역협상의 지향, 에너지와 통신 부문 통합의 가속화, 농업 및 식량정책 공조, 과학기술의 협력 확대, 기업 및 사회공동체의 통합 노력 등이고, 궁극적으로는 유럽연합(EU)과 같은 정치·경제적 통합체로 발전하는 것을 목표로 삼고 있다. 또 2019년까지 남미 역내 관세를 폐지한다는 목표도 세웠다.

UNASUR의 초대 임시 의장국은 칠레가 2년 동안 맡았다. 미첼 바첼레트 칠레 대통령은 "UNASUR는 21세기 남미의 목소리를 대변하는 명실상부한 대표 기구가 될 것이다"라면서 회원국 정상들의 긴밀한 협력을 당부했다. 브라질의 루이스 이나시우 룰라 다 실바 대통령은 "UNASUR는 앞으로 국제사회에서 남미의 입지를 강화해주는 역할을 할 것이다"라면서 "특히 에너지, 환경, 식량문제 등에서 남미 지역이 큰 영향력을 행사할 것이다."라고 강조했다. 차베스 베네수엘라 대통령과 에보 모랄레스 볼리비아 대통령도 "하나의 남미를 향해 최선을 다하겠다"며 UNASUR 출범을 지지한다고 밝혔다.

하지만 UNASUR가 EU처럼 실질적 통합 단계에 이르기까지 넘어야 할 장애물도 많다. 경제와 금융, 국방 관련 분야에서 각국들 간의 입장 차이를 분명하게 조율하지 못한 채 출범을 서둘렀기 때문이다. 우선 지역 내 빈부 격차가 매우 큰데, 국가별로 보면 브라질이 세계 10위권 안에 드는 GDP 규모를 갖춘 반면에, 볼리비아, 가이아나, 파라과이, 수리남의 GDP 규모가 브라질 국영 에너지 회사인 페트로브라스사 총액의 10분의 1에 불과할 정도로 격차가 심하다. 그리고 볼리비아 정부의 에너지 산업 국유화 정책에 따른 브라질, 아르헨티나, 칠레의 천연가스 공급난과 칠레-페루 간의 태평양 연안 해역 영유권 다툼, 볼리비아의 태평양 진출권 주장, 콜롬비아-에콰도르-베네수엘라의 영토 침범 논란 등의 난제가 쌓여 있다. 또 남미 국가들이 공통으로 겪고 있는 인프라 부족과 빈부격차에서 비롯된 사회적 소외 등도 진정한 남미 통합을 위해 반드시 해결돼야 할 과제로 남아 있다.

남미 각국의 이념 성향 차이도 문제다. 상대적으로 친미·시장적인 칠레, 페루 등과 그 반대 성향인 베네수엘라, 볼리비아 간의 정책 조율이 쉽지 않을 것이라 전문가들은 분석하고 있다. 남미의 맹주 자리를 놓고 경쟁 중인 브라질과 베네수엘라의 갈등 또한 본격화될 것으로 예측되고 있다. 두 나라의 알력은 이미 지난해 12월 남미은행(Banco del Sur, 브라질, 베네수엘라, 아르헨티나, 파라과이, 우루과이, 에콰도르, 볼리비아) 창설 때부터 불거졌었다.

우리를 위한 노래 – 남미은행

아르헨티나, 브라질, 볼리비아, 에콰도르, 파라과이, 우루과이, 베네수엘라 등 남미 지역 7개국 경제 각료들은 아르헨티나 수도 부에노스아이레스에서 회의를 열고, 남미 국가들의 국제금융기구 역할을 하게 될 남미은행이 2008년부터 공식 활동을 시작할 것이라고 발표했다. 7개국 외에도 칠레, 콜롬비아, 가이아나, 수리남, 페루 등 나머지 남미 국가도 모두 참여 의사를 밝혔다. 이 회의에서 100억 달러의 초기 자본금은 브라질, 아르헨티나, 베네수엘라가 20억 달러씩, 우루과이와 에콰도르가 각각 4억 달러, 파라과이와 볼리비아는 1억 달러씩 부담하여 조성하기로 했으며, 나머지 30억 달러는 칠레와 페루 등 남미은행에의 합류가 예상되는 국가들이 내기로 했다. 이들은 2008년 5월, 공식 출범한 남미국가연합(UNASUR) 12개 회원국들이 모두 남미은행에 참여하여 앞으로 자본금을 200억 달러까지 확보할 수 있을 것으로 예상하고 있다.

남미은행은 미국이 주도하는 국제통화기금(IMF)과 세계은행보다 완화된 대출 조건으로 남미 지역의 도로 건설이나 빈곤 대책을 지원하고, IMF나 세계은행 등의 영향력을 최소화하여 경제주권을 확보하자는 것이 그 창설 취지다. 남미은행의 산파 역할을 한 차베스 베네수엘라 대통령은 이날 아르헨티나 수도 부에노스아이레스에서 열린 출범식에서 "남미 국가들은 그동안 신자유주의를 노래하는 IMF 뒤에서 코러스를 넣기에 바빴지만, 앞으로는 '우리를 위한 노래'를 부르게 될 것"이라고 말했다.

그러나 남미은행의 위상과 운영 방식 등이 합의되지 않아 본격적인 활동에는 많은 어려움을 겪었다. 남미은행 출범 당시 브라질은 개발 원조를 제공하는 역할이 중요하다고 주장한 반면에, 베네수엘라는 차베스 대통령이 주창해온 21세기 사회주의의 노선에 입각해서 남미 지역을 통합하는 역할이 중요하다고 주장했다. 남미은행 운영위원회의 의결권 행사 방식에 대해서도 상반된 의견을 내놓았다. 브라질 정부는 자본금 분담 규모가 달라질 경우 의결권 행사에도 차등을 두어야 한다는 입장이었지만, 차베스 대통령은 "의결권을 달리하면 IMF나 세계은행과 다를 것이 없다"고 맞섰다.

이러한 개별국가 간의 의견 차이는 존재하지만, 남미은행과 남미국가연합(UNASUR)을 통해 남미를 유럽연합(EU)처럼 정치, 경제 공동체로 통합하려는 움직임에 더욱 힘이 붙을 것으로 기대되고 있다.

::참고문헌과 자료

가브리엘 가르시아 마르케스,《붐 그리고 포스트붐》, 송병선 옮김, (예문, 2005)

강석영,《라틴 아메리카史 상》, (대한교과서주식회사, 1996) /《라틴 아메리카史 하》, (대한교과서주식회사, 1996) /《칠레史》, (한국외국어대학교 출판부, 2003)

강준만 외,《권력과 리더십3》, (인물과 사상사, 1999)

강태진 외 5인,《라틴 아메리카 문화》, (대구가톨릭대학교 출판부, 2003)

게리어튼,《잉카신화》, 임웅 옮김, (범우사, 2003)

고혜선,《마야인의 성서》, (문학과지성사, 1993) /《메스티소의 나라들》, (단국대학교출판부, 1998)

곽제성 · 우석균,《라틴 아메리카를 찾아서》, (민음사, 2000)

권병조,《잉카 속으로》, (풀빛, 2003)

김명섭,《대서양문명사》, (한길사, 1976)

김병국 외 3인 편,《라틴 아메리카의 도전과 좌절》, (나남, 1991)

김성준,《유럽의 대항해시대》, (신서원, 2001)

김영철,《브라질 문화와 흑인》, (세종출판사, 2003)

김우택 편,《라틴 아메리카의 역사와 문화》, (小花, 2003)

김원호,《북미의 작은 거인 멕시코가 기지개를 켠다》, (민음사, 1994)

김현창,《중남미문학사》, (민음사, 1994)

까베자 데 바까,《유럽인 최초의 아메리칸》, 남진희 옮김, (숲, 2005)

노암 촘스키,《507년, 정복은 계속된다》, 오애리 옮김, (이후, 2000)

다니엘 꼬시오 비예가스 외,《멕시코의 어제와 오늘》, 고혜선 옮김, (단국대학교출판부, 1991)

라스 카사스 신부,《콜럼버스 항해록》, 박광순 옮김, (범우사, 2000)

래리 주커먼,《감자이야기》, 박영준 옮김, (지호, 2000)

로버트 E 쿼크,《피델 카스트로》, 이나경 옮김, (홍익출판사, 2002)

마르꼬스 외,《게릴라의 전설을 너머》, 박정훈 엮음, (생각의 나무, 2004)

마스다 요시오,《이야기 라틴 아메리카사》, 신금순 옮김, (심산, 2003)

민만식,《전환기의 라틴 아메리카》, (탐구당, 1990)

권문술 외 2인,《중남미사》, (민음사, 1993)

민용태,《라틴 아메리카 문학 탐색》, (문학아카데미, 2000) /《로르까에서 네루다까지》, (창작과비평사, 1995)

배윤경,《노동하는 기타, 천일의 노래》, (이후, 2000)

백종국,《멕시코 혁명사》, (한길사, 1976)

백종국 외 7인,《라틴 아메리카 현대사와 리더십》, (부산외국어대학교 출판부, 2003)

베르트랑 데 라 그랑쥬 · 마이테 리코,《마르코스》, 박정훈 옮김, (휴머니스트, 2003)

브리뚜 알비스,《브라질의 선택, 룰라》, 박원복 옮김, (가산출판사, 2003)

서성철 · 김창민 편,《라틴 아메리카의 문학과 사회》, (까치글방, 2001)

세계평화교수협의회 편역,《中美의 위기구조》, (도서출판 —念, 1984)

세르주 그뤼진스키,《아스텍 제국》, 윤학로 옮김, (시공사, 1995)

송기도 · 강준만,《콜럼버스에서 후지모리까지》, (도서출판 개마고원, 1996)

송기도 외,《권력과 리더십1》, (인물과 사상사, 1999)

송기도 · 강준만 외,《권력과 리더십2》, (인물과 사상사, 1999)

송기도 《콜럼버스에서 룰라까지》, (개마고원, 2003)

시드니 민츠, 《설탕과 권력》, 김문호 옮김, (지호, 1998)

신현준, 《신현준의 월드 뮤직 속으로》, (웅진닷컴, 2003)

아시아 · 아프리카 · 라틴 아메리카 연구원, 《제3세계의 역사와 현실》, (한길사, 1990)

안드레아 벤츠케, 《콜럼버스》, 윤도중 옮김, (한길사, 1976)

앤서니 그래프턴, 《신대륙과 케케묵은 텍스트들》, 서성철 옮김, (일빛, 2000)

에드위 플레넬, 《정복자의 시선》, 김병욱 옮김, (마음산책, 2005)

에이드리언 G. 길버트 외 1인, 《마야의 예언》, 김진영 옮김, (넥서스, 1996)

우덕룡 외 3인, 《라틴 아메리카》, (송산출판사, 2000)

이미숙 · 김원호, 《남미가 확 보인다》, (학민사, 2001)

우석균, 《바람의 노래 혁명의 노래》, (해나무, 2005)

이상균 · 윤성훈, 《중남미 환란, 왜 반복되나》, (국제경제조사연구소, 1999)

이성형, 《라틴 아메리카 자본주의 논쟁사》, (까치, 1990) / 《라틴 아메리카의 역사와 사상》, (까치글방, 1999) / 《신자유주의의 빛과 그림자》, (한길사, 1999) / 《배를 타고 아바나를 떠날 때》, (창작과비평사, 2001) / 《라틴 아메리카, 영원한 위기의 정치 경제》, (역사비평사, 2002) / 《콜럼버스가 서쪽으로 간 까닭은?》, (까치, 2003)

임상래 외 2인, 《중남미 사회와 문화》, (PUFS, 1998)

장 코리미에, 《체 게바라 평전》, 김미선 옮김, (실천문학사, 2000)

재레드 다이아몬드, 《체 게바라》, 은위영 옮김, (시공사, 1999)

정경원 외 2인, 《라틴 아메리카 문화의 이해》, (학문사, 2000) / 《멕시코 · 쿠바 한인이민 사》, (한국외국어대학교출판부, 2005)

조돈문 · 임상래 · 이내영, 《세계화와 라틴 아메리카의 이주와 이민》, (도서출판 오름, 2005)

존 S. 헨더슨, 《마야 문명》, 이남규 옮김, (기린원, 1999)

최영수, 《라틴 아메리카 식민사》, (대한교과서(주), 1995)

카르망 베르낭, 《잉카》, 장동현 옮김, (시공사, 1996)

카르멘 로르바흐, 《나스카 유적의 비밀》, 박영구 옮김, (푸른역사, 1999)

카를로스 푸엔테스, 《라틴 아메리카의 역사》, 서성철 옮김, (까치, 1997)

가를린 · 미셸오클리아크, 《이스터 섬》, 장동현 옮김, (시공사, 1997)

칼 도베, 《아스텍과 마야》, 이웅균 · 천경효 옮김, (범우사, 1998)

클로드 보데, 《마야, 잃어버린 도시들》, 김미선 옮김, (시공사, 1996)

C. 푸르타도, 《라틴 아메리카 경제발전사》, 윤성옥 역, (한길사, 1983)

하워드진, 《미국민중저항사1》, 조선혜 옮김, (일월서각, 1986) / 《미국민중저항사2》, (일 월서각, 1986)

H. E. Davis, 《라틴 아메리카 철학》, 임규정 외 옮김, (지성의 샘, 1996)

Benjamin Keen, 《A History of Latin America: Independence to the Present》, (Boston: Houghton Mifflin Co, Boston, 1996)

Bethell, Leslie(ed), 《Colonial Spanish America(Cambridge History of Latin America)》, (Cambridge: Cambridge Univ. Press, 1987) / 《The Independence of Latin America》, (Cambridge: Cambridge Univ. Press, 1984)

Cardoso, Eliana & Ann Helwege, 《La Economía Latinoamericana》, (México D.F.: Fondo de Cultura Económica, 1993)

David Adamson, 《El Mundo Maya, lo inexplicable》, (Buenos Aires: Javier Vergara Ed. S.A.,

1990)

David A. Brading, 《The First America: The Spanish Monarchy, Creole Patriots and the Liberal State, 1492-1867》, (Cambridge: Cambridge Univ. Press, 1991)

Friedrich Katz, 《The Ancient American Civilizations》, (London: Weidenfeld and Nicolson, 1972)

Gerhard Sadner y Hanns-Albert Steger, 《América Latina, Historia, Sociedad y Geografía》, (México D.F.: Univ. Nacional Autónoma de México, 1987)

Gustavo Pons Muzzo, 《Compendio de Historia del Perú》, (Lima: Editorial Bruño, 1990)

John Lynch, 《The Spanish American Revolutions, 1808-1826》, (New York: W. W. Norton & Company, 1986)

José Manuel Lozano Fuentes, 《Historia de América》, (México D.F.: Compañía Editorial Continental, S.A., 1978)

J. Lafaye, 《Quetzalcóatl y Guadalupe》, (México D.F.: Fondo de Cultura Económica, 1974)

O'Donenll Guillermo, Philippe C. Schmitter, and Laurence Whitehead, 《Transition from Authoritarian Rule》, (London: The John Hopkins Univ. Press, 1986)

Schoultz, Lars, 《Beneath the United States: A History of U.S. Policy toward Latin America》, (Cambridge: Cambridge Univ. Press, 1998)

Simon Collier, Thomas E. Skidmore & Harold Blakemore(Editors), 《The Cambridge Encyclopedia of Latin America and the Caribbean》, (Cambridge: Cambridge Univ. Press, 1992)

Susan Eckstein, 《Power and Popular Protest: Latin America Social Movement》, (Berkeley: Univ. of California Press, 1989)

Thomas E. Skidmore & Peter H. Smith, 《Modern Latin America》, Sixth Edition, (London: Oxford University Press, 2004)

Tulio Halperin Donghi, 《Historia contemporánea de América Latina》, (Madrid: Alianza, 2005)